王陽明全集補編

修訂版

束景南　查明昊◎輯編

上海古籍出版社

圖書在版編目(CIP)數據

王陽明全集補編 / 束景南，查明昊輯編. -- 修訂版. 上海：上海古籍出版社，2024. 9. -- ISBN 978-7-5732-1292-4

Ⅰ. B248. 2-53

中國國家版本館 CIP 數據核字第 20248X7T35 號

王陽明全集補編（修訂版）

束景南　查明昊　輯編

上海古籍出版社出版發行

（上海市閔行區號景路 159 弄 1-5 號 A 座 5F　郵政編碼 201101）

（1）網址：www. guji. com. cn

（2）E-mail：guji1@guji. com. cn

（3）易文網網址：www. ewen. co

上海展强印刷有限公司印刷

開本 890×1240　1/32　印張 21. 125　插頁 7　字數 406,000

2024 年 11 月第 1 版　2024 年 11 月第 1 次印刷

印數：1—1,100

ISBN 978-7-5732-1292-4

B·1410　定價：82. 00 元

如有質量問題，請與承印公司聯繫

電話：021-66366565

王陽明像（清佚名繪）

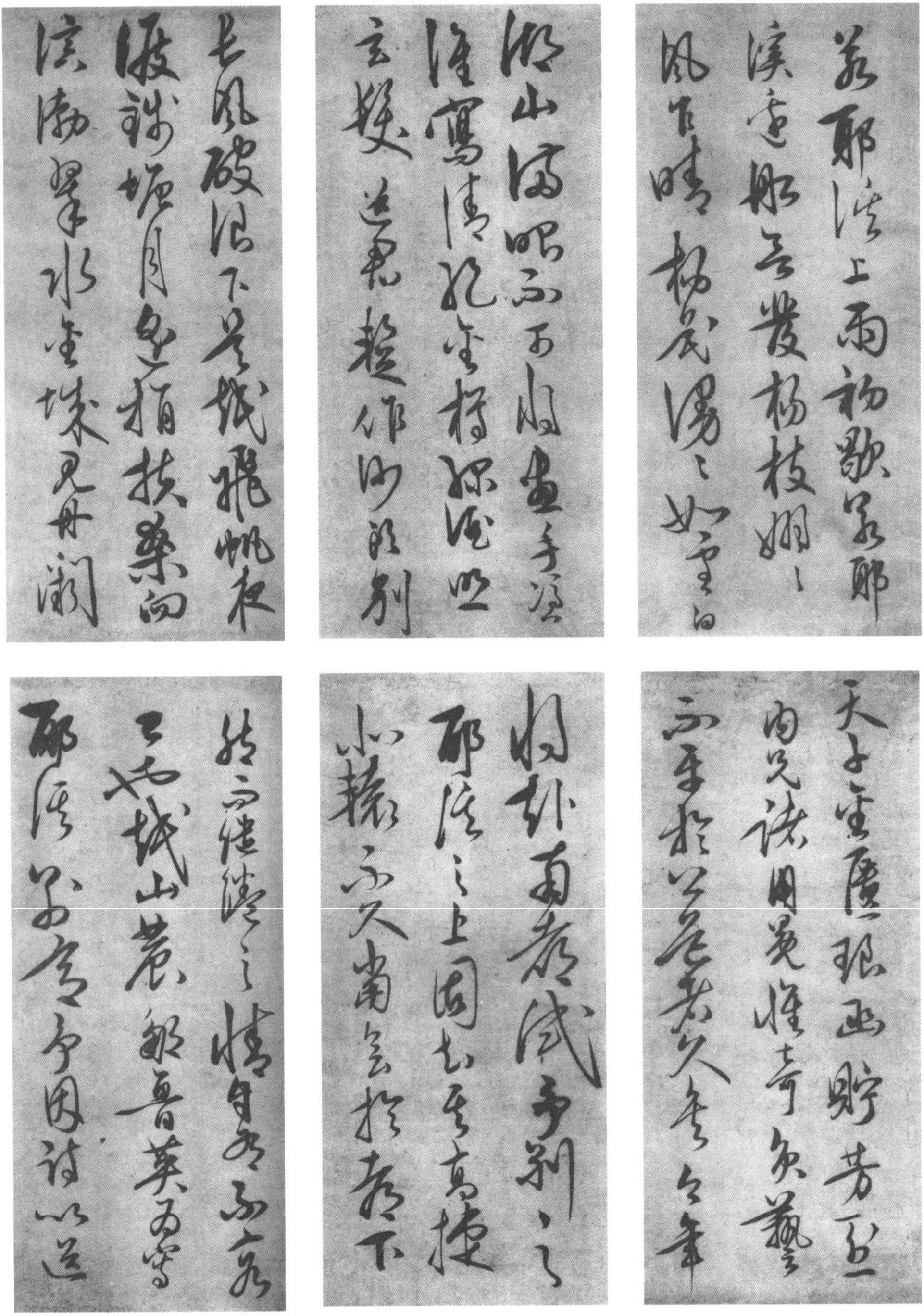

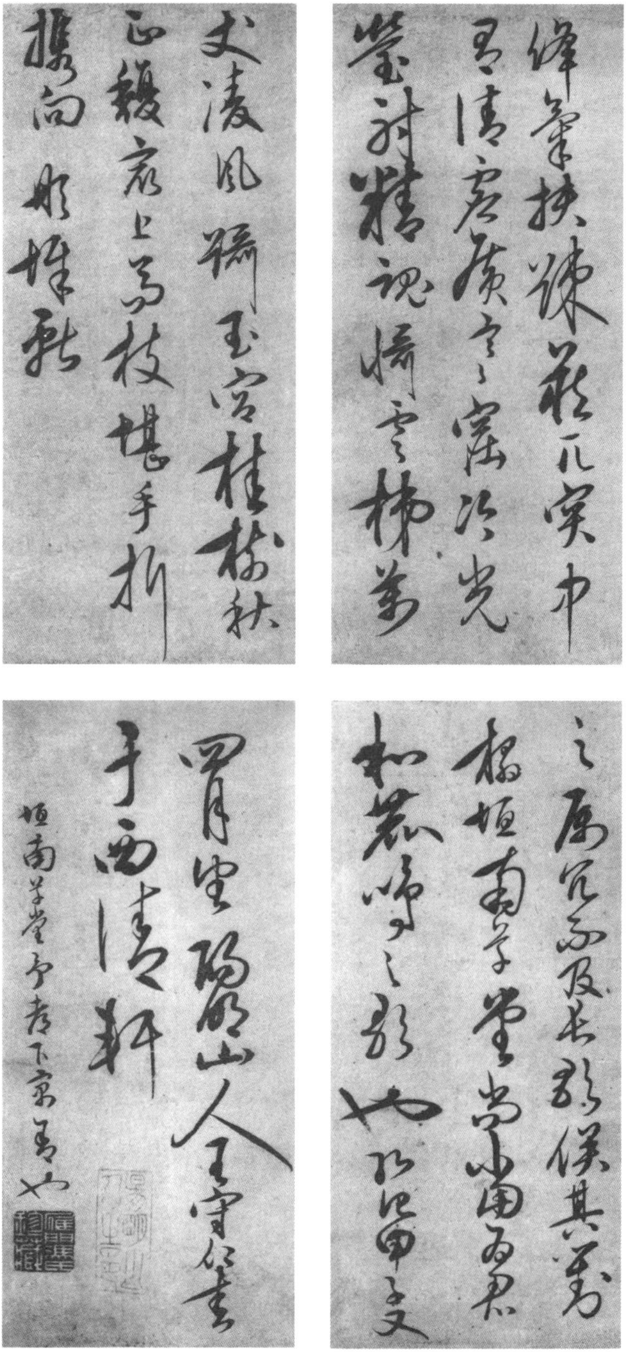

王陽明手迹

（《若耶溪送友詩》）

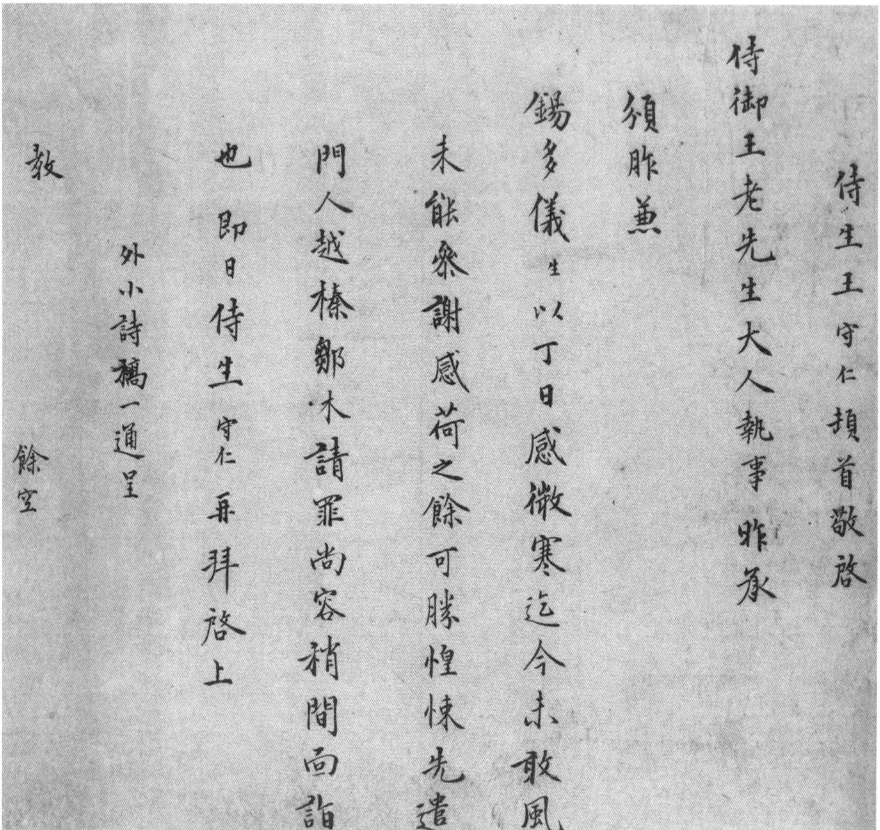
侍生王守仁頓首敬啓
侍御王老先生大人執事昨承
頒貽兼
錫多儀生以丁日感微寒迄今未敢風
未能叅謝感荷之餘可勝惶悚先遣
門人越榛鄒木請罪尚容稍間面詣
也即日侍生守仁再拜啓上
外小詩稿一通呈
教
餘空

王陽明手迹
(《與王侍御書》)

修訂版出版説明

《王陽明全集補編》初版於二〇一六年在本社出版；二〇二一年，作了較大幅度的增補，篇幅由近三十萬字，增加到四十餘萬字，仍由本社出版，是爲增補本。

此次推出修訂版，一是對部分佚文，與輯佚所據之書畫、信劄、碑文等，核校一過，更正倒訛、衍脱、誤斷之處。二是新增《雨霽遊龍山次五松韻》等八篇佚文、《紀夢詩題壁》異文一篇。

上海古籍出版社

二〇二四年十一月

目録

語録……（四六〇）

附録一　異文……（五五七）

附録二　存僞

增補本前言

近百年來陽明詩文之輯佚考定，是一浩大之文化工程，亦是輯考不斷完善完備之過程，未有止境也。王陽明全集補編自二〇一六年出版以來，余又陸續輯得陽明佚詩佚文多篇，尤獲得武經七書評、大學古本傍釋、大學問之完本，遂再有增補本之訂。是次增補，主要收入新輯陽明佚詩佚文，增入大學古本傍釋、大學問總論，補入移文之篇與語録之本；剔除一二原誤輯僞篇，調整輯佚詩文類目，修改原編刻版誤字錯句。蓋斯增補本，可謂是目前陽明詩文輯佚之最全備完善之本矣。詳考則可見余新增補本王陽明佚文輯考編年。庚子夏五月，景南誌於錢塘西湖北麓。

出版説明

二十世紀八十年代，大陸陽明學復興，而浙江是「始條理者」（陳來陽明學研究的回顧與前瞻兼評陽明學研究叢書）。沈善洪、王鳳賢兩位先生於七十年代後期即開始研究王陽明，並於一九八一年推出了王陽明哲學研究。

踵其事者，當首推吴光先生。他不僅是陽明學的研究者，亦是陽明學的推動者。蓋因出身歷史學的緣故，他較早注意到文獻整理對陽明學研究的重要性，早在一九九二年就推出了由其主持整理、校點的王陽明全集（吴光、錢明、董平、姚延福編校，上海古籍出版社，二〇一一年重排。以下簡稱全集），對王陽明及其思想研究起了不小的推動作用。全集亦被公認爲最權威、使用範圍最廣的版本。

全集卷三十二係錢明先生搜輯整理的陽明散佚語録、詩、文，凡二十八篇，開陽明佚文輯佚之先河。嗣後不斷有佚文、異文被發現，舉其要者，有日本學者永富青地、水野實，中國學者錢明、計文淵、葉樹望、吴震、王孫榮、陳來等，以浙人或浙籍居多。

浙江大學束景南教授於二十世紀八十年代專力於朱熹研究之時，即已留意於陽明佚文的搜輯。二〇〇一年完成「朱子三書」最後一部朱熹年譜長編後，始專意於陽明佚文的搜輯整理。積三十年之功，於二〇一二年出版了陽明佚文輯考編年(上海古籍出版社，二〇一五年推出增訂版。以下簡稱輯考)。

輯考對前此的輯佚成果作了系統的清理：全集業已收録，或學者已有輯考者，根據版本、文獻來源不同，對其間文字缺漏(缺題、缺序、缺跋、缺作文時間、正文文字缺漏等)、差異、錯訛等，辨其成因，定其是非。對前人誤輯或新見僞託陽明所作者，詳加考辨，證成其僞。

輯考對學界貢獻尤著者，乃其新輯之近二百五十篇(首)佚文佚詩。憑藉這些新史料，輔以綿密的考辨，糾正和解決了不少陽明學研究中的誤案、錯案和懸案。

輯考曾獲得二〇一一年「國家古籍整理出版專項經費資助」；出版後，廣受學界好評，並獲二〇一二年度「全國優秀古籍圖書獎」二等獎。然因輯考的主體是考辨、編年文字，研讀、使用頗爲不便。有鑒於此，特約請束景南教授在輯考基礎之上，參照全集的體例，編纂王陽明全集補編，并由查明昊先生作了後期整理工作。此補編的出版，庶可與全集合爲全璧。其編排體例如下：

凡不見於全集者，均編入正文部分。按其體裁，分詩、文、語録三編，共計詩文約三百八十篇(首)，語録近一百八十條。各編内，按創作時代先後排列；每篇佚文後，著録其文獻出處。

新發現之續傳習録，與傳習録卷下文字多有出入，且約有二十五條語録爲傳習録所無，今附於正文後。

正文之外，另有附録三：異文，全集雖已收録，但與新見文字差異頗大者，録以備考，計五十餘首（篇）；存僞，業經考辨，確爲僞託者，録此存照，以免貽誤不明其僞者，約七十首（篇）；徵引輯佚書目，既示不掠前賢之美，亦爲有意深入覲研者之引導也。

上海古籍出版社
二〇一六年四月

又記

此次增補，主要做了以下工作：

一是增補初版中未收之篇目。詩文部分：據國家圖書館藏明嘉靖刻陽明先生别録、日本早稻田大學圖書館藏明嘉靖三十四年閭東序刊本陽明先生文録，補入日本學者永富青地輯録遺漏之公移，計一百五十餘篇。據上海涵芬樓影印隆慶本、續四庫全書影印萬曆本、哈佛大學漢和圖書館藏乾隆刊刻本大學古本傍釋，輯補入大學古本傍釋完本，據萬曆刻百陵學山本大學問完本輯補之大學問總論；據楊一清集集部獻納稿收録阳明正德七年代楊一清所作爲急大本以圖治安以盡修省事等，共計二十餘篇。語録部分，據日本學者永野實、永富青地、三澤三知夫校注、張文朝譯陽明先生遺言録稽山承語整理，補入陽明先生遺言録、稽山承語。增補文字近十六萬。

二是删除數篇初版誤輯之篇目。主要爲題温日觀葡萄次韻、題倪雲林春江煙霧圖、滿江紅題安化縣石橋、望江南西湖四景、京師地震上皇帝疏等五篇（首）。

三是訂正初版文字識讀、標點、考訂中的疏漏。如當代學者蘇成愛據明天啟元年徐光啟序、茅震東考訂之武經七書評，作有批評武經七書校注，今據以訂補初版疏失。其他細微修改，不再贅舉。

我們相信，增補本的出版，將爲讀者提供一個收羅更加齊備、編校更加精善的文本。

上海古籍出版社

二〇二一年一月

詩

資聖寺杏花樓（成化十五年　一四七九年）

東風日日杏花開，春雪多情故換胎。素質翻疑同苦李，淡粧新解學寒梅。心成鐵石還誰賦？凍合青枝亦任猜。迷却晚來沽酒處，午橋真訝灞橋迴。

（詩見天啓海鹽縣圖經卷三。）

寓資聖僧房（成化十六年　一四八〇年）

落日平堤海氣黄，短亭衰柳艤孤航。魚蝦入市乘潮晚，鼓角收城返棹忙。人世道緣逢郡博，客途歸夢借僧房。一年幾度頻留此，他日重來是故鄉。

（詩見萬曆嘉興府志卷二十九、康熙嘉興府志卷十八、光緒海鹽縣志卷三十。）

棋落水詩（成化十六年　一四八〇年）

象棋終日樂悠悠，苦被嚴親一旦丢。兵卒墮河皆不救，將軍溺水一齊休。馬行千里隨波去，象入三川逐浪游。砲響一聲天地震，忽然驚起卧龍愁。

（詩見褚人穫堅瓠集甲集卷一棋落水。）

金山寺（成化十八年　一四八二年）

金山一點大如拳，打破維揚水底天。醉倚妙高臺上月，玉簫吹徹洞龍眠。

蔽月山房（成化十八年　一四八二年）

山近月遠覺月小，便道此山大於月。若人有眼大如天，還見山小月更闊。

（二詩見錢德洪陽明先生年譜。）

夢謁馬伏波廟題辭題詩（成化二十二年　一四八六年）

銅柱折，交趾滅，拜表歸來白如雪。

（題辭見董穀董漢陽碧里後集雜存銅柱夢，題詩在王陽明全集中。）

萬松窩（弘治二年　一四八九年）

隱居何所有？云是萬松窩。一徑清影合，三冬翠色多。喜無車馬跡，射兔麂鹿過。千古陶弘景，高風滿浙阿。

（詩見道光東陽縣志卷二十六。）

毒熱有懷用少陵執熱懷李尚書韻寄年兄程守夫吟伯（弘治六年　一四九三年）

曉來梅雨望沾凌，坐久紅爐天地蒸。幽朔多寒還酷烈，清虚無語漫飛升。此時頭羨千莖雪，何處身倚百丈冰？且欲泠然從禦寇，海桴吾道未須乘。

（詩見光緒淳安縣志卷十五。）

口訣（弘治九年　一四九六年）

閑觀物態皆生意，静悟天機入窈冥。道在險夷隨地樂，心忘魚鳥自流行。

（詩見性命圭旨利集口訣。按：王陽明全集卷十九有睡起寫懷，中四句與此口訣同，可見乃是陽明自將早年作口訣七絶改爲睡起寫懷七律，並將「行」字改爲「形」。）

雨霽遊龍山次五松韻（三首）（弘治九年　一四九六年）

雨中與錢二雁、魏五松約遊龍山。次日適開霽，錢公忽有歸興，遂乘晚晴携酒登絶頂。半酣，五松有作，即席次韵。

冒雨相期上釣臺，山靈特地放陰開。兒童叩馬知將别，草木餘光惜再來。清渚胊眠江色净，暮天鴻帶夕陽迴。共憐巖菊寒猶盛，爲報溪梅且讓魁。

容易誰當到此臺，草亭唯與子陵開。高風直節公何忝，野性疏才我亦來。斜日半江人欲醉，紫雲雙闕首重迴。暮年不獨雄文藻，豪興猶堪四座魁。

日落滄江雲滿臺，眼前詩景逐時開。疏鐘暝靄千峰寂，一鶴青霄萬里來。身遇明時唯可飲，醉分禪榻未須迴。行厨不容愁供給，一味山羹足芋魁。

（三詩見陽明先生文録續編（嘉靖四十五年刻本）卷四。按陽明先生文録續編著録此篇有五首，而王文成公全書卷二十九著録此篇祇二首（第二首、第三首），遺漏三首，亦缺詩序。）

蘭亭次秦行人韻（弘治十年　一四九七年）

十里紅塵踏淺沙，蘭亭何處是吾家？茂林有竹啼殘鳥，曲水無觴見落花。野老逢人談往事，山僧留客薦新茶。臨風無限斯文感，回首天章隔紫霞。

（詩見沈復燦山陰道上集，天津圖書館藏。）

登秦望山用壁間韻（弘治十一年　一四九八年）

秦望獨出萬山雄，縈紆鳥道盤蒼空。飛泉百道瀉碧玉，翠壁千仞削古銅。久雨忽晴真可喜，山靈於我豈無以？初疑步入畫圖中，豈知身在青霄裏。蓬島茫茫幾萬重，此地猶傳望祖龍。仙舟一去竟不返，斷碑千古原無踪。北望稽山懷禹跡，却嘆秦皇爲慚色。落日淒風結晚愁，歸雲半掩春湖碧。便欲峰頭拂石眠，吊古傷今益惘然。未暇長卿哀二世，且續蘇君觀海篇。長嘯歸來景漸促，山鳥山花吟不足。夜深風雨過溪來，小榻寒燈卧僧屋。

（詩見張元忭雲門志略卷五、康熙紹興府志卷四、古今圖書集成山川典第一百零五卷吴山部等，錢明王陽明全集未刊散佚詩文彙編及考釋著録，析爲六首。）

登峨嵋歸經雲門（弘治十一年　一四九八年）

一年忙裏過，幾度夢中遊。自覺非元亮，何曾得惠休。亂藤溪屋邃，細草石池幽。回首俱陳蹟，無勞説故丘。

（詩見張元忭雲門志略卷五。）

留題金粟山（弘治十一年　一四九八年）

獨上高峰縱遠觀，山雲不動萬松寒。飛霞瀉碧雨初歇，古澗流紅春欲闌。佛地移來龍窟小，僧房高借鶴巢寬。飄然便覺離塵世，萬里長空振羽翰。

（詩見嘉興府圖記卷六、金粟寺志歷代金粟詩文、天啓海鹽縣圖經卷三、康熙嘉興府志卷十八等。）

墮馬行（弘治十二年　一四九九年）

我昔北關初使歸，匹馬遠隨邊檄飛。涉危趨險日百里，了無塵土沾人衣。長安城中乃安宅，西街却倒東山屐。疲騾歷塊誤一蹶，啼鳥笑人行不得。伏枕兼旬不下庭，扶携稚子或能行。

勘譜尋方於油皮，閑窗藥果羅瓶罌。天憐不才與多福，步履已覺今全輕。西涯先生真繆愛，感此慰問勤拳情。入門下馬坐則坐，往往東來須一過。詞林意氣薄雲漢，高義誰云在曹佐？少頃夷險已秦越，幸而今非井中墮。細和丁丁伐木篇，一杯已屬清平賀。拂拭牀頭古太阿，七星寶拔金盤陀。血誠許國久無恙，定知神物相撝訶。黄金臺前秋草深，不須感激荆卿歌。嘗聞獻納在文字，我今健筆如揮戈。獨慚著作非門户，明時尚阻康莊步。却向驊留索惆悵，俛首風塵誰復顧？崑崙瑶池事茫惚，善御未應逢造父。物理從來有如此，濫名且任東曹簿。世事紛紛一芻狗，爲藥及時君莫誤。憶昨城東兩月前，健馬疾驅君亦仆。黄門宅裏赴拯時，殿屎共惜無能助。轉首黄門大顛蹶，倉遑萬里滇南路。幻泡區區何足驚，安得從之黄叔度。佩擷馨香六尺軀，婉娩青陽坐來暮。

余墮馬幾一月，荷菊田先生下問，因道馬訟故事，盡出倡和，奉觀間，録此篇求教，萬一走筆以補笑具，甚幸。賦在玉河東第。

八月一日書，陽明山人（印章）。

（詩見蓬累軒編姚江雜纂，多有誤譯。茲據周清魯先生所藏墮馬行真蹟録入。）

遊大伾山詩（弘治十二年　一四九九年）

曉披煙霧入青巒，山寺疏鐘萬木寒。千古河流成沃野，幾年沙勢自平端。水穿石甲龍鱗動，日繞峰頭佛頂寬。宮闕五雲天北極，高秋更上九霄看。

大明弘治己未仲秋朔，餘姚王守仁。

（詩見濬縣金石録卷下、正德大名府志卷二等。）

送李貽教歸省圖詩（弘治十三年　一五〇〇年）

九秋旌旆出長安，千里軍容馬上看。到處臨淮驚節制，趨庭萊子得承歡。瞻雲漸喜家山近，夢闕還依禁漏寒。聞説閶門高已久，不妨冠蓋擁歸鞍。

（詩見嘉慶郴縣志卷三十七。）

奉和宗一高韻（弘治十三年　一五〇〇年）

懶愛官閑不計陞，解嘲還計昔人曾。沉迷簿領今應免，料理詩篇老更能。未許少陵詩吏隱，真同摩詰作禪僧。龍淵且復三冬蟄，鵬翼終當萬里騰。

（詩見朱孟震朱秉器全集游宦餘談獻吉伯安和韻。）

登譙樓（弘治十四年　一五〇一年）

千尺層欄倚碧空，下臨溪谷散鴻蒙。祖陵王氣蟠龍虎，帝闕重城鎖螮蝀。客思江南惟故國，雁飛天北礙長風。沛歌却憶回鑾日，白晝旌旗渡海東。

（詩見光緒鳳陽府志卷十五。）

清風樓（弘治十四年　一五〇一年）

遠看秋鶴下雲皋，壓帽青天礙眼高。石底蟠螐吹錦霧，海門孤月送銀濤。酒經殘雪渾無力，詩倚新春欲放豪。勸賦登樓聊短述，清風曾不媿吾曹。

（詩見太平三書卷四、乾隆太平府志卷四十一。）

地藏塔（弘治十四年　一五〇一年）

渡海離鄉國，辭榮就苦空。結第雙樹底，成塔萬花中。

（詩見光緒青陽縣志卷十。按：光緒青陽縣志卷一又言是唐一夔作，待考。）

和九柏老仙詩（弘治十四年　一五〇一年）

石澗西頭千樹梅，洞門深鎖雪中開。尋常不放凡夫到，珍重唯容道士來。風亂細香笛無韻，夜寒清影衣生苔。於今踏破石橋路，一月須過三十迴。

九柏老仙之作，本不可和，詹煉師必欲得之，遂爲走筆，以塞其意，且以彰吾之不度也。弘治辛酉仲冬望日，陽明山人王守仁識。

（詩有陽明手蹟拓本，計文淵藏，王陽明法書集著録。按：正德嘉興志補卷九録有此詩，題作梅澗。）

雲巖（弘治十五年　一五〇二年）

巖高及雲表，溪環疑磬折。壁立香爐峰，正對黄金闕。鐘響天門開，笛吹巖石裂。掀髯發長嘯，滿空飛玉屑。

（詩見魯默齊雲山志卷四。）

謫仙樓（弘治十五年　一五〇二年）

攬衣登采石，明月滿磯頭。天礙烏紗帽，寒生紫綺裘。江流詞客恨，風景謫仙樓。安得騎黄鶴，隨公八極遊。

（詩見乾隆太平府志卷四十一。）

遊茅山（二首）（弘治十五年　一五〇二年）

其一

山霧沾衣潤，溪風灑面凉。蘚花凝雨碧，松粉落春黄。古劍時聞吼，遺丹尚有光。短才慚宋玉，何敢賦高唐。

其二

靈峭九千丈，窮躋亦未難。江山無遯景，天地此奇觀。海月迎峰白，溪風振葉寒。夜深凌絶嶠，翹首望長安。

蓬萊方丈偶書（二首）（弘治十五年　一五〇二年）

其一

興劇夜無寐，中宵問雨晴。水風涼壑驟，巖日映窗明。石竇窺澗黑，雲梯上水清。福庭真可住，塵土奈浮生。

其二

仙屋煙飛外，青蘿隔世譁。茶分龍井水，飯帶玉田砂。香細嵐光雜，窗虚峰影遮。空林無一事，盡日卧丹霞。

（四詩見茅山全志卷十三。按：蓬萊方丈偶書之二乃從王陽明全集卷十九化城寺六首之五變化而來。）

遊北固山（弘治十五年　一五〇二年）

北固山頭偶一行，禪林甘露幾時名？枕江左右金焦寺，面午中節鐵甕城。松竹兩崖青野興，人煙萬井暗吟情。江南景物應難望，入眼風光處處清。

王守仁。

（詩行書水墨綾本立軸長一百二十釐米，寬四十四釐米，在北京翰海拍賣有限公司二〇一一年春季拍賣會上出現，并在「博寶藝術拍賣網」上公布。原無題，兹據詩意擬。）

贈京口三山僧（四首）（弘治十五年　一五〇二年）

金山贈野閑欽上人

江浄如平野，寒波漫緑苔。地窮無客到，天迥有雲來。禪榻朝慵起，松關午始開。月明隨老鶴，散步妙高臺。

題蒲菊鈺上人房

禪扉雲水上，地迥一塵無。磵有千年菊，盆餘九節蒲。濕煙籠細雨，晴露滴蒼蕪。好汲中泠水，飡香嚼翠腴。

贈雪航上人

身世真如不繫舟，浪花深處伴閑鷗。我來亦有山陰興，銀海乘槎上斗牛。

贈甘露寺性空上人

片月海門出，渾如白玉舟。滄波千里晚，風露九天秋。寒影隨杯渡，清暉共梗流。底須分彼岸，天地自沉浮。

（詩見張萊京口三山志卷五，劉名芳乾隆金山志卷十，盧見曾金山志卷七，周伯義、陳任暘北固山志卷九等。）

屋舟爲京口錢宗玉作（弘治十五年　一五〇二年）

小屋新開傍島嶼，沉浮聊與漁舟同。有時沙鷗飛席上，深夜海月來軒中。醉夢春潮石屏冷，櫂歌碧水秋江空。人生何地不疏放，豈必市隱如壺公。

陽明王守仁次。

（詩真蹟今藏紐約大都會博物館，穰梨館過眼續録卷七屋舟題詠卷著録。）

仰高亭（弘治十五年　一五〇二年）

樓船一别是何年？斜日孤亭思渺然。秋興絶憐紅樹晚，閑心併在白鷗前。林僧定久能知客，巢鶴年多亦解禪。莫向病夫詢出處，夢魂長繞碧溪煙。

（詩見徐崧、張大純百城煙水卷四，錢穀吴都文粹續集卷三十四。）

登吴江塔（弘治十五年　一五〇二年）

天深北斗望不見，更躡丹梯最上層。太華之西目雙斷，衡山以北欄獨憑。漁舟渺渺去欲盡，客子依依愁未勝。夜久月出海風冷，飄然思欲登雲鵬。

（詩見徐崧、張大純百城煙水卷四，錢穀吴都文粹續集卷三十四。）

贈芳上人歸三塔（弘治十五年　一五〇二年）

秀水城西久閉關，偶然飛錫出塵寰。調心亦復聊同俗，習定由來不在山。秋晚菱歌湖水闊，月明清磬塔窗閑。毘盧好似嵩山笠，天際仍隨日影邊。

（詩見萬曆秀水縣志卷八、康熙嘉興府志卷十八。）

審山詩（弘治十五年　一五〇二年）

朝登硤石巔，霽色浮高宇。長岡抱迴龍，怪石駴奔虎。古刹凌層雲，中天立鰲柱。萬室湧魚鱗，晴光動江滸。曲徑入藤蘿，行行見危堵。寺僧聞客來，袈裟候庭廡。登堂識遺像，畫繪衣冠古。乃知顧况宅，今爲梵王土。書臺空有名，湮埋化煙莽。葛井雖依然，日暮飲牛羖。長松非舊枝，子規啼正苦。古人豈不立，身後杳難覩。悲風振林薄，落木驚秋雨。人生一無成，寂寞知何許？

（詩見乾隆海寧州志卷二、嘉慶峽川續志卷一。）

坐功（弘治十五年　一五〇二年）

春噓明目夏呵心，秋呬冬吹肺腎寧。四季常呼脾化食，依此法行相火平。

（詩見游日升臆見彙考卷三。）

本覺寺（弘治十六年　一五〇三年）

春風吹畫舫，載酒入青山。雲散晴湖曲，江深緑樹灣。寺晚鐘韻急，松高鶴夢閑。夕陽摧暮景，老衲閉柴關。

（詩見乾隆紹興府志卷三十八、嘉慶山陰縣志卷二十八。）

聖水寺（二首）（弘治十六年　一五〇三年）

拂袖風塵尚未能，偷閑殊覺愧山僧。杖藜終擬投三竺，裘馬無勞説五陵。

長擬西湖放小舟，春山隨意逐春流。煙霞只作鷗鳧主，斷却紛紛世上愁。

（二詩見康熙錢塘縣志卷十四，雲居聖水寺志卷三著録此二詩，題作「遊雲居寺」。）

無題道詩（弘治十六年　一五〇三年）

鞁龍節虎往崑崙，挹剖元機孰共論？袖裏青萍三尺劍，夜深長嘯出天根。天根頂上即崑崙，水滿華池石鼎温。一卷黄庭真訣秘，不教紅液走旁寸。杖掛真形五嶽圖，德共心蹟似冰壺。春來只貫餘杭濕，不問蓬萊水滿無。

陽明王守仁臨書。

（陽明手蹟絹本，行草，長三百一十四釐米，寬二十七點五釐米。見「説寶綱」公布。）

曹林庵（弘治十六年　一五〇三年）

好山兼在水雲間，如此湖須如此山。素有卜居陽羨興，此身争是未能閑。

（詩見康熙蕭山縣志卷十四、乾隆紹興府志卷四十。）

覺苑寺（弘治十六年　一五〇三年）

獨寺澄江濱，雙刹青漢表。攬衣試登陟，深林宿鷩鳥。老僧丘壑癯，古顔冰雪好。霏霏出幽談，落落見孤抱。雨霽江氣收，天虚月色皓。夜静卧禪關，吾筆夢生草。

（詩見乾隆紹興府志卷三十九、康熙蕭山縣志卷十四。）

勝果寺（弘治十六年　一五〇三年）

深林容鳥道，古洞隱春蘿。天迥聞潮早，江空得月多。冰霜叢草木，舟楫玩風波。巖下幽棲處，時聞白石歌。

（詩見西湖遊覽志卷七、武林梵志卷二。）

春日宿寶界禪房賦（弘治十六年　一五〇三年）

晴日落霞紅蘸水，杖藜扶客眺西津。鶯鶯喚處青山曉，燕燕飛時緑野春。明月海樓高倚徧，翠峰煙寺遠遊頻。情多謾賦詩囊錦，對鏡愁添白髮新。

（詩見嘉靖仁和縣志卷十二。）

無題（弘治十六年　一五〇三年）

江上月明看不徹，山窗夜半只須開。萬松深處無人到，千里空中有鶴來。受此幽居真結托，憐予遊蹟尚風埃。年來病馬秋尤瘦，不向黄金高築臺。

（詩見日本九州大學文學部藏陽明先生文録卷四，錢明王陽明全集未刊散佚詩文彙編及考釋著録。）

西湖（弘治十六年　一五〇三年）

畫舫西湖載酒行，藕花風度管弦聲。餘情未盡歸來晚，楊柳池臺月又生。

（詩有陽明手蹟石碑在貴陽扶風山陽明祠，王陽明謫黔遺蹟著録。此詩一作賀甫詩，存疑待考。）

無題詩（弘治十六年　一五〇三年）

青山晴壑小茆檐，明月秋窺細升簾。折得荷花紅欲語，浄香深處續華嚴。

（王守仁書詩手蹟行書，立軸，水墨絹本，見藝苑掇英第七十期，上海人民美術出版社出版。）

夜歸（疑弘治十六年　一五〇三年）

夜深歸來月正中，滿身香帶桂花風。流螢數點樓臺外，孤雁一聲天地空。沽酒喚回茅店夢，狂歌驚起石潭龍。倚欄試看青鋒劍，萬丈寒光透九重。

（阮元書王陽明詩，行書，扇面，長四十七釐米，寬十八釐米，在二〇〇九年厦門伯雅文化藝術經濟代理有限公司秋季藝術品拍賣會上出現，並在「厦門伯雅——博寶藝術品拍賣網」上公布。按：康熙刻宋俊柳亭詩話卷六言是戴顒詩，待考。）

滿庭芳四時歌（弘治十六年　一五〇三年）

春風花草香，遊賞至池塘。踏花歸去馬蹄忙，邀嘉客，醉壺觴，一曲滿庭芳。

初夏正清和，魚戲動新荷。西湖千里好煙波，銀浪裏，擲金梭，人唱採蓮歌。

秋景入郊墟，簡編可卷舒。十年讀盡五車書，出白屋，生金壺，潭潭府中居。

冬嶺秀孤松，六出舞迴風。烏鵲争棲飛上桐，梅影瘦，月朦朧，人在廣寒宫。

（陽明山人王守仁詞真蹟綾本立軸，在二〇〇九年中國嘉德國際拍賣有限公司「嘉德四季」第十七期拍賣會上出現，並在網上公布。）

石門晚泊（弘治十七年　一五〇四年）

風雨石門晚，停舟問舊遊。爛花春欲盡，惆悵繞溪頭。

（詩見嘉興府圖記卷六、康熙嘉興府志卷十八、光緒嘉興府志卷八十四。）

别友詩（弘治十七年　一五〇四年）

千里來遊小洞天，春風無計挽歸船。柳花繚亂飛寒白，何異山陰雪後天。

□年來訪予陽明洞天，其歸也，賦首尾韻，以見别意。弘治甲子四月朔，陽明山人王守仁書。

（此詩有陽明手蹟扇面紙本，藏湖北省博物館，計文淵王陽明法書集著録。）

若耶溪送友詩（弘治十七年　一五〇四年）

若耶溪上雨初歇，若耶溪邊船欲發。楊枝嫋嫋風乍晴，楊花漫漫如雪白。湖山滿眼不可將，畫手憑誰寫清絶？金樽緑酒照玄髮，送君暫作沙頭别。長風破浪下吴越，飛帆夜渡錢塘月。遥指扶桑向溟渤，翠水金城見丹闕。絳氣扶疏藏兀突，中有清虚廣寒窟。冷光瑩射精魂慑，雲梯萬丈凌風躡。玉宫桂樹秋正馥，最上高枝堪手折。攜向彤墀獻天子，金匱琅函貯芳烈。

内兄諸用冕惟奇，負藝，不平於公道者久矣。今年將赴南都試，予别之耶溪之上，固知其高捷北轅，不久當會於都下，然而繾綣之情自有不容已也。越山農鄒魯英爲寫耶溪别意，予因詩以送之，屬兀不及長歌。俟其對榻垣南草堂，尚當爲君和鹿鳴之歌也。弘治甲子又四月望，陽明山人王守仁書于西清軒。垣南草堂，予都下寓舍也。

（詩見日本大阪博文堂影印王陽明先生若耶溪帖墨妙，計文淵吉光片羽彌足珍著録。）

謁周公廟（弘治十七年　一五〇四年）

守仁祇奉朝命，主考山東鄉試，因得謁元聖周公廟。謹書詩一首，以寓景仰之意云爾。時弘治甲子九月九日。

我來謁周公，嗒焉默不語。歸去展陳篇，詩書説向汝。

（詩見吕兆祥東野志卷二、乾隆曲阜縣志卷四。）

天涯思歸（弘治十七年　一五〇四年）

趨庭戀闕心俱似，將父勤王事□違。使節已從青漢下，親廬休望白雲飛。秋深峽口猿啼急，歲晚衡陽雁影稀。隣里過逢如話我，天涯無日不思歸。

□□行，名父作詩送，予亦次韻。陽明守仁書。

（詩真蹟長一百四十六釐米，寬五十釐米，由計文淵收藏，計文淵王陽明法書集著録。）

晚堂孤坐吟（弘治十七年　一五〇四年）

晚堂孤坐漫沉沉，數盡寒更落葉深。高棟月明時燕語，古階霜細或蟲吟。校評正恐非吾所，報答徒知盡此心。賴有勝遊堪自解，秋風華嶽得高尋。

予謬以校文至此，假館濟南道，夜坐偶書壁間，兼呈道主袁先生請教。弘治甲子仲秋五日，餘姚王守仁書。

（詩見乾隆歷城縣志卷二十五，云：「王守仁詩碑。王陽明主試，題壁云……碑尚存，草書。」王陽明全集補録據日本佐賀縣多久市細川章女士家藏拓本輯録，多有錯漏。今據「中國書法論壇」公佈之拓本收録。）

趵突泉和趙松雪韻（弘治十七年　一五〇四年）

濼水特起根虛無，下有鰲窟連蓬壺。絶喜坤靈能爾幻，却愁地脉還時枯。驚湍怒湧噴石竇，流沫下瀉翻雲湖。月色照水歸獨晚，溪邊瘦影伴人孤。

（詩見嘉靖山東通志卷五、乾隆歷城縣志卷八、古今圖書集成方輿彙編山川典第二百〇五卷趵突泉部。）

御帳坪（弘治十七年　一五〇四年）

危構雲煙上，憑高一望空。斷碑存漢字，老樹襲秦封。路入天衢畔，身當宇宙中。短詩殊草草，聊以記吾踪。

（詩見嘉靖山東通志卷二十二、重修泰安縣志卷十四。）

西湖（弘治十八年　一五〇五年）

我所思兮山之阿，下連浩蕩兮湖之波。層巒複巘，周遭而環合。雲木際天兮，擁千峰之嵯峨。送君之邁兮，我心悠悠。桂之檝兮蘭之舟，簫鼓激兮哀中流。湖水春兮山月秋，湖雲漠漠兮山風颼飀。蘇之堤兮逋之宅，復有忠魂兮山之側。桂樹團團兮空山夕，猿冥冥兮嘯青壁。曠懷人兮水涯，目惝怳兮斷秋魄。君之遊兮，雙旗奕奕。水鶴翩翩兮，鷗鳧澤澤。君來何暮兮，去何毋疾；我心則悦兮，毋使我亟。送君之邁兮，欲往無翼。雁流聲而南去兮，渺春江之脉脉。

陽明王守仁。

（詩見中國古代書畫圖目（二），題在吴偉文會贈言圖上，真蹟今藏上海博物館。）

古詩（弘治十八年　一五〇五年）

曉日明華屋，晴窗閑卷牘。試拈枯筆事游戲，巧心妙思回長轂。貌出寒林鴉萬頭，潑盡金壺墨千斛。從容點染不經意，欻忽軒騰駭神速。寫情適興各有得，豈必校書向天禄。怪石昂藏文變虎，古樹叉牙角解鹿。飛鳴相從各以族，翻舞斜陽如背暴。平原蕭蕭新落木，歸霞掩映隨孤鶩。高行拂暝挾長風，勮勢摶雲卷微霂。開合低昂整復亂，宛若八陣列魚腹。出奇邀險倏變化，無窮何止三百六。獨往耻爲腐鼠爭，疾擊時同秋隼逐。畫師精妙乃如此，天機飛動疑可掬。秋堂華燭光閃煜，展視還嫌雙眼肉。俗手環觀徒歎羨，摹倣安能步一蹴。嗟哉用心雖小技，猶勝飽食終日無歸宿。

即席陽明山人王守仁次韻。

（詩真蹟長一百一十一點一釐米，寬二十六點六釐米，今藏浙江省博物館，計文淵吉光片羽彌足珍著録。）

題臨水幽居圖（疑正德元年　一五〇六年）

秋日淡雲影，松風生晝陰。幽人□絜想，寧有書與琴。

陽明山人。

（圖並詩見梁章鉅退庵所藏金石書畫跋尾卷十五。）

贈劉秋佩（正德二年　一五〇七年）

骨鯁英風海外知，況於青史萬年垂。紫霧四塞麟鷩去，紅目重光鳳落儀。天奪忠良誰可問，神爲雷電鬼難知。莫邪亘古無終秘，屈軼何時到玉墀？

又贈劉秋佩（正德二年　一五〇七年）

檢點同年三百輩，大都碌碌在風塵。西川若也無秋佩，誰作乾坤不勞人？

（上兩詩見同治重修涪州志卷十五。）

雲龍山次喬宇韻（正德二年　一五〇七年）

幾度舟人指石岡，東西長是客途忙。百年風物初經眼，三月煙花正向陽。芒碭漢雲春寂寞，黃樓楚調晚凄涼。惟餘放鶴亭前草，還與遊人藉醉觴。

（詩見民國銅山縣志卷七十三、古今圖書集成山川典第九十四卷雲龍山部。）

題吳五峰大參甘棠遺愛卷五峰衡山人（正德二年　一五〇七年）

遵彼江滸，樛木陰陰，亦有松柏，鬱其相參。彼行者徒，或馳以驅，載橐荷畚，傴僂蘧除。昔也炎暑，道暍無所；今也蒸熾，有如室處。陰陰樛木，實獲我心。赫赫吳公，仁惠忠諶。惟此樛木，吳公所植。匪公之德，曷休以息？公行田野，褐蓋朱輪，芨於柳下，勞此農人。薰風自南，吹彼柔肆，悠悠旆旌，披拂摇曳。民曰公來，盍往迎之。壺漿車下，實慰我思。我思何極，公勿我去，天子之命，盍終我庇。公曰爾民，爾孝爾弟，食耕飲鑿，以遊以戲。民曰我公，我植我培，有若兹樹，翌其餘枚。嗟我庶民，勿剪勿伐，勿愧甘棠，公我召伯。

（詩見康熙衡州府志卷二十一、湖廣通志卷八十四。）

套數（正德二年　一五〇七年）

歸隱

【南仙吕入雙調步步嬌】宦海茫茫京塵渺，碌碌何時了。風掀浪又高，覆轍翻舟，是非顛倒。算來平步上青霄，不如早泛江東棹。

【沉醉東風】亂紛紛鴉鳴鵲噪，惡狠狠豺狼當道，冗費竭民膏，怎忍見人離散，舉疾首蹙額相告。簪笏滿朝，干戈載道，等閑間把山河動摇。

【忒忒令】平白地生出禍苗，逆天理那循公道。因此上把功名委棄如蒿草。本待要竭忠盡孝，只恐怕狡兔死，走狗烹，做了韓信的下梢。

【好姐姐】爾曹，難與我共朝，真和假那分白皂。他把孽冤自造，到頭終有報。設圈套，饒君總使機關巧，天網恢恢不可逃。

【喜慶子】算留侯其實見高，把一身名節自保。隨着赤松子學道，也免得赴雲陽市曹。

【雙蝴蝶】待學，陶彭澤懶折腰；　待學，載西施范蠡逃；　待學，張孟談辭朝；　待學，七里灘子陵垂釣；　待學，陸龜蒙筆牀茶竈；　待學，東陵侯把名利抛。

【園林好】脱下了團花戰袍，解下了龍泉寶刀，卸下了朝簪烏帽。布袍上繫麻絛，把漁鼓簡兒敲。

【川撥棹】深山坳，悄没個閑人來聒噪，跨青溪獨木爲橋，跨青溪獨木爲橋。小小的茅庵蓋着，種青松與碧桃，採山花與藥苗。

【錦衣香】府庫充，何足道；　禄位高，何足較，從今耳畔清閑，不聞宣召。蘆花被暖度良宵，三竿日上，睡覺伸腰，對隣翁野老，飲三杯濁酒村醪，醉了還歌笑。齁齁睡倒，不圖富貴，只求安飽。

【漿水令】賞春時花藤小轎，納涼時紅蓮短棹。稻登場鷄豚蟹螯，雪霜寒純棉布袍。四時佳景恣歡笑，也强如羽扇番營，玉珮趨朝。溪堪釣，山可樵，人間自有蓬萊島。何須用、何須用樓船綵轎。山林下、山林下儘可逍遥。

【尾聲】從來得失知多少，總上心來轉一遭。把門兒閉了，只許詩人帶月敲。

（套數見全明散曲（一）。）

遊海詩（正德二年　一五〇七年）

予，餘姚王守仁也。以罪南謫，道錢塘，以病且暑，寓居江頭之勝果寺。一日，有二校排闥而入，直抵予卧内，挾予而行。有二人出自某山蒙茸中，其來甚速，若將尾予者。既及，執二校，二校即挺二刃厲聲曰：「今日之事，非彼即我，勢不兩生。吾奉吾主命，行萬餘里，至謫所不獲，乃今得見於此，尚可少貸以不畢吾事耶？」二人請曰：「王公今之大賢，令死刃下，不亦難乎！」二校曰：「諾。」即出繩丈餘，令予自縊。二人又請曰：「以縊與刃，其慘一也。令自溺江死，何如？」二校曰：「是則可耳。」將予鎖江頭空室中。予從窗謂二人曰：「予今夕固決死，爲我報家人知之。」二人曰：「使公無手筆，恐無所取信。」予告無以作書。二人則從窗隙與我紙筆。予爲詩二首、告終辭一章授之，以爲家信。

其一

學道無聞歲月虚，天乎至此欲何如？生曾許國慚無補，死不忘親恨有餘。自信孤忠懸日月，豈論遺骨葬江魚。百年臣子悲何極，日夜潮聲泣子胥。

其二

敢將世道一身擔，顯彼天刑萬死甘。滿腹文章方有用，百年臣子獨無慚。涓流裨海今真見，片雪填溝舊齒談。昔代衣冠誰上品？狀元門第好奇男。

二人，一姓沈，一姓殷，俱住江頭，必報吾家，必報吾家。

告終辭

皇天茫茫，降殃之無憑兮，窅莫知其所自。予誠何絶於幽明兮，羌無門而往訴。臣得罪於君兮，無所逃於天地。固黨人之爲此兮，予將致命而遂志。委身而事主兮，夫焉吾之可有？殉聲色以求容兮，非前修之所守。吾豈不知直道之殞軀兮，庶予心之不忘。定予志詎朝夕兮，孰沛顛而有亡。上穹林之杳杳兮，下深谷之冥冥。白刃奚其相向兮，盼予視若飄風。内精誠以淵静兮，神氣泊而沖容。固神明之有知兮，起壯士於蒙茸。奮前持以相格兮，曰孰爲事刃於貞忠？景冉冉以將夕兮，下釋予之頹宫。曰受命以相及兮，非故於子之爲攻。不自盡以免予兮，夕余將浮水於江。嗚呼噫嘻！予誠愧於明哲保身兮，豈效匹夫而自經。終不免於鴟夷兮，固將遡江濤而上征。已矣乎！疇昔之夕予夢坐於兩楹兮，忽二伻來予覿，曰予伍君三閭之僕兮，跽陳辭而加璧，啓緘書若有靚兮，恍神交於千載。曰世濁而不可居兮，子奚不來遊於溟海？鬱予懷之恍愴兮，懷故都之拳拳。將夷險惟命之從兮，孰君親而忍捐？嗚呼噫嘻！命苟至於斯，亦余心之所安也。固晝夜以爲常兮，予非死之爲難也。沮隱壁之岑岑兮，猿猱若授予長條。虺結螭於圮垣兮，山鬼弔於巖嗷。雲冥冥而晝晦兮，長風怒而江號。頽陽倏其西匿兮，行將赴於江濤。嗚呼噫嘻！一死其何至兮，念層闈之重傷也。予死之奄然兮，傷吾親之長也。羌吾君之明聖兮，亦臣死之宜然。臣誠有憾於君兮，痛讒賊之諛便。搆其辭以相説兮，變黑白而燠寒。假遊之竊辟兮，君言察彼之爲殘。死而有知兮，逝將訴於帝廷。去讒而遠佞兮，何幽之不贊於明。昔高宗之在殷兮，賚良弼以中興。申甫生而屏翰兮，致周宣於康成。帝何以投讒於有北兮，焉啓君之衷。揚列祖之鴻庥兮，永配天於無窮。臣死且不朽兮，隨江流而朝宗。嗚呼噫嘻！大化屈伸兮，升降飛揚。感神氣之風霆兮，溘予將反乎帝鄉。驂玉虬之蜿蜒兮，鳳凰翼而翱翔。從靈均與伍胥兮，彭咸御而相將。經申徒之故宅兮，歷重華之陟方。降大壑之茫茫兮，登裂缺而愬予。懷故都之無時兮，振長風而遠去。已矣乎！上爲列星兮，下爲江河。山岳興雲兮，雨澤滂沱。風霆流形兮，品物咸和。固正氣之所存兮，豈邪穢而同科。將予騎箕尾而從傅説兮，凌日月之巍峨。啓帝閽而簸清風兮，掃六合之煩苛。亂曰：予童顓知罔知兮，恣狂愚以冥行。悔中道而改轍兮，亦倀倀其焉明。忽正途之有覺兮，策予馬而遥征。搜荆其獨往兮，忘予力之不任。天之喪斯文兮，不畀予於有聞。矢此心之無諼兮，㸚予將求於孔之門。嗚呼！已矣乎，復奚言！予耳兮予目，予手兮予足，澄予心兮，肅雍以穆，反乎大化兮，遊清虚之寥廓。

陽明公入水，沈玉、殷計報。

（三詩見楊儀高坡異纂卷下，烟霞小説十三種第六帙收録。）

中和堂主贈詩（正德二年　一五〇七年）

十五年前始識荆，此來消息最先聞。君將性命輕毫髪，誰把綱常重一分？寰海已知誇令德，皇天終不喪斯文。武夷山下經行處，好對青山醉夕醺。

（詩見高坡異纂卷下。）

大中祥符禪寺（正德二年　一五〇七年）

飄泊新從海上至，偶經江寺聊一遊。老僧見客頻問姓，行子避人還掉頭。山水於吾成痼疾，險夷過眼真蜉蝣。爲報同年張郡伯，煙江此去理漁舟。

（詩見嘉慶西安縣志卷四十四、民國衢縣志卷四。）

舍利寺（正德二年　一五〇七年）

經行舍利寺，登眺幾徘徊。峽轉灘聲急，雨晴江霧開。顛危知往事，飄泊長詩才。一段滄洲興，沙鷗莫浪猜。

（詩見萬曆龍游縣志卷二、民國龍游縣志卷三十三。）

題蘭溪聖壽教寺壁（正德二年　一五〇七年）

蘭溪山水地，卜築趁雲岑。況復徑行日，方多避地心。潭沉秋色静，山晚市煙深。更有楓山老，時堪杖履尋。

（詩見萬曆蘭溪縣志卷六、光緒蘭溪縣志卷三。）

靖興寺（正德三年　一五〇八年）

隔水不見寺，但聞清磬來。已指峰頭路，始瞻雲外臺。洞天藏日月，潭窟隱風雷。欲詢興廢跡，荒碣滿蒿萊。

（詩見乾隆長沙府志卷四十七。）

龍潭（正德三年　一五〇八年）

老樹千年惟鶴住，深潭百尺有龍蟠。僧居却在雲深處，别作人間境界看。

（詩見乾隆長沙府志卷四十九、雍正湖廣通志卷八十。）

望赫羲臺（正德三年　一五〇八年）

隔江嶽麓懸情久，雷雨瀟湘日夜來。安得輕風掃微靄，振衣直上赫羲臺。

（詩見趙寧長沙府嶽麓志卷六、光緒湖南通志卷三十二。錢明王陽明全集未刊散佚詩文彙編及考釋著録。）

贈龍以昭隱君（正德三年　一五〇八年）

長沙有翁號頤真，鄉人共稱避世士。自言龍逄之後嗣，早歲工文頗求仕。中年忽慕伯夷風，脱棄功名如敝屣。似翁含章良可貞，或從王事應有子。

（詩見乾隆長沙府志卷四十六。）

弔易忠節公墓（正德三年　一五〇八年）

金石心肝熊豹姿，煌煌大節繫人思。長風撼樹聲悲壯，仿佛當年罵賊時。

（詩見湘陰易氏族譜卷首之二。）

晚泊沅江（正德三年　一五〇八年）

古洞何年隱七仙，仙踪欲扣竟茫然。惟餘洞口桃花樹，笑倚東風自歲年。

（詩見桃花源志略卷八、嘉慶常德府志常德文徵卷八。）

始得東洞遂改爲陽明小洞天（正德三年，一五〇八年）

群峭會龍場，戟雉四環集。邇覩有遺觀，遠覽頗未給。尋溪涉深林，陟巘下層隰。東峰叢石秀，獨往凌日夕。崖穹洞蘿偃，苔滑徑路澀。月照石門開，風飄客衣入。依窺嵌竇玄，俯聆暗泉急。愜意戀清夜，會景忘旅邑。熠熠巖鶻翻，凄凄草蟲泣。點詠懷沂朋，孔嘆阻陳楫。躊躇且歸休，毋使霜露及。

（詩見上海圖書館藏居夷集卷二。）

棲霞山（正德三年　一五〇八年）

宛宛南明水，回旋抱此山。解鞍夷曲磴，策杖列禪關。薄霧侵衣濕，孤雲入座閑。少留心已寂，不信在烏蠻。

（詩見日本東亞同文書院出版油印本新修支那省别全志貴陽名勝古蹟部分，余懷彦王陽明與貴州文化著録。）

套數（正德三年　一五〇八年）

恬退

【南仙吕甘州歌】歸來未晚，兩扇門兒，雖設常關。無縈無絆，直睡到曉日三竿。情知廣寒無桂攀，不如向緑野前學種蘭。從人笑，貧似丹，黄金難買此身閑，村莊學，一味懶。清風明月不須錢。

【前腔】携笻傍水邊，嘆人生翻覆，一似波瀾。不貪不愛，只守着暗中流年。虀鹽歲月一日兩飡，茅舍疏籬三四間。田園少，心底寬，從來不會皺眉端。居顔巷，人到罕，閉門終日枕書眠。

【解三酲犯】把黄糧懶炊香飯，恁教他恣遊邯鄲，假饒位至三公顯，怎如我埜人閑。朝思暮想人情一似掌樣翻，試聽得狂士接輿歌未闌，連雲棧，亂石灘，煙波名利大家難，收馮鋏，築傅版，儘教三箭定天山。

【前腔】歎浮生總成虛幻，又何須苦自熬煎。今朝快樂今朝宴，明日事且休管。無心老翁一任蓬鬆兩鬢斑。直吃到緑酒牀頭磁甕乾。妻隨唱，子戲斑，弟酬兄勸共團圞。興和廢，長共短，梅花窗外冷相看。

【尾聲】歎目前機關漢，色聲香味任他瞞，長笑一聲天地寬。

（套數見全明散曲（三）。）

龍岡謾書（正德四年　一五〇九年）

子規晝啼蠻日荒，柴扉寂寂春茫茫。北山之薇應笑汝，汝胡局促淹他方？彩鳳葳蕤臨紫蒼，予亦鼓棹還滄浪。只今已在由求下，顔閔高風安可望。

（詩見新刊陽明先生文録續編卷三詩類，永富青地上海圖書館藏新刊陽明先生文録續編について著録。）

寓貴詩（正德四年　一五〇九年）

村村興社學，處處有書聲。

（詩見嘉靖貴州通志卷三。）

次韻自嘆（正德五年　一五一〇年）

孤寺逢僧話舊扉，無端日暖更風微。湯沸釜中魚翻沫，網羅石下雀頻飛。芝蘭却喜棲凡草，桃李那看伴野薇。觀我未持天下第，不能爲國掃公非。

（詩見康熙雲夢縣志卷十二。）

遊鐘鼓洞（正德五年　一五一〇年）

奇石臨江渚，輕敲度遠聲。鼓鐘名世聞，音韻自天成。風送歌傳谷，舟回漏轉更。今須參雅樂，同奏泰階平。

（詩刻在辰溪縣沅水畔丹山崖下鐘鼓洞内石壁上。）

辰溪大酉洞（正德五年　一五一〇年）

路入春山久費尋，野人扶病强登臨。同遊仙呂須乘興，共賞花園莫厭深。鳴鳥遊絲俱自得，閒雲流水亦何心。獨憐疾首燈窗下，展轉支離嘆陸沉。

（詩見嘉慶辰州府志卷四十八藝文纂。按同卷下又有李自奇作和王陽明先生遊大酉洞原韵，知陽明此詩當題在大酉洞壁上。）

觀音山（正德五年　一五一〇年）

煙鬟霧髻動清波，野老傳聞似普陀。那識其中真色相，一輪明月照青螺。

（詩見雍正湖廣通志卷十二、嘉慶常德府志常德文徵卷八。）

過安福（正德五年　一五一〇年）

歸興長時切，淹留直到今。含羞還屈膝，直道愧初心。世事應無補，遺經尚可尋。清風彭澤令，千載是知音。

（詩見同治安福縣志卷二十八。）

遊焦山次邃庵韻（二首）（正德六年　一五一一年）

長江二月春水生，坐没洲渚浮太清。勢挾驚風振孤石，氣噴濁浪摇空城。海門青覘楚山小，天末翠飄吴樹平。不用淩飆躡圓嶠，眼前魚鳥俱同盟。

倚雲東望曉溟溟，江上諸峰數點萍。漂泊轉慚成竊禄，幽棲終擬抱殘經。巖花入暖新凝紫，壁樹懸江欲墮青。春水特深埋鶴地，又隨斜日下江亭。

扁舟乘雨渡青山，坐見晴沙漲幾灣。高宇墮江撑獨柱，長流入海振重關。北來宫闕參差見，東望蓬瀛縹緲間。奔逐終年何所就，端居翻覺愧僧閑。

（詩見張萊京口三山志卷六。）

聽潮軒（正德六年　一五一一年）

水心龍窟只宜僧，也許詩人到上層。江日迎人明白帽，海風吹醉掖枯藤。鯨波四面長疑動，鼇背千年恐未勝。王氣金陵真在眼，坐看西北亦誰曾？

（詩見張萊京口三山志卷五、周伯義金山志卷十。）

崇玄道院（正德六年　一五一一年）

逆旅崇玄幾度來，主人聞客放舟回。小山花木添新景，古壁詩篇拂舊埃。老去鬚眉能雪白，春還消息待梅開。松堂一宿殊匆遽，擬傍鴛湖築釣臺。

（詩見正德嘉興志補卷九。）

彰孝坊（正德六年　一五一一年）

金楚維南屏，賢王更令名。日星昭渙汗，雨雪霽精誠。端禮巍巍地，靈泉脉脉情。他年青史上，無用數東平。

（詩見嘉靖湖廣圖經志書卷一。）

與諸門人夜話（正德七年　一五一二年）

翰苑争誇仙吏班，更兼年少出塵寰。敷珍摛藻依天仗，載筆抽毫近聖顔。大塊文章宗哲匠，中原人物仰高山。譚經無事收衙蚤，得句嘗吟對酒間。羽飛皦雪迎雙鶴，硯洗玄雲注一灣。諸生北面能傳業，吾道東來可化頑。久識金甌藏姓字，暫違玉署寄賢關。通家自愧非文舉，浪許登龍任往還。
與諸門人夜話，陽明山人王守仁。
（詩見石渠寶笈三編第一〇七八册延春閣藏四十元明書翰。）

寶林寺（正德八年　一五一三年）

怪山何日海邊來，一塔高懸拂斗台。面面晴峰雲外出，迢迢白水鏡中開。招提半廢空獅象，亭館全頹蔚草萊。落日晚風無限恨，荒臺石上幾徘徊。
（詩見乾隆紹興府志卷三十八。）

詠釣臺石筍（正德八年，一五一三年）

雲根奇怪起雙峰，慣歷風霜幾萬冬。春去已無斑籜落，雨餘唯見碧苔封。不隨衆卉生枝節，却笑繁花惹蝶蜂。借使放梢成翠竹，等閑應得化虬龍。
（詩見黄宗羲四明山志卷一。光緒上虞縣志卷四載此詩，題作雙筍石。）

遊雪竇（二首）（正德八年，一五一三年）

平生性野多違俗，長望雲山嘆式微。暫向溪流濯塵冕，益憐蘿薜勝朝衣。林間煙起知僧往，巖下雲開見鳥飛。絶境自餘麋鹿伴，况聞休遠悟禪機。

窮山路斷獨來難，過盡千溪見石壇。高閣鳴鐘僧睡起，深林無暑葛衣寒。壑雷隱隱連巖瀑，山雨森森映竹竿。莫訝諸峰俱眼熟，當年曾向畫圖看。

僧居俯瞰萬山尖，六月凉飈早送炎。夜枕風溪鳴急雨，曉窗宿霧卷青簾。開池種藕當峰頂，架竹分泉過屋檐。幽谷時常思豹隱，深更猶自愧蛟潛。

（詩見嘉靖寧波府志卷六，黄宗羲四明山志卷一，光緒奉化縣志卷十五等。）

烏斯道春草齋集題辭（疑正德八年　一五一三年）

緬想先生每心折，論其文章并氣節。群芳有萎君不朽，削盡鉛華無銷歇。

（文見烏斯道春草齋集卷十二附録，見四明叢書本。）

題陳瓚所藏雁唧蘆圖詩（疑正德八年　一五一三年）

西風一夜蘆雲秋，千里歸來憶壯遊。羽翼平沙應養健，知君不爲稻粱謀。

（詩見光緒惠州府志卷三十八陳瓚傳。）

別諸伯生（正德九年　一五一四年）

予妻之姪諸陞伯生將遊嶽麓，爰訪舅氏，酌別江滸，寄懷於言。

風吹大江秋，行子適萬里。萬里豈不遥，眷言懷舅氏。朝登嶽麓雲，暮宿湘江水。湘水秋易寒，嶽雲夜多雨。遠客雖有依，異鄉非久止。歲宴山陰雪，歸橈正遲爾。

正德甲戌十月初三日，陽明居士伯安書於金陵之静觀齋。至長沙見道巖，遂出此致意也。

（詩見國際文化出版公司中國歷代書法大觀（上），真蹟今藏臺北「故宫博物院」。）

夢遊黄鶴樓奉答鳳山院長（正德十年　一五一五年）

扁舟隨地成淹泊，夜向磯頭夢黄鶴。黄鶴之樓高入雲，下臨風雨翔寥廓。長江東來開禹鑿，巫峽天邊一綫絡。春陰水闊洞庭野，斜日帆收漢陽閣。參差遥見九疑峰，中有薜蘽重華宫。蒼梧雲接黄陵雨，千年尚覺精誠通。忽聞孤雁叫湖水，月映鐵笛横天風。丹霞閃映雙玉童，醉擁白髮非仙翁。仙翁呼我金閨彦，爾骨癯然仙已半。胡爲尚局風塵中，不屑刀圭生羽翰？覺來枕簟失煙霞，江上清風人不見。故人仗鉞鎮湖襄，幾歲書來思會面。公餘登眺賦清詞，醉墨頻勞寫湘練。寫情投報娩瓊瑶，皜皜秋陽濯江漢。

（詩見古今圖書集成第一千一百二十五卷武昌部藝文、同治江夏縣志卷十三文徵、黄鵠山志卷八。）

奉壽西岡羅老先生尊丈（正德十一年　一五一六年）

蚤賦歸來意灑然，螺川猶及拜詩篇。高風山斗長千里，道貌冰霜又幾年。曾與眉蘇論世美，真從程洛溯心傳。西岡自並南山壽，姑射無勞更問仙。

陽明山人侍生王守仁頓首稿上，時正德丙子季春望後九日也。

（詩真蹟今藏浙江省博物館，計文淵王陽明法書集著録。）

寄滁陽諸生（二首）（正德十一年　一五一六年）

其一

一别滁山便兩年，夢魂常是到山前。依稀山路還如舊，只奈迷茫草樹煙。

其二

歸去滁山好寄聲，滁山與我最多情。而今山下諸溪水，還有當時幾派清。

憶滁陽諸生（正德十一年　一五一六年）

滁陽姚老將，有古孝廉風。流俗無知者，藏身隱市中。

（三詩見孟津編良知同然録上册，今藏臺北圖書館。永富青地關於王守仁良知同然録的初步研究著録此三詩。）

鐵松公詩贊（正德十一年　一五一六年）

平生心蹟兩相奇，誰信雲臺重釣絲。性僻每窮詩景遠，身閑贏得鬢霜遲。

王守仁拜題。

（詩見餘姚蔣氏宗譜卷一，王孫榮王陽明散佚詩文九種考釋著録。）

和大司馬白巖喬公諸人送別（五首）（正德十一年　一五一六年）

正德丙子九月，守仁領南、贛之命，大司馬白巖喬公、太常白樓吴公、大司成蓮北魯公、少司成雙溪汪公，相與集餞於清涼山，又餞於借山亭，又再餞於大司馬第，又出餞於龍江，諸公皆聯句爲贈，即席次韻奉酬，聊見留别之意。

未去先愁别後思，百年何地更深知？今宵燈火三人爾，他日緘書一問之。漫有煙霞刊肺腑，不堪霜雪妒鬚眉。莫將分手看容易，知是重逢定幾時？

謫鄉還日是多餘，長擬雲山信所如。豈謂尚懸蒼水佩，無端又領紫泥書。豺狼遠道休爲梗，鷗鷺初盟已漸虚。他日姑蘇歸舊隱，總拈書籍便移居。

寒事俄驚蟋蟀先，同遊剛是早春天。故人愈覺晨星少，别話聊憑杯酒延。戎馬驅馳非舊日，筆牀相對又何年？不因遠地疎踪蹟，惠我時裁金玉篇。無補涓埃媿聖朝，漫將投筆擬班超。論交義重能相負？惜別情多屢見招。地入風塵兵甲滿，雲深湖海夢魂遥。廟堂長策諸公在，銅柱何年折舊標？孤航眇眇去鍾山，雙闕回看杳靄間。吴苑夕陽臨水別，江天風雨共秋還。離恨遠地書頻寄，後會何時鬢漸斑。今夜夢魂汀渚隔，惟餘梁月照容顔。

陽明山人王守仁拜手書於龍江舟中。餘數詩稿亡，不及録，容後便覓得補呈也。守仁頓首，白樓先生執事。

（詩見三希堂法帖、端方壬寅消夏録王陽明詩真蹟卷。蓬累軒編姚江雜纂亦録是詩，但不全。）

遊南岡寺（正德十二年　一五一七年）

古寺迴雲麓，光含遠近山。苔痕侵履濕，花影照衣斑。宦况隨天遠，歸思對石頑。一身惕夙夜，不比老僧閑。

（詩見光緒吉安府志卷九、光緒江西通志卷一百二十三、光緒吉水縣志卷十四。）

題察院時雨堂（正德十二年　一五一七年）

三代王師不啻過，來蘇良足慰童皤。陰霾巖谷雷霆迅，枯槁郊原雨澤多。紓策頓能清海岱，洗兵真見挽天河。時平復有豐年慶，滿聽農歌答凱歌。

（詩見嘉靖汀州府志卷十七。）

感夢有題（正德十二年　一五一七年）

夢中身拜五雲□，□□家人婦子懷。犬馬有心知戀主，孤寒無路可爲階。風塵滿眼誰能息？竽瑟三年我自乖。默愧無功成老大，退休爛醉是生涯。

（詩見嘉靖汀州府志卷十七。）

遊羅田巖懷濂溪先生遺詠詩（正德十二年　一五一七年）

路轉羅田一徑微，吟鞭敲到白雲扉。山花笑午留人醉，野鳥啼春傍客飛。混沌鑿來塵劫老，姓名空在舊游非。洞前唯有元公草，襲我餘香滿袖歸。

（詩見光緒江西通志卷五十六。）

過梅嶺（正德十三年　一五一八年）

處處人緣山上巔，夜深風雨不能前。山林叢鬱休瞻日，雲樹彌漫不見天。猿叫一聲聳耳聽，龍泉三尺在腰懸。此行漫説多辛苦，也得隨時草上眠。

陽明王守仁於龍南。

（詩見同治贛州府志卷五，爲平寇回駐龍南憩玉石巖雙洞奇絶徘徊不忍去因寓以陽明小洞天之號兼留此作四首之第三首。按王陽明全集卷二十有回軍龍南小憩玉石巖雙洞絶奇徘徊不忍去因寓以陽明别洞之號兼留此作三首，正缺此首詩。）

謁文山祠（正德十四年　一五一九年）

汗青思仰晉春秋，及拜遺像此靈遊。浩氣乾坤還有隘，孤忠今古與誰侔？南朝未必當危運，北虜烏能臥小樓？萬世綱常須要立，千山高峙贛江流。

正德十四年秋七月，謁宋文山祠，有賦一則。王守仁。

（陽明手蹟在山西晉寶齋藝術總公司二〇〇八年書畫古董交流會上出現，並在網上公布。）

答友人詩（約正德十四年　一五一九年）

儘把毀譽供一笑，由來饑飽更誰知。
（詩見鄣守益集卷十一簡程松谿司成。）

哭孫燧許逵二公詩（正德十四年　一五一九年）

其一

丟下烏紗做一場，男兒誰敢墮綱常。肯將言語堦前屈，硬著肩頭劍下亡。萬古朝端名姓重，千年地裏骨頭香。史官漫把春秋筆，好好生生斷幾行。

其二

天翻地覆片時間，取義成仁死不難。蘇武堅持西漢節，天祥不受大元官。忠心貫日三台見，心血凝冰六月寒。賣國欺君李士實，九泉相見有何顏。
（詩見墨憨齋編皇明大儒王陽明出身靖亂録。）

獻俘南都回還登石鐘山次深字韻（正德十四年　一五一九年）

我來扣石鐘，洞野鈞天深。荷蕢山前過，譏予尚有心。

（詩見李成謀石鐘山志卷十三、同治湖口縣志卷九。）

題仁峰精舍（二首）（正德十五年　一五二〇年）

仁峰山下有仁人，怪得山中物物春。莫道山居渾獨善，問花移竹亦經綸。

山居亦自有經綸，才戀山居却世塵。肯信道人無意必，人間隨地著閑身。

（詩見汪循汪仁峰先生外集卷三。）

練潭館（二首）（正德十五年　一五二〇年）

風塵暗惜劍光沉，拂拭星文坐擁衾。静夜空林聞鬼泣，小堂春雨作龍吟。不須盤錯三年試，自信鑪錘百煉深。夢斷五雲懷朔雁，月明高枕聽山禽。

春山出孤月，寒潭浄於練。夜静倚闌干，窗明毫髮見。魚龍亘出没，風雨忽騰變。陰陽失調停，季冬乃雷電。依依林棲禽，驚飛復遲戀。遠客正懷歸，感之涕欲濺。風塵暗北陬，財力傾南甸。倏忽無停機，茫然誰能辨？吾生固逆旅，天地亦郵傳。行止復何心，寂寞時看劍。

（詩見胡纘宗正德安慶府志卷十六、道光桐城續修縣志卷四、康熙安慶府志卷三十。）

遊龍山（正德十五年　一五二〇年）

探奇淩碧嶠，訪隱入丹丘。樹老能人語，麋馴伴客遊。雲崖遺鳥篆，石洞秘靈湫。吾欲鞭龍起，爲霖遍九州。

（詩見正德安慶府志卷十六、道光桐城續修縣志卷一、康熙桐城縣志卷八、康熙安慶府志卷三十、民國懷寧縣志卷二等。）

梵天寺（正德十五年　一五二〇年）

晴日下孤寺，春波上淺沙。頹垣從草合，虛閣入松斜。僧供餘紋石，經牖落繡花。客懷煩渴甚，寒嗽佛前茶。

（詩見正德安慶府志卷十六、康熙安慶府志卷三十等。）

贈周經和尚偈（正德十五年　一五二〇年）

不向少林面壁，却來九華看山。錫杖打翻龍虎，隻履踢破巉巖。這個潑皮和尚，如何容在世間？呵呵，會得時，與你一棒；會不得，且放在黑漆桶裏偷閒。

正德庚辰三月八日，陽明山人王守仁到此。

（偈見民國九華山志卷四。）

地藏洞再訪異僧不遇（正德十五年　一五二〇年）

路入巖頭別有天，松毛一片自安眠。高談已散人何處？古洞荒凉散冷煙。

（詩見墨憨齋新編皇明大儒王陽明出身靖亂録，見日本弘毅館本。）

端陽日次陳時雨寫懷寄程克光金吾（正德十五年　一五二〇年）

艾老蒲衰春事闌，天涯佳節得承歡。穿楊有技饒燕客，賜扇無緣愧漢官。自笑獨醒還强飲，貪看競渡遂忘餐。蒼生日夜思霏雨，一枕江湖夢未安。

（詩見光緒淳安縣志卷十五。）

贈陳惟浚詩（正德十五年　一五二〇年）

況已妙齡先卓立，直從心底究宗元。

（詩見聶豹集卷六禮部郎中陳明水先生墓碑。）

石屋山詩（正德十五年　一五二〇年）

雲散天寬石徑通，清飈吹上最高峰。游仙船古蒼苔合，伏虎巖深緑草封。丈室尋幽無釋子，半崖呼酒喚奚童。憑虚極目千山外，萬井江樓一望中。

（詩見同治臨江府志卷二。）

雲騰颷馭祠詩（正德十五年　一五二〇年）

玉笥之山仙所居，下有元窟名雲儲。人言此中感異夢，我亦因之夢華胥。碧山明月夜如晝，清溪涓涓流階除。地靈自與精神冥，忽入清虚覿真境。貝闕珠宫炫凡目，鸞輿鶴輅分馳騁。金童兩兩吹紫霄，玉笥真人坐相並。笑我塵寰久污濁，胡不來遊淩倒景？覺來枕席尚煙霞，乾坤何處真吾家？醒眼相看世能幾，夢中説夢空諮嗟。

（詩見同治峽江縣志卷二、同治臨江府志卷六。）

石溪寺（正德十五年　一五二〇年）

杖錫飛身到赤霞，石橋閑坐演三車。一聲野鶴波濤起，仙風吹送寶靈花。

（詩見同治新淦縣志卷二。）

贈陳虞山出按滇南（正德十五年　一五二〇年）

烈烈轟轟做一場，乾坤千古獨留芳。九齡豫識胡兒叛，王莽先遭漢劍亡。自愧心神迷玉石，誰餘旅力念穹蒼。未援水火綏黎庶，先寫新詩入廟堂。

（詩見陳察都御史陳虞山先生集卷十一同聲録。陽明此詩題「王原韵」，陳察於題下注云：「予觀黔道江浙，王托邑博董道卿送此詩索和。」陳察和詩見都御史陳虞山先生集卷八王伯安詩托董道卿索和。）

送王巴山學憲歸六合（正德十五年　一五二〇年）

衡文豈不重，竹帛總成塵。且脱奔馳苦，歸尋故里春。人生亦何極，所重全其貞。去去勿復道,青山不誤人。

(詩見光緒六合縣志卷七。)

吊疊山先生(正德十五年　一五二〇年)

國破家亡志不移,文山心事兩相期。當時不落豺狼手,成敗於今未可知。

(詩見同治弋陽縣志卷十三、同治廣信府志卷十一。錢明王陽明全集未刊散佚詩文彙編及考釋著録。)

何石山招遊燕子洞(正德十五年　一五二〇年)

石山招我到山中,洞外煙浮濕翠濃。我向岸崖尋古句,六朝遺事寄松風。

(詩見乾隆銅陵縣志卷十六藝文。)

題倪小野清暉樓(正德十六年　一五二一年)

經鋤世澤著南州,地接蓬萊近斗牛。意氣元龍高百尺,文章司馬壯千秋。先幾入奏功名盛,未老投簪物望優。三十年來同出處,清暉樓對瑞雲樓。

（詩見倪小野先生全集後清暉樓詩附。）

賀孫老先生入泮（疑正德十六年　一五二一年）

廿載名邦負笈頻，循循功業與時新。天池朝展柔楊枝，泮水先藏細柳春。

恭賀孫老先生入泮之禧。陽明王守仁。

廣興□張大直頓首□。

（陽明手蹟立軸長一百三十七釐米，寬四十六釐米，墨筆絹本，在二〇〇八年北京東方藝都拍賣有限公司迎春書畫拍賣會上出現，並在網上公布。）

送人致仕（疑正德十六年　一五二一年）

人生貴適意，何事久天涯。栗里堪栽柳，青門好種瓜。冥鴻辭網罟，塵土换煙霞。有子真麒麟，歸歟莫怨嗟。

（詩見新刊陽明先生文録續編卷三詩類，永富青地上海圖書館藏新刊陽明先生文録續編について著録。）

春暉堂（嘉靖元年　一五二二年）

春日出東海，照見堂上萱。遊子萬里歸，斑衣戲堂前。春日熙熙萱更好，萱花長春春不老。森森蘭玉氣正芬，翳翳桑榆景猶早。忘憂願母長若萱，報德兒心苦於草。君不見，柏臺白晝飛清霜，到處草木皆生光。若非堂上春暉好，安能肅殺迴春陽？

（詩見萬曆蘭溪縣志卷六、嘉慶蘭溪縣志卷十七下。）

鎮海樓（嘉靖二年　一五二三年）

越嶠西來此閣横，隔波煙樹見吴城。春江巨浪兼山湧，斜日孤雲傍雨晴。塵海茫茫真斷梗，故人落落已殘星。年來出處嗟無累，相見休教白髮生。

（詩見萬曆蕭山縣志卷二、嘉靖蕭山縣志卷二、康熙蕭山縣志卷六。）

次張體仁聯句韻（嘉靖四年　一五二五年）

問俗觀山兩劇匆，雨中高興諒誰同。輕雲薄靄千峰曉，老木滄波萬里風。客散野鳧從小艇，詩成巖桂發新叢。清詞寄我真消渴，絶勝金莖吸露筩。

（詩見寶晉齋所藏碑帖刻石，參見何福安寶晉齋碑帖集釋，原有三首，此爲第三首。）

玉山斗門（約嘉靖四年　一五二五年）

胼胝深感昔人勞，百尺洪梁壓巨鰲。潮應三江天塹逼，山分海門兩岸高。濺空飛雪和天白，激石衝雷動地號。聖代不憂陵谷變，坤維千古護江皋。

（詩見張元忭會稽縣志卷八水利，新編本王陽明全集著録。）

守歲詩并序（嘉靖五年　一五二六年）

嘉靖丙戌之除，從吾道人自海寧渡江來訪，因共守歲。人過中年，四方之志益倦。客途歲暮，戀戀兒女室家，將舍所事走千里而歸矣。道人今年已七十，終歲往來湖山之間，去住蕭然，曾不知有其家室。其子縠又賢而孝，謂道人老矣，出輒長跪請留。道人笑曰：「爾之愛我也以姑息。吾方友天下之善士，以與古之賢聖者遊，正情養性，固無入而不自得。天地且逆旅，奚必一畝之宫而後爲吾舍耶？」嗚呼！若道人者，要當求之於古，在今時則吾所罕睹也。是夜風雪，道人有作，予因次韻爲謝。

多情風雪屬三餘，滿目湖山是舊廬。況有故人千里至，不知今夜一年除。天心終古原無改，歲時明朝又一初。白首如君真灑脱，恥隨兒子戀分裾。

陽明山人守仁書。

（詩見董澐從吾道人語録附録，周汝登王門宗旨卷十三。原題作「守歲詩序」，未當。）

贈岑東隱先生（二首）（嘉靖五年　一五二六年）

岑東隱老先生，余祖母族弟也，今年九十有四矣。雙瞳炯然，飲食談笑如少壯，所謂聖世之人瑞者非耶？涉江來訪，信宿而别。感歎之餘，贈之以詩。

東隱先生白髮垂，猶能持竹釣江湄。身當百歲康强日，眼見九朝全盛時。寂寂群芳摇落後，蒼蒼松柏歲寒枝。結廬聞説臨瀛海，欲問桑田幾變移？

聖學工夫在致知，良知知處即吾師。勿忘勿助能無間，春到園林鳥自啼。

（詩見陽明先生文録卷四，錢明王陽明全集未刊散佚詩文彙編及考釋著録。）

御校場詩（嘉靖六年　一五二七年）

絶頂秋深荒草平，昔人曾此駐傾城。干戈消盡名空在，日夜無窮潮自生。谷口巖雲揚殺氣，路邊疏樹列殘兵。山僧似與人同興，相趁攀蘿認舊營。

（詩見李衛西湖志卷十六。）

恭吊忠懿夫人（嘉靖六年　一五二七年）

夫人興廢蚤知幾，堪歎山河已莫支。夜月星精歸北斗，秋風環佩落西池。仲連蹈海心偏壯，德曜投山隱未遲。千古有誰長不死，可憐羞殺宋南兒。

（詩見同治江山縣志卷十一下。）

和理齋同年浩歌樓韻（嘉靖六年　一五二七年）

長歌浩浩忽思休，拂枕山阿結小樓。吾道磋砣中道止，蒼生困苦一生憂。蘇民曾作商家雨，適志重持渭水鉤。歌罷一篇懷馬子，不思努後佐成周。

（詩見同治弋陽縣志卷十三藝文。）

謁增江祖祠（嘉靖七年　一五二八年）

海上孤忠歲月深，舊壝荒落杳難尋。風聲再樹逢賢令，廟貌重新見古心。香火千年傷旅寄，烝嘗兩地歎商參。鄰祠父老皆仁里，從此增城是故林。

（詩見雍正廣東通志卷六十，嘉靖增城縣志卷八。）

文

題自作山水畫（弘治三年　一四九〇年）

庚戌夏月廿二日，法王維筆意。王守仁。

（陽明此自作山水畫并題在北京翰海拍賣有限公司「北京翰海二〇一二年秋季拍賣會」上出現，並在「尊客綱」上公布。山水立軸，長一百七十七釐米，寬一百十四釐米。按：弘治三年陽明自京師回餘姚，在家課業。錢德洪陽明先生年譜：「明年，龍山公以外艱歸姚，命從弟冕、階、宫及妹婿牧相，與先生講習經義。先生日則隨衆課業，夜則搜取諸經子史讀之，多至夜分。」所謂課業，包括學書學畫，此山水畫，即其學畫之作也。）

又題自作山水畫（弘治三年　一四九〇年）

米南宫筆意。王守仁。

（陽明此自作山水畫并題在北京雍和嘉誠拍賣有限公司「雍和嘉誠二〇一二年秋季藝術品

拍賣會」上出現，並在「尊客網」上公布。水墨絹本，長三十釐米，寬九十四釐米。此當是陽明弘治三年學書學畫之作。）

弘治五年鄉試卷

論語（弘治五年 一四九二年）

志士仁人一節

聖人於心之有主者，而決其心，德之能全焉。夫志士仁人皆心有定主，而不惑於私者也。以是人而當死生之際，吾惟見其求無愧於心焉耳，而於吾生何恤乎？此夫子爲天下之無志而不仁者慨也，故此以示之，若曰：天下之事變無常，而死生之所繫甚大，固有臨難苟免而求生以害仁者焉，亦有見危授命而殺生以成仁者焉。此正是非之所由決，而恒情之所易惑者也。吾其有取於志士仁人乎？夫所謂志士者，以身負綱常之重，而志慮之高潔，每思有以植天下之大閑；所謂仁人者，以身會天德之全，而心體之光明，必欲有以貞天下之大節。是二人者，固皆事變之所不能驚，而利害之所不能奪，其死與生有不足累者也。是以其禍患之方殷，固有可以避難而求全者矣。然臨難自免，則能安其身，而不能安其心，是偷生者之爲，而彼有所不屑也。變故之偶值，固有可以僥倖而圖存者矣，然存非順事，則吾身以全，吾仁以喪，是悖德者之事，而彼有所不爲也。彼之所爲者，惟以理欲無並立之機，而致命遂志以安天下之貞者，雖至死而靡憾；心蹟無兩全之勢，而捐軀赴難以善天下之道者，雖滅身而無悔。當國家傾覆之餘，則致身以馴過涉之患者，其仁也，而彼即趨之而不避，甘之而不辭焉，蓋苟可以存吾心之公，將效死以爲之，而存亡由之不計矣；值顛沛流離之餘，則舍身以貽没寧之休者，其仁也，而彼即當之而不懾，視之而如歸焉，蓋苟可以全吾心之仁，將委身以從之，而死生由之勿恤矣。是其以吾心爲重，而以吾身爲輕，其慷慨激烈以爲成仁之計者，固志士之勇爲，而亦仁人之優爲也，視諸逡巡畏縮而苟全於一時者，誠何如哉！以存心爲生，而以存身爲累，其從容就義以明分義之公者，固仁人之所安，而亦志士之所決也，視諸回護隱伏而覬覦於不死者，又何如哉！是知觀志士之所爲，而天下之無志者可以愧矣；觀仁人之所爲，而天下之不仁者可以思矣。

（文見欽定四書文化治四書文卷三、龔篤清明代八股文史、任文利王陽明制義三篇。）

弘治五年鄉試卷　中庸（弘治五年　一四九二年）

詩云「鳶飛戾天」一節

中庸即詩而言，一理充於兩間，發費隱之意也。蓋盈天地間皆物也；皆物，則皆道也。即詩而觀，其殆善言道者，必以物歟？今夫天地間惟理而已矣，理御乎氣，而氣載於理，固一機之不離也，奈之何人但見物於物，而不能見道於物；見道於道，而不能見無物不在於道也。嘗觀之詩，而得其妙矣，其曰：「鳶飛戾天，魚躍于淵。」言乎鳶魚，而意不止於鳶魚也；即乎天淵，而見不滯於天淵也。爲此詩者，其知道乎？蓋萬物顯化醇之蹟，吾道溢充周之機，感遇聚散，無非教也，成象效法，莫非命也。際乎上下，皆化育之流行；合乎流行，皆斯理之昭著。自有形而極乎無形，物何多也，含之而愈光者，流動充滿，一太和保合而已矣；自有象而極乎無象，物何賾也，藏之而愈顯者，瀰漫布濩，一性命各正而已矣。物不止於鳶魚也，舉而例之，而物物可知；上下不止於天淵也，擴而觀之，而在在可見。是蓋有無間不可遺之物，則有無間不容息之氣；有無間不容息之氣，則有無間不可乘之理。其天機之察於上下者，固如此乎？

（文見欽定四書文化治四書文卷四。）

弘治五年鄉試卷　孟子（弘治五年　一四九二年）

子噲不得與人燕二句

舉燕之君臣而各著其罪，可伐也。夫國必自伐，而人伐之也。燕也私相授，其罪著矣，是動天下之兵也。今夫爲天守名器者，君也；爲君守侯度者，臣也，名義至重，僭差云乎哉！故君雖倦勤，不得移諸其臣，示有專也；臣雖齊聖，不敢奸諸其君，紀臣道也。燕也何如哉？燕非子噲之燕，天子之燕也，召公之燕也。象賢而世守之，以永燕祀，以揚休命，子噲責也。舉燕而授之人，此何理哉？恪恭而終臣之，以竭忠藎，以謹無將，子之分也。利燕而襲其位，罪亦甚矣。堯舜之傳賢，利民之大也。噲非堯舜也，安得而慕其名？舜禹之受禪，天人之從也，之非舜禹也，安得而襲其跡？自其不當與而言，無王命也，隳先業也，子噲是矣；自其不當受而言，僭王章也，奸君分也，子之有焉。夫君子之於天下，苟非吾之所有，雖一毫而莫取也，況授受之大乎？於義或有所乖，雖一介不以與人也，況神器之重乎？夫以燕之君臣，而各負難逭之罪如此，有王者起，當爲伐矣！

（文見欽定四書文化治四書文卷五。）

祭外舅介庵先生文（弘治八年　一四九五年）

維弘治八年，歲次乙卯，夏四月甲寅朔，寓金臺甥王守仁帥妻諸氏南向泣拜馳奠於故山東布政使司左參政岳父諸公之靈曰：

嗚呼痛哉！孰謂我公，而止於斯！公與我父，金石相期。公爲吏部，主考京師。來視我父，我方兒嬉。公曰爾子，我女妻之。公不我鄙，識我於兒。服公之德，感公之私。憫我中年，而失其慈。慰書我父，教我以時。弘治己酉，公參江西，書來召我，我父曰咨，爾舅有命，爾則敢遲？甫畢姻好，重艱外罹。公與我父，相繼以歸。公既服闋，朝請於京；我濫鄉舉，尋亦北行。見公旅次，公喜曰「甥，爾質則美，勿小自盈」。南宮下第，公弗我輕，曰「利不利，適時之迎，屯蹇屈辱，玉汝於成」。拜公之教，夙夜匪寧。從公數月，啓我愚盲。我公是任，語我以情，此職良苦，而我適丁。予謂利器，當難則呈。公才雖屈，亦命所令。公曰「戲耳，爾言則誠」。臨行懇懇，教我名節，躑躅都門，撫勵而別。孰謂斯行，遽成永訣，嗚呼痛哉！别公半載，政譽日徹，士論歡騰，我心則悦。昨歲書云，有事建業。五六月餘，音問忽絶。久乃有傳，便道歸越。繼得叔問，云未起轍。竊怪許時，必值冗結。孰知一疾，而已頹折。西江魏公，訃音來忽，倉卒聞之，驚仆崩裂。以公爲人，且素無疾。謂必讒言，公則誰嫉；謂必訛言，訛言易出。魏公之書，二月六日,後我叔問,一句又七,往返千里,信否叵必。是耶非耶,曷從而悉?醒耶夢耶,萬折或一。韓公南來,匍匐往質,韓曰「其然,我吊其室」,嗚呼痛哉!向也或虛,今也則實。孰謂我公,而果然也!天於我公,而乃爾耶?公而且然,況其他耶?公今逝矣,我曷望耶?廷臣僉議,方欲加遷,奏疏將上,而訃忽傳。嗚呼痛哉!今也則然,公身且逝,外物奚言?公之諸子,既壯且賢,諒公之逝,復亦何懸?所不瞑者,二庶髫年。有賢四兄,必克安全。公曾謂予:「我兄無嗣,欲遺庶兒,以承其祀。」昔也庶一,今遺其二,並以繼絶,豈非公意?有孝元兄,能繼公志,忍使公心,而有勿遂?令人悲號,蘇而復蹷。迢迢萬里,涯天角地,生爲半子,死不能襚,不見其柩,不哭於次,痛絶關山,中心若刺。我實負公,生有餘愧,天長地久,其恨曷既!我父泣曰:「爾爲公婿,宜先馳奠,我未可遽。」哀緒萬千,實弗能備,臨風一號,不知所自。嗚呼哀哉!嗚呼痛哉!尚饗。

(文見姚江諸氏宗譜卷六,葉樹望新發現的王陽明佚文六件著録並有考。)

南野公像贊　公諱繡(約弘治八年　一四九五年)

稟性沖和,存心仁恕。德之不喜,怒之不顰。彼趨者利,我篤於義;彼附者勢,我遇則避。折券於友,代逋於公。玩世則弈,陶情乃吟。樂天雅趣,駕古軼今。

白野公像贊　公諱袞（約弘治八年　一四九五年）

冰玉其姿，芝蘭其德。有鳳凰翔乎千仞之志，具鵾鵬摇乎九萬之翼。聲聞夙著，青紫易得。胡泮林之翱翔，竟棘闈之終蹶？噫！不發於其身，必發於其子孫，以奮揚乎先德。

（上二贊見姚江諸氏宗譜卷六，葉樹望新發現的王陽明佚文六件著録並有考。）

會試卷　禮記（弘治十二年　一四九九年）

樂者敦和，率神而從天；禮者别宜，居鬼而從地。故聖人作樂以應天，制禮以配地。

惟禮樂合造化之妙，故聖人成制作之功。蓋禮樂與造化相爲流通者也，然非聖人爲之作，抑何以成參贊之功哉！且禮樂之所以合乎造化者，果何以見之？是故絪緼化醇，此造化自然之和，乃氣之伸而爲神，天之所以生物者也；樂之爲用，則主於和，而發達動盪，有以敦厚其和於亭毒之表，豈不循其氣之伸而從天乎？高下散殊，此造化自然之序，乃氣之屈而爲鬼，地之所以成物者也；禮之爲用，則主於序，而裁節限制，有以辨别其宜於磅礴之際，豈不斂其氣之屈而從地乎？禮樂之合乎造化如此，故聖人者出，因其自然之和也，而作爲之樂，凡五聲六律之文，或終始之相生，或清濁之相應者，皆本之，豈徒爲觀聽之美哉，於以應乎造化之和，使陽不至於過亢，而生物之功與天爲一矣；因其自然之序也，而制爲之禮，凡三千三百之儀，或制度之有等，或名物之有數者，皆法之，豈徒爲藻飾之具哉，於以配乎造化之序，使陰不至於過肅，而成物之功與地無間矣。然則聖人制作之功所以參贊乎天地也，一何大哉！抑嘗究之天地之靈，不外乎陰陽，而鬼神者，陰陽之靈也；聖人之道，不外乎禮樂，而和序者，禮樂之道也。其實則一而二，不知者乃歧而二之。故知陰陽禮樂之所以爲一，則可以識聖人制作之功矣。彼竊天地之靈，瀆幽明之分者，蓋非所謂鬼神，而亦焉用其所謂禮樂哉！

（文見天一閣藏明代科舉録選刊會試録弘治十二年會試録。）

會試卷　論（弘治十二年　一四九九年）

君子中立而不倚。

獨立乎道之中，而力足以守之，非君子之勇，不能也。蓋中固難於立，尤難乎其守也。中立而有以守之，必其識足以擇理，而不惑於他歧；行足以蹈道，而不陷於僻地；力足以勝私，而不誘於外物。天下之事紛紜轇轕乎吾前，而吾之中固在也，使徒立之，而力不足以守之，則執於此或移於彼，植於前或仆於後，矜持於旦夕無事之時，而顛蹶於倉卒不備之際，向之所謂中者，不旋踵而已失之矣。此中立而不倚者所以見君子之强而爲天下之大勇歟！且君子之所以自立者，何中而已，是道也，原於帝降，著於民彝，其體本不倚也；然一事有一事之中，一時有一時之中，有定理而無定在焉。今夫人之所自立也，譬之地焉，高者或亢，遠者或曠，皆過乎中；卑者或汙，近者或局，皆不及乎中，是蓋擇之不精，而其守也不足言矣。君子則存養之熟，有以立乎中之體；省察之精，有以達乎中之用，故能事事而擇之，時時而處之，履道於至正之區，而特立乎流俗之外；置身於至當之地，而標見乎衆目之表。自卑者視之，以爲太高，而不知其高之爲中也；自高者視之，以爲太卑，而不知其卑之爲中也；以至於近遠亦然。當出而出，當處而處，出處之立乎中也；當辭而辭，當受而受，辭受之立乎中也；以至於動静語默皆然。則君子之立也可謂中矣，又何以見其不倚邪？譬之物焉，有所憑則易以立，無所恃則易以倚，吾之所立者中，則或前或後無可恃之人，或左或右無可憑之物。以外誘言之，則聲色之私有以眩吾中，貨利之私有以撼吾中，苟吾力不足以勝之，其不至於顛仆者寡矣；以己私言之，則辨或倚於私辨而非中，智或倚於私智而非中，苟吾之力不足自勝，其不至於欹側者亦寡矣。故中立固難，立而不倚尤難。君子則以一定之守持一定之見，不必有所憑也，而確乎有不可拔之勢；不必所恃也，而屹乎有不可動之力。激之而不能使之高，抑之而不能使之卑；前之而不能引，後之而不能掣。聲色自美耳，吾之中終不爲其所眩；貨利自靡耳，吾之中終不爲其所撼。辨有所不當施，則不倚於辨；智有所不當擇，則不倚於智。於所當處也，雖迫之使出，而有所不從；於所當辭也，雖强之使受，而有所不屑。以至於天下之事，莫不皆然。事之在天下者，萬有不齊，而吾之所立者，固未嘗失也。是雖處乎人人之中，而其所守，實有過乎人者，天下之勇，豈復加於此哉！由是觀之，所以擇者，智也；所以行者，仁也；所以守之者，勇也。勇所以成乎智仁而保此中者也。然亦有辨焉，南方之强，不及中者也；北方之强，過乎中者也；惟和而不流，中立而不倚，國有道無道而不變，爲君子之强，蓋所謂中庸之不可能者。孔子因子路問强，而告之所以抑其血氣之剛，而進之以德義之勇也。彼子路者終倚於勇焉，何哉？君子誠因是而求之，所謂中立不倚者，尚當以孔子爲的。

（文見天一閣藏明代科舉録選刊會試録弘治十二年會試録。）

遊大伾山賦（弘治十二年　一四九九年）

王子遊於大伾之麓，二三子從焉。秋雨霽野，寒聲在松，經龍居之窈窕，升佛嶺之穹窿，天高而景下，木落而山空，感魯衛之故蹟，吊長河之遺踪，倚清秋而遠望，寄遐想於飛鴻。於是開觴雲石，灑酒危峰，高歌振於巖壑，餘響遞於悲風。二三子慨然嘆息曰：「夫子之至於斯也，而僕右之乏，二三子走偶獲供焉，茲山之長存，固夫子之名無窮也；而若走者襲榮枯於朝菌，與蟪蛄而始終，吁嗟乎！亦何異於牛山、峴首之沾胸？」王子曰：「嘻！二三子尚未喻於向之與爾感嘆而吊悲者乎！當魯衛之會於茲也，車馬玉帛之繁，衣冠文物之盛，其獨百倍於吾儕之聚於斯而已耶？而其囿於麋鹿，宅於狐狸也，既已不待今日而知矣，是故盛衰之必然。爾尚未覩夫長河之決龍門，下砥柱，以放於茲乎！吞山吐壑，奔濤萬里，固千古之經瀆也。而且平爲禾黍之野，築爲邑井之墟，吁嗟乎！流者而有湮，峙者其能無夷，則斯山之不蕩爲沙塵而化爲煙霧者幾稀矣！況吾與子集露草而隨風葉，曾木石之不可期，奈何忘其飄忽之質而欲較久暫於錙銖者哉！吾姑與子達觀於宇宙，可乎？」二三子曰：「何如？」王子曰：「山河之在天地也，不猶毛髮之在吾軀乎？千載之於一元也，不猶一日之於須臾乎？然則久暫奚容於定執，而小大未可以一隅也。而吾與子固將齊千載於喘息，等山河於一芥，遨遊八極之表，而往來造物之外，彼人事之倏然，又烏足爲吾人之芥蔕乎？」二三子喜，乃復飲。已而夕陽入於西壁，童僕候於巖阿。忽有歌聲自谷而出，曰：「高山夷兮，深谷嵯峨。將胼胝是師兮，胡爲乎蹉跎？悔可追兮，遑恤其他。」王子曰：「夫歌爲吾也。」蓋急起而從之，其人已入於煙蘿矣。

大明弘治己未重陽，餘姚王守仁伯安賦併書。

（賦見濬縣金石録卷下、正德大名府志卷二、古今圖書集成方輿彙編山川典卷十二大伾山部等。）

樂陵司訓吴先生墓碑（弘治十二年　一四九九年）

墓必有表，所以表其行也；表不以譽，所以操董狐筆也。予恭承上命詣黎陽，再越兩月，而事綜理尚未竣。官署無聊，值澶之士人吴國臣衰絰踽蹐，時鄉進士王綎、任書抱鄉進士李一之狀及湖藩方伯王公所撰銘，詣予表其墓。愧予譾材，叨名進士，非立言者，辭之弗獲。緬惟唐之女奴抱嬰兒請銘於昌黎，猶不拒以與之，矧斯文一脉，詎可默焉？謹按狀之所述，吴君諱冠，字進賢，遠出臨川之裔，兵燹後蔓延。祖有諱欽者，北徙於澶，治地墾田，遂占籍於開之歸仁坊。父諱海，字朝宗，豪俠好義，與物無競。母郭氏，生先生於正統九年三月一日。自幼聰警秀發，有老成態。長從施槃榜進士萊庵王先生遊，勤力不倦，學問淵源。尋補郡庠弟子員，累科弗第，志不少懈。天性純孝，雖囊篋屢空，而菽水之養母，每盡其歡心焉。成化癸巳，父疾革，憂形於色，每夜稽顙北辰，求以身代，左右扶持，不憚終夜，湯藥必親嘗之而進。及卒，哀毁踰禮，幾滅其性。凡送終之具，極其誠信。乙未，母亦繼歿，慎終之誠，一如父儀，寢苫枕塊，不御酒肉者，終三載。至今鄉邦亦見化，而以吴孝子稱之。君材瑰偉，謀慮深遠，負氣凜凜，勇於有爲。臨大義，慨然有闊度，雖遇事急，未嘗有窘容。其處己待人，曲盡其意。御家人以嚴，交朋友以義。始家道未裕時，躬率子弟力耕且讀，不屑卑屈。及底殷富，樂善循禮，尤不矜肆，處之澹如也。弘治乙卯，以明經貢，入大廷試中式，除山東樂陵司訓。抵任後，嚴約規度，誨集生徒，以次授業，隨人材器而造之，宛有蘇湖風度，後進悦服。雖貴富習俗悉知，矯飭自勵，所造人材濟濟成立，皆將奮科而起，一時同膺郡博者，未能或之先也。樂之尹蘭陽邱君珙器重之，恒委以攝縣治，皆隨事克舉，坐收實效。當道者察知，期以大用。無何，遽染沉疴，載寢兩月，而解組以歸，樂之生徒隨送數十里外，相向而哭，皆失聲。行及南樂，而自度不起，乃囑其子曰：「吾受國恩，而未得報，死亦覺有憾焉。汝輩當勉於爲善，以繼我志。」言訖而卒，聞者惻然，莫不爲之掩泣。時弘治十二年八月二十三日也，距其生正統甲子，享年五十有六。娶馬氏，有淑德，萊陽縣尹致遠公之女。子三人：國臣、國卿、國相，讀書有進，能繼書香。女三人，長適郡庠生張天禄，次適士人王佩，次適鄉進士王綖，皆同郡人。孫男一：賀兒。國臣以是年十一月二十八日葬先生於郡城北府隄口崗。予雖未識荆，即其狀之行，皆鑿鑿可信，是豈溢美也耶？是豈可以不表行也耶？昔黔婁有言：「不戚戚於貧賤，不汲汲於富貴，惟安貧守道以自適。」而君子韙之。人皆惜先生有抱負而未之用；用之又投閑置散，未盡其長也。守仁獨不然，蓋君子輕去就，隨卷舒，富貴不可誘，故其氣浩然，勇過乎賁育，先生何以異於是哉！故書以勒夫珉，樹於墓，且以告夫知先生未稔者。

（文見光緒開州志卷八。）

時雨賦（弘治十三年　一五〇〇年）

二泉先生以地官正郎擢按察副使，提轄西江。於時京師方旱，民憂禾黍。先生將行，祖帳而雨，土氣蘇息，送者皆喜。樂山子舉觴而言曰：「先生亦知時雨之功乎？群機默動，百花潛融，摧枯僵槁，茀蔚蒙茸，惟草木之日茂，夫焉識其所從？」先生曰：「何如？」樂山子曰：「升降閉塞，品彙是出。尪羸蹇澀，痿痺扞格。地脉焦焉，罔滋土膏，竭而靡澤。勾者矛者，莢者甲者，莖者萌者，頰者鬣者，陳者期新，屈者期伸。而乃火雲嵂屼，湯泉沸騰。山靈鑠石，溝澮揚塵。田形赭色，塗坼龜文。苗而不秀，槁焉欲焚。於是乎豐隆起而效駕，屏翳輔而推輪。雷伯渙汗而頒號，飛廉行辟而戒申。川英英而吐氣，山油油而出雲。天昏昏而改色，日霏霏而就曛。風倏倏於蘋末，雷殷殷於江濆。初沾濡之脉脉，漸飄灑之紛紛。始霡霂之無蹟，終滂沱而有聞。方奮迅而直下，倏橫斜以旁巡。徐一一而點注，隨渾渾而更新。乍零零而斷續，忽冥冥而驟并。將悠悠而遠去，復深深而雜陳。當是時也，如渴而飲，如飲而醺，德澤漸於蘭蕙，寵渥被於藻芹，光輝發於桃李，滋潤洽於松筠，深恩萃於禾黍，餘波及於蒿蕡。若醉醒而夢覺，起精矯於邅迍；

猶闕里之多士，沾聖化而皆仁。濟濟翼翼，侃侃誾誾，樂簞瓢於陋巷，詠浴沂於暮春者矣。今夫先生之於西江之士也，不亦其然哉！原體則涵泳諸子，灌注百氏，渟滀仁義，鬱蒸經史；言用則應物而動，與時操縱，神變化於晦明，狀江河之洶湧，發爲文詞，霧滃霞摛，赫其聲光，雷電翕張。仰之嶽立，風雲是出；即之川騰，旱暵攸憑。偃風聲於萬里，望雲霓於九天。嘆爾來之奚後，怨何地之獨先。則夫西江之士，豈必漸漬沐沃，澡滌沉潛，歷以寒暑，積之歲年，固將得微涓而已穎發，霑餘滴而遂勃然。詠菁莪之化育，樂豐芑之生全，揚驚瀾於洙泗，起暴漲於伊濂。信斯雨之及時，將與先生比德而麗賢也夫！」先生曰：「是何言之易也？昔孔子太和元氣，過化存神，不言而喻，固有所謂時雨化之者矣，而予豈其人哉？且子知時雨之功，而曾未睹其患也。乃若大火西流，東作於休，農人相告，謂將有秋，須堅須實，以獲以收。爾迺庭商鼓舞，江鶴飛翔；重陰密霧，連月瀰茫；凄風苦雨，朝夕淋浪。禾頭生耳，黍目就盲。江河溢而泛濫，草木洩而衰黃。功垂成而復敗，變豐稔爲凶荒。汩泥塗以何救，疽體足其曷防？空呼號於漏室，徒咨怨於頹墻。吁嗟乎，今之以爲凶，非昔之以爲功者耶？烏乎物理之迴絶，而人情之頓異者耶？是知長以風雨，斂以霜雪，有陽必陰，無寒不熱；化不自興，及時而盛，教無定美，過時必病。故先王之愛民，必仁育而義正，吾誠不敢忘子時雨之規，且慮其過而爲霪以生患也。」於是樂山子俯謝不及，避席而起，再拜盡觴，以歌時雨歌曰：激湍兮深潭，和煦兮沍寒。雨以潤兮，過淫則殘。惟先生兮，實如傅霖。爲雲爲霓兮，民望於今。吞吐奎壁兮，分天之章。駕風騎氣兮，挾龍以翔。沛江帝之澤兮，載自西方。或雨或暘，一寒一暑。隨物順成兮，吾心何與。風雨霜雪兮，孰非時雨。

刑部主事姚江王守仁書。

（賦見邵燈、吴道成邵文莊公年譜。）

奉石谷吴先生書（弘治十四年　一五〇一年）

生自壬子歲拜違函丈，即羈縻太學，中間餘八九年，動息之所懷仰，寤寐之所思及，其不在函丈之下者，有如白日。然而曾無片簡尺牘致起居之敬而伸仰慕之私者，其敢以屢黜屢辱，有負知己之故，遂爾慚沮哉？實以受知過深，蒙德過厚，口欲言而心無窮，是以每每伸紙執筆，輒復不得其辭而且中止者，十而二三矣。坐是情愈不達，而禮益加疏。姑且逡巡，日陷於苟簡澆薄，將遂至忽然之地而不自覺。推咎所因，則亦誠可憫也。蜀士之北來者，頗能具道尊候，以爲動履益康，著述益富，身閑而道愈尊，年高而德彌卲。聞之，無任忻慰慶躍。嗟乎！古之名儒碩德如先生者，曾亦多見也，夫今之人，動輒歎息咨嗟，以爲曾不得如古之名儒碩德者處之廟堂，以輔吾君；至如先生，乃復使之優游林下，烏在其能思古之人也？居先生門下，爲先生謀，則不宜致歎如此；　立吾君之朝，爲斯世謀，則斯言也實天下之公論，雖以俟後賢無惑也。生近者授職刑部雲南司，才疏事密，惟日擾擾於案牘間而已。於同僚侯守正之行，思其閑暇時，猶不能略致起居之問，今且日益繁冗，是將終不得通一問也。是以姑置其所願陳者，以需後便，且爾先伸數載間闊之懷，以請罪於門下。伏惟大賢君子，不以久而遂絶，不以微而見遺，仍賜收録，俾得復爲門下士，豈勝慶幸感激哉！香帕將遠誠萬一，伏惟尊照。不宣。

（書見新刊陽明先生文録續編卷二書類，是書藏上海圖書館，永富青地上海圖書館藏新刊陽明先生文録續編について著録。）

與王侍御書（弘治十四年　一五〇一年）

侍生王守仁頓首敬啓，侍御王老先生大人執事：　昨承頒胙，兼錫多儀。生以丁日感微寒，迄今未敢風，未能參謝，感荷之餘，可勝惶悚。先遣門人越榛、鄒木請罪，尚容稍間面詣也。即日侍生守仁再拜啓上。

（書有陽明手蹟刻石，藏安徽無爲縣米公祠，見何福安寶晉齋碑帖集釋，計文淵王陽明法書集著録。）

實庵和尚像贊（弘治十四年　一五〇一年）

從來不知光閃閃的氣象，也不知圓陀陀的模樣。翠竹黄花，説什麽蓬萊方丈。看那山裏金地藏，好兒孫，又生個實庵和尚。噫！那些兒妙處，丹青莫狀。

（贊見民國九華山志卷七。）

遊齊山賦并序（弘治十五年　一五〇二年）

齊山在池郡之南五里許，唐齊映嘗刺池，亟遊其間，後人因以映姓名也。繼又以杜牧之詩，遂顯名於海内。弘治壬戌正旦，守仁以公事到池，登茲山，以吊二賢之遺蹟，則既荒於草莽矣。感慨之餘，因拂崖石而紀歲月云。

適公事之甫暇，乘案牘之餘輝。歲亦徂而更始，巾余車其東歸。循池陽而延望，見齊山之崔嵬。寒陽慘而尚濕，結浮靄於山扉。振長飆以舒嘯，靡綵現於虹霓。千巖豁其開朗，掃群林之霏霏。羲和闖危巔而出候，倒回景於蒼磯，躡晴霞而直上，陵華蓋之葳蕤。俯長江之無極，天風颯其飄衣。窮巖洞之幽邃，坐孤亭於翠微。尋遺躅於煙莽，哀壑悄而泉悲。感昔人之安在，菊屢秋而春霏。鳥相呼而出谷，雁流聲而北飛。嘆人事之倏忽，晞草露於須斯。際遥矚於雲表，見九華之參差。忽黄鵠之孤舉，動陵陽之遐思。顧泥土之溷濁，困鹽車於櫪馬。敬長生之可期，吾視棄富貴如礫瓦。吾將曠八極以遨游，登九天而視下。餐朝露而飲沆瀣，攀子明之逸駕。豈塵網之誤羈，嘆仙質之未化。

亂曰：曠視宇宙，漠以廣兮。仰瞻却顧，終焉仿兮。吾不能局促以自污兮，復慮其謬以妄兮。已矣乎！君親不可忘兮，吾安能長駕而獨往兮？

（賦見光緒貴池縣志卷二、乾隆貴池府志卷六、古今圖書集成山川典卷九十齊山部等。）

與舫齋書（弘治十五年　一五〇二年）

□□園可□□□□城之期□此□矣。進謁仙府，無任怏悒。所欲吐露，悉以寄於令侄光實，諒能爲我轉達也。言不盡意，繼以短詞：

別後殊傾渴，青冥隔路歧。徑行懼伐木，心事寄庭芝。拔擢能無喜，瞻依未有期。胸中三萬卷，應念故人饑。

侍生王守仁頓首，舫齋先生寅長執事。小羊一牽將賀意耳。正月十三日來。

（書見載玉軒藏宋元明清法帖墨蹟，上海書畫出版社出版。）

答慈雲老師書（弘治十六年　一五〇三年）

鄙人久於塵中緬想世緣，頓成勞渴。乃荷不遺，頒以霜鰲，召客開尊，烹以薦酒，陶然得其真，當如遠公引禪定境也，感行耳。方有便入城，肯過小園少坐否？

風翼和南，慈雲老師座下。

（書真蹟見王文成公真蹟，民國影印本，顧思義題書名。）

答子臺秋元書（弘治十六年　一五〇三年）

病軀復爲人事所困，今早遂不能興。聞返棹及門，兼聞貴體欠調，爲之惕然慚負，奈何，奈何！先公文字，得稍暇，即遣人呈稿，或須高德元再至，斷不敢更遲遲矣。歸見令兄，望悉此懇。粗肴物奉餉從者，不能出送，伏枕惶悚，惶悚！守仁頓首，子臺秋元世契兄文侍。餘。

（書見陳焯湘管齋寓賞編卷二。）

四皓論（約弘治十六年 一五〇三年）

果於隱者，必不出；謂隱而出焉，必其非隱者也。夫隱者爲高，則茫然其不返，避世之士，豈屑屑於辭禮之殷勤哉？且知遠辱以終身，則必待道而後出，出者既輕，成者又小，舉其生平而盡棄之，明哲之士，殆不如此。況斯世君臣之間，一以巧詐相御，子房之計，能保其信然乎？四皓之來，能知其非子房之所爲乎？羽翼太子，真四皓也，亦烏足爲四皓哉！昔百里奚有自鬻之誣，而其事無可辨者，故孟子以去虞之智辨之。今四皓羽翼之事，而其蹟無可稽者，獨不可以去漢之智辨之乎？夫漢高草昧之初，群英立功之日也。富貴功名之士，皆忘其洗足騎項之辱，犬豕依人，資其餔啜之餘，不計其叱咤之聲也。然衆人皆愚，而四皓獨智；衆人皆污，而四皓獨清。鷹隼高飛於雲漢，虎豹長嘯於山林，其頡頏飛騰之氣，豈人之所能近哉！智者立身，必保終始；節者自守，死當益鋭。四皓世事功名謝之久矣，豈有智於前，而愚於後，決於中年知幾之日，而昧於老成練達之時乎？且夫隱見不同，二道而已，固持者則輕瓢洗耳之巢、由，達時者則莘野南陽之賢士。四皓之隱，其爲巢、由乎？抑爲伊、葛乎？將爲巢、由乎，必終身不出矣；將爲伊、葛乎，必三聘而後起矣。一使之呼，承命不暇，上不足以擬莘野之重，中不能爲巢、由之高，而下爲希利無耻之行。以四皓而爲今日之爲，則必無前日之智；有前日之智，則必無今日之爲。況辭禮之使，主之者呂氏淫后，使之者呂氏奸人，特假太子虚名以致之，此尤其汗顔不屑者也。其言曰：「陛下輕士嫚駡，臣等義不辱。今太子仁孝愛士，天下莫不願爲太子死。」斯言誠出四皓之口，則善駡之君猶存也，四皓胡爲而來也哉？若果爲太子仁孝而出，則必事之終身也，四皓胡爲而去也哉？夫山林之樂，四皓固甘心快意傲塵俗之奔走，笑斯人之自賤矣，乃肯以白首殘年驅趨道路，爲人定一傳位之子，而身履乎已甚之惡者乎？魯有兩生，商山有四皓，同世同志者也，兩生不行，吾意四皓亦不出也。蓋實大者，聲必宏；守大者，用必遠。兩生之不仕漢，其志蓋不在小；四皓以四十年遯世之人，一旦欣然聽命，則天下亦相與駭異，期有非常之事業矣，以一定太子而出，以一定太子而歸，寂寂乎且將何以答天下之望，絶史傳之詆議邪？然則四皓果不至乎？羽翼果何人乎？曰：有之，而恐其非真四皓也，乃子房爲之也。夫四皓遯世已久，形容狀貌，人皆不識之矣，故子房於呂澤劫計之時，陰與籌度，取他人之鬚眉皓白者，偉其衣冠，以誣乎高帝，此又不可知也。良、平之屬，平昔所携以事君者，何莫而非奇功巧計，彼豈顧其欺君之罪哉？況是時高帝之惑已深，呂氏之情又急，何以明其計之不出此也？天下之事，成於寬裕者常公，出於鋭計者常詐，用詐而爲之劫者，此又子房用計之挾也。其曰：「天下莫不願爲太子死。」是良以挾高帝者也。其即偶語之時，挾以謀反之言之意乎？大抵四皓與漢本無休戚，諺曰：「綺季皓首以逃嬴。」則是自秦時已遯去，其名固未嘗入漢家之版籍也。視太子之易否，越人之肥瘠也，亦何恩何德而聽命之不暇也？且商山既爲遯世之地，其去中國甚遠也；一使纔遣，四皓即至，未必如此往來之速；況建本之謀，固非遠人所主之議，而趨出之後，又無拂袂歸山之蹟乎？噫！以四皓之智，則必不至；以子房之計，又未信然也。但斯説雖先儒已言，而逆詐非君子之事，自漢至此，千四百年，作漢史者已不能爲之别白，則後生小子安敢造此事端乎？昔曹操將死，言及分香賣履之微，獨不及禪後之事，而司馬公有以識其貽罪於子之言於千載之下，則事固有惑於一時之見，而不足以逃萬世之推測者矣。是斯説也，亦未必無取也。否則，四皓之不屈者，亦終與無耻諸人一律耳，天下尚何足高，後世尚何足取哉？四皓羽翼太子，事非可擬，亦無可罪也。若其負可疑之誣，受可罪之責，九泉之下，將不瞑目矣。故敢以一隙之見，求正於明達君子。

（文見錢普輯評批選六大家論陽明先生論、林有望新刊晦軒林先生類纂古今名家史綱疑辯卷三、古今圖書集成理學彙編學行典第二百七十四卷隱逸部。）

答陳文鳴（弘治十六年　一五〇三年）

别後企仰日甚。文鳴趨向端實，而年茂力强，又當此風化之任，異時造詣何所不到，甚爲吾道喜且慶也。近於名父處見所寄學規，深歎用意精密，計此時行之已遍。但中間似亦有稍繁，必欲事事責成，則恐學者誦習之餘，力有弗逮；若但施行，無所稽考，又恐凡百一向廢墜，學者不復知所尊信。何若存其切要者數條,其餘且悉删去,直以瑣屑自任爲過,改頒學者,亦無不可。僕意如此,想高明自有定見,便中幸加斟酌,示知之。僕碌碌度日,身心之功,愈覺荒耗,所謂未學而仕,徒自賊耳。進退無據,爲之奈何!懋貞、成之相見,必大有所講明,凡有新得,不惜示教。因鄭汝華去,草率申問。

(書見新刊陽明先生文録續編卷二書類,永富青地上海圖書館藏新刊陽明先生文録續編についで著録。)

長方端石硯題字(弘治十七年　一五〇四年)

弘治甲子十二月二十五日,餘姚王守仁觀。

(長方端石硯於「愛問・開放詞典網」公布,云:「硯台側面刻:『弘治甲子十二月二十五日,餘姚王守仁觀。』側面和底面還刻有詩句及康熙、雍正、嘉慶等年號,以及朱彝尊、陳德儒、芝圃等人的收藏或賞硯題記。」)

端石抄手硯題識(弘治十七年　一五〇四年)

負大臣之名,盡大臣之道者。弘治甲子餘姚王守仁主試山東作。

（端石抄手硯長二十五釐米，在上海工美拍賣有限公司二〇〇三年春季藝術品拍賣會上出現，並在「南國藝術網」上公布。該硯另有「吴興錢氏珍藏」、「康熙丁丑七月十日韓菼謹觀」等款識。）

無題文（弘治十八年　一五〇五年）

孟氏没而聖人之道不明，天下學者泛濫於辭章，浸淫於老佛，歷千載有餘年，而二程先生始出。其學以仁爲宗，以敬爲主，合内外本末，動静顯微，而渾融於一心，蓋由茂叔之傳，以上溯孟氏之統，而下開來學於無窮者也。二先生往矣，乃其遺書語録散佚而弗彰，識者恨焉。於是胡光大諸公裒爲性理大全，後學之士始忻然若接其儀刑，而聆其講論，聞風而興，得門而入，其所嘉惠亦良多矣（下闕）

（文見詹淮性理標題綜要譚藪。）

評陳白沙之學語（弘治十八年　一五〇五年）

白沙先生學有本原，恁地真實，使其見用，作爲當自迥别。今考其行事，事親信友、辭受取予、進退語默之間，無一不槩於道；而一時名公碩彦如羅一峰、章楓山、彭惠安、莊定山、張東所、賀醫閭輩,皆傾心推服之,其流風足徵也。

(文見魏時亮大儒學粹卷八上白沙陳先生。)

書明道延平語跋(弘治十八年　一五〇五年)

明道先生曰:「人於外物奉身者,事事要好,只有自家一個身與心却不要好。苟得外物好時,却不知道自家身與心已自先不好了也。」

延平先生曰:「默坐澄心,體認天理,若於此有得,思過半矣。」

右程、李二先生之言,予嘗書之座右。南濠都君每過,輒誦其言之善,持此紙索予書。予不能書,然有志身心之學,此爲朋友者所大願也,敢不承命?陽明山人餘姚王守仁書。

(文見李詡戒庵老人漫筆卷七。據李詡云:「此一綿繭紙,筆書徑寸。靖江朱近齋來訪,問余何自有此寶,余答以重價購之吴門。謂曰:『先師手書極大者,爲余得之。所藏修道説若中等字,如此者絶少,而竟爲君所有。心印心畫,合併在目,非宗門一派氣類默存,詎能致是乎?』遂手摹之以去。乃余原本亦亡於倭,思之痛惜!」)

五星硯銘（正德元年　一五〇六年）

五氣五行，五常五府。化育紀綱，無不惟五。石涵五星，上應天數。其質既堅，其方合矩。蘊藉英華，包涵今古。

正德春王正月，王守仁識。

（銘見同治平江縣志卷五十五，光緒湖南通志卷二十八。）

跋趙文敏樂志論（正德元年　一五〇六年）

元代法書，推趙文敏公爲第一。聞公學書十年，不下樓。觀此樂志論，書法精妙，洵堪爲寶。

正德元年八月，陽明山人守仁識。

（真蹟見河南鄭州「文藝綱・陽明書院」上公布，無題。）

題大年畫（約正德元年　一五〇六年）

大年爲宋宗室，而耽於繪事，山水之重巒疊翠，靡不摹仿入神。此册尤見精妙，展卷如谿山在目，萬籟觸耳，令人娱心悦志，終日亡倦者也。核畢，因識數語。王守仁。（陽明此畫題在株式會社東京中央拍賣「二〇一二年秋季拍賣會」上出現，並在「博寶藝術品拍賣網」上公布。）

題趙千里畫（疑正德元年　一五〇六年）

趙千里，宋人，善丹青人物山水，爲李昭道一派，精工之極，並有士氣。即或後人倣之者，得其工而不得其雅，得其色而不得其神。今觀是卷，作九孝圖，人物纖細，樹石精嚴，可謂文秀沈雄，骨力天成。宋之諸名家，常讓其獨步矣。展玩竟日，不忍去手，因贅數語於卷後。

陽明山人王守仁識。

（陽明題畫真蹟在上海鴻海商品拍賣有限公司「二〇一二年春季藝術品拍賣會」上出現，並在「博寶藝術品拍賣網」上公布。）

論書（疑正德元年　一五〇六年）

凡懸針布居右，垂露筆居左。閑似驚蛇出草，潦如美美出閨。横則貴乎清輕，竪不妨於重濁鏤金。桓玄書如快馬入陣，隨人屈曲，作字（豈）須文譜？范懷約真書有分，草書無功，故知非易。書之法以用筆爲上，而結字亦須用功；雖有用筆，亦當□□字勢。其雄秀之氣，出於天然。

王守仁

（陽明真蹟長卷長七百七十一釐米，寬三十五釐米，河南省日信拍賣有限公司在二〇〇一年「慶世博」文物藝術品上海專場拍賣會上出現，並以「陽明墨翰（書法長卷）」之名在「博寶藝術網」上公布。卷後有八大山人、祝枝山、王原祁等人印，多人題跋。陽明此文，乃有取於前人論書之説而加以變化之。）

山水畫自題（正德元年　一五〇六年）

安得於素林甘泉間，構一草舍，以老他鄉，無懷、葛天之民，求之不遠。蓋學問之道，隨處即是，惟宜讀書以先之。

丙寅正月七日，爲耔餘年先生，守仁學。

（畫并題有複製品藏臺北「故宫博物院」。）

于公祠享堂柱銘（正德二年　一五〇七年）

千古痛錢塘，並楚國孤臣，白馬江邊，怒捲千堆雪浪；兩朝冤少保，同岳家父子，夕陽亭裏，心傷兩地風波。

（柱銘見丁丙輯于公祠墓録卷四，刻入武林掌故。）

于忠肅像贊（正德二年　一五〇七年）

嘗考于公之釋褐也，初授御史，而漢庶人服罪，伸大義也；及撫江右，而平反民冤獄，釋無辜也；再撫山西，而拯水旱兩災，恤民生也；後撫河南，而令百弊剔劘，清時政也；英宗北狩，而力言不可，保聖躬也；衆劾王振，而扶掖廷喧，肅朝儀也；募義三營，而民夫附集，禦不虞也；群議南遷，而慟哭止之，重國本也；移民發粟，而六軍堅守，防外撼也；擊虜凱旋，而力辭晉秩，懼盈滿也；奉迎上皇，而大位安定，正君統也；戢平群盗，而成功不居，身殉國也；力遜辭第，而廬室蕭然，勵清節也；被誣受戮，而天心震怒，昭公道也；追謚肅愍，而廟食百世，表忠貞也。嗚呼！公有姬旦、諸葛武侯之經濟勳勞，而踵伍子胥、岳武穆殺身亡家之禍，神人之所共憤也，卒至兩地專祠，四忠並列，子孫廕襲，天憫人欽，冥冥中所以報公者，豈其微哉！

陽明王守仁題。

（贊見孫高亮于少保萃忠傳首，天啓刻本，古本小説集成收録。）

田横論（約正德二年 一五〇七年）

知死之爲義，而不權衡乎義，勇有餘而智不足者也。天下未嘗有不可處之事，吾心未有不可權之理，死生利害攖於吾前，吾惟權之於義，則從違可否自有一定之則，生亦不爲害仁，死亦不爲傷勇。古人沈晦以免禍，殺身以成仁，其顧瞻籌度之頃，見之亦審矣，而後爲之；不然，奚苟焉於一日之便，而取公論不韙之譏乎？吾觀田横之不肯事漢，致五百人之皆死，固嘗憫其事之有可矜，亦嘗惜其死之有未善也。天下之利害，莫大於死生，驅之生則樂而前，驅之死則怖而後，此人之情也。世有不重其死而輕其生者，豈其情之獨異於人乎？此其中必有大過人者。田横之士皆死義，其何能爲人之所不肯爲，而一時烈丈夫之多哉！雖然，横之死則勇也，而智則淺矣。吾爲横計，雖不死可也。死於漢争衡之日可也，爲夷齊王燭之死可也，而横也盍亦權衡於心乎？不死於可爲之時，而死於不可爲之時；不死於不得已之地，而死於得已之地。方酈生之説下齊也，在有志者必不聽，横既是其言而從之，其心已甘爲漢屈矣。及歷下之敗，乃心歸彭越，越之德孰與漢王，其勢位孰與漢王？横以勢不能爲，尚含耻而歸之，又豈有雄於漢之心乎？既無雄於漢之心，即挈郡於關中，稱藩於漢闕，漢必有以遇之，横於此可以不死。横必以死爲安，當漢與齊之結乎盟，則二國爲兄弟也，而漢又襲之，是負信義於天下矣！齊之力既無如之何，獨不可執信義之詞，與之較曲直乎？其曲在漢，其直在齊，横於是而命一介之士，達咫尺之書，以申其盟，以彰漢之罪於天下，以正仗義敢死之秋，横於斯可以死也。及項羽既屠，横慮有腐肉之慘，乃率其徒屬居海島。是時漢雖招之，而我固拒之，漢亦未必有加兵之舉，横於是可以得已也，奈何一聞其召，即不遠千里而來，是其來也意不在王，則在於侯；不在於侯，則在於脱斧鉞之危耳。不然，將何爲哉？使横而信有不臣之節，則終身而已矣，何覬覦乎王侯之業而不爲夷齊之逃；使横而信有輕生之心，則守正以俟死而已矣，何寒心於白刃之鋒而不爲王燭之勇；使横而信以漢王之心必不我免，當漢使之臨，即自處以不韙可也，又何乘傳至洛陽而後決哉！是時不可死，而横則死之，時可以死，而横則不死；事不可已，而横則已之，事可以已，而横則不已。智者故如是乎？吾知横之死，不在於今，而已兆於歷下之敗矣。大抵事不可近慮，以近慮而慮之，未有不覆其事者。當齊與漢角峙，嚴於自衛，猶懼失之，夫何酈生一言之後，即肆爲酣暢之樂，而撤其紀律之備，此正以近慮慮之者。然則韓信之襲破，乃横之所以自取，而非酈生之罪矣，何至怒烹之邪？不知酈生可宥而漢不可忘，使以怒酈生者怒漢，則漢將懾於齊而未敢動，未可知也。抑是時横之謀固疏矣，五百人豈將不在邪？何無一人之慮及於此也。一人言之，五百人皆是之，則横亦未必無是心也；五百人不言，而横又甘受其挫。此横之事一去，而五百人所以不免也。在五百人則失於不言，在横則失於不智矣。故田横之不肯事漢，孰若直拒於酈生一言之餘？詣首洛陽，孰若守身於海島之外？與其五百人皆殺，而無補於齊，又何如酈之一烹，而有功於漢乎！然則其死也，皆失於前而困於後，徒知慕義，而不知義之輕重者也，吾於横何惜哉！雖然，一人不屈，而五百人相率以蹈之，横蓋深有以感之也，吾於横乎有取。

（文見明林有望新刊晦軒林先生類纂古今名家史綱疑辯（萬曆刻本）卷三、錢普批選六大家論陽明先生論、鄭賢古今人物論卷八、清刁包斯文正統卷四。）

答文鳴提學（正德三年　一五〇八年）

書來，非獨見故舊之情，又以見文鳴近來有意爲己之學，竊深喜望。與文鳴别久，論議不入吾耳者三年矣。所以知有意於爲己者，三年之間，文鳴於他朋舊書札之問甚簡，而僕獨三至焉。今又遣人走數百里邀候於途，凡四至矣。所以於四至之書，而知其有爲己之心者，蓋亦有喻。無人有出見其鄰之人病，惻焉，煦煦訊其所苦，遵之以求醫，詔之以藥餌者，入門而忽焉忘之，無他，痛不切於己也。己疾病則呻吟喘息，不能旦夕，求名醫，問良藥，有能已者，不遠秦楚而延之。無他，誠病疾痛切，身欲須臾忘，未能也。是必文鳴有切身之痛，將求醫之未得，謂僕蓋同患而方求醫與藥者，故復時時念之，玆非其爲己乎？兼來書辭，其意見趨向，亦自與往年不類，是殆克治滋養，既有所得矣。惜乎隔遠，無因面見講究，遂請益耳。夫學而爲人，雖日講於仁義道德，亦爲外化物，於身心無與也。苟知爲己矣，寢食笑言，焉往而非學？譬如木之植根，水之浚源，其暢茂疏達，當日異而月不同。曾子所謂「誠意」，子思所謂「致中和」，孟子所謂「求放心」，皆此矣。此僕之爲文鳴喜而不寐，非爲文鳴喜，爲吾道喜也。願亦勉之，使吾儕得有所矜式，幸甚，幸甚！病齒兼虛下，留長沙八日。大風雨絶往來，間稍霽，則獨與周生金者渡橘洲，登嶽麓。嘗有三詩奉懷文鳴與成之、懋貞，録上請正。又有一長詩，稿留周生處，今已記憶不全，兼亦無益之談，不足呈也。南去儔類益寡，麗澤之思，「惄如調饑」，便間無吝教言。秋深得遂歸圖，嶽麓、五峰之間，倘能一會，甚善。公且豫存之意，果爾，當先時奉告也。

（書見新刊陽明先生文録續編卷一書類，永富青地上海圖書館藏新刊陽明先生文録續編について著録。）

答懋貞少參（正德三年　一五〇八年）

別後，懷企益深。朋友之内，安得如執事者數人，日夕相與磨礱砥礪，以成吾德乎？困處中，忽承箋教，灑然如濯春風，獨惟進與，雖初學之士，便當以此爲的，然生則何敢當此？悚愧中，聞歎近來學術之陋，謂前輩三四公能爲伊洛本源之學，然不自花實而專務守其根，不自派別而專務受其源，如和尚專念數珠而欲成佛，恐無其理；又自謂慕古人體用之學，恐終爲外物所牽，使兩途之皆不到，足以知執事之致力於學問思辨，重內輕外，惟曰不足，而不墮於空虛渺茫之地無疑矣。生則於此少有所未盡者，非欲有所勖，將以求益耳。夫君子之學，先立乎其大者，而小者不能奪。故子思之論修德凝道，必曰尊德性而道問學。而朱子論之，以爲非存心無以致知，而存心者又不可以不致知。執事所謂不自花實派別而專務守其根源，不知彼所守者，果有得於根源否爾，如誠得其根源，則花實派別將自此而出，但不宜塊然守此，而不復有事於學問思辨耳。君子之學，有立而後進者，有進而至於立者，二者亦有等級之殊。蓋立而後進者，卓立後有所進，所謂三十而立，吾見其進者；進而至於立者，可與適道，而至於可與立者也，蓋不能無差等矣。夫子謂子貢曰：「賜也，汝以予爲多學而識之者與？」又曰：「蓋有不知而作之者，我無是也。」「多聞，擇其善者而從之，多見而識之，知之次也。」執事之言，殆有懲於世之爲禪學而設，夫亦差有未平與？若夫兩途之説，則未知執事所指者安在？道一而已矣，寧有兩耶？有兩之心，是心之不一也，是殆本源之未立與？恐爲外物所牽，亦以是耳。程子曰：「苟以外物爲外牽，已而從之，是以己性爲有內外也。」又曰：「自私，則不能以有爲爲應蹟；用智，則不能以明覺爲自然。今以惡外物之心而求照無物之地，是反鏡而索照也。」又曰：「君子之學，莫若擴然而大公，物來而順應。」由是言之，心蹟之不可判而兩之也，明矣。執事挺特沉毅，豈生昧劣所敢望於萬一？然乃云爾者，深慕執事樂取諸人之盛心，而自忘其無足取。且公事有暇，無吝一一教示。成之、文鳴如相見，亦乞爲致此意也。

（書見新刊陽明先生文録續編卷一書類。）

士窮見節義論（約正德三年　一五〇八年）

論曰：君子之正氣，其亦不幸而有所激也。夫君子以正氣自持，而顧肯以表表自見哉？吾以表表自見，而天下已有不可救之患。是故君子之不得已也，其亦不幸而適遭其窮，則必不忍泯然自晦，而正氣之所激，蓋有抑之必伸，鍊之必剛，守之愈堅，作之愈高，而始有所謂全大節，仗大義，落落奇偉，以高出品彙儔伍之上矣。此豈依形而立，恃勢而行，待生而存，隨死而亡者耶？且夫正氣流行磅礴，是猶在天爲星辰，在地爲河嶽，而在人則爲功業、爲節義，何者？蓋處順而達，則正氣舒，而爲功爲業；處逆而窮，則正氣激，而爲節爲義。是理之常者，無足怪也。今夫長江萬里，汪洋汗漫，浩然而東也，卒遇逆折之衝，而後有撼空摧山之勢，震動而不可禦，豈非激之使然也？是知董狐之筆，晉激之也；蘇武之節，匈奴激之也；東都縉紳含冤就戮，而接踵繼至，黨錮之禍激之也。一激之間，而節義之名增廣於天下，是豈君子得已而故不已也？孟子曰：「我善養吾浩然之氣。」故弱者養之，以至於剛；慊者養之，以至於充也。不幸適遭其窮，而當吾道之厄，則前之不可伸也，後之不可追也，左之不可援也，右之不可顧也。抑之則生，揚之則死，呼吸之間，而死生存亡係矣，其時亦岌岌矣。君子於此，將依阿以爲同也，將沉晦以爲愚也，疇昔所養，何爲而乃爲此也？是故君子之不得已也。是故竄身可也，碎首可也，濺血可也，可生可死，可存可亡，而此氣不可奪也。於是有凌節頓挫，而吐露天下之日，則雖晉楚之富，王公之貴，儀、秦之辯，賁、育之勇，皆失其所恃，而吾之氣節著矣。是故有隨波而逝者也，而後有中流之砥柱；有隨風而靡者也，而後有疾風之勁草；是故有觸之必碎，犯之必焦者也，而後有烈火之真金。奴顔卑膝，其名爲佞，是故有長揖不拜以爲高；依阿遷就，其名爲懦，是故有徹推印綬以爲潔。王步斯艱，國脉如綫，於是有拜表泣行，而不知其爲激者矣；舉目中原，蕭條風景，於是有擊楫自誓，而不知其爲憤者矣；叩首虜廷，恬不知怪，於是有孤臣抗賊，而不忍一朝之忿者矣；挈國授人，甘心面縛，於是有鼎鑊如飴，不忍一朝之患者矣。寧爲周頑民，不爲商叛國；寧爲晉處士，不爲莽大夫；寧爲宋孤臣，不爲元宰相；寧全節而死，不失節而生；寧向義而亡，不背義而存。是以正氣所激，峥嶸磊落，上與日月争光，下與山嶽同峙。視彼小人，平時迂闊宏大，矯拂奇危，而臨事之際，俯首喪氣，甘與草木同朽腐者，其於爲人賢不肖何如也？孔子曰：「歲寒然後知松柏之後凋也。」而君子之節義，亦至窮而後見矣。嗚呼！君子豈不欲和其聲，以鳴國家之盛，無節名，無義譽，而使天下陰受其福哉？君子而以節義自見，不惟君子不幸，而亦斯世不幸也。雖然，節義一倡，士習隨正，所以維持人心，綱紀斯道者，又豈淺淺哉！故叩馬一諫，凛凛乎萬世君子之義；而黨錮諸賢，亦能扶漢鼎於將亡之秋，操懿温裕，雖包藏禍心，睥睨垂涎，不忍遽發；而當時慕義之徒，亦往往聲其罪而攻之，至是而知君子之行，有以風乎百世，而天下之人卒賴是以自立。嗚呼！時世至此，其亦不幸而以節義自見，抑亦幸而以節義自持也。謹論。

（文見明錢普輯評批選六大家論陽明先生論，中國人民大學圖書館藏古籍珍本叢刊收録。）

明封孺人詹母越氏墓誌銘（正德三年　一五〇八年）

予年友詹藎臣既卒之明年，予以言事謫貴陽，哭藎臣之墓有宿草矣。登其堂，母夫人之殯在，重以爲藎臣。見藎臣之弟惠及其子雲章，則如見藎臣焉。惠將舉葬事，因以乞銘於予。予不及爲藎臣銘，銘其母之墓又何辭乎？按狀，孺人姓越氏，高祖爲元平章。曾祖鎮江路總管，入國初來居貴陽。父存仁翁，生孺人，愛之，必爲得佳婿。時藎臣之祖止庵，亦方爲藎臣之父封大理評事公求配，皆未有當意者。一日，止庵携評事過存仁飲，見孺人焉，兩父遂相心許之，故孺人人歸於評事。評事公好奇，有文事，累立軍功，倜儻善遊，嘗自滇南入蜀，逾湘，歷吴、楚、齊、魯、燕、趙之區，動逾年歲。孺人閨處，釐内外之務，延師教子，家政斬然。評事公出則資馬僕從，入則供具飲食，以交四方之賢，若不有其家者。孺人早夜承之，無怠容。恩亦隨進士，歷官大理寺正，公、孺人卒，受恩封焉。嗚呼！孺人相夫爲聞人，訓其子以顯於時，可謂賢也已。丙寅，恩先卒，惠方爲邑庠生。女一，適舉人張宇。孫三：雲表、雲章、雲行。雲章以評事公軍功，百户優給，人謂孺人之澤未艾也。墓從評事公，兆於城西原。銘曰：母也惟慈，妻也惟順。嗚呼孺人，順慈以訓。生也惟從，死也惟同。城西之祔，歸於其宫。

（銘文手書真蹟長一百一十一點一釐米，寬二十六點六釐米，藏浙江省博物館，計文淵吉光片羽彌足珍著録。）

蜀府伴讀曹先生墓誌銘（正德三年　一五〇八年）

弘治十八年三月己亥，蜀府伴讀曹先生卒。又三年，始克葬，是爲正德戊辰之冬，緩家難也。將葬，其子軒謀所以誌其墓者。於是餘姚王守仁以言事謫貴陽，軒曰：「是可以托我先人於不朽矣。」以其妹婿越榛狀來請。貴陽之士從守仁遊者詢焉，皆曰信，乃爲志之。先生始以明詩經舉於鄉，入試進士，中乙榜，選教夔之建始。建始之學名存實廢，先生至，爲立學宫，設規條，啓新滌穢，口授身率，士始去誕諺，循帖知學，科第勃興，化爲名庠。改教成都華陽，化之如建始。部使者以良有司薦，將試之州郡，先生聞曰：「是非吾所能也。」會以滿考，至部懇求補，遂以爲蜀惠王伴讀。先生入則經史，開諭德義；出則咨否可，備替獻，王甚尊寵敬信之，欲加之秩，請於朝，固辭不可，乃止。及嗣王立，復加之，辭益至。王使私焉，曰：「聞府之進秩者，皆先容而獲，今日以義舉，而使者以賄成之，辱上甚矣，其敢不承於先王？」王歎曰：「純士，勿强之。」先生以知遇之恩，無弗盡愉曲。有陰嫉之者，居之久，乃以老求去。王曰：「君忘先王耶？」先生再拜謝曰：「臣死不朽，殿下之及此言，將顧諟明命，正厥事，臣孰敢非正之供，奚事儇臣？不然，臣死且無日，況能左右是圖？」不得已，許之。家居五年，壽七十有一。卒之五月，以藩府舊勞，進階登仕郎。先生之先爲吴人也，永樂間，曾大父廸功郎炯始來自蘇之長洲，戍貴陽，家焉。炯生伏乙，伏乙生二子：榮、昌。昌娶秦氏，生先生及弟。兩子方齔而相繼以歿，撫於大父之側室王，伯榮是庇。王卒，先生去官喪焉。伯榮既老，先生奉以之官，不欲，留養，不許，乃大備羞耇慎終之具而後行。謂其子曰：「吾聞絞矜衾帽死而後製，然吾四方之役也，可異乎？」亦爲之具。嗚呼！若先生乃可以爲子諒篤行之士，今亡矣。配孺人劉氏，子五人：輊，幹蠱；軾，先卒；轍，旌義民；軒，庠生；輒，業舉。女五人，適知縣尤善輩，皆名家。孫男子六人。先生之世德，於是乎證。先生諱霖，字時望，號戇庵。墓在貴陽城東祖塋之次。銘曰：于維斯人，此士之方。彼藩之良，淵塞孔將。不寧維藩，可以相鄰。靡曰其下，厥聞既起；靡曰其逝，其儀孔邇。我行其野，我踐其里。其耇若穉，其昆若嗣。于維斯人，不愧銘只。

（文見新刊陽明先生文録續編卷二墓誌，永富青地上海圖書館藏新刊陽明先生文録續編について著録。）

驄馬歸朝詩叙（正德四年　一五〇九年）

正德戊辰正月，古潤王公汝楫以監察御史奉命來按貴陽，明年五月及代，當歸朝於京師。在部之民暨屯戍之士，下逮諸種苗夷聞之，咸奔走相謂曰：「嗚呼！公之未來也，吾農而弗得耕，商而弗得市，戍役無期而弗能有吾家，刓剥無藝而弗能保吾父母妻子，吾死且無日矣！自公之至，而吾始復吾業，得吾家，安吾父母妻子之養。蓋爲生未幾耳，而公又將捨我而去，吾其復歸於死乎！」乃相與奔告於其長吏，曰：「爲我請於朝，留公以庇我。」其長吏曰：「嗚呼！其獨爾乎哉！公之未來也，吾捨吾職而征斂以奉上，禄之不得食，而稱貸以足之；自公之至，而吾始復爲吾官，事事而食禄；今又捨我而去，吾將有請焉而限於職，留焉而勢所不得行也。吾與爾且奈何哉！」則又相率而議於學校之士，曰：「斯其公論之所自出，而可以言請也；斯其無官守之嫌，而可以情留之也。」學校之士曰：「嗚呼！其獨爾乎哉！吾束吾簡編，而不獲窺者兩年矣；　自公之至，而吾始得以誦吾詩，讀吾書。　當公之未至，吾父老苦於追求，吾稚弱疲於奔役，吾日奔走救療於其間而不暇，而奚暇及吾業？吾身之弗能免，而況能庇吾家乎？況能望其作興振勵，開導而訓誨如公今日之爲乎？今公之去，吾惟無以致吾力而庸吾情，有如可得以請而留也，亦何靳而弗爲乎？」其長者顧少者而言曰：「嗚呼！理之無可屈，而卒以不伸者，局於時也；　情之不可已，而終以不行者，泥於勢也。　夫留公以庇吾一省者，情之極也，而於理亦安所不得乎？然而度之時勢之間，則公之不可以爲我留者三，我之不可以留公者五，吾今不欲盡言之，吾黨之處此亦不可以無審也。」衆皆默然良久，迺皆曰：「然則奈何乎？不可以吾人之故而累公矣；　其得遂以公之故而已吾情乎？吾情不能伸矣，其獨不得以聲之詩歌而少舒乎？」其長者曰：「是亦無所益於公，而徒爾呶呶爲也。　雖然，必無已焉。　宣吾之情而因以直夫理，揚今之美盛而遂以諷於將來，則是舉也，殆亦庶乎其可哉。」乃相與求賢士大夫之在貴陽者詩歌之，而演之爲卷，卷成而來請於陽明居士，曰：「斯蓋德之光也，情之所由章也，理之所以不亡也。　吾士人之願，諸大夫之所憾也，先生一言而叙之。」居士曰：「吾以言得罪，於此言又何爲乎？」學校之士爲之請不置，因次叙其語於卷而歸之。　卷之端題曰「驄馬歸朝」者，蓋留之不得，而遂以送之也。

正德己巳五月既望，陽明居士王守仁書。

（上文真蹟長一百八十九釐米，寬二十六釐米，今藏廣東省博物館，計文淵吉光片羽彌足珍著録。）

與貴陽書院諸生書（三書）（正德四年　一五〇九年）

書一

祥兒在宅上打攪，早晚可戒告，使勿胡行爲好。寫去事可令一一爲之。諸友至此，多簡慢，見時皆可致意。徐老先生處，可特爲一行拜意。朱克相兄弟，亦爲一問，致勉勵之懷。餘諒能心照，不一一耳。守仁拜，惟善秋元賢契。

書二

別時不勝凄惘，夢寐中尚在西麓，醒來却在數百里外也。相見未期，努力進修，以俟後會。即日已抵鎮遠，須臾放舟行矣。相去益遠，言之慘然。書院中諸友不能一一書謝。守仁頓首，張時裕、何子佩、越文實、鄒近仁、范希夷、郝升之、汪源銘、李惟善、陳良臣、湯伯元、陳宗魯、葉子蒼、易輔之、詹良臣、王世臣、袁邦彥、李良臣列位秋元賢友，不能盡列，幸意諒之。高鳴鳳、何遷遠、陳壽寧勞遠餞，別爲致謝，千萬千萬！

書三

行時聞范希夷有恙，不及一問，諸友皆不及相別。出城時，遇二三人於道傍，亦怱怱不暇詳細，皆可爲致情也。所買錫，可令王祥打大碗四個，每個重二斤，須要厚實大樸些方可，其餘以爲蔬楪。粗磁碗買十餘，水銀擺錫筯買一二把。觀上内房門，亦須爲之寄去鹽四斤半，用爲醬料。朱氏昆季亦爲道意。閻真士甚憐，其客方卧病，今遣馬去迎他，可勉强來此調理。梨木板可收拾，勿令散失，區區欲刊一小書故也，千萬千萬！近仁、良臣、文實、伯元諸友均此見意，不盡列字也。惟善賢友秋元，汪原銘合枳朮丸乃可，千萬千萬！仁白。

（上三書見裴景福壯陶閣書畫録卷十明王陽明倪鴻寶手札合卷、潘正煒聽颿樓續刻書畫記卷下、嶽雪樓書畫録卷四明王文成倪文正尺牘真蹟卷。）

與楊應源書（正德五年　一五一〇年）

緑蘿別後，脱盡鴆媒。歷覽青溪雲林，步步尋到源頭，覺此道中另闢一番幽邃世界。斜陽古驛，芳草天涯，閒時讀君近作詩古文詞，欲歌欲泣，不須把酒讀離騷也。易詮錯綜盡致，而取象處不出考亭法門。某竊謂宋儒釋經，只是天地間糟粕物事耳。杜句「重與細論文」，不足爲外人道也。浮梗薄軀，有時邀恩歸里，當訪君於桃花流水間，君其掃開閭巷以待。

（書見嘉慶常德府志卷四十四列傳，云出楊氏譜。楊應源爲武陵桃花源東渌蘿山隱士，嘉慶常德府志傳云：「楊應源，字崑東，武陵人。與王陽明友善，而講學不合。」又卷二云：「緑蘿山（緑一作渌），縣南十五里。下有潭，上有巖，名緑蘿巖。」

重修廬陵縣署記（正德五年　一五一〇年）

廬陵縣治圮，知縣王守仁葺而新之。六月丙申，興儀門。七月，成兩廊，作監於門右，翼廡於門左。九月，拓大門之外爲東西垣，而屏其南，遂飭戒石亭及旌善、申明亭，後堂之後易民居，而闢其隘，其諸瓦甓墉棟之殘剥傾落者治之，則已十月乙酉。工畢，志戒石之陰，以告來者，庶修敝補隙，無改作之勞。

（文見光緒吉安府志卷七。）

答某人書（正德五年　一五一〇年）

別後三接手誨，知賓主相得爲慰。可知孟吉既□友，而廷敬復勤修之士，從此盪摩相觀，學問之成也有日矣，益用喜躍。所喻徐宅姻事，足感壽卿先生之不鄙。但姚江去越城不二百里耳，祖母之心猶以爲遠；况麻溪又在五六百里之外耶？心非不願，勢不相能，如何，如何？見徐公，幸以此言爲復。吾兩家父祖相契，且數十年，何假婚姻始爲親厚？因緣之不至，固非人力所能爲也。涵養有暇，努力文學，久處暫別，可勝企望。姪守仁頓首。

（書見陳焯湘管齋寓賞編卷二。）

答王應韶（正德五年　一五一〇年）

昨承枉顧，適茲部冗，未獲走謝。向白巖自關中回，亟道執事志行之高，深切企慕，惟恐相見之晚。及旌節到此，獲相見，又惟恐相別之速。以是汲汲數圖一會，正所欲請，亦承相亮，兩辱枉教，辨難窮詰，不復退讓。蓋彼此相期於道義，將講去其偏，以求一是，自不屑爲世俗諛媚善柔之態，此亦不待相喻而悉也。别去，深惟教言，私心甚有所未安者。欲候面請，恐人事纏繞，卒未有期，先以書告。其諸講説之未合，皆所未暇，惟執事自謂更無病痛，不須醫藥；又自謂不待人啓口，而已識其言之必錯，在執事之爲己篤實，決非謬言以欺世，取給以御人者，然守仁竊甚惑之。昔者夫子猶曰：「五十以學易，可以無大過。」又曰：「丘也幸，苟有過，人必知之。」未聞以爲無過也。子路，人告之以其過則喜，未聞人之欲告以過而拒也。今執事一過之，一反焉，此非淺陋之所能測也。舜好問而好察邇言，邇言者，淺近之言也，猶必察焉。夫子曰：「不逆詐。」又曰：「不以人廢言。」今不待人之啓口，而已識其必錯者，何耶？又以守仁爲鄉醫，未曉方脉，故不欲聞其説。夫醫術之精否，不專繫於鄉國，世固有國醫而誤殺人者矣。今徒以鄉醫聞見不廣，於大方脉未必能通曉，固亦有得於一證之傳知之真切者，寧可概以庸醫視之，兹不近於以人廢言乎？雖然，在守仁則方爲病人，猶未得爲鄉醫也。手足痿痺而弗能起，未能遠造國都，方將求鄉醫而問焉。驟聞執事自上國而來，意其通於醫也，而趨就之。乃見執事手足若有攣拳焉，以爲猶吾之痿痺也，遂疑其病，固宜執事之笑而弗納矣。伏惟執事誠國醫也，則願出一匕之藥以起其痿痺；誠亦步攣拳乎，則願相與講其受病之源，得無亦與痿痺者同乎，而將何以瘳之？泛泛揚舟，載沉載浮。既見君子，我心則休。幸執事之亮此情也。

（書見新刊陽明先生文録續編卷二書類，是書藏上海圖書館，永富青地上海圖書館藏新刊陽明先生文録續編について著録。）

與某人書（正德五年　一五一〇年）

余與惟乾自武陵抵廬陵，舟中興到時，亦有所述，但不求工耳。惟乾行，聊書此。

（書見葛金烺愛日吟廬書畫別録卷二明人尺牘彙册。）

藥王菩薩化珠保命真經序（正德五年　一五一〇年）

予謫居貴陽，多病寡歡。日坐小軒，檢方書及釋典，始得是經閱之。其妙義奧旨，大與虛無之談異，實予平生所未經見。按方書，諸病之生，可以審證而治，惟瘄痘之種，不見經傳，上古未有，間有附會之說，終非的證，治無明驗。此經所言，甚詳悉可信。且痘之發也，必焚香，潔淨，戒酒，忌諸惡穢，其機蓋與神通云。細察游僧所言，即藥王菩薩現世度厄，其曰「吾自樂此」者，藥也；曰「急扶我骸」者，急救嬰孩也。乃謀之父老，因其廢廟而寺之，名其懸篋之石曰「佛篋峰」。寺成二年而大興，疾病禱者立應。予既名還攜歸，重刻此本而家藏之，並爲之序。

正德庚午，陽明王守仁識。

（序見佛説化珠保命真經首，卍續藏經第八十七册。）

寓都下上大人書（正德六年　一五一一年）

寓都下男王守仁百拜書上父親大人膝下：前月王壽與來隆去，從祁州下船歸，計此時想將到家矣。邇惟祖母老大人、母大人起居萬福爲慰。男輩亦平安。媳婦輩能遂不來極好，倘必不可沮，只可帶家人、媳婦一人，衣箱一二隻，輕身而行。此間決不能久住，只如去歲江西，徒費跋涉而已。來隆去後，此間却無人，如媳婦輩肯不來，須遣一人帶冬夏衣服，作急隨便船來。男邇來精神氣血殊耗弱，背脊骨作疼已四五年，近日益甚。欲歸之計非獨時事足慮，兼亦身體可憂也。聞欲起後樓，未免太勞心力，如木植不便，只蓋平屋亦可。餘姚分析事，不審如何？畢竟分析爲保全之謀耳。徐妹夫處甚平安。因會稽李大尹行，便奉報平安。省侍未期，書畢，不勝瞻戀之至。五月三日，男王守仁百拜。

（手札真蹟今藏中國歷史博物館，計文淵王陽明法書集著録。）

硯銘（正德六年　一五一一年）

温潤而有守，此吾之石友，日就月將於不朽。正德辛未春，陽明山人銘。

（硯在盤龍企業拍賣股份有限公司浙江分公司二〇〇五年浙江秋季拍賣會上出現，並在網上公布。硯上刻有陽明所書硯銘。）

正德六年會試卷批語（正德六年　一五一一年）

禮記

審樂以知政，而治道備矣。

文

萬潮卷

治道備，處場中，堯夔見有發揮透徹者。此作文氣頗平順，故録之。

禮記

是故仁人之事親也如事天，事天如事親。

毛憲卷

經義貴平正，此作雖無甚奇特，取其平正而已，録之。

第五問

萬潮卷

此卷三場皆精微該博，時出不窮，而又曲中程度。五策詞氣充溢，光焰逼人，而時務一道尤爲議論根據，識見練達，刻此亦足以見其餘矣。然五求子之言，而得其所存，當自有重於此者，則又豈必盡録其文爲哉！

（文見天一閣藏明代科舉録選刊會試録正德六年會試録。）

與徐曰仁書（正德六年　一五一一年）

得書，驚惶莫知所措。固知老親母仁慈德厚，福禄應非至此，然思曰仁何以堪處，何以堪處！急走請醫，相知之良莫如夏者，然有官事相絆，不得遽行，未免又遲半日，比至祁且三日。天道苟有知，應不俟渠至，當已平復。不然，可奈何，可奈何！來人與夏君先發，趙八舅和兒輩隨往矣。惶遽中言無倫次，亦不能盡。守仁頓首，曰仁太守賢弟。

（書見三希堂法帖，計文淵王陽明法書集著録。）

觀善巖小序（正德七年　一五一二年）

善，吾性也；曰觀善，取傳所謂「相觀而善」者也。陽明山人王守仁。

（文見康熙雩都縣志卷十四。）

與湛甘泉（二篇）（正德七年　一五一二年）

書一

別後，無可交接，百事灰懶，雖部中亦多不去，惟日閉門静坐，或時與純甫、宗賢閑話，有興則入寺一行而已。因思吾兩人者平日講學，亦大拘隘。凡人資稟有純駁，則其用力亦自有難易，難者不可必之使易，猶易者不可必之使難。孔門諸子問仁，夫子告之，言人人殊，烏可立一定之説，而必天下之同己。或且又自己用功悠游，而求之人者太急迫無叙，此亦非細故也。又思平日自謂得力處，亦多尚雜於氣，是以聞人毁謗輒動，却幸其間已有根芽，每遇懲創，則又警勵奮迅一番，不爲無益。然終亦體認天理欠精明，涵養功夫斷續耳。元忠於言語尚不能無疑，然已好商量。子莘極美質，於吾兩人却未能深信。舟次講學，不厭切近，就事實上説，孔子云：「言忠信，行篤敬，雖蠻貊之邦，行矣。」要之，至理不能外是，而問者亦自有益。蓋卓爾之地，必既竭吾才，而後見養深者自得之耳。良心易喪，習氣難除，牛羊斧斤日以相尋，而知己又益漸遠，言之心驚氣咽，但得來人便，即須頻惠教言，庶有所警發也。

書二

別後，屢得途中書，皆足爲慰。此時計在增城已久，衝冒險阻之餘，憫時憂世，何能忘懷；然回視鄙人，則已出世間矣。純甫得應天教授，別去亦復三月，所與處惟宗賢一人，却喜宗賢工夫驟進，論議多所發明，亦不甚落寞也。往時朝夕多相處，觀感之益良多，然亦未免悠悠度日。至於我字亦欠體貼，近來始覺少親切，未知異時回看今日，當復何如耳。習氣未除，此非細故，種種病原，皆從此發。究竟習氣未除之源，却又只消責志。近與宗賢論此，極爲痛切，兄以爲何如耶？太夫人起居萬福，慶甚！聞潮、廣亦頗有盜警。西湖十居之興，雖未能決，然扁舟往還之約，却亦終不可忘也。養病之舉，竟爲楊公所抑。在告已踰三月，南都之説，忍未能與計，亦終必得之。而拘械束縛，眼前頗不可耐耳。如何，如何！沉痾洎去，燈下草率，言莫能既，但遇風毋惜。

（二書見嘉靖增城縣志卷十七外編雜文類。）

爲急大本以圖治安以盡脩省事（代楊一清作）（正德七年　一五一二年）

少保兼太子太保、吏部尚書臣楊等謹題，爲急大本以圖治安以盡脩省事。

臣等聞之，主聖則臣直。今聖主在上，澤壅而未宣，情格而不通，天下之事，日趨於敝。臣等默無一言，是終爲容悦，而上無以張主之聖，下無以解於百姓之惑也。罪可辭哉？

仰惟陛下天錫勇智，神授英明。自居春宫，萬姓仰德；及登大寶，四夷向風。不幸賊臣劉瑾竊弄威柄，流毒生靈，潛謀僭逆，幾危郊社。賴祖宗上天之靈，假手近臣，發其罪狀。陛下奮雷霆之斷，誅滅黨與，剗滌兇穢。復累朝之舊章，弔群黎之疾苦。息煩屏苛，與民更始；舉賢任能，庶政一新。天下莫不歡欣鼓舞，謂陛下固愛民之主，而前此皆賊瑾之荼毒；知陛下固有爲之君，而前此皆賊瑾之蒙敝。日夜跂足延頸，以望太平。奈何積暴所加，民痍未復；餘烈所煽，妖孽薦興。盜賊蠭起，將及二年；兵屯不解，民困益甚。陛下又嘗採納廷議，命將出師。招降撫順，以安脅從；蠲賦寬租，以蘇凋瘵。督責之令相尋，賑貸之使迭出。廟堂之上，算無遺策，然議論多而成功少。即今師老財耗，公私俱竭。中原數千里之地，僵屍漬血，殺人如麻，廣村巨落，蕩爲灰燼。戕（賊）〔戮〕我將吏，攻陷我城邑，不知其幾。事勢至此，亦云極矣。况比歲乾象失常，坤輿弗靖，上天之示譴不一，四方之告變無時。臣等觸目生嗟，經心抱痛，始非一日。近該禮部題奉欽依，文武百官同加脩省。拜稽之餘，感懼交集，展轉思之，無以爲計。

竊惟朝廷四方之極，君身天下之本。意者，今日之所建白，小舉而大遺，徒事其末而弗究其本，天未悔禍，人未厭亂，職此之由。陛下有堯、舜之資，臣等不能導陛下於三代，而使天下之人疾首蹙頞，懷怨積憤，如漢、唐之季，死有餘罪矣。謹摭今日之政，關係大本最切要者爲陛下陳之。

夫朝以出政，政以成事，每旦視朝，帝王聽政之恒規也。陛下每月朔望之外，視朝不過一二，豈非欲弘委任責成之道，以成端拱無爲之化乎？然臣之於君，猶子之於父母也。子於父母，一日不見則思，數日不見則憂。群臣百司，願時一睹聖顔，一聞天語，久而不得，則進退惶惑，倀無依，憂思鬱結，漸以解弛。且遠近之民，遂疑陛下不復念其窮苦而日興怨讟；四方盜賊，亦謂陛下未嘗有意翦除而益肆猖獗。不可聞於外夷，不可訓於後世。伏願繼自今昧爽視朝，令諸司照舊奏事，日以爲常。黼坐僅臨於數刻，綸音不越乎數言，未足爲勞，而可以收拳綱，決壅蔽，示百官之承式，回萬方之視聽，亦可所憚而不爲乎？

古者天子退朝，深宮燕息，以養天和，出警入蹕，防範備至。竊聞龍輿常幸豹房，駐宿累日。夫豹房不知爲何所，似非天子所居。又聞日於後苑訓練兵戎，鼓砲之聲，震駭城域，豈非念安不忘危之戒，而爲思患預防之術乎？顧此乃將帥之事，兼非宮禁所宜，密邇廟社，恐無以安神之靈。況今前星未耀，震位猶虛，而乃疲力於擊射之餘，耗神於馳逐之下。且千金之子，坐不垂堂，壯歲乏嗣，則其心爲之惕然。陛下奈何以宗廟社稷之身而自輕若是，此群臣之所以夙夜而不能安也。伏願繼自今高拱穆清，深居禁密。戒嬉遊無度之勞，以保心體之和，遠混雜不經之所，以消意外之慮。自然血氣循軌，精神内固。上帝孚啓聖之祥，後宮衍多男之慶。國本有託，人心以安，宗祧至計，莫急於此。

至於經筵日講，陛下嗣位之始，時常舉行。近歲講期甫臨，輒聞報罷，勸講之官始爲虚設。書曰：「學于古訓，乃有獲。」且一心之微，攻之者衆，不在此則在彼，不游心於詩、書理義，則放情於宴安逸樂，固其所也。伏望繼自今祇循舊典，時御經筵，非盛暑隆寒，不可輒罷。仍舉行日講故事，就近儒臣講論經史，涵泳義理，以培養本原。則則聰明，有所開發，治道日益明暢，天下至樂，無以逾此，而百凡好尚皆不能奪之矣。

前此三者，天下之大本在焉。易曰：「正其本，萬事理。」大學曰：「其本亂而末治者否矣。」陛下俯垂聽納，見之施行，由是脩聖政以亨天下之屯，廣聖嗣以定天下之志，弘聖學以成天下之務。大本既立，庶政末節，各有司存，自當隨事納忠，以圖報稱，則天意可回，民生可遂，寇盜可消，境土可寧。上以承祖宗之鴻休，下以垂子孫之大統；近以慰臣庶之憂疑，遠以答華、夷之觀向，實宗社萬億年靈長之福也。

臣等竊時高位，勢共安危，受國厚恩，義關休戚，當四方多事之際，不能展一籌以紓患害。茲奉明旨脩省，若又不能極陳探本之論，以贊維新之化，依阿洪忍，苟度歲年，縱能免觸迕之罪於一時，豈能逃誤國之罪於他日乎？

臣等忠憤填臆，不知所裁，冒犯天威，罪當萬死。緣係急大本以圖治安以盡脩省事理，謹題請旨。

正德七年五月十二日，奉聖旨：「朕已知悉了，卿等安心辨事。欽此。」

（疏見楊一清集吏部獻納稿。按：正德七年楊一清任吏部尚書，陽明任吏部郎中，此疏稱「臣楊等題」，「臣等聞之」，實是楊一清率吏部官員陽明等人所上，而疏實出陽明手筆也。以此疏同陽明五月所上自劾不職以明聖治事疏（王陽明全集卷二十八）相比較，二疏語句多有相同，此尤可證此疏乃出陽明之手也。）

寄貴陽諸生（正德七年　一五一二年）

諸友書來，間有疑吾久不寄一字者。吾豈遂忘諸友哉？顧吾心方有去留之擾，又部中亦多事，率難遇便；遇便適復不暇，事固有相左者，是以闊焉許時。且得吾同年秦公爲之宗主，諸友既得所依歸，凡吾所欲爲諸友勸勵者，豈能有出於秦公之教哉？吾是可以無憂於諸友矣，諸友勉之！吾所以念諸友者，不在書之有無，諸友誠相勉於善，則凡晝之所誦，夜之所思，孰非吾書札乎？不然，雖日至一書，徒取憧憧往來，何能有分寸之益於諸友也？爲仁由己，而由乎人哉？諸友勉之！因便拾楮，不一。

（書見新刊陽明先生文録續編卷一書類，永富青地上海圖書館藏新刊陽明先生文録續編について著録。）

上海日翁大人札（正德七年　一五一二年）

父親大人膝下：毛推官來，□大人早晚起居出入之詳，不勝欣□。弟恙尚不平，而祖母桑榆暮□，不能□。爲楊公所留，養病致仕皆未能遂，殆亦命之所遭也。人臣以身許國，見難而退，甚所不可，但於時位出處中，較量輕重，則亦尚有可退之義，是以未能忘情；不然，則亦竭忠盡道，極吾心力之可爲者死之而已，又何依違觀望於此，以求必去之路哉！昨有一儒生，素不相識，以書抵男，責以「既不能直言切諫，而又不能去，坐視亂亡，不知執事今日之仕爲貧乎？爲道乎？不早自決，將舉平生而盡棄，異日雖悔，亦何所及」等語，讀之良自愧歎。交遊之中，往往有以此意相諷者，皆由平日不務積德，而徒竊虛名，遂致今日。士大夫不考其實，而謬相指目，適又當此進退兩難之地，終將何以答之？反己自度，此殆欺世盜名者之報，易所謂「負且乘，致寇至」也。近甸及山東盜賊奔突，往來不常。河南新失大將，賊勢愈張。邊軍久居内地，疲頓懈弛，皆無鬥志，且有怨言，邊將亦無如之何。兼多疾疫，又乏糧餉，府庫内外空竭，朝廷費出日新月盛。養子、番僧、伶人、優婦居禁中以千數計，皆錦衣玉食。又爲養子蓋造王府，番僧崇飾塔寺，資費不給，則索之勳臣之家，索之戚里之家，索之中貴之家；　又帥養子之屬，遍搜各監内臣所蓄積；　又索之皇太后。　又使人請太后出飲，與諸優雜劇求賞；　或使人給太后出遊，而密遣人入太后宫，檢所有盡取之。　太后欲還宫，令宫門毋納，固索錢若干，然後放入。　太后悲咽不自勝，復不得哭。　又數數遣人請太后，爲左右所持，不敢不至；　至即求厚賞不已。　或時賂左右，間得免請爲幸。　宫苑内外，鼓噪火炮之聲晝夜不絶，惟大風或疾病，乃稍息一日二日。　臣民視聽習熟，今亦不勝駭異。　永齋用事，勢漸難測，　一門二伯、兩都督，都指揮、指揮十數，千百户數十，甲第、墳園、店舍，京城之外，連亘數里，城中卅餘處，處處門面，動以百計。　谷馬之家，亦皆稱是，榱角相望，宫室土木之盛，古未有也。　大臣趨承奔走，漸復如劉瑾時事，其深奸老滑甚於賊瑾，而歸怨於上，市恩於下，尚未知其志之所存，終將何如。　春間黄河忽清者三日，霸州諸處一日動地十二次，各省來奏山崩地動、星隕災變者，日日而有。　十三省惟吾浙與南直隸無盗。近聞□中諸□頗黠桀，按兵不動，似有乘弊之謀，而各邊謀將又皆頓留内地，不得歸守疆埸，是皆有非人謀所能及者。　七妹已到此，初見悲咽者久之，數日來喜極，病亦頓減，顔色遂平復。　大抵皆因思念鄉土，欲見父母兄弟而不可得，遂致如此，本身却無他疾；　兼聞男有南圖，不久當得同歸，又甚喜，其恙想可勿藥而愈矣。　又喜近復懷妊，當在八月間。　曰仁考滿在六月間。　曰仁以盗賊難爲之，故深思脱離州事。　但欲改正京職，則又可惜虚却三年歷俸；　欲遷陞，則又覺年資尚淺。待渠考滿後，徐圖之。曰仁決意求南，此見亦誠是。男若得改南都，當遂與之同行矣。邃庵近日亦若求退事，勢亦有不得不然。蓋張已盛極，決無不敗之理，而邃之始進，實由張引，覆轍可鑒，能無寒心乎？中間男亦有難言者，如啞子見鬼，不能爲旁人道得，但自疑怖耳。西涯諸老，向爲瑾賊立碑，槌磨未了，今又望塵莫及張德功，略無愧恥，雖邃老亦不免。禁中養子及小近習與大近習交搆，已成禍變之興，旦夕叵測，但得渡江而南，始復是自家首領耳。時事到此，亦是氣數，家中凡百皆宜預爲退藏之計。弟輩可使讀書學道，親農圃樸實之事，一應市囂虛詐之徒，勿使與接，親近忠信恬淡之賢，變化氣習，專以積善養福爲務，退步讓人爲心。未知三四十年間，天下事又當何如也。凡男所言，皆是實落見得如此，異時分毫走作不得，不比書生據紙上陳跡，騰口漫説。今時人亦見得及，但信不及耳。餘姚事，亦須早區畫，大人決不須避嫌，但信自己惻怛之心、平直心、退步心，當時了却，此最灑脱。牽纏不果，中間亦生病痛。歸侍雖漸可期，而歸途尚爾難必，翹首天南，不勝瞻戀。男守仁拜書。外山巾及包頭二封。

（札見式古堂書畫彙考卷二十五書考。）

又上海日翁大人札（正德七年　一五一二年）

男守仁百拜父親大人膝下：會稽易主簿來，得書，備審起居萬福爲慰。男與妹壻等俱平安。但北來邊報甚急，昨兵部得移文，調發鳳陽諸處人馬入援，遠近人心未免倉皇。男與妹壻只待滿期，即發舟而東矣。行李須人照管，禎兒輩久不見到，令渠買畫絹，亦不見寄來。長孫之夭，骨肉至痛，老年懷抱，須自寬釋。幸祖母康强，弟輩年富，將來之福尚可積累。道弟近復如何？須好調攝，毋貽父母兄弟之憂念。錢清陳倫之回，草草報安。小録一册奉覽，未能多寄。梁太守一册，續附山陰任主簿。

廿八日，男守仁百拜。

（札見《式古堂書畫彙考》卷二十五《書考》。）

上大人書（正德七年　一五一二年）

寓都下男王守仁百拜上父親大人膝下：杭州差人至，備詢大人起居遊覽之樂，不勝喜慰。尋得書，迺有廿四叔□□□□□□固自有數，胡迺適□□時，信乎樂事不常，人生若寄。古之達人所以適情任性，優游物表，遺身家之累，養真恬曠之鄉，良有以也。伏惟大人年近古稀，期功之制，禮所不逮，自宜安閑愉懌，放意林泉，木齋、雪湖諸老，時往一訪；稽山、鑑湖諸處，將出一遊。洗脱世垢，攝養天和，上以增祖母之壽，下以垂子孫之福，慶幸，慶幸。男等安居如常，七妹當在八月，身體比常甚佳。婦姑之間，近亦頗睦。曰仁考滿亦在出月初旬，出處去就，俟曰仁至，計議已定，然後奉報也。河南賊稍平，然隱伏者尚難測；山東勢亦少減，而劉七竟未能獲；四川諸江（西）雖亦時有捷報，而起者亦復不少。至於糧餉之不繼，馬匹之乏絶，邊軍之日疲，流氓之愈困，殆有不可勝言者。而廟堂之上，固已晏然，有坐享太平之樂，自是而後，將益輕禍患，愈肆盤遊，妖孽并興，讒諂日甚，有識者復何所望乎！守誠妻無可寄託，張妹夫只得自行送回。大娘子早晚無人，須搬渠來男處，將就同住。六弟聞已起程，至今尚未見到。聞餘姚居址亦已分析，各人管理，不致荒廢，此亦了當一事。今年造册，田業之下瘠者，親戚之寄託者，惟例從刊省，拒絶之爲佳。時事如此，爲子孫計者，但當遺之以安，田業鮮少，爲累終寡耳。趙八田近因農民例開，必願上納，阻之不可。昨日已告通狀，想亦只在倉場之列。不久，當南還矣。九弟所患，不審近日如何？身體若未壯健，誦讀亦且宜緩，須遺之從黄司輿遊，得清心寡慾，將來不失爲純良之士，亦何必務求官爵之榮哉！守文、守章，亦宜爲擇道德之師，文字且不必作，只涵詠講明爲要。男觀近世人家子弟之不能大有成就，皆由父兄之所以教之者陋而望之者淺。人來，説守文質性甚異，不可以小就待之也。因便報安，省侍未期，書畢，不勝瞻戀。

閏五月十一日，守仁百拜書。

（今有陽明手蹟石刻拓本藏貴州省博物館，另有拓本藏日本九州大學圖書館。此書真蹟明王文成公尺牘真蹟在上海國際商品拍賣有限公司二〇〇四年春季藝術品拍賣會上出現，並在

「雅昌藝術品拍賣網」上公布。蓬累軒《姚江雜纂》、計文淵《王陽明法書集》、《王陽明全集·補録》皆著録。)

寄蕙皋書札 (正德八年　一五一三年)

四明之興甚劇,意與蕙皋必有數日之叙,乃竟爲冗病所奪。承有歲暮湯餅之期,果得如是,良亦甚至願,尚未知天意何如耳。喻及楚之誑魏,近亦頗聞其事。然魏之樸實,人亦易見,上司當有能察之者。况楚有手筆可覆,誠僞終必有辨也。魏在薄惑,乃蒙垂念若此,彼此均感至情。楚亦素相愛,不意其心事至此,殊不忍言,可恨,可恨!使還,草草致謝,不盡。九日,守仁頓首,蕙皋郡伯道契兄文侍。六弟同致意。餘素。

(書札手蹟刻石存浙江上虞曹娥廟,王望霖嘗以真蹟刻入《天香樓藏帖》。今餘姚梨洲文獻館藏有此札墨蹟,乃係臨本。此札真蹟向以爲亡佚,今按:上海嘉泰拍賣有限公司二〇〇五年春季藝術品拍賣會上出現陽明此札手蹟紙本,並於網上發佈,字蹟清晰。兹即據此手札真蹟録入。)

送日東正使了庵和尚歸國序 (正德八年　一五一三年)

世之惡奔競而厭煩拏者,多遯而之釋焉。爲釋有道,不曰清乎?撓而不濁,不曰潔乎?狎而不染，故必息慮以浣塵，獨行以離偶，斯爲不詭於其道也。苟不如是，則雖皓其髮，緇其衣，梵其書，亦逃租繇而已耳，樂縱誕而已耳，其於道何如耶？今有日本正使堆雲桂悟字了庵者，年踰上壽，不倦爲學，領彼國王之命，來貢珍於大明。舟抵鄞江之滸，寓館於驛。予嘗過焉，見其法容潔修，律行堅鞏，坐一室，左右經書，鉛朱自陶，皆楚楚可觀愛，非清然乎？與之辯空，則出所謂預修諸殿院之文，論教異同，以並吾聖人，遂性閑情安，不譁以肆，非浄然乎？且來得名山水而遊，賢士大夫而從，靡曼之色不接於目，淫哇之聲不入於耳，而奇邪之行不作於身，故其心日益清，志日益浄，偶不期離而自異，塵不待浣而已絶矣。兹有歸思，吾國與之文字以交者，若太宰公及諸縉紳輩，皆文儒之擇也，咸惜其去，各爲詩章，以艷飾迥躅，固非貸而濫者，吾安得不序！

皇明正德八年歲在癸酉五月既望，餘姚王守仁書。

（文見伊藤松鄰交徵書初篇卷一，云：「真書，伊勢正住氏藏。」按此序真蹟又爲日本九鬼隆輝所藏，齋藤拙堂拙堂文話著録此序。）

寄原忠太史（正德八年　一五一三年）

歲欲一訪廬下，少伸問慰，遂爲天台、雁蕩之遊；而冗病相縛，竟不得行。今伯載之往，又弗克偕，徒有悵怏而已，可如何！如何！邇惟孝履天和相，讀禮之餘，孰非進德之地？今冬大事克舉否？執紼之役，未能自決，則相見之期，亦未可先定也。離懷耿耿，病筆不能具，伯載當亦能悉。九月三日，守仁拜手。原忠太史道契。

兄大孝莫次，令先翁墓文不敢違約，病患中望少遲之，然稽緩之罪已知不能矣。別録二册奉覽。餘素。

（文見鄒顯吉湖北草堂藏帖第一册王陽明先生守仁柬，新編本王陽明全集著録。）

答汪抑之書一（正德八年　一五一三年）

昨承枉教，甚荷至情。中間定性之説，自與僕向時所論者無戾。僕向之不以爲然，殆聽之未審也。然訓旨條貫，似於前日精彩十倍，雖僕之不審於聽，亦兄之學日有所進歟？惟未發之説，則終不敢以爲然者。蓋喜怒哀樂，自有已發未發，故謂未發時無喜怒哀樂則可，而謂喜怒哀樂無未發則不可。今謂喜怒哀樂無未發，已發固已發，未發亦已發，而必欲强合於程子動亦定、静亦定之説，則是動亦動、静亦動也，非惟不得子思之旨，而於程子之意似亦有所未合歟？執事聰明絶人，其於古人之言求之悉矣，獨此似猶有未盡者。宜更詳之，勿遽云云也。

答汪抑之書二（正德八年　一五一三年）

所不避於煩瀆，求以明道也。承喻論向所質者，「乃疑思問耳，非敢遽有之也」，乃執事謙退不居之過。然又謂「度未能遽合，顧且置之，恐從此多費議論」，此則大非僕之所望於吾兄者也。子思曰：「有弗問問之，弗得弗措也；有弗辯辯之，弗明弗措也。」既曰疑思問矣，而可憚於議論之費耶？橫渠有云：「凡致思，到說不得處，始復審思明辨，乃爲善學。」若告子，則到說不得處遂已，更不復求。」老兄之云，無乃亦是病歟？所謂「不若據見成基業者」，雖誠確論，然詳老兄語意，似尚不以爲然者，如是而遂據之不疑，何以免於毫釐之差、千里之謬乎？始得教，亦遂欲罷去不復議，顧僕於老兄不宜如此。已昏黑，將就枕，輒復云云，幸亮此情也。

（二書見新刊陽明先生文録續編卷二書類，永富青地上海圖書館藏新刊陽明先生文録續編について著録。）

與王晉叔三書（正德八年　一五一三年）

書一

昨見晉叔，已槩其外；乃今又得其心也，吾非晉叔之徒與而誰與？晉叔夫何疑乎？當今之時，苟志於斯道者，雖在庸下，亦空谷之足音，吾猶欣然而喜也。況晉叔豪傑之士，無文王猶興者乎？吾非晉叔之徒與而誰與？晉叔又何疑乎？屬有客，不及詳悉。得暇，過此閑話。守仁頓首。

書二

所惠文字，見晉叔筆力甚簡健。異時充養淵粹，到古人不難也。中間稍有過當處，却因守仁前在寺中説得太疏略所致。今寫一通去，從旁略下注脚。蓋毫釐之差耳，晉叔更詳之。得便，别寄一紙爲佳。諸友詩，亦有欠穩者，意向却不碌碌。凡作詩，三百篇後，須從漢晉求之，庶幾近古。唐詩李、杜之外，如王維、高適諸作，有可取者，要在不凡俗耳。閑及之。守仁頓首。

書三

劉易仲來，備道諸友相念之厚，甚媿，甚媿！薄德亦何所取，皆諸友愛望之過也。古人有言：「他山之石，可以攻玉。」諸友則誠美璞矣，然非他山之石，則無以砥礪磨礲，而發其瑩然之光。諸友之取於區區者，當以是也，甚媿，甚媿！道不遠人，人之爲道而遠人，不可以爲道。諸友用功何如？路遠，無由面扣。易仲去，略致鄙懷，所欲告於諸友者，易仲當亦能道其大約，不盡，不盡！惟心亮之而已。九月望，守仁頓首。

（三書見陽明先生文録卷一。按是卷文下注曰：「右壬申、癸酉稿，時官吏部。」劉易仲乃在正德八年來滁受學，故可知陽明此三書作在正德八年。）

瑯琊題名（正德九年　一五一四年）

正德癸酉冬旱，滁人惶惶。迺正月乙丑雪，丁卯大雪。太僕少卿白灣文宗嚴森與陽明子王守仁，同登龍潭之峰以望。再明日霽，又登瑯琊之峰以望，又登豐山之峰以望，見金陵、鳳陽諸山皆白，喜是雪之被廣矣。迴臨日觀、擇月洞，憩了了堂。風日融麗，泉潏鳥嚶，意興殊適。門人蔡宗兗、朱節輩二十有八人壺榼攜至，遂下飲庶子泉上，及暮既醉，皆充然有得，相與盥濯，詠歌而歸，庶幾浴沂之風焉。後三月丁亥，御史張俅、行人李校、員外徐愛、寺丞單麟復同遊，始刻石以紀。

餘姚王守仁伯安題。

（文見南滁會景編卷八。陽明此題刻在瑯琊山壁，至今猶存。）

與方矯亭（正德九年　一五一四年）

道心，天理也；人心，人欲也。理、欲不容並立，非若志與氣不可相無，而氣聽命於志也。若曰道心爲主，人心聽命，則二者並立矣。先儒以嗜酒悅色爲人心，故謂上智不能無耳。（下闕）

（書見方鵬矯亭續稿卷五讀中庸序。）

于廷尉鳳喈墓誌銘（正德九年　一五一四年）

正德甲戌六月癸巳，南京大理寺卿于公卒。踰月，公弟自萊陽來奔喪，外姻及客之弔者畢至。乃舉殯歸葬，聚謀所以銘其墓者，求其家，唯詩文稿存焉，餘則罔有證。公子天錫踴且泣曰：「孤未即死，懵然喪迷。先君則又未嘗以公事言於家，莫可得知也。」公弟鳳喈泣曰：「吾先兄事吾父母孝，待吾友，吾知是而已，然猶不能舉其辭，他尚何知？惟諸舅氏實圖。」公之壻孫宥曰：「吾聞諸，公之爲郎也，嘗雪久冤之獄，其人懷數十金以報，潛投公家而逸。公封其金於官，家人莫知也。」公廉若是，是可以銘矣。公之壻許仁曰：「公之守嘉興也，仁實從。嘗歲饑，流莩者日以千數，公發廩，量地遠近，授成法，使人分行屬縣大賑，活者八萬有餘。」公仁惠若是，是可以銘矣。公諱鳳喈，字世和，世家登之萊陽。年十九，舉於鄉，連登進士，授行人。擢刑部員外郎、郎中，出知嘉興府，參政雲南，轉太僕寺少卿，遷南太僕卿，又陟大理卿。中外凡八遷，年三十載，壽五十三。銘曰：

猗惟于公，允謙寔彦。喉納於言，其文孔辨。人曰文士，其中又樸。混塵融垢，闒晶閟鍔。彼寃而申，則曰廉明；此莩而生，則曰惠仁。嘖嘖群士，翕師其勤。勤也則有，死勤於官。死學於學，今也寔難。昆弟之言，無間孝友。我撮以銘，兹惟衆口。詎曰惟今，允儀於後。北原之藏，允兹克壽。

（文見民國萊陽縣志卷三之三下。）

贈朱克明南歸言（正德九年　一五一四年）

朱光霽，字克明，廉憲朱公之子也。嘗與其兄光弼從學於予，舉於鄉，來遊太學，已而歸省，請學之要。予曰：「君子之學，以變化其氣質。其未學也，粗暴者也，貪鄙者也，虚誕者也，矜誇者也，輕躁者也。及其既學，粗暴者變而爲温良，貪鄙者變而爲廉介，虚誕者變而爲忠信，矜誇者變而爲謙默，輕躁者變而爲重厚，夫然後謂之學。其未學也，猶夫人也；及其既學，亦猶夫人也，則亦奚貴乎學矣？於是勉夫！」光霽曰：「敢問何以知其氣質之偏而去之？」予曰：

「手足之疾痛，耳目之聵昏，無弗自知也；氣質之偏，獨假於人乎弗思耳。故有隱淪於臟腑，潛汩於膏肓而不能自知者，非有名醫爲之切脈觀色，酌之以良劑，蔑由濟矣。」曰：「有弗能自知也乎？」「弗思耳。吾語子以劑：温良者，粗暴之劑也，能温良則變其粗暴矣；廉介者，貪鄙之劑也，能廉介則變其貪鄙矣；忠信者，虚誕之劑也，能忠信則變其虚誕矣；謙默者，矜誇之劑也，能謙默則變其矜誇矣；重厚者，輕躁之劑也，能重厚則變其輕躁矣。醫之言曰：『急則治其標，緩則治其本。』凡吾之言，猶治其標本者也。若夫科第之舉，文藝之美，子之兄弟有餘才也，吾固不屑爲二子道也。吾所言五病，雖亦一時泛舉，然今之學者能免於是，亦鮮矣。」道經湖、貴，從吾遊者多，或有相見，其亦出此致勉勵之意。

（文見梁有檍蒙化志稿卷八、蒙化府朱氏家譜首。）

與路賓陽書（四篇）

（一）（正德九年　一五一四年）

賓陽質美近道，固吾素所屬望。昨行，必欲得一言，此見賓陽好學之篤，然淺鄙之見平日已爲賓陽盡之矣。君子之學，譬若種植然，其始也，求佳種而播之，沃灌耘耔，防其淺收，去其蟊螽，暢茂條達，無所與力焉。今嘉種之未播，而切切然日講求于苗秀實獲之事，以望有秋，其於謀食之道遠矣。賓陽以爲何如？北行見甘泉，遂以此意質之。外書三紙，煩從者檢入。守仁頓首，賓陽司馬道契文侍，九月八日。餘空。

（二）（正德十一年　一五一六年）

舟行匆匆，手卷未及别寫，聊於甘泉文字後跋數語奉納。厚情亦未及裁謝，千萬照恕。守仁頓首，賓陽司馬道契文侍。凡相知中，乞爲致意。

（三）（正德十一年　一五一六年）

賓陽視予兹卷，請一言之益。湛子之説詳矣，凡予之所欲言者，湛子既皆言之，予又何贅？雖然，予嘗有立志之説矣，果從予言而持循之，則湛子之説亦在其中。夫言之啓人於善也，若指迷途，其至之則存乎其人，非指迷途者之所能與矣。孔子云：「爲仁由己，而由人乎哉！」賓陽勉之，無所事於予言。

正德丙子九月廿八日，陽明山人王守仁書于龍江舟次。

（四）（正德十三年　一五一八年）

聞有守郡之擢，甚爲襄陽之民喜。仕學一道，必於此有得力處，方是實學；不然，則平日所講盡成虛語矣。「有民人焉，有社稷焉，何必讀書，然後爲學？」子路之言，未嘗不是。賓陽質美而志高，明德親民之功，吾見其有成也。區區乞休已三上，尚未得報也。地方盜賊雖幸稍靖，然將來之事尚未可測，及今猶可作好散場；不然，終不免於淪胥以溺，奈何奈何！偶便，附此致閒闊，不能一一。守仁頓首，賓陽郡伯道契文侍。十一月廿七日。餘空。

（四書真蹟見玉虹鑑真續帖卷八王守仁與賓陽司馬書四通。此四書今有手蹟石碑，存山東曲阜孔廟，王陽明先生遺墨著録，題作與賓陽書札碑刻拓本。乾隆五年汶邑路氏族譜中録有此陽明與路賓陽書，但只有三書，遺一書，又多錯簡漏句，至難卒讀，時間失考。）

致舫齋書（正德九年　一五一四年）

侍生王守仁頓首啓，舫齋先生尊丈：執事去冬教後，隨作一書，申數年閒闊之懷。盛价行促，不及奉。自是俗冗相仍，其書留至今夏，修緝敝寓，始失之。心雖懸懸，而求諸形蹟之間，則失禮實甚，惶懼，惶懼！令尊久寓寺中，亦不之知，偶逢僧人道及，將往訪，適又趨庭自通，還辱過布盛情，知尚未棄絶，不任喜愧。又承教墨，重以雄筆，益增悚荷。公素厚德長者，寧復以此責人！顧自不能爲情，聊言之耳。雄作熟翫數過，極典重潤密，真金石之文，非諳歷久，涵蓄厚，不能有此，别有聲光照人耳目者，不得論，至於精微所造，於此亦復少窺一二，受教多矣！守仁南竄後，流離道途，舊業廢盡，然亦自知無外於身心，不復念惜，一二年來稍有分寸改圖之志，迺無因請正於有道，徒耿耿也。人還，先謝簡闊之罪，所欲求正，願得繼是以請，伏惟尊照。侍生守仁載拜，伯安九月廿八日。餘空。

（書見葛嗣浵愛日吟盧書畫續録卷二王守仁張璁行書尺牘合册。）

題静觀樓（正德九年　一五一四年）

放一毫過去非静，收萬物回來是觀。

（題辭見郭良翰問奇類林卷九操修。）

寄梁郡伯手札（正德十年　一五一五年）

治郡侍生守仁頓首，郡伯梁先生大人執事：家君每書來，亟道執事寬雅之度、鎮静之德、子惠之政，越民脱陷阱而得父母，其受庇豈有量乎？慶幸，慶幸！守仁竊禄如昨，無足道者。余弟還，略奉起居，言所不盡，伏惟亮察。守仁頓首再拜。外香帕奉將遠敬。越民有王文轅、王琥、許璋者，皆貧良之士，有庠生孫瑛、魏廷霖者，門生也，未審曾有進謁者否？□與進之。餘素。

（手札真蹟今藏上海博物館，計文淵王陽明法書集著録。）

又寄梁郡伯手札（正德十年　一五一五年）

治郡侍生守仁頓首，郡公梁老大人先生執事：　老父書來，每道愛念之厚，極切感佩。使至，復承書惠，登拜之餘，益深慚荷。郡人被惠日深，然公高陟之期亦日逼，念之每爲吾郡之民戚然也。生方以多病在告，已三疏乞休，尚未得旨。冬盡倘能遂願，請謝當有日矣。使還草草，伏冀照亮。十月廿三日，守仁頓首上。蜀扇吳帕侑椷。餘空。

（手札真蹟今藏上海博物館，計文淵王陽明法書集著録。）

與邦相書（正德十年　一五一五年）

人來，承書惠。徐曰仁公差出未回，回時當致意也。所須諸公處書，盛价春間已付去，想此時尚未到耶？茲因人還匆匆，又齋有客，不及一一，千萬心照。守仁頓首，邦相宗弟賢契。舍弟在分水者，曾相見否？七月廿二日。空。

（書見黄定蘭明人尺牘，見明代名人尺牘選萃。）

寄葉子蒼（正德十年　一五一五年）

消息久不聞。徐曰仁來，得子蒼書，始知掌教新化，得遂迎養之樂，殊慰，殊慰。古之爲貧而仕者正如此，子蒼安得以位卑爲小就乎！苟以其平日所學薰陶接引，使一方人士得有所觀感，誠可以不媿其職。今之爲大官者何限，能免竊禄之譏者幾人哉？子蒼勉之，毋以世俗之見爲懷也。尋復得鄒監生鄉人寄來書，又知子蒼嘗以區區之故，特訪寧兆興，足紉相念之厚。兆興近亦不知何似，彼中朋友亦有可相砥礪者否？區區年來頗多病，方有歸圖。人還，匆匆略布閒闊，餘俟後便再悉也。

（書見新刊陽明先生文録續編卷一書類，永富青地上海圖書館藏新刊陽明先生文録續編についで著録。）

跋范君山憲副絶筆詩後（正德十年　一五一五年）

此吾故人范君山絶筆也。君山之歿，予方以謫宦奔走，不及一哭吊。讀其詩，爲之泫然涕下，而「文字謝交遊」之語，猶不能無愧。正德乙亥冬，君猶子侍御以載持以見示，書此以識予感而歸之。

（文見民國汝城縣志卷三十二藝文志、沅湘耆舊集卷十一范僉事淵。）

半江趙先生文集叙（正德十年 一五一五年）

君子之學，淵静而精專，用力於人所不知之地，以求夫自慊，故能篤實輝光，久而益宏，愈挹而愈不可盡。雖漢魏以降，以文辭藝術名家者，雖其用心之公私小大不同，蓋亦未有不由斯道而能蚤有譽於天下也。後世聖學益晦，而文詞之習日盛，然亦卒未有能超漢魏之轍者。其獨才力之有間，要其精專之工，深根固蒂，以求所謂快然自得之妙者，亦有所不逮矣。半江趙先生，蚤以文學顯召當時，自成化以來，世之知工文藝者，即知有先生。其爲詩文宏贍清麗，如長谷之雲，幽溪之瀨，人望之漠然無窮，悠然翫而樂之，而不忍去也。自先生始入仕，即爲刑曹劇司，交四方之賢。然居常從容整暇，其於詩文未或見其有苦心極力之功，遂皆以爲得之天分則爾。先生與家君龍山先生爲同年進士，故守仁辱通家之愛，亦以是爲知先生矣。其後告病歸陽明，先生方董學政，校士於越。邀宿行臺間，得窺其詩稿，皆重復删改，或通篇無遺字。取其傍校士卷繙之，盡卷皆批竄點抹。以爲此偶其所屬意，則亂抽十數卷，無不然。又見一小册，履歷所至，山川風俗，道途之所聞，經史之所疑，無不備録。聞其侍童云：「公暇即拂案展帙，焚香静對，或檢書已夜分，猶整衿默坐，良久始就卧。」然後知先生平日之所養若是其深，雖於政務猥瑣之末，亦皆用心精密若此也。夫然後歎先生之不可盡知，而世之以文詞知先生者，蓋猶未見其杜權也已。先生既没，同邑之士有王氏兄弟者，求先生之遺文於子禧而刻之，先生之壻沈知柔氏與禧以叙請，因與論先生之素，始知先生之全稿既已散失，此所刻者，特禧之所搜輯，而向所謂重複删改與小册子所屬者，悉已無存矣。其平生用心之密，充養之深，雖其子若壻，亦皆未之能盡知也。先生之於斯學，其亦可謂淵静精專，用力於人所不知之地，以求自慊者矣。使先生率是而進，天其假之以年，雖於爲聖賢也何有？然以先生之不可盡知者推之，則又安知其不嘗致力於斯道也？而今不復可知矣。因序而論之，使後之求先生於是集者得有所考焉。正德乙亥冬至日，餘姚王守仁序。

（文見半江趙先生文集卷首。）

楊璵庭訓録序（正德十年　一五一五年）

古人所有教其子者，不外於身心性情之德、人倫日用之常。後世文詞以爲功，機械以爲智，巧利以爲能，浮夸以爲美。父以是爲能訓，子以是爲善承，蓋與古人之教相背而馳矣，亦怪於人心之日壞，而風俗之日婾乎！吾友侍御楊君景瑞，獨能以是訓其子，其亦庶幾乎古人之意矣。爲楊氏之子若孫者，果能沿是而進，勉之不已，雖爲聖賢可也。君之子思元，從予遊，暇中持斯册來視，因爲識數語歸之。

（文見乾隆揭陽縣正續志卷六。）

自作山水畫并題（正德十年　一五一五年）

正德丙子夏日，陽明山人畫於金陵之静觀齋。

（陽明此自作山水畫并題在上海嘉泰拍賣有限公司「二〇一三年春季藝術品拍賣會」上出現，並在「雅昌藝術品拍賣網」上公布。水墨紙本，長一百七釐米，寬三十五釐米，有「伯安」、「陽明山人」兩方朱印。）

答汪進之書（正德十一年　一五一六年）

仰德滋久，未由奉狀，首春令弟節夫往，又適以事不果，竟爲長者所先，拜幣之辱，已極惶悚。長箋開喻，推引過分，鄙劣益有所不敢當也。中間敍述學要，究極末流之弊，可謂明白痛快，無復容贅，執事平日之學從可知矣。未獲面承，受教已博，何幸，何幸！不有洪鐘，豈息瓦缶？發蒙警聵，以倡絶學，使善類得有所附麗，非吾仁峰，孰與任之！珍重，珍重！所需鄙作，深懼無益之談，不足以求正有道。方欲歸圖，異時芒鞋竹杖，直造精廬，冀有以面請，願且徐之，如何？暮夜拾楮未悉，然鄙懷節夫當能道，伏惟照察。陽明生王守仁頓首拜。

（書見汪仁峰先生外集卷三。）

與弟書（正德十一年　一五一六年）

鄉人來者，每詢守文弟，多言羸弱之甚。近得大人書，亦以爲言，殊切憂念。血氣未定，凡百須加謹慎。弟自聰明特達，諒亦不俟吾言。向日所論工夫，不知弟輩近來意思如何，得無亦少荒落否？大抵人非至聖，其心不能無所係著，不於正，必於邪；不於道德功業，必於聲色貨利。故必須先端所趣向，此吾向時立志之説也。趣向既端，又須日有朋友砥礪切磋，乃能薰陶漸染，以底于成。弟輩本自美質，但恐獨學無友，未免縱情肆志而不自覺。李延平云：「中年無朋友，幾乎放倒了。」延平且然，况後學乎！吾平生氣質極下，幸未至於大壞極敗，自謂得於扶持之力爲多。古人蓬麻之喻，不誣也。凡朋友必須自我求之，自我下之，乃能有益。若悻悻自高自大，勝己必不屑就，而日與汙下同歸矣。此雖子張之賢，而曾子所以有堂堂之歎也。石川叔公，吾宗白眉，雖所論或不能無過，然其志向清脱，正可以矯流俗汙下之弊。今又日夕相與，最可因石川以求直諒多聞之友，相與講習討論，惟日孜孜於此，而不暇及於其他，正所謂置之莊嶽之間，雖求其楚，不可得矣。守儉弟漸好仙學，雖未盡正，然比之聲色貨財之習，相去遠矣。但不宜惑於方術，流入邪徑。果能清心寡欲，其於聖賢之學，猶爲近之。却恐守文弟氣質通敏，未必耐心於此。閒中試可一講，亦可以養生却疾，猶勝病而服藥也。偶便燈下草草，弟輩須體吾言，勿以爲孟浪之談，斯可矣。長兄守仁書。致守儉、守文弟，守章亦可讀與知之。

（書見吴榮光辛丑消夏記卷五、黄本驥明尺牘墨華卷一，真蹟見湖南美術出版社明清書法。）

與弟伯顯札一（正德十一年　一五一六年）

比聞吾弟身體極羸弱，不勝憂念。此非獨大人日夜所彷徨，雖親朋故舊，亦莫不以是爲慮也。弟既有志聖賢之學，懲忿窒欲，是工夫最緊要處。若世俗一種縱欲忘生之事，已應弟所決不爲矣，何迺亦至於此？念汝未婚之前，亦自多病，此殆未必盡如時俗所疑，疾病之來，雖聖賢亦有所不免，豈可以此專咎吾弟。然在今日，却須加倍將養，日充日茂，庶見學問之力果與尋常不同。吾固自知吾弟之心，弟亦當體吾意，毋爲俗輩所指議，乃於吾道有光也。不久吾亦且歸陽明，當攜弟輩入山讀書，講學旬日，始一歸省，因得完養精神，薰陶德性，縱有沉痾，亦當不藥自愈。顧今未能一日而遂言之，徒有惘然，未知吾弟兄終能有此福分否也？來成去，草草，念之！長兄陽明居士書，致伯顯賢弟收看。

與弟伯顯札二（正德十一年　一五一六年）

此間事汝九兄能道，不欲瑣瑣。所深念者，爲汝資質雖美，而習氣未消除；趣向雖端，而德性未堅定。故每得汝書，即爲之喜，而復爲之憂。蓋喜其識見之明敏，真若珠之走盤；而憂其舊染之習熟，或如水之赴壑也。汝念及此，自當日嚴日畏，決不能負師友屬望之厚矣。此間新添三四友，皆質性不凡，每見尚謙談汝，輒嘖嘖稱歎，汝將何以副之乎？勉之，勉之！聞汝身甚羸弱，養德養身上只是一事，但能清心寡欲，則心氣自當和平，精神自當完固矣。餘非筆所能悉。陽明山人書。寄十弟伯顯收看。印弟與正憲讀書，早晚須加誘掖獎勸，庶有所興起耳。

（二札見卞永譽式古堂書畫彙考卷二十五書考。）

跋楓山四友亭記（正德十一年　一五一六年）

四友之義，楓山之記盡矣，雖有作者，寧能有加乎？補之迺復蘄予言，予方有詩文戒，又適南行。異時泊舟鐵甕，拜四君子于亭下，尚能爲補之補之。

陽明居士王守仁識。

（文見中國古代書畫圖目（十五）。此跋陽明真蹟今藏瀋陽故宫博物院。）

寄雲卿（正德十一年　一五一六年）

尊翁厭世，久失吊慰。雲卿不理於讒口，乃得歸，盡送終之禮，此天意也；哀疚寂寥，益足以爲反身修德之助，此天意也，亦何恨，亦何恨！君子之學，唯求自得，不以毀譽爲欣戚，不爲世俗較是非，不以榮辱亂所守，不以死生二其心。故夫一凡人譽之而遽以爲喜，一凡人毀之而遽以爲戚者，凡民也。然而君子之自責則又未嘗不過於嚴也，自修則又未嘗不過於力也，夫然後可以遺榮辱，一死生。學絶世衰，善儔日寡，卓然雲卿，自愛自愛！雨風半日之程，無緣聚首，細扣新得，動心忍性，自當一日千里。嘗謂友朋言：道者在默識，德者在默成，顔子以能問於不能，有若無，實若虚，犯而不較，此最吾儕准的。雲卿進修之功，想亦正如此矣。秋半乘考滿，且反棹稽山，京口信宿其期也。不盡不盡。

（書見新刊陽明先生文録續編卷一書類，永富青地上海圖書館藏新刊陽明先生文録續編についで著録。）

姚瑛贊（正德十一年　一五一六年）

世胄之家，鮮克有禮。後之人有聞之名而興起者乎！

（贊見光緒滁州志卷七之二。）

書四箴贈別白貞夫（正德十一年　一五一六年）

白生説貞夫，嘗從予學。予奉命將南，生與其弟追送於江滸，留信宿不能別，求所以誨勵之説。予嘗作四箴以自警，因爲生書之：

嗚呼小子，曾不知警！堯詎未聖，猶日兢兢。既墜於淵，猶恬履薄：；既折爾股，猶邁奔蹶。人之冥頑，則疇與汝。不見腫壅，砭乃斯愈?：不見痿痺，劑乃斯起?：人之毁詬，皆汝砭劑。汝曾不知，反以爲怒。匪怒伊色，亦反其語。汝之冥頑，則疇之比。

嗚呼小子，告爾不一，既四十有五，而曾是不憶。頑（下闕）

嗚呼小子，慎爾出話。懆言維多，吉言維寡。多言何益，徒以取禍。德默而成，仁者言訒。孰默而譏?：孰訒而病?：譽人之善，過情猶恥：；言人之非，罪曷有已?：於戲多言，亦惟汝心：；汝心而存，將日欽欽。豈遑多言，上帝汝臨。

於乎小子，辭章之習，爾工何爲？不以釣譽，不以蠱愚。佻彼優伶，爾視孔醜；覆蹈其術，爾顔不厚？日月踰邁，爾胡不恤？棄爾天命，昵爾讎賊。昔皇多士，亦胥兹溺。爾猶不鑒，自抵伊亟！

正德丙子九月廿六日，陽明山人王守仁書於龍江舟中。

生又問：「聖賢之學，所以成身；科舉之業，將以悦親。二者或不能並進，奈何？」予曰：「成身悦親，道一而已。不能成身，不可以悦親；不能悦親，不可以成身。子但篤志聖賢之學，其緒餘出之科舉而有餘矣。」曰：「用功何如？」曰：「先定志向，立工程次第，堅持無失。循序漸進，自當有至。若易志改業，朝東暮西，雖終身勤苦，將亦無成矣，生勉之！」陽明山人書。

（文真蹟今藏上海博物館，計文淵王陽明法書集著録，題作「四箴卷」，未當。按王陽明全集卷二十五有三箴一文，同此四箴而缺一箴；而此四箴之第二箴「頑」以下亦有闕文。）

龍江舟次與某人書（正德十一年　一五一六年）

立誠之説，昔已反覆，今不復贅。别後，諸君欲五日一會，尋麗澤之益，此意甚好，此便是不忘鄙人之盛心。但會時亦須略定規程，論辯疑難之外，不得輒説閒話，評論他人長短得失，兼及諸無益事。只收心静坐，閑邪存誠，此是端本澄源，爲學第一義。若持循涵養得熟，各隨分，自當有進矣。會時但粗飯菜羹，不得盛具肴品爲酒食之費。此亦累心損志之一端，不可以爲瑣屑而忽之也。舟發匆匆，不盡不盡。

正德丙子九月廿九日，陽明山人守仁書於龍江舟次。

（書見湖海閣藏帖、蓬纍軒編姚江雜纂，錢明王陽明全集未刊散佚詩文彙編及考釋著録。原題作龍江舟次書，未當。）

書林間睡起贈白樓先生（正德十一年　一五一六年）

林間盡日掃花眠，獨有官閑愧俸錢。門徑不妨春草合，齋居長對晚山妍。每疑方朔非真隱，始信揚雄誤太玄。混世亦能隨地得，野情終是愛丘園。

奉命將赴南贛，白樓先生出餞江滸，示此卷，須舊作爲别，即席承命。時正德丙子九月廿五日，陽明山人王守仁書於龍江舟中。雨暗舟發，匆匆極潦草。伯安。

（詩見端方壬寅消夏録王陽明詩真跡卷。王陽明全集卷二十録詩，然無後跋。）

參政拙庵公像贊（正德十一年　一五一六年）

瞻望豐山，惟鄰是卜。緬想桐江，有書可讀。克嗣父風，更詒孫穀。昭質無虧，遺像甚肅。

陽明山人。

（贊見餘姚豐山毛氏族譜卷首，王孫榮王陽明散佚詩文九種考釋著録。）

簡卿公像贊（正德十一年　一五一六年）

君敬稱字，謹飭謙和。克家有子，孫掇巍科。富而且貴，塵寰幾何。覲容景仰，泰山嵬峨。

姻晚生王守仁拜題。

（贊見餘姚岑氏章慶堂宗譜卷首，光緒三十四年章慶堂活字本，王孫榮王陽明散佚詩文九種考釋著録。）

公贊公像贊（疑正德十一年　一五一六年）

立身惟勤，持家惟儉。叔季同居，内外無間。輕重自均，長幼自辨。爲當世宗，爲後人勉。

王守仁題。

（贊見餘姚蘭風胡氏宗譜卷首，王孫榮王陽明散佚詩文九種考釋著録。）

答徐子積（正德十二年　一五一七年）

承示送別諸叙，雖皆出於一時酬應，中間往往自多新得，足驗學力之進。性論一篇，尤見潛心之學，近來學者所未能道。詳味語意，大略致論於理氣之間，以求合於夫子「相近」之説，甚盛心也。其間鄙意所未能信者，辭多不能具，輒以別幅寫呈，略下注腳求正，幸不吝往復，遂以塞劣見棄也。夫析理愈精，則爲言愈難；立論愈多，則爲繆愈甚。孔子性善相近之説，自是相爲發明，程朱之論詳矣。學者要在自得，自然循理盡性；有不容已，毫分縷析，此最窮理之事。言之未瑩，未免支離，支離判於道矣。是以有苦心極力之狀，而無寬裕温厚之氣，意屢偏而言之窒，雖横渠有所不免。故僕亦願吾兄之完養思慮，涵泳養理，久之自當條暢也。兄所言諸友，求清與僕同舉於鄉，子才嘗觀政武選，時僕以病罕交接，未及與語。葉君雖未相識，如兄言，要皆難得者也。微服中不答書，爲致意。學術不明，人心陷溺之餘，善類日寡，諸君幸勉力自愛，以圖有成也。嘗有論性書，録去一目。

（書見新刊陽明先生文録續編卷二書類，永富青地上海圖書館藏新刊陽明先生文録續編についで著録。「徐子積」當作余子積。）

致秦國聲札（正德十二年　一五一七年）

昨者，貴省土兵以郴、桂不靖之故，千里遠涉。生與有地方之責，而不獲少致慰勞之意，缺然若有歉焉。故薄具牛酒之犒，聊以輸此心焉爾。乃蒙厚賜遠頒，並及從征官屬，登拜之餘，感媿何已！喜聞大兵之出，所向克捷，渠魁授首，黨類無遺。玆實地方之慶，生亦自此得免於覆餗之戮矣。欣幸，欣幸！旬日後，敬當專人往謝，並申賀私。使還，冗中草草，先布下悃，伏惟尊照。不具。

（札見秦金安楚録卷九。）

示諭城中文（正德十二年　一五一七年）

督撫軍門示：　向來賊寇搶攘，時出寇掠，官府興兵轉餉，騷擾地方，民不聊生。今南安賊巢盡皆掃蕩，而浰頭新民又皆誠心歸化，地方自此可以無虞。民久勞苦，亦宜暫休息爲樂，乘此時年豐，聽民間張燈鼓樂，以彰一時太平之盛。樂户多住龜角尾，恐有盜賊藏匿，仰悉遷入城中，以清奸藪。

（文見皇明大儒王陽明出身靖亂録。）

告諭部轄庭誓（正德十二年　一五一七年）

惟茲横水、桶岡並寇，稱竊名號，毒痡三省。惟予守仁，恭承天威，夾攻之命，實責在予，予敢弗虔！惟茲横水、桶岡，實惟羽翼，勢在腹背。先剪横水，乃可即戎。

（文見湛若水泉翁大全集卷十六平寇録序。）

破桶岡誓衆（正德十二年　一五一七年）

惟爾多士，爾毋驕。惟茲桶岡天險，蓄積可守，徂茲夾攻，坐困而罷。爾慎之哉！

（文見湛若水泉翁大全集卷十六平寇録序。）

與徐曰仁書（正德十二年　一五一七年）

正月三日，自洪都發舟。初十日次廬陵，爲父老留再宿。十三日未，至萬安四十里，遇群盗千餘，截江焚掠，煙焰障天。妻奴皆懼，始有悔來之意。地方吏民及舟中之人，亦皆力阻，謂不可前。鄙意獨以爲我舟驟至，賊人當未能知虚實，若久頓不進，必反爲彼所窺。乃多張疑兵，連舟速進，示以有餘。賊人莫測所爲，竟亦不敢逼，真所謂天幸也。十六日抵贛州，齒痛不能寢食。前官久缺之餘，百冗紛沓，三省軍士屯聚日久，祇得扶病蒇事。連夜調發，即於二十日進兵。贛州屬邑復有流賊千餘突來攻城，勢頗猖獗，亦須調度，汀漳之役遂不能親往。近雖陸續有所斬獲，然未能大捷，屬邑賊尚相持，已遣兵四路分截，數日後或可成擒矣。贛州兵極疲，倉卒召募，未見有精勇如吾邑聞人贇之流者。不知聞人贇之流亦肯來此效用否，閒中試一諷之。得渠肯屈心情願乃可，若不肯隨軍用命，則又不若不來矣。巧婦不能爲無米粥，况使老拙婢乎？過此幸無事，得地方稍定息，決須急求退。曰仁與吾命緣相係，聞此當亦不能恝然，如何而可，如何而可！行時見世瑞，説秋冬之間欲與曰仁乘興來遊。當時聞之，殊不爲意，今却何因，果得如此，亦足以稍慰離索之懷。今見衰疾之人，顛仆道左，雖不相知，亦得引手一扶，况其所親愛乎？北海新居，奴輩能經營否？雖未知何日得脱網羅，然舊林故淵之想，無日不切，亦須曰仁時去指督，庶可日漸就緒。山水中間須着我，風塵堆裏却輸儂。吾兩人者，正未能千百化身耳，如何而可，如何而可！黄輿阿覩近如何？似此世界，真是開眼不得，此老却已省却此一分煩惱矣。世瑞、允輝、商佐、勉之、半珪凡越中諸友，皆不及作書。宗賢、原忠已會面否？階甫田事能協力否？湛元明家人始自贛往留都，又自留都返贛，遣之還不可，今復來入越，須早遣發，庶全交好。雨弟進修近如何？去冬會講之説，甚善。聞人弟已來否？朋友群居，惟彼此謙虚相下，乃爲有益，詩所謂「謙謙恭人，懷德之基」也。趁曰仁在家，二弟正好日夜求益，二弟勉之！

有此好資質，當此好地步，乘此好光陰，遇此好師友，若又虚度過日，却是真虚度也，二弟勉之！正憲讀書極拙，今亦不能以此相望，得渠稍知孝弟，不汲汲爲利，僅守門户是矣。章世傑在此，亦平安。日處一室中，他更無可往，頗覺太拘束，得渠性本安静，殊不以此爲悶，甚可愛耳。克彰叔公教守章極得體，想已如飲醇酒，不覺自醉矣。亦不及作書，書至可道意。日中應酬僨甚，燈下草草作此，不能盡，不能盡。守仁書。奉曰仁正郎賢弟道契。守儉、守文二弟同此，守章亦可讀書知之。二月十三日書。

（書見日本支那墨蹟大成第十一卷補遺一、中國書法大成（五）、徐邦達古書畫過眼要録元明清書法。）

東山寺謝雨文（正德十二年　一五一七年）

曰：邇者自閩旋師，道經瑞金，以旱魃之爲災，農不獲種，輒乞靈於大和尚，期以七日内必降大雨，以舒民困。行至雩都，而雨作，計期尚在七日之内，大和尚亦庶幾有靈矣！敢遣瑞金縣署印主簿孫鑑具香燭果餅，代致謝意，惟默垂鑒佑，以陰隲瑞金之民。

（文見嘉靖瑞金縣志卷七。）

昭告會昌顯靈賴公辭（正德十二年　一五一七年）

維正德十二年，歲在丁丑，五月乙亥，越五日己卯，欽差巡撫南、贛、汀、漳等處、都察院左僉都御史王守仁，昭告於會昌縣受封賴公之神：爲會昌民田禾旱枯，禱告神靈，普降時雨。至雩都，果三日之内大雨，賴神可謂靈矣。敬遣會昌縣知縣林信，具香帛牲禮代設謝之誠。神其昭格，永終神惠，以陰騭會昌之民。謹告。

（文見同治會昌縣志卷二十八祠廟。）

祭徐曰仁文（正德十二年　一五一七年）

維正德十二年七月十五日，寓贛州左僉都御史王守仁，使十弟守文，具清酌之奠，哭告於故工部都水司郎中妹婿徐曰仁之柩曰：嗚呼曰仁！乃忍去吾而死耶？吾又何以舍子而生爲乎！嗚呼曰仁！子則死矣，而使吾妹將何以生乎？使吾父母暮年遭此，何以爲懷乎？又使子之父母暮年遭此，何以爲生乎？此皆人世之至酷極烈所不忍言者，吾尚忍言之乎？嗚呼痛哉！吾復何言，吾復何言！尚饗。

（文見錢明編校横山遺集附録，注作「王守仁、王守文撰」。）

與黄宗賢書（正德十二年　一五一七年）

自宗賢歸，日切山中之想。自曰仁卒，無復入世之心。（下闕）

（書見洞山黄氏宗譜卷一載黄綰家訓。）

致毛紀信札（正德十二年　一五一七年）

侍生王守仁頓首再拜啓上大元老毛老先生大人執事：守仁始至贛，即欲一申起居。因閩寇猖獗，蒞事未數日而遂往督征，故前者進本人去，竟不及奉啓，迄今以爲罪。請教之渴，如何可言！守仁迂腐之資，實無可用於時，蓋未承贛州之乏，已嘗告病求退，後以托疾避難之嫌，遂不敢固請。雖勉至此，實恐得罪於公議，爲知己之羞。今遂未知所以税駕之道，幸卒賜之指教而曲成之。今南贛之事，誠亦有難爲者。蓋閩寇雖平，而南贛之寇又數倍於閩，且地連四省，事權不一，兼之敕旨又有不與民事之説，故雖虚擁巡撫之名，而其實號令所及，止於贛州一城，然且尚多牴牾，是亦非皆有司者敢於違抗之罪，事勢使然也。今爲南贛，止可因仍坐視，稍欲舉動，便有掣肘。守仁竊以爲南贛之巡撫可無特設，止存兵備，而統於兩廣之總制，庶幾事體可以歸一；不然，則兼於江西之巡撫，雖三省之務尚有牽礙，而南贛之事猶可自專，一應車馬錢糧，皆得通融裁處，而預爲之所，猶勝於今之巡撫，無事則開雙眼以坐視，有事則空手以待人也。夫弭盜所以安民，而安民者弭盜之本。今責之以弭盜，而使無與於民，猶專以藥石攻病，而不復問其飲食調適之宜，病有日增而已矣。今巡撫之改革，事體關係或非一人議，一議之間便可更定，惟有申明賞罰，猶可以稍重任使之權，而因以略舉其職。故今輒有是奏，伏惟特賜採擇施行，則非獨生一人得以少逭罪戮，地方之困亦可以少蘇矣。非恃道誼深愛，何敢冒瀆及此？萬冀鑒恕。不宣。五月二十八日，守仁頓首再拜啓。餘空。

（陽明手札真蹟在天津鼎晟拍賣公司二〇〇八年臧秀雲藝術品收藏專場拍賣會上出現，曹宏志對話古人王守仁云：「大約在四五年前，我有幸重金購得王守仁致毛紀信札，段寬九十三釐米，高二十七釐米，信札共分四部分，總長度四米有餘。」）

書劉生卷（正德十二年　一五一七年）

仁者以天地萬物爲一體，醫書以手足痿痺爲不仁。大庾劉生慎請爲仁之説。生儒而善醫，吾嘗見其起危疾，療沉疴，皆應手而驗。夫儒也，則知一體之仁矣；醫也，則知痿痺之非仁矣。世之人仁義不行於倫理，而私欲以戕其天性，皆痿痺者也。生惟無以其非仁者而害其仁焉，求仁之功盡此矣，吾何説？生方以貢入京，自此將爲民社之寄。生能以其素所驗於醫者而施於政民,其有瘳乎!

(文見新刊陽明先生文録續編卷二跋類,永富青地上海圖書館藏新刊陽明先生文録續編についこ著録。)

書周子太極圖説通書跋 (正德十三年　一五一八年)

按:濂溪自注「主静」云:「無欲,故静。」而於通書云:「無欲,則静虚動直。」是主静之説,實兼動静。「定之以中正仁義」,即所謂「太極」;而「主静」者,即所謂「無極」矣。舊注或非濂溪本意,故特表而出之。後學餘姚王守仁書。

(文見李詡戒庵老人漫筆卷七,云:「(陽明)在贛州,親筆寫周子太極圖及通書『聖可學乎』一段,末云:……」)

致礪齋書 (正德十三年　一五一八年)

侍生王守仁齋沐頓首再拜啓上大元老礪齋老先生大人執事:守仁淺劣迂疏,幸遇大賢君子委曲裁成,誘掖匡持,無所不至。是以雖其不肖之甚,而猶得以僥倖成功,苟免於覆敗之戮,則守仁之服恩感德於門下,豈徒苟稱知己者而已哉!然而惶惶焉苟冀塞責而急於求去者,非獨將以倖免夫誅戮，實懼大賢君子之厚我以德，而我承之以羞耳。人之才能，豈不自知？仰賴老先生之扶植教引，偶幸集事，既出意望之外矣。偶幸之事，安可屢得？已敗而悔，何所及乎！兼之蒞任以來，病患日劇，所以强忍未敢告病之故，前啓已嘗略具。且妻孥終歲瘴疫，家屬死亡，百歲祖母日夜思一見爲訣，老父亦以衰疾屢書促歸。數月以來，恍恍無復人間之念。老先生苟憐其才之不逮，憫其情之不得已，遂使泯然全蹟而去，幸存餘息，猶得爲門牆閒散之士，詠歌盛德於林下，則未死之年，未敗之行，皆老先生之賜之、全之矣，感報當何如耶！不然，亦且冒罪徑遁，以此獲譴，猶愈於僨績敗事，卒爲鉗囚，爲知己之玷矣。瀆冒威嚴，死罪，死罪！守仁惶恐激切再拜啓上。外附啓瀆覽。餘素。

（書見明代尺牘第二册，上海科學技術文獻出版社出版。）

寓贛州上海日翁手札（正德十三年　一五一八年）

寓贛州男王守仁百拜書上父親大人膝下：久不得信，心切懸懸。聞有鄉人至者，略問消息，審知祖母老大人、大人下起居萬福，稍以爲慰。男自正月初四出征浰賊，三月半始得回軍。賴大人蔭庇，盜賊略已底定。雖有殘黨百餘，皆勢窮力屈，投哀告招，今亦姑順其情，撫定安插之矣。所恨兩廣府江諸處苗賊，往年彼三堂雖屢次征剿，然賊根未動，旋復昌熾。今聞彼又大起，若彼中兵力無以制之，勢必摇動遠近，爲將來之憂。况兼時事日難，隱憂日甚，昨已遣人具本乞休，要在必得乃已。男因賊巢瘴毒，患瘡癘諸疾，今幸稍平，數日後亦將遣人歸問起居。因諸倉官便，燈下先寫此報安。

四月初十日，男守仁百拜書。

（手札真蹟今藏餘姚市梨洲博物館，計文淵王陽明法書集著録。）

祭徐曰仁文（正德十三年　一五一八年）

維正德十三年，歲次戊寅，四月己巳朔，越十有七日乙酉，寓贛州王守仁既哭奠於旅次，復寫寄其詞，使弟守儉、守文就故南京工部都水司郎中徐曰仁賢弟之柩而哭告之曰：嗚呼曰仁！子之别我，既兩閲歲兮；子之長逝，忽復逾年兮。嗚呼曰仁！去我安適兮？謂子猶在故鄉，胡久無書札兮？子既死矣，故忽在吾目兮？醒耶夢耶，胡不可即兮？彼狡而殘，則黄馘兮；彼頑之子，則螯螯兮；獨賢而哲，乃夭絶兮。悠悠蒼天，我安歸責兮？嗚呼傷哉！人生之痛，乃有此極兮！死而有知，當如我悲兮。我悲孔割，不如無知兮。嗚呼傷哉！死者日以遠兮，生者日以哀。有志靡就兮，有懷靡期。凡今之人兮，孰知我悲？嗚呼傷哉！尚饗。

（文見錢明編校横山遺集附録。）

與陳以先手札（正德十三年　一五一八年）

往承書惠，隨造拜，前驅已發矣。嘉定之政佳甚，足爲鄉閭之光，尚未由一面爲快耳。葛上舍歸省，便草率布問，餘惟心亮。守仁頓首，陳明府大人以先文侍。葛蓋家君同年，故及之。餘空。

（札見古今尺牘墨蹟大觀第七册。蓬累軒姚江雜纂著録是札，但不全。）

與諸弟書（正德十三年　一五一八年）

鄉人自紹興來，每得大人書，知祖母康健，伯叔母在餘姚皆納福，弟輩亦平安，兒曹學業有進，種種皆有可喜。且聞弟輩各添起樓屋，亦已畢工。三弟所搆尤極宏壯，規畫得宜，吾雖未及寓目，大略可想而知。此皆肯搆貽謀，勢所不免，今得蚤辦，便是了却一事，亦有可喜也。吾家祖父以來，世篤友愛，至於我等，雖亦未至若他人之互相嫌隙，然而比之老輩，則友愛之風衰薄已多。就如吾所以待諸弟，即其平日外面大概，亦豈便有彰顯過惡？然而自反其所以推己盡道，至誠惻怛之處，則其可愧可恨，蓋有不可勝言者。究厥所以，皆由平日任性作事，率意行私，自以爲是，而不察其已陷於非；自謂仗義，而不覺其已放於利。但見人不如我，而不自見其不如人者已多；但知人不循理，而不自知其不循理者亦有，所謂責人則明，恕己則昏。日來每念及此，輒自疚心汗背，痛自刻責，以爲必能改此凶性，自此當不復有此等事，不知日後竟如何耳，諸弟勉之！勿謂尔兄已爲不善而鄙我，勿謂爾兄終不能改而棄我。兄及弟矣，式相好矣，無相猶矣，諸弟勉之！吾自到任以來，東征西討，不能旬日稍暇，雖羈鳥歸林之想，無時不切；然責任在躬，勢難苟免。今賴朝廷威德，祖宗庇蔭，提兵所向，皆幸克捷，山寇峒苗，剿除略盡，差可塞責。求退乞休之疏，去已旬餘，歸與諸弟相樂有日矣。爲我掃松陰之石，開竹下之徑，俟我於舜江之滸，且告絶頂諸老衲，龍泉山主來矣。族中諸叔父及諸弟，不能盡書，皆可一一道此意。四月廿二日，寓贛州長兄守仁書寄三弟、四弟、六弟、八弟收看。外葛布二疋，菓子銀四錢，奉上伯叔母二位老孺人。骨筋四把，弟輩分用。外又鄭二舅書一封，江南諸奶奶書一封，汪克厚一封，聞邦正弟兄書一封，至即皆可分送，勿致遺失，千萬，千萬！又廿一叔書一封，謝老先生處書一封，皆留紹興，倘轉寄到家，亦可即時分送。聞姨丈、汪九老官人及諸親丈，及諸相厚如朱有良先生、朱國材先生輩，相見皆可道不及奉書之意。又一封示諸姪。

（書真蹟今藏中國歷史博物館，計文淵王陽明法書集著録。）

祭俞子有文（正德十三年　一五一八年）

嗚呼慶也！欲寡其過而未能，蓋駸駸焉有志，而未覩其成也。（下闕）

（文見康熙信豐縣志卷十俞慶傳。）

蒙岡書屋銘爲學益作（正德十三年　一五一八年）

之子結屋，背山臨潭。山下出泉，易蒙是占。果行育德，聖功基焉。無虧爾簣，毋淆爾源。戰戰競競，守茲格言。

（銘見同治安福縣志卷十八。）

跋趙松雪遊天冠山詩卷（正德十三年　一五一八年）

趙松雪遊天冠山詩卷，詩法、字法真奇，二絶之妙，出入右軍，兼李北海之秀潤。書家得此，宗學之有傳也。正德十三年四月十六日，王守仁識。

（趙孟頫遊天冠山詩卷及陽明跋文真蹟，長四百八十五釐米，寬三十五釐米，由該卷收藏者公布於「華夏收藏網」。）

示學者（約正德十三年　一五一八年）

吾始學書，對模古帖，止得字形。後舉筆不輕落紙，凝思静慮，擬形於心，久之始通其法。既後讀明道先生書曰：「吾作字甚敬，非是要字好，只此是學。」既非要字好，又何學也？乃知古人隨時隨事只在心上學，此心精明，字好亦在其中矣。

（文見錢德洪陽明先生年譜。）

書愛蓮説（約正德十三年　一五一八年）

此濂溪周子愛蓮説也。悠然意遠，不著點塵。明窗讀之，宛然霽月光風，照人眉宇。陽明山人守仁并識。

（文見楊思壽眼福編二集卷八明王文成愛蓮説真蹟卷，中國歷代書畫藝術論著叢編載，新編本王陽明全集著録。）

與曽溪第十三書（正德十四年　一五一九年）

畏途多沮，不敢亟上啓。感恩佩德，非言語可盡。所恨羸病日增，近復吐血潮熱，此身恐不能有圖報之地矣。伏望終始曲成，使得苟延餘喘於林下，亦仁人君子不忍一物失所之本心，當不俟其哀號控籲也。情隘勢迫，復爾冒干，伏惟憫恤。不具。

（按：此書見上海圖書館藏陽明先生與晉溪書（十五首）。今王陽明全集卷二十七與王晉溪司馬漏此一書。）

與二位周侍郎手札（正德十四年　一五一九年）

江省之變，其略已具公文。大抵此逆蓄謀已非一日，其窮兇極惡，神怒人怨，決敗無疑。但其氣焰方熾，此中兵力寡弱，又闔省無一官（不）肯爲用。因户部奏革商稅，南贛屯聚之兵，無所仰給，已放散，復欲召集，非數月不能，此事極可痛恨。二公平日忠義自許，當兹國難，忠憤激烈，不言可知。切望急促僉事周期雍公文内示坐定名字者，未審周今安在，且欲二公坐名促之來也。區區已先將弱卒牽制其後，使不得安意前進，但遲留半月，南都有備，四方勤王之師漸集，必成擒矣。百冗中，言不能悉。守仁頓首，二位周侍郎（御）先生道契。兩司進見，幸悉以此意布之。杜太監已被虜。閩事有諸公在，當無慮。此事宗社安危所繫，不得不先圖之也。

（札見蓬累軒編姚江雜纂，錢明王陽明全集未刊散佚詩文彙編及考釋著録。）

與世亨侍御書（正德十四年　一五一九年）

寧賊之變，遠近震懾，閱月餘旬，四方之援，無一人至者，獨閩兵聞難即赴，此豈惟諸君忠義之激然，亦調度方略過人遠矣。區區有所倚賴，幸遂事，未及一致感謝，而反辱箋獎，感怍，感怍！使還，冗極未能細裁，草草，幸心照。守仁頓首啓，世亨侍御先生道契。餘空。

（札見葉元封湖海閣藏帖卷二與世亨侍御書、嚴信厚小長蘆館集帖卷四王守仁與世亨書。）

與朱守忠書（正德十四年　一五一九年）

屢以乞休事相瀆，諒在知愛之深，必能爲我委曲致力。然久而未效，何耶？昔人謂進難而退易，豈在今日亦有所不易耶？近日復聞祖母病已危甚，方寸益亂。將遂棄印長往，恐得罪名教，姑復再請；再請不獲，亦無如之何矣！棄官與覆敗之罪孰重？潛逃與俘戮之恥孰深？守忠且爲我計之，當如何而可。賫本人去，因便告領俸資。凡百望指示，得早還爲幸。故舊之在京邸者，憂疑中不能作書，相見亦希道意。京中消息，人還悉寫知之。守仁頓首。

（書見裴景福壯陶閣書畫録卷十明王陽明手札册。）

與朱守忠手札（三札）

札一（正德十四年　一五一九年）

寧賊之起，震動海内，即其氣焰事勢，豈區區知謀才力所能辦此哉？旬月之間而遽就擒滅，此天意也，區區安敢叨天之功？但其拚九族之誅，强扶牀席，捐軀以狥，此情則誠有天憫者，不知廟堂諸公能哀念及此，使得苟存餘息，即賜歸全林下否？此在守忠亦當爲區區致力者，前此已嘗屢瀆，今益不俟言矣。渴望，渴望！老父因聞變驚憂成疾，妻奴坐此病留吉安，至今生死未定。始以國難，不暇顧此；事勢稍靖，念之百憂煎集，恨不能即時逃去，奈何，奈何！餘情冗極未能悉，千萬亮察。守仁頓首。

札二（正德十四年　一五一九年）

近因祖母之痛，哀苦狼藉，兼乞休疏久未得報，惟日閉門病卧而已。人自京來，聞車駕已還朝，甚幸，甚幸！但聞不久且將南巡，不知所指何地，亦復果然否？區區所處，剥牀以膚，莫知爲措，尚憶孫氏園中之言乎？京師人情事勢何似？便間望寫示曲折。閩事尚多隱憂，既乞休敕又久不至,進退維谷。希淵守古道,不合於時,始交惡於郡守,繼得怨於巡按,浩然遂有歸興,復爲所禁阻不得行,且將誣以法。世路險惡如此,可歎可恨!因喻宗之便,燈下草草。宗之意向方新,惜不能久與之談。然其資性篤實,後必能有所進也。荒迷中不一。守仁稽顙,守忠侍御賢弟道契。

札三(正德十五年　一五二〇年)

欲投劾徑去,慮恐禍出不測,益重老父之憂;不去,即心事已亂,不復可强留。神志恍恍,終日如夢寐中。省葬之乞,去秋嘗已得旨,「賊平來説」。及冬底復請,而吏部至今不爲一覆。豈必欲置人於死地然後已耶?僕之困苦危疑,當道計亦聞之,略不爲一動心,何也?望守忠與諸公相見,爲我備言此情,得早一日歸,即如早出一日火炕,即受諸公更生之賜矣,至禱,至禱!宸濠叛時,嘗以僞檄免江西各郡租税,以要人心。僕時亦從權宜蠲免,隨爲奏請,至今不得旨。今江西之民重罹兵革誅求之苦,無復生意,急賑救之,尚恐不逮,又加徵科以速之,不得已復爲申請。正如夢中人被錐,不能不知疼痛,聊復一呻吟耳,可如何如何!守仁頓首,守忠侍御大人道契。諸相知不能奉書,均爲致千萬意。奏稿目入。

(三札真蹟藏上海博物館,計文淵王陽明法書集著録。)

又答汪進之書（正德十四年　一五一九年）

遠承教札，兼示閑辟辯，見執事通道之篤，趨道之正，喜幸何可言！自周、程後學厖道晦且四百餘年，逃空寂者，聞人足音跫然喜矣，况其親戚平生之歡乎？朱、陸異同之辯，固守仁平日之所召尤速謗者，亦嘗欲爲一書，以明陸學之非禪，見朱學亦有未定者；又恐世之學者先懷黨同伐異之心，將觀其言而不入，反激怒焉，乃取朱子晚年悔悟之説，集爲小册，名曰朱子晚年定論，使具眼者自擇焉。將二家之學，不待辯説而自明矣。近門人輩刻之雩都，士夫見之，往往亦有啓發者。今復得執事之博學雄辭，闡揚剖析，烏獲既爲之先登，懦夫益可魚貫而前矣，喜幸何可言！辱以精舍記見委，久未奉命，此誠守仁之罪也，悚仄，悚仄！然在向時，雖已習聞執事之高名，知所景仰，而於學術趨向之間，尚有未能盡者。今既學同道合，同心之言，其容已乎？兵革紛擾中，筆札殊未暇，乞休疏已四上，期在必得。不久歸投山林，當徐爲之也。盛价立俟回書，拙筆草草，未盡扣請，伏惟爲道珍愛。寓虔病生王守仁頓首啓。

（書見汪仁峰先生外集卷三。）

兩廣都御史火牌（正德十四年　一五一九年）

提督兩廣軍務都御史楊爲機密軍務事。准兵部咨及都察院右副都御史顏咨俱爲前事，本院帶領狼達官兵四十八萬，齊往江西公幹。的於五月初三日在廣州府起馬前進，仰沿途軍衛有司等衙門，即便照數預備糧草，伺候官兵到日支應。若臨期缺乏誤事，定行照依軍法斬首。朝廷先差顏等勘事，已密於兩廣各處提調兵馬潛來，襲取宸濠。

（文見錢德洪《征宸濠反間遺事與平濠記》。）

迎接京軍文書（正德十四年　一五一九年）

提督軍務都御史王爲機密軍務事。准兵部咨該本部題奉聖旨：「許泰、郤永分領邊軍四萬，從鳳陽等處陸路徑撲南昌；　劉暉、桂勇分領京邊官軍四萬，從徐州、淮安等處水陸並進，分襲南昌；　王守仁領兵二萬，楊旦等領兵八萬，秦金等領兵六萬，各從信地分道並進，刻期夾攻南昌。務要遵照方略，並心協謀，依期速進，毋得彼先此後，致誤事機。欽此。」等因，咨到，職除欽遵外，照得本職先因奉敕前往福建公幹，行至豐城地方，卒遇寧王之變，見已退住吉安府起兵。今准前因，遵奉敕旨，候兩廣兵齊，依期前進外，看得兵部咨到緣由，係奉朝廷機密敕旨，皆是掩其不備，先發制人之謀。其時必以寧王之兵尚未舉動。今寧王之兵已出，約亦有二三十萬，若北來官兵不知的實消息，未免有誤事機。以本職計之，若寧王堅守南昌，擁兵不出，京邊官軍遠來，天時、地利，兩皆不便，一時恐亦難圖。須是按兵徐行，或分兵先守南都，候寧王已離江西，然後或遮其前，或擊其後，使之首尾不救，破之必矣。今寧王主謀李士實、劉養正等各有書密寄本職，其賊淩十一、閔廿四亦各密差心腹前來本職遞狀，皆要反戈立功報効。可見寧王已是衆叛親離之人，其敗必不久矣。今聞兩廣共起兵四十八萬，其先鋒八萬，係遵敕旨之數，今已到贛州地方。湖廣起兵二十萬，其先鋒六萬，係遵敕旨之數，今聞已到黄州府地方。本職起兵十萬，遵照敕旨，先領兵二萬，屯吉安府地方。各府知府等官各起兵快，約亦不下一萬之數，共計亦有十一二萬人馬，儘已彀用。但得寧王早離江西，其中必有内變，因而乘機夾攻，爲力甚易。爲此今用手本備開緣由前去，煩請查照裁處。並將一應進止機宜，計議停當，選差乖覺曉事人員，與同差去人役，星夜回報施行，須至手本者。

（文見錢德洪征宸濠反間遺事與平濠記。）

報李士實書（正德十四年 一五一九年）

承手教密示，足見老先生精忠報國之本心，始見今日之事迫於勢不得已而然，身雖陷於羅綱，乃心罔不在王室也。所喻密謀，非老先生斷不能及此。今又得子吉同心協力，當萬萬無一失矣。然幾事不密則害成，務須乘時待機而發乃可。不然，恐無益於國，而徒爲老先生與子吉之累，又區區心所不忍也。況今兵勢四路已合，只待此公一出，便可下手，但恐未肯輕出耳。昨淩、閔諸將遣人密傳消息，亦皆出於老先生與子吉開導激發而然。但恐此三四人者皆是粗漢，易有漏泄，須戒令慎密，又曲爲之防可也。目畢即付丙丁。知名不具。

（書見錢德洪《征宸濠反間遺事》與《平濠記》。）

府縣報帖（正德十四年　一五一九年）

都督許泰、郤永將邊兵，都督劉暉、桂勇將京兵，各四萬，水陸並進。南贛王守仁、湖廣秦金、兩廣楊旦各率所部，合十六萬，直擣南昌。所至有司缺供者，以軍法論。

（帖見《明史·王守仁傳》。）

祭寧都知縣王天與文（正德十四年　一五一九年）

嗚呼痛哉！公何逝之速耶？公令寧都，宸濠之役，公與我謀，謂賊必擒，事必成。到如今，果如公籌。我之視公如手足，我之實大聲宏，皆公之貺。胡天不憗，疾罹沉疴，旅棧漂漂，我心如剜，嗚呼痛哉！雖然，我今嗚汝大功於朝，汝將爲不朽矣，復何憾哉，復何憾哉！明江西巡撫餘姚王守仁撰。

（文見高布王氏族譜。）

論心學文（正德十四年　一五一九年）

聖人之學，心學也。宋儒以知識爲知，故須博聞强記以爲之；既知矣，乃行亦遂終身不行，亦遂終身不知。聖賢教人，即本心之明，即知；不欺本心之明，即行也。

（文見费緯祹聖宗集要卷六王守仁，題目今加。）

題唐子畏山静日長圖玉露文（正德十四年　一五一九年）

味子西此句，可謂妙絶。人能真知此妙，則東坡所謂「無事此静坐，一日如兩日。若活七十年，便是百四十」，所得不已多乎？

正德己卯冬日，陽明山人王守仁書。

（唐寅山静日長圖並陽明題玉露文，見美國芝加哥大學出版唐寅畫册。按唐寅此山静日長圖真蹟（十二幅）在佳士得香港有限公司二〇〇六年秋季藝術品拍賣會上出現，並在網上公布。

今貴陽陽明祠存有陽明此題玉露文碑刻拓片（見貴陽陽明祠及王陽明謫黔遺蹟），但文有顛倒。）

題唐子畏畫（正德十四年　一五一九年）

唐子畏爲畫中神品，其雲林、木石、峽谷、人物，無一筆非古人，而純以胸中一派天趣寫之，故寸幅片楮，皆爲當代什襲。斯卷爲子畏得意之筆，具眼者自然鑒諸。陽明山人。

（此題畫在中國嘉德拍賣有限公司「二〇一三年嘉德四季第三十六期拍賣會」上出現，並在「雅昌藝術拍賣網」上公布。）

錢碩人壽序（約正德十四年　一五一九年）

懿恭之行，柔嘉之德，母儀婦軌，無所不具。雖紀傳所載，亦無以加。（下闕）

（文見豐坊真賞齋賦卷上。）

罷兵濟幽榜文（正德十四年　一五一九年）

伏以乾坤世界，滄海桑田，一日十二百刻時，自古有生有死；百年三萬六千日，幾多胡作胡爲。論眼前誰不利己損人，於世上孰肯立綱陳紀？臣弑君，子弑父，轉眼無情者多；富欺貧，强欺弱，經官動府者衆。以身亡桎梏，而以命墮黄泉，故知君子小人，歷年有幾；蓋爲亂臣賊子，何代無之？往者難追，近者當鑊。若寧王做場説話，幸我輩磊個根源。只圖帝王高榮，不顧王基敗壞。陷若干良善紅樓富家女，何曾得見畫眉郎；白面少年兒，未必肯爲短命鬼，往往叫冤叫屈，榮榮（煢煢）無依無倚。三歲孩童哭斷肝腸，難尋父母；千金財主創成家業，化爲灰塵。侯門宰相也悽惶，柳巷花街渾冷落。浮生若大夢，看來何用苦奔忙；世事如浮雲，得過何須儘計較。難免天□鑒察，何用罪孽可逃？木有根，水有源，誰念門中之宗祖；陽爲神，陰爲鬼，孰憐境上之孤魂？三年兩不收，傾溝壑豈無餓殍；十去九不回，溺江湖亦有英雄。並山川草木之精靈，及貧窮鰥寡之孤獨，愴惶悽慘，寂寞蕭條。幾個黄昏幾個夜，吊祭有誰；一番風雨一番沙，超生無路。幸齋官建壇而修水陸，爲汝等施惠而修齋，因重上君子堂，即請朝□於我佛，便是神仙境，何須更問妙嚴宮。一段因緣，無邊光景。

（文見王守仁罷兵濟幽榜文等抄稿本（一册）。該抄稿本由「孔夫子舊書網」上網公布，並在綫拍賣。）

與劉仲賢書（正德十四年　一五一九年）

東征之役，執事贊襄之力居多，而絕不肯言功，豈常人所能？

（書見乾隆廬陵縣志卷二十九劉昭傳。）

祭袁德彰文（正德十五年　一五二〇年）

嗚呼德彰！士而不知其學，其生也如醉夢，死則蜉蝣蠛蠓矣。德彰始鑽研於辭章訓詁，而疲勞於考索著述，矻矻然將終老矣。已而幡然有覺，盡棄舊習，如脱敝屣，鋭志於聖賢之學。雖其精力既衰，而心志迥然不群矣。中道而殁，蓋斯文之不吊，古所謂「朝聞道，夕死可矣」者，德彰其庶幾哉。嗚呼！此心此理，萬古一日，無分於人我，無間於幽明，無變於生死。故生而順焉，没而寧焉，昭昭於其生，乃所以昭昭於其死也。嗚呼，德彰亦何憾乎！

（文見康熙雩都縣志卷十四、天啓贛州府志卷十六、同治贛州府志卷六十六。）

檄祀康齋鄉祠（正德十五年　一五二〇年）

吴公方其貴近之薦，固可見好德之同；及夫官爵之辭，尤足驗先幾之哲。蓋宣和之疏，於龜山無嫌；而明堂之留，在漢儒爲媿。出處不至於失己，學術何待夫立言？

（文見沈佳明儒言行録卷三吴與弼。）

敬齋白公墓誌銘（正德十五年　一五二〇年）

正德丁丑十月二十二日，右副都御史白公卒。戊寅秋，其子説、誼卜葬於邑烏龍岡之原，得庚辰二月之甲申，奉其母何淑人之命，具疏狀走數千里來虔，請銘於守仁。昔公先公康敏君，京師與家君爲比鄰，及余官留都，又與公居密邇，説、誼皆嘗及門，通家之好三世矣，銘而可辭？乃爲之銘。按監察御史張鰲山狀，公諱圻，字輔之，别號敬齋。係出秦大夫乙丙，宋末繼昇者始自洛陽來，居晉陵之三渦里，再徙城東采菱港。高祖均禮，曾祖思恭，祖大冶教諭珂，皆贈光禄大夫、柱國、太子太保、刑部尚書。父昂，刑部尚書，贈特進太保，謚康敏。妣四世皆贈封一品夫人。公生十八年，領成化癸卯應天鄉薦，甲辰舉進士。丙午授南京户部主事，司牧馬草場，留守諸倉，奏起剋税，歲五千餘緡。癸丑陞刑部員外郎，丙辰轉郎中，以疾告。癸亥改户部，奉敕督漕運。時康敏致政家居矣，比疾卒，適便道省侍，得嘗藥視殮焉。丙寅服闋，補都水郎中。丁卯陞浙江參議，分守浙東諸郡，值旱，請免常税十之四。時逆瑾用事，議開温、處礦，公極言其患無已，請以贖金充輸，得報罷。所部豪民僞牒補吏，持官府弄法，公罷革三百餘人，還政以人。日本使掠鄞少年，歸後甥其國主。隨使入貢，鄞人嫉其賄，奏留之，日本大噪。公以待夷宜恕以情，今棄一惡少，無損於編户，留之足以召釁，請薄責其使，弗治，朝議以爲得體。金、衢、温、杭歲連歉疫，公前後極力賑恤，民獲全活，又奏折其税。長興有湖，没田萬畝，重税殃民，悉爲請免。庚午陞福建左參政，汀、漳寇起，遠近震摇，公檄兵進剿，賊散去。辛未陞右布政使，癸酉轉左山東。時流賊甫興，歲蝗，公定税爲九則，寬恤被盗州縣，檢奏婦女不受賊污者，表厥宅里，民用不病。冬遷應天府尹。康敏舊嘗爲府丞，公至，興學校，舉廢墜，招流移，奏釐時政七事，復修康敏之績，紹述有光焉。乙亥擢右副都御史，總督南京糧儲。公以根本重地，而蓄積日耗，即有水旱兵亂，何以備？乃奏裁冗食，薄浮費，停不急之役。又疏條其非便者數事，剔蠹祛奸，翼善推暴，與權横大拂，然自是輿論益歸。丁丑正月，太夫人將没，哀毁成疾，其冬病甚，遂卒，年五十二。有司以聞朝廷，賜祭營葬。公性孝友夷曠，雖生長貴遊間，而能温恭謙抑，禮交天下之賢，終始無失色於人。家饒聲樂園池之好，而能究心痛隱，屑於猥瑣煩劇之務。以躬勞任職，可謂出乎其習，同而不淆者矣。銘曰：

維白之先，自秦乙丙。奕祀纘聞，至於康敏。太保司寇，爲邦之幹。公寔承體，聿敦彌闡。外省則惠，内臺則蹇。厥聲世維，視禰有顯。所逸無逸，居元而俛。德則不淄，年則匪引。年則匪引，厥嗣其衍。後有述者，吾銘是亶。

(文見朱大韶皇明名臣墓銘,屈萬里明代史籍彙刊、周駿富明代傳記叢刊皆收録,錢明王陽明全集未刊散佚詩文彙編及考釋著録。)

青玉峽龍潭題名(正德十五年　一五二〇年)

大明正德庚辰,陽明王守仁,同行御史伍希儒、謝源,參政徐璉,知府陳霖。

(文見吴宗慈廬山志藝文金石目。)

與鄒謙之(正德十五年　一五二〇年)

自到省城,政務紛錯,不復有相講習如虔中者。雖自己舵柄不敢放手,而灘流悍急,須仗有力如吾謙之者持篙而來,庶能相助更上一灘耳。

(書見錢德洪陽明先生年譜「正德十五年」下。陽明是年九月還南昌,此書作在九月間。)

與謝士潔書(五篇)

書一(正德十五年　一五二〇年)

承以功次見詢,此正區區所欲一論者。近見兵部王公文移,其意重在分別奇功、頭功、次功。今按察司所繳册内，既不依此開造，却又創立總理調度及倡義起兵事前事後等項名色，甚有未安。近日朝廷將各處總督官銜悉改爲提督，則此總理之名正與總督字様相犯，不可不避。且我輩一時同事，孰非忠義勤王之人，今乃獨以倡義起兵歸之士潔與伍廉吏，二君正係造報功次之人，而乃自相標揭如此，掩衆美而獨有之，非惟二君心有不忍，兼且衆議不平，亦恐適來識者之誚，此亦不可不深自省艾也。凡言事前事後者，皆謂一事之外，前後别有兩事。今宸濠叛逆正是一事，作亂之始是事之始，平亂之後是事之終，不可以事前事後言。今若以諸公來文之故，不得已止於功次項下開寫，庶尚可通，况獲功日月前後自見，何俟别開。今乃特於册前復創此項名目，却是畫蛇添足。其於一萬一千有奇之數，減去前後，即自相矛盾，而捷奏之言爲虚妄矣。此在高明，必有的見，既承問及，不敢不盡。又諸鄉宦協謀討賊，其義甚高，今乃一概削而不録，何以勸善？我輩心亦何安？且與捷奏亦有不合，尤不可不處。封去册式，乃在省城時與諸公面議如此，今亦未敢便以爲是，更望斟酌去取之。叨叨不罪。守仁拜手言。

書二（正德十五年　一五二〇年）

近見士潔與時泰書，似疑區區有芥蔕之意，不覺失笑，何士潔視予之淺也。士潔試看區區平日，與人雖深仇極恨者，亦未嘗藏怒蓄憾，每每務存忠厚，况與士潔平日道誼骨肉之愛？加以日來艱苦同分，憂患同心，縱今士潔一旦真有大怨大恚於我，我所以處之亦當與彼泛泛者有間。士潔曾有何憾於我，而我芥蒂於中耶？若士潔心直口快，言語之爭，時或有之。此則雖在父子兄弟，旦夕久處，亦有不免。凡今朋友群居日久者，亦孰不然？若遂以此芥蒂，則盡父子兄弟，盡天下朋友，皆可怨可仇者矣！此人面獸心者之事，而士潔忍以待我耶？區區之心，士潔日後自見，本不俟言，因見士潔與時泰書，却恐士潔或有芥蒂，故輒云云。士潔見之，想亦付之大笑也。呵呵！守仁頓首。外繳呈稿奉覽。

書三（正德十六年　一五二一年）

別久，益想念。京師凡百，得士潔在，今汝真又往，區區心事當能一白矣。老父衰病日深，賞功後得遂歸省，即所謂騎鶴揚州矣！諸老處，望爲一一致懇。冀生事，聞極蒙留意，甚感甚感！今汝在，復遭此，不識諸君何以解之？此間凡百，王金略能道。適牙痛，臨楮不能一一。守仁拜手，士潔侍御道契文侍。餘空。

書四（正德十六年　一五二一年）

冀惟乾事，承爲之表暴扶持，乃不意其命之薄，一至於此！又承爲之衣衾棺殮，皆仁者用心忠厚之道也。感刻感刻！其未審寃抑尚欲爲之一洗。以區區出處未定之故，猶在遲疑間，必不得已而進京。俟到京日，更與諸君商議而行之。若遂歸休之願，終須一舉，庶能少洩此心之痛耳。奈何，奈何！其喪事托王邦相與之區處，望始終爲之周還。有不便者，須僕到京日圖之亦可也。行李匆匆間，所欲言者不能一一，千萬心照。守仁頓首，士潔侍御大人道契文侍。餘素。

書五（正德十六年　一五二一年）

吾子守道，屈志未伸，表揚宣白，此自公論所不容已。僕於凡今之人皆然，况在吾子之素愛且厚乎！若致書當道，則恐不能有益於吾子，而適足以自點矣。如何如何？凡居官行己，若皆順意從志，則亦何難？惟當困心衡慮，而能獨立不變，然後見君子之所守。孟子謂：「動心忍性，增益其所不能。」吾子素有志於學，當此之時，顧非吾子用力之地耶？幸勉圖之，以卒永業。世俗之榮辱，決非君子之所爲欣戚也。伍太守書一紙至，望一送縣，巡撫便間當道及，今亦未敢特致。亮之亮之！守仁再拜，士潔謝明府大人道契。

（五札手書真蹟，今藏温州博物館。徐定水王守仁行書函札卷（文物一九九四年十期）、錢明王陽明全集未刊散佚詩文彙編及考釋均著録。）

天池寺題刻（正德十五年　一五二〇年）

正德庚辰三月……（都察院副都御）史陽明（王守仁），同行參（政）徐璉，副使高雷令……知府（陳霖）相從。

（題刻見吴宗慈廬山志藝文志金石目。）

宗忠簡公像贊（正德十五年　一五二〇年）

此宗忠簡公遺像也。守仁讀史至公傳，未嘗不爲之扼腕而流涕。廣右廉訪使朝用先生，公之苗裔，余同年友也，屬爲之贊。余悲公見抑於權奸，而積憤以死也，遂爲之贊：

天之義氣，偉人受形。乃大雷雹，以赫厥靈。宋帝蒙塵，惟公純臣。百萬義旅，一呼響臻。回鑾之疏，二十四上。積憤而逝，風雨震盪。忠肝義膽，泰山莫撼。堂堂遺象，淚襟在覽。丹青載見，目光如電。英姿颯爽，怒髮思戰。三呼渡河，一語無他。千載憤激，轉谷盤渦。

姚江王守仁謹贊。

（贊見宗嘉謨宗忠簡公年譜卷首、康熙丙戌刻本宋宗忠簡公全集卷十一。）

廬山讀書臺摩崖題識（正德十五年　一五二〇年）

正德己卯六月乙亥，寧藩宸濠以南昌叛，稱兵向闕，破南康、九江，攻安慶，遠近震動。七月辛亥，臣守仁以列郡之兵復南昌。宸濠還救，大戰鄱陽湖。丁巳，宸濠擒，餘黨悉定。當是時，天子聞變赫怒，親統六師臨討，遂俘宸濠以歸。於赫皇威，神武不殺。如霆之震，靡擊而折。神器有歸，孰敢窺竊。天鑒於宸濠，式昭皇靈，嘉靖我邦國。正德庚辰正月晦，提督軍務都御史王守仁書。從征官屬列於左方。

（摩崖題識即在廬山開先寺讀書臺，桑喬廬山紀事卷四著録。錢德洪陽明先生年譜「正德十五年」下有録。）

祭劉養正母文（正德十五年　一五二〇年）

嗟嗟！劉生子吉，母死不葬，爰及干戈。一念之差，遂至於此。嗚呼哀哉！今吾葬子之母，聊以慰子之魂。蓋君臣之義，雖不得私於子之身，而朋友之情，猶得以盡於子之母也。嗚呼哀哉！

（文見錢德洪陽明先生年譜「正德十五年」下。）

奠楊士德文（正德十五年　一五二〇年）

嗚呼！士德之資，精一之志，篤信往勇，真足以任重致遠，亦既有聞矣。忽中道而奪之，天也，吾誰歸咎乎？士德素多病，得去冬懷玉書，云「扶病還潮」，謂亦常耳。秋初，士鳴過贛，凶變適傳，且疑且愕，謂爲不信。既而尚謙報至，而果然矣。嗚呼痛哉！其之不幸，往歲曰仁之慟，吾已不忍其烈；今復慟吾士德，其何以堪之！昔尚謙爲吾言：潮有二鳳，蓋指士德昆季也。後皆相繼爲吾得，自以爲斯文之瑞，而今失其一矣，嗚呼傷哉！士鳴歸，聊附一奠。痛哉士德，今日已矣，復何言！復何言！

（文見饒平縣志卷二十。）

與霍渭先書（正德十五年　一五二〇年）

若傳習書史，考正古今，以廣吾見聞則可；若欲以是求得入聖門路，譬之採摘枝葉，以綴本根，而欲通其血脈，蓋亦難矣。

（書見錢德洪陽明先生年譜「正德十六年」下。）

復唐虞佐（正德十五年　一五二〇年）

吾真見得良知人人所同，特學者未得啓悟，故甘隨俗習非。今苟以是心至，吾又爲一身疑謗，拒不與言，於心忍乎？求真才者，譬之淘沙而得金，非不知沙之汰者十去八九，然未能舍沙以求金爲也。

（書見錢德洪陽明先生年譜「正德十五年」下。按王陽明全集卷四有復唐虞佐，與此書實爲一書，不知何以刪去此最重要論「良知」一段。）

批興國縣移易風俗申文（正德十五年　一五二〇年）

欽差提督軍務都察院右副都御史王批：　據申，足見知縣黄泗修舉職業，留心教化，所申事理，悉照准擬施行。但政在宜俗，事貴近民，故良吏爲治，如醫用藥，必有斟酌調停之方，庶得潛移善變之道。申繳。

（文見乾隆興國縣志卷十六明文移，同治興國縣志卷三十六藝文。）

辭爵賞救張鰲山疏（殘句）（正德十五年　一五二〇年）

勤勞同功，而賞罰殊科。

（文見同治安福縣志卷十張鰲山傳，題今擬。）

游寄隱巖題刻（正德十五年　一五二〇年）

正德庚辰清明日，陽明山人王守仁獻俘自南都還，登此。時參政徐璉、知府何紹正同行，主事林豫、周昺、評事孫甫適至，因共題名，陶埜刻。

（題刻見陳蔚齊山巖洞志卷十五。按此刻在齊山寄隱巖。）

答陸原静書（正德十六年　一五二一年）

理無動者也。常知常存，常主於理，即不睹不聞，無思無爲之謂也。不睹不聞，無思無爲，非槁木死灰之謂也，睹、聞、思、爲一於理，而未常有所睹、聞、思、爲，即是動而未常動也，所謂動亦定，静亦定，體用一源者也。

（書見日本昌平坂學問所藏嘉靖九年刻本陽明文録卷四，其題下原注云：「舊本無。」）

答時振書（正德十六年　一五二一年）

闊别久，近想所造日益深純，無因一面扣爲快耳。教下士亦有能興起者乎？道之不明，世之教與學者，但知有科舉利禄，至於窮理盡心，自己本領，乃反視爲身外長物，有道者必嘗慨歎於斯矣，何以救之？何以救之？區區病疏既五上，近嘗得報，歸遯有期，庶幾盡力於此也。海内同志漸多，而著實能負荷得者尚少，如吾時振美質清才，篤志而不怠，亦何所不到哉！偶張解元去便，略致企念之懷。冗次草草，不盡，不盡。寓洪都守仁頓首啓，時振大提學道契兄文侍。古本、定論各一册。餘空。

（書見陳焯湘管齋寓賞編卷二。）

又答時政書（正德十六年　一五二一年）

珍菓遠及，勞人多矣。登受殊愧，羊酒儀則不敢當，附來人還納。荷諸公深情，未能一一書謝。冗次草草，統希心照。寓洪都守仁拜手，大提學時政鄉兄大人有道執事。貴僚諸公，同此致意。小書奉覽。正月二日。餘。

（書見陸心源穰梨館過眼録續録卷五元明名人尺牘册。）

與邦相書（正德十六年　一五二一年）

此等事如浮雲糞土，豈至今日反動其心？凡百付之公論，聽命於天而已，不必更有所希望也。至於人有德於我，而我報之者，此自是忠厚之道，但在今日便涉干求，斷不可行耳。季生事却望極力與之扶持，非獨區區師友之義有不容已，亦天理人心所在，行路之人皆知爲之不平，況在邦相亦嘗與之相識者乎！一應衣食盤纏之費，區區當一一補償，勿令缺失，承囑，承囑！餘情宗海想亦自有書。冗次不一一。陽明山人拜手，邦相宗弟契家。

省親本若有旨，須遣人作急回報，恐前賞奏人或在路延遲耳。餘。

（書見馬錦明人尺牘上册王守仁與邦相書、中國古代書畫圖目（十六）。陽明此書真蹟今藏山東青島市博物館。）

簡施聘之（正德十六年　一五二一年）

陽明病夫守仁頓首。别久，雖音問闊疏，然每思海内任道者之難得，千百之中而未能一二見，則如聘之者，能無時時往來於懷？忽辱書問，惠然有枉顧之興，喜幸如何可言！稽山之下，鑑水之濱，敬當掃榻以俟也。承論情欲之際，未能脱然無累，嚮往之志，甚爲所牽制。人苦不自知；亦或知之，而甘於自欺自棄耳，是以懵然終其身。吾兄吐露心事，明白洞達若此，真可謂任道之器，千百之中而未能一二見者也。敬呈。

吴門山水窟，是處足清遊。深醉寧辭晚，微凉欲近秋。千年憐謝屐，百尺仰陳樓。斜日懸高樹，因君更少留。

（書真蹟見茅一相寶翰齋國朝書法卷八王守仁與聘之憲長書三通。湖州施氏宗譜附録此書，多有誤字。）

再與鄒謙之（正德十六年　一五二一年）

近來信得「致良知」三字，真聖門正法眼藏。往年尚疑未盡，今自多事以來，只此良知無不具足。譬之操舟得舵，平瀾淺瀨，無不如意，雖遇顛風逆浪，舵柄在手，可免没溺之患矣。

（書見錢德洪陽明先生年譜「正德十六年」下。）

吊孫忠烈文（殘句）（正德十六年　一五二一年）

公爲忠臣，公之令子爲孝子。

（文見元明事類鈔卷十三。）

寄薛尚謙（正德十六年　一五二一年）

原中、宗賢、誠甫前後去，所欲言者，想已皆能口悉。士鳴、崇一諸友咸集京師，一時同志聚會之盛，可想而知。但時方多諱，伊川所謂「小利貞」者，其斯之謂歟？道不同不相爲謀，而仁者愛物之誠，又自有不容已者，要在默而成之，不言而信耳。困心衡慮，以堅淬其志節；動心忍性，以增益其不能，自古聖賢，未有不如此而能有立於天下者也。聞已授職大行，南差得便，後會或有可期。因便草草，言無倫次。

（札見陽明先生文録（嘉靖十二年黄綰序刊本）卷二。）

吊蕙皋府君文（正德十六年　一五二一年）

嗚呼伯雨！胡寧止是？英妙之年，俊才高第。闊步長趣，俛視一世。搆嫉中遭，幡然林壑。靜養有方，鋭志聖學。精微日臻，豁然大覺。吾道得人，同志是質。倏焉傾逝，天寔喪予。方有師旅，奔訃無期。臨風一慟，痛也何如！嗚呼痛哉！

（文見餘姚江南徐氏宗譜（民國五年刊本），王孫榮王陽明散佚詩文九種考釋。）

寄顧惟賢手札（正德十六年　一五二一年）

洪都相與幾兩年，中間疏缺多矣。而諸公相愛之情不一而足，別後益隆無替，感怍豈有盡也。荏苒歲月，忽復半百，四十九年之非，不可追復。方切悔歎，思有以自新，而使者遠辱，重之以文辭，教之以儀物，是慶之者，適所以愧之也。又且惠及老父，悚汗愈不可言。使還，值冗結，未暇細裁，尚須後便，更悉鄙懷耳。十月九日，守仁頓首，惟賢憲長道契大人文侍。

（手札真蹟今藏中國歷史博物館，計文淵王陽明法書集著録。）

寄餘姚諸弟手札（正德十六年　一五二一年）

此間家事，尚未停當，專俟弟輩來此分處，何乃一去許時，不見上來？先人遺教在耳，其忍恝然若是耶！田莊農務雖在正忙時節，亦須暫拋旬日，切不可再遲遲矣。正心、正思候提學一過，即宜上來。正恕、正愈、正惠先可攜之同來。近日正思輩在此，始覺稍有分毫之益，決不可縱，今在家放蕩過了也。此間良友比在家稍多，古人所謂「蓬生麻中，不扶而直」，是真實不誑語。長兄伯安字白。三弟、四弟、六弟、八弟同看。伯叔母二位老孺人同禀此意。

（手札真蹟今藏中國歷史博物館，計文淵王陽明法書集著録。）

祭張淑人文（正德十六年　一五二一年）

維正德十六年，歲次辛巳，十二月己卯朔，越十日己丑，女婿南京兵部尚書王守仁謹以剛鬣柔毛之奠，敢告於岳母諸太夫人張氏曰：

嗚呼！生死常道，有生之所不免也，况如夫人壽考康寧，而子孫之衆多且賢耶？亦又何憾矣！而兒女之悲，尚猶有甚割者，非情也哉！死者以入土爲安，彌月而葬，禮也。而群子姓之議，殊有所未忍。守仁竊以爲宜勉從禮制。且岳父介庵公之藏，亦以是月壬寅卜遷於兆左，因而合焉。生死之禮無違，幽明之情兩得，不亦可乎？群子姓以爲然。遂以是月庚寅舉大事。日月不居，靈輀于邁，一奠告訣，痛割心膂。言有盡而意無窮，嗚呼，尚饗！

（文見姚江諸氏宗譜卷六，葉樹望新發現的王陽明佚文六件著録有考。張氏爲陽明岳母。）

與辛輔書（嘉靖元年　一五二二年）

册中所載，可見之功耳。若夫帳下之士，或詐爲兵檄，以撓其進止；或僞書反間，以離其腹心；或犯難走役，而填於溝壑；或以忠抱冤，而構死獄中；有將士所不與知，部領所未嘗歷，幽魂所未及泄者，非册中所能盡載。今與其可見之功，而又裁削之，何以勵效忠赴義之士耶！

（書見錢德洪陽明先生年譜「嘉靖元年」下。）

上公卿書（嘉靖元年　一五二二年）

致仕縣丞龍某等，或詐爲兵檄，以撓其進止，壞其事機；或僞書反間，以離其心腹，散其黨與。陰謀秘計，蓋有諸將士所不與知；而辛苦艱難，亦有諸部領所未嘗歷……

（書見王曾永類輯姚江學脈經略卷七。又與王陽明全集卷十二辭封爵普恩賞以彰國典疏多同。陽明集中多有就一事上書多人者，文字亦大體相近。）

與毛憲清書（嘉靖元年　一五二二年）

守仁聞之，主辱臣死，親猶君也。執事辱先君至此，守仁可以死矣。

（書見徐學謨世廟識餘録卷一，黄景昉國史唯疑卷六。）

與友（嘉靖元年　一五二二年）

先君初諱，號慟摧割，適承哀崩，毒彌深，未能匍匐走謝。倘蒙賜之惠臨，幸得望見顔色，庶幾復親老親之遺容，孤之願也。荒無次。孤守仁稽顙。

（文見莫繩孫聖朝越郡忠節名賢尺牘，新編本王陽明全集補録七著録。）

與友人（嘉靖元年　一五二二年）

人間毒暑，正自無地可避，湖山中別有清凉世界，固宜賢者盤桓而不能舍矣。孤在憂病中，既不能往，兒輩又以塵俗之絆，復不能遣之往從，徒有悵望耳。還駕遲速，惟尊意所裁，不敢致期必也。守仁稽顙。

（文見魯燮光越賢尺牘存真（清代稿鈔本），新編本王陽明全集補録七著録。）

倪小野突兀稿評點（嘉靖元年　一五二二年）

世傳倪小野爲東坡後身，及觀其文章氣節，生平出處去就，亦略與東坡相似。

按：一作：世傳東坡爲倪小野前身，詗其文章節概展世，後先相當。

東坡洵才美，然未免出入於内典諸書，若吾小野，生平學問悉原本六經，詎非所謂粹然無瑕疵者耶？

按：一作：東坡雖曰奇才，未免吐納内典諸書，若吾友倪小野，唯根柢六經，謂非純粹以精者乎？

小野詩集不肯居陶、杜後，近若信陽何大復、慶陽李崆峒，視爲大兒、小兒矣。

按：一作：宗正詩文逼陶、杜，近日何、李遠不能逮。

（評語見倪小野先生全集别集、邵國麟倪文忠公傳、孫鑛倪宗正傳、光緒餘姚縣志卷二十三、錢德洪突兀集跋、光緒餘姚縣志卷十七等。）

與子宿司諫（嘉靖元年　一五二二年）

守仁罪逆未死之人，天罰不令，加以人非，固其所也。乃以重累知己，爲之匡扶洗滌，觸冒忌諱而不顧，此昔之君子所難能也，愧負愧負！自去歲到家，即已買田築室，爲終老之計矣。遭喪以來，此意益堅，自是而後，惟山谷之不深、林壑之不邃是憂，一切人世事，當已不復與矣。然則今日之事，雖若覆其傾者，殆天將全其首領於牖下，而玉成之也已，敢不自勉，以求無負於相知之愛？衰絰荼苦中，未敢多控，賫奏人去，伏塊草草，言無倫次。十一月初七日，孤子守仁稽顙，子宿司諫道契兄文侍。餘空。

（札見古愚生讀陽明先生真蹟，王學雜誌第一卷第十一號，明治四十年一月十五日明善學社刊行。錢明王陽明全集未刊散佚詩文彙編及考釋著録。）

致嚴應階書（嘉靖元年　一五二二年）

孤不孝，延禍先子，遠承吊慰，豈勝哀感。逆惡之人，未即殞滅，微功重賞，適多其罪，詎足以言賀耶！禮意敬復，誠不敢當。使者堅不可拒，登拜悚仄，荒迷中莫知所以爲謝。伏塊抆淚，草草不次。孤守仁稽顙疏，應階嚴大人道契文侍。七月三日。餘空。

（手蹟刻石今存上虞市曹娥廟，真蹟見王望霖天香樓藏帖卷一王守仁與嚴應階書，計文淵王陽明法書集著録。）

答張汝立書（三篇）（嘉靖元年　一五二二年）

書一

君子之心，如青天朗月，雖風雨晦冥，千變萬狀，要在不失其清明皎潔。古之人顧諟明命，臨深履薄，故升沉毀譽，外境遞異，而本體恒一，由此道也。

書二

延平云：「中年無朋友，幾乎放倒。」所遇不必盡求勝己，但得人時，相切礪問難，工夫便自不同。古之人耕稼陶漁中安能得禹、契，然何莫非取善之境？故自成成物，原無二塗轍。

書三

謙之必得數相見，於此學必有切磋砥礪之益。幸及時相與，大進此道，以繼往開來。

（三書見鄒守益集卷十八題會稽師訓卷。）

與王汝中（約嘉靖元年　一五二二年）

經者，徑也，所由以入道之徑路也。聖人既已得道於心，慮後人之或至於遺忘也，筆之於書，以詔後世。故六經者，吾人之記藉也。漢之儒者，泥於訓詁，徒誦其言，而不得其意，甚至屑屑於名物度數之求，其失也流而爲支；及佛氏入中國，以有言爲謗，不立文字，惟只指人心以見性，至視言爲葛藤，欲從而掃除之，其失也流而爲虛。支與虛，其去道也遠矣。

（文見王畿集卷十五明儒經翼題辭。）

與周道通書（五書）

（一）（嘉靖元年　一五二二年）

古易近時已有刻者，雖與道通所留微有不同，□□無大不相遠。中間盡有合商量處，憂病中情思未能及，且請勿劇刊刻，俟二三年後，道益加進，乃徐議之，如何？易者，吾心之陰陽動静也；動静不失其時，易在我矣。自强不息，所以致其功也。孔子云：「五十以學易，可以無大過矣。」今以道通之年計之，正（按：觀上下文意，此「正」當是「非」字形誤。）在學易之時，恐未宜汲汲於是也。道通在諸友中最爲温雅近實，乃亦馳騖於此等不急之事，疑未之思歟？盛价去，昏憒草草，莫既所懷，千萬心亮！守仁拜手，道通郡博道契文侍。

（二）（嘉靖三年　一五二四年）

得書，知養病之圖，闔門母子兄弟之真誠，有足樂也。所論爲學工夫，大略皆是，亦是道通平日用工得力處。但於良知二字，見得尚未透澈。今且只如所論工夫著實做去，時時於良知上理會,久之自當豁然有見,又與今日所論不同也。承令兄遠寄樂,人危處草冗中,不亟別作書,并致此意。陽明山人守仁拜手,道通郡博道契文侍。

(三)(嘉靖三年　一五二四年)

所示祭田記,意思甚好,只是太着急,要説許多道理,便覺有補綴支蔓處。此是近來吾黨作文之弊,亦不可不察也。欲慰吾生者,即日亦已告歸。渠以尊堂壽圖,索區區寫數語,甚堅。因腹疾大作,遂疏其意,幸亮之!記稿改除數字,奉還。新録一册,寄覽。六月朔日。

(四)(正德五年　一五一〇年)

所謂良知,即孟子所謂「是非之心,知也」。是非之心,人孰無有?但不能致此知耳。能致此知,即所謂充其是非之心,而知不可勝用矣。來書既云「良心發見」,而復云「不能辨理欲於疑似之間」,則所謂「良心發見」者果何物耶?「知行合一」之説,專爲近世學者分知行爲兩事,必欲先用知之之功而後行,遂致終身不行,故不得已而爲此補偏救弊之言。學者不能著實體履,而又牽制纏繞於言語之間,愈失而愈遠矣。行之明覺精察處即是知,知之真切篤實處即是行。足下但以此語細思之,當自見,無徒爲此紛紛也。所寄答明公語,頗亦無失。若見未瑩澈,而輒有議論，反以晦道，不若此説之渾成，不失爲真實語也。令弟歸，草草不另。意惟勉學不怠，以慰所期。無次。守仁拜手，道通秋元道契文侍。

（五）（嘉靖六年　一五二七年）

今時同志中，往往多以仰事俯育爲進道之累，此亦只是進道之志不專一，不勇猛耳。若是進道之志果能勇猛專一，則仰事俯育之事莫非進道之資。顔子當時在陋巷，不改其樂，亦正是簞食瓢飲之時。當時顔路尚在，安得無仰事俯育？固有人不堪其憂者矣。近聞道通處事殊落莫，然愛莫爲助，聊以此言相警發耳。病筆不足。守仁拜手，道通長史道契文侍。

（五書真蹟見日本天理圖書館藏王陽明先生小像附尺牘，楊天石嘗據臺灣大陸雜志第四十七卷第二期所録，標點整理發表於中國哲學第一輯，爲王陽明全集所補録。）

與薛尚謙手札（二篇）

（一）（嘉靖二年　一五二三年）

所留文字，憂病中不能細看，略閲一二篇，亦甚有筆力，氣格亦蒼老，只是未免知在過之耳。且宜俯就時格，一第不令先也。如須題目，今寫一二去，閑中試一作，春半過此帶來一看，兄弟中肯同作尤好。「修身以道，修道以仁，人生而静，天之性也。」「學要鞭辟近裏。」「論賀令上册立中宫表。」「問聖人之心未嘗一日忘天下。」及「夫子席不暇暖，而於沮溺、荷簣丈人之賢皆有所未足，是可以知其本心矣。至其論太伯，則以爲至德；論夷齊，則以爲求仁得仁。」「四子言志，三子在皆欲得國而治，夫子蓋未嘗有所許也。及曾點有風浴詠歸之談，幾於（下闕）」

（二）（嘉靖二年　一五二三年）

聞貴恙，即欲往候，顧几筵不得少離，馳念何可言。山間幽寂閑散，於學力不爲無助，論者以雨後毒熱，草木濕暑之氣，大能中人，暫且移卧城中，近山小庵院，俟暑退復往，如何？爲學功夫最難處，惟疾病患難。患難中意氣感發，尚自振勵；小疴薄瘥，猶可支持；若病勢稍重，精神昏憊，又處羈旅，即意思惝怳無聊，鮮不弛然就縻者。此皆區區嘗所經歷，不識賢者却如何耳。何鵠去不克偕，悵悵怏怏，珍攝自愛。守仁拜手，尚謙察院道契文侍。

（手札真蹟爲美國私人收藏，計文淵《王陽明法書集著録》。）

與某人書（嘉靖二年　一五二三年）

兒輩來，聞貴恙，即欲往候，顧几筵不得少離，馳念何可言。然山間幽寂蕭散，於學力不爲無助。論者或以雨後濕暑，草木鬱蒸之氣亦能中人，不若暫且移卧城中，傍山小庵院，俟暑退復往，如何？爲學工夫難得力處，惟患難疾病中，意氣感發，尚自振勵。小疴薄瘥，猶可支持；若病勢稍重，又在逆旅，精神既憊，積累易牽，即意思惝恍無聊，鮮不弛然就靡者。此皆區區嘗所經涉，不識賢者如何耳。越人去不克偕，悵怏悵怏！汝山偶過杭，今晚若到，明日更遣兒曹同候。千萬珍攝自愛。守仁拜手。

（書見裴景福壯陶閣書畫録卷十明王陽明手札册。是書所述，與前與薛尚謙手札之二多同，不知與何人。）

與黄宗賢書一（嘉靖二年　一五二三年）

别去，得杭城寄回書，知人心之不可測，良用慨歎。然山鬼伎倆有窮，老僧一空無際，以是自處而已。講學一事，方犯時諱，老婆心切，遂能緘口結舌乎？然須默而成之，不言而信，不量淺深，而呶呶多口，真亦無益也。議論欠簡切，不能虚心平氣，此是吾儕通患。吾兄行時，此病蓋已十去八九，未審近來消釋已盡否？謙之行便，草草莫既衷私，幸亮。

（書見陽明先生文録卷二。）

與薛子修書（嘉靖二年　一五二三年）

承遠顧，憂病中别去，殊不盡情。此時計已蒞任，人民社稷必能實用格致之力，當不虚度日月也。心之良知是謂聖，聖人之學，致此良知而已矣。謂良知之外尚有可致之者，侮聖言者也，致知爲盡矣。令叔不審何時往湖湘？歸途經貴溪，想得細論一番。廷仁回省，便輒附此致問闊。心所欲言，廷仁當能面悉。不縷。

（書見陽明先生文録卷二（日本九州大學文學部藏），錢明王陽明全集未刊散佚文彙編及考釋著録。）

與顧惟賢書（嘉靖二年　一五二三年）

近見禮論，足知日來德業之進。秦漢以來，禮家之説往往如仇，皆爲不聞致良知之學耳。

（書見顧應祥静虚齋惜陰録。）

與歐陽崇一書（嘉靖二年　一五二三年）

吾所講學，正在政務倥偬中，豈必聚徒而後爲講學耶？

（書見錢德洪陽明先生年譜「嘉靖五年」下。）

答歐陽崇一問致良知書（嘉靖二年　一五二三年）

良知非離見聞，惟以致知爲主，則多聞多見皆致知之功；良知非斷思慮，良知發用之思自是明白簡易，無憧憧紛擾之患；致知非絶事，應實致良知，則行止，生死惟求自慊，而不爲困；致知非爲逆億，致良知則知險知阻，自然明覺，而人不能罔。

（書見國朝獻徵録卷九新建伯王文成公傳。）

回董山先生札（嘉靖二年　一五二三年）

孤子王守仁稽顙疏復司空董山先生大人鄉丈執事：守仁罪逆深至，去歲已卜葬先考渓。不意乃有水患，今冬復改卜。方兹舉事，忽承手教，與獎過矣。寵然委使叙所著述，感怍惶悚，莫知所措。懵懵未死之人，且不知天地日月，又足以辨此乎？雖然，雅頌之音，韶英之奏，固其平生所傾渴者。喪復之後，耳目苟不廢，尚得請與樂章而共習之，其時固不敢當首序之僭，或綴數語於簡末，以自附於吴季子之末論，萬一其可也。寠人之室，虞有闕落，不可以居重寶，佳集且附使者奉納，冀卜日更請，千萬鑒恕。荒迷無次。嘉靖二年十二月初三日，孤子守仁稽顙上。

厚幣決不敢當，敬返璧，幸恕不恭。倘不蒙見亮，復有所賜，雖簡末數語，亦且不敢呈醜矣。方擬作答，忽頭眩嘔仆，不能手書，輒口占，令門人代筆，尤祈鑒恕。

（書見李堂堇山文集前附録。）

贈新昌襲怡處士夫婦九秩慶壽圖詩序（嘉靖二年　一五二三年）

天之壽常清，地之壽常寧，人之壽常生。常清則氣化行，常寧則品物亨，常生則事業成。氣化行而後天享其高，品物亨而後地享其厚，事業成而後人享其聖且賢與夫富貴之類。故壽爲箕疇五福之宗，而三才所賴，不可無者，但有數存焉，非可幸致。予嘗以上壽望世人，而不數覯，適山陰包允誠欲壽其婭之父新昌王處士九秩，與内子章氏安人同德同壽。先期繪圖，綴以詩歌，乞予文弁其首。予與王君有同宗誼，而允誠在江西宜黄蓮幕時，有宦遊之素，兼戚里也，不容辭。竊惟之物理，發源深者其流長，培之固者其植茂。聞公名銓，字以衡，别號襲怡。其先卜居南山之麓，以簪纓世其家，發源深矣，流得無長乎！公倜儻克幹，學識宏博，以庠生受恩典，身不盡享，家有餘積。積金有餘，貽子孫以衣食；積書有餘，貽子孫以學植；積善有餘，貽子孫以福澤。日夕盤旋桑梓間，樂恬曠，景與意適，豁如也。是所培者固矣，植豈無茂乎！生六丈夫子，五曰惟常，即允誠之婭也，任鳳陽縣幕官，以循良稱。曾、玄數十輩，皆聰明英俊：曰京，藩府引禮舍人；曰香，參從都督府之末；曰世傳，充儒學弟子員；曰世相，習舉子業，發策抉科，倚馬可待。德門襲慶，壽之固宜。今年夏五月二十三日，乃其懸弧之辰，親友畢賀，子姓森列，若芝蘭玉樹，茁秀階前，而公獨翛然乎其間，雖不必詫廣成子、安期生與夫商山、香山之老，真恍然神仙中人也。所享盛備如此，又豈與世之徒壽者倫哉！雖然，壽之道大矣，無私僞，爲守一保真，天地得此而清寧，吾人得此而長生，家國得此而齊治，天下得此而太平，壽之道大矣。允誠方持此以壽王公，而予方欲以公之壽而祈以壽吾民，於是乎序。嘉靖癸未夏五月吉旦，賜進士、奉天翊衛推誠宣力守正文臣、特進光禄大夫、柱國、新建伯兼南京兵部尚書贊參機務陽明山人宗生守仁拜書。

（文見新昌南屏王氏宗譜卷首。）

答既白先生書（嘉靖二年　一五二三年）

侍生王守仁頓首拜，既白賢先生宗望：　向者有事西江，久知賢橋梓親賢樂善有年。茲承手札，所須拙筆，冗冗未暇爲也，幸恕，幸恕！尚容寄奉。不備。守仁再頓首。

（書見麗澤録卷十七。）

答伍汝真僉憲（嘉靖三年　一五二四年）

書來，見相念之厚，感愧，感愧！彼此情事，何俟於今日之言乎？士潔之怨，蓋有不度於事理矣。數年憂居，身在井中，下石者紛然不已，己身且不敢一昂首視，況能爲人辯是非乎？昔人有言：「何以止謗？曰：無辯。」人之是非毁譽，如水之濕，如火之熱，久之必見，豈能終掩其實者？故有其事，不可辯也；無其事，不必辯也。無其事而辯之，是自謗也；有其事而辯之，是益增己之惡而甚人之怒也；皆非所以自修而平物也。今主上聖明無比，洞察隱微，在位諸公皆兢兢守正奉法，京師事體與往時大有不同。故二君今日之事，惟宜安静自處，以聽其來，順受之而已耳。天下事往往多有求榮而反辱、求得而反失者，在傍人視之甚明，及身當其事，則冥行而罔覺，何也？榮辱得失之患交戰於其中，是以迷惑而不能自定耳。區區非徒爲此迂闊之言，而苟以寬二君之心者。二君但看數年來，區區所以自處者如何？當時若不自修自耐，但一開口與人辯，則其擠排戮辱之禍，將必四面而立至，寧獨數倍於今日而已乎？當時諸君從傍静觀其事勢，豈不洞見諸君之事自與區區休戚相關？故今日之言，非獨以致惻怛之愛於二君，實亦所以自愛也，幸以此意致之。士潔北行，且勿往爲是，往必有悔矣。迫切之言，不罪不罪。

（書見嘉靖十二年黄綰序刊本陽明先生文録卷三。）

策問（約嘉靖三年　一五二四年）

問：自天子以至於庶人，自上古之聖神以至於後之賢士君子，未有不由師友能有成者。經傳之載詳矣，請試言之。夫師以傳道授業，必賢於己者也？孔子之師，萇、郯之流也，果賢於孔子歟？無友不如己，而文王之友四人，果皆文王所不若歟？果文王所不若也，則四人者爲友不若己矣。民生於三，事之如一；弟子於師，心喪三年，若子貢之徒於孔子是已，未聞孔子之喪萇、郯若是也。友不可以有挾，若獻子之友五人者是已；而孔子於原壤，以杖叩脛焉，無乃近於有挾乎？不保其往，待物之洪，而取瑟之歌不已甚？犯而不較，與人之厚，而責善之道無乃虧？後世若操戈入室，已無足責；而施帳登堂者，於師生之道果無愧乎？擠井下石，已非所倫；而彈冠結綬者，於朋友之誼果已盡乎？立雪坐風，嚴和不同，而同稱善教何居？分金投杖，避讓不同，而同稱善交何説？今師友之道淪廢久矣，欲起而振之，以上有承於洙泗，下無忝於濂洛，若之何而可？諸君辱在不佞，方有責於師友之間，不可以不講也。

（文見新刊陽明先生文録續編卷二雜著，永富青地上海圖書館藏新刊陽明先生文録續編についで著録。）

與尚謙誠甫世寧書（嘉靖三年　一五二四年）

前日賤恙，深不欲諸君出，顧正恐神骨亦非久耐寒暑者。乃今果有所冒辛，而不至於甚，亦足以警也。自此千萬珍重珍重！賤軀悉如舊，但積弱之餘，兼此毒暑，人事紛沓，因是更須將息旬月，然後敢出應酬耳。味養之喻，已領盛意。守身爲大，豈敢過爲毁瘠，若疾平之後，則不肖者亦不敢不及也。所云私抄，且付之公論，未須深講。「山静若太古，日長如小年。」前日已當面語，今更爲諸君誦之。守仁白，尚謙、誠甫、世寧三位道契文侍。

（書見裴景福壯陶閣書畫録卷十明王陽明手札册。）

祭孫安人文（嘉靖三年　一五二四年）

嘉靖年月日，新建伯兼兵部尚書忝眷王守仁，謹以牲醴之奠致祭於封安人胡親母孫氏之前曰：

于維安人，孝慈貞良。克相夫子，閫儀孔章。蠢我豚兒，實忝子婿。昏媾伊始，安人捐逝。雖遺兒曹，歸奔從役。自以病阻，未由往哭。言念姻眷，意赫心惻。及兹永藏，必期執紼。事與願違，徒增慚跼。悵望鄉山，娥江一綫。欲濟靡因，遥將一奠。淑靈洋洋，鑒兹蘋焉。

（文見民國三年惇裕堂刊本餘姚柏山胡氏重修宗譜卷首，王孫榮王陽明散佚詩文九種考釋著録有考。）

答方思道僉憲（嘉靖三年　一五二四年）

祝生來，辱書惠，勤勤愛念之厚，何可當也。又推許過情，以爲能倡明正學，則僕豈其人哉？顧自忘其愚不肖，而欲推人於賢聖之域，不顧己之未免於俗，而樂人之進於道，則此心耿耿，雖屢被詆笑非斥，終有所不能已。海内同志苟知趨向者，未嘗不往來於懷，况如思道之高明俊偉，可一日而千里也，其能已於情乎！子美、太白有造道之資，而不能入於賢聖者，詞章綺麗之尚有以羈縻之也。如吾思道之高明俊偉，而詞章綺麗之尚終能羈縻之乎？終能羈縻之乎？

（書見陽明先生文録卷二、光緒開化縣志卷十一。）

草書次張體仁聯句韻寄答宋孔瞻書（二篇）（嘉靖三年　一五二四年）

書一

次張體仁聯句韻

眼底湖山自一方，晚林雲石坐而凉。閑心最覺身多繫，遊興還堪鬢未蒼。樹梢風泉長滴翠，霜前巖菊尚餘芳。秋江畫舫休輕發，忍負良宵燈燭光。

山寺幽尋亦惜忙，長松落落水浪浪。深冬平野風煙淡，斜日滄江鷗鷺翔。海内交遊惟酒伴，年來踪迹半僧房。相遇未盡清雲話，無奈官程促去航。

問俗觀山兩劇匆，雨中高興諒誰同？輕雲薄靄千峰曉，老木滄波萬里風。客散野鳧從小艇，詩成巖桂發新叢。清詞寄我真消渴，絶勝金莖吸露筒。

答宋孔瞻，九月廿七日。

別久，想念殊深。召公之政敷於陝右，其爲鄉邦之光多矣。令郎歸，辱問惠，益深□感怍，承致敬品。卷中中丞之意，不肖何以能當之？所須草字，□□所不□□，亦已久不作此，然勤勤之意不忘，略書近作一二首，見千萬鄙懷，目第一笑，擲之可也。人回，匆匆不盡。欲請千萬心亮，孔瞻宋友人。

書二

慰此思守先聖之遺訓，與海内之同志講求切劘之，庶亦少資於後學，不徒生於聖明之朝。然蔽惑既久，人是其非，其能虛心以相聽者鮮矣。若執事之德盛禮恭而與人爲善，此誠僕所欲效其愚者。然又道里隔絶無因，匪握手一致其所傾渴，又如何可言耶？雖然，目繫而道存，亦僕見執事之書，既已知執事之心，雖在千萬里之外，固當有不言而信者。謹以新刻小書二册，奉以教正，蓋鄙心之所欲效者，亦略具於其中矣。便間幸示一二□□。使還劇病，筆潦草，千萬亮恕。

（書見寶晉齋所藏碑帖石刻，參見何福安寶晉齋碑帖集釋。按：前兩詩王陽明全集卷二十九次張體仁聯句韻收録。）

批董蘿石日省録（嘉靖四年　一五二五年）

余日自省，懼其忘也，每録之以請，先師一一批示。

蓋余素性樂交平直守分之人，但遇盛氣者，不覺委靡退讓，不能自壯；又遇多能巧言者，自覺遲鈍，雖明知彼之非仁，而不能無自慊之意。此病何也？此皆未免有外重内輕之患。若平日能集義，則浩然之氣至大至剛，充塞天地，自然富貴不能淫，貧賤不能移，威武不能屈；自然能知人之言，而凡詖淫邪遁之詞，皆無所施於前矣，況肯自以爲慊乎！集義只是致其良知，心得其宜之謂義，致良知則心得其宜矣。

余因家弟糧役，手足至情，未免與之委曲捏成，後竟謀露家敗，蓋緣不老實之所致也。謂之老實，須是實致其良知始得，不然，却恐所謂老實者，正是老實不好也。昔人亦有爲手足之情受汚辱者，然不至如此等事。此等事於良知亦自有不安。

余嘗訪友，座中有一老生衛姓者性質實，無機警。同輩每戲之，以爲笑噱。余亦一時隨衆詎之，以取娱焉。心不能收，負數多矣。況此老嘗路拾遺金還人，亦可爲余師者。謹識之，以暴余之罪過。

余素慕廉潔之士，聞海寧縣丞盧珂清貧之甚，在任三年，至無以禦寒也。適友人惠余襪，遂作詩，持以贈之。既歸，貼貼然自以爲得。只此自以爲得，恐亦不宜，如何？知得自以爲得爲非宜，只此便是良知矣。民之秉彝也，故好是懿德。然多著一分意思不得。多著一分意思，便是私矣。

余於鄉曲交遊中，有一善可稱者，必謹識之，以爲請。

録善人以自勉，此亦多聞多見而識，乃是致良知之功。此等人只是欠學問，恐不能到頭如此。若能到頭如此，吾輩中亦未易得也。

余嘗疑於先儒論性，無從質問。一日與男穀論之，遂有率意之對。嘗令繕寫以示月泉法聚，往復數四，意皆相反，並録以呈先師。

二子異同之論，皆是説性，非見性也；見性者，無異同之可言矣。他日聚子不非董子，董子不非聚子，則於見性也，其庶已乎！

（文見董澐從吾道人語録日省録。此爲陽明對董澐日省録之批語，按王陽明全集卷五有答董澐蘿石，即從此批語變化而來，必是錢德洪將此批語潤色修改爲一篇答問書，編入陽明集中，而將批語多有删除。）

與友（約嘉靖三年　一五二四年）

即日具小酌，聊叙間闊。昨已奉短柬，浼舍親轉達。隸人進速歸報，若未有聞者，豈舍親處遺忘之耶？慚懼，慚懼！終蒙不棄，望賜惠臨。坐邀之誅，尚容面請。侍生守仁頓首，憲副老先生執事。即刻柬。

（文見莫繩孫聖朝越郡忠節名賢尺牘，新編本王陽明全集補録七著録。）

與尚謙尚遷子修書（嘉靖三年　一五二四年）

別去，即企望還朝之期，當有從容餘月之留也。不意遂聞尊堂之訃，又繼而遂聞令兄助教之訃，皆事變之出於意料之外者。且令兄助教之逝，乃海内善類之大不幸，又非特上宅一門之痛而已。不能走哭，傷割奈何？況在賢昆叔姪，當父子兄弟之痛，其爲毒苦，又當奈何？季明德往，聊寄一慟。既病且冗，又兼妻疾，諸餘衷曲，略未能悉。

（書見日本九州大學文學部藏陽明先生文録卷二，錢明《王陽明全集未刊散佚詩文彙編及考釋》著録。）

與王公弼（二篇）

（一）（嘉靖三年　一五二四年）

王汝止來，得備聞政化之善，殊慰傾想。昔人謂：「做官奪人志。」若致知之功能無間斷，寧有奪志之患耶？歐陽崇一久不聞問，不審近來消息如何。若無朋友規覺，恐亦未免摧墮，便中望爲寄聲。此間朋友相聚，頗覺比前有益，欲共結廬山中，須汝止爲之料理。而汝止以往歲救荒事繫心，必欲辭去。今乃强留於此，望公弼一爲解紛，事若必不可爲，然後放令汝止歸也。

（二）（嘉靖五年　一五二六年）

汝止去後，即不聞消息。邇惟政學日新爲慰。汝止頗爲救荒一事所累，不能久居於此，不審此時回家作何料理，亦曾來相見否？倘其事稍就緒，須促之早來爲佳，此間朋友望渠至者，甚切，甚切！兼恐渠亦久累其間，不若且來此一洗滌耳。入覲在何時？相見尚未有定，臨紙怏悒。

（二札見陽明先生文録卷二，錢明王陽明全集未刊散佚詩文彙編及考釋著録。）

方氏重修家譜序（嘉靖三年　一五二四年）

茲因方氏年翁有諱曦字繼明者，持家乘一帙，向余請序，以冠其首。余亦不揣固陋，於案牘之餘而批閱之，不禁三致意焉。竊歎方氏先公，當日賜類之宏而遠也，著姓之蕃而衍也，叙祖列宗之精而核也，記系紀世之詳而貫也，親親貴賤之統絲絲入扣，既屢析而條分，源流上下之緒綿綿相承，復珠聯而魚貫，且有改徙於異地、宦寓於他方者，詳其派目，并志其里居，俾後世子孫觀譜時，瞭然識昭穆之有序，支派之有據，名諱字行之有合，雖他方非參商之遠，異地皆兄弟之鄉矣。更樂其賢嗣承祚，不忘繼承祖武之志，爲之纂其文序，綿其世澤，校訂其舊，補葺其新，勿致後世有湮没之傳者，不賴今日之一修哉！是爲序。大明嘉靖三年歲次甲申春月穀旦，賜進士第、光禄大夫伯安王守仁拜撰。

（序見寧海方氏正學先生故里家譜首。末署「賜進士第」未當，姑存疑。）

方孝孺像贊（嘉靖三年　一五二四年）

靡軀非仁，蹈難非智。死於其死，然後爲義。忠無二軀，烈有餘氣。忠肝義膽，聲動天地。正直聰明，至今猛視。兹爾來代，爲臣不易。

賜進士及第、光禄大夫王守仁拜撰。

（像贊見寧海方氏正學先生故里家譜繪圖。）

與王邦相書（三篇）

書一（嘉靖三年　一五二四年）

南來事，向因在服制中，恐致遲悮伊家歲月，已令宗海回報，令伊改圖矣，不謂其事尚在也。只今道里遠隔，事勢亦甚不便。况者妻病卧在牀，日甚一日，危不可測，有何心情而能爲此？只好一意回報，不可更遲悮伊家也。況其生年、日、時遠不可知，無由推算相應與否。近日又在杭城問得庚子一人，日、時頗可，今若又爲此舉，則事端愈多。平生心性只要安閑，不耐如此勞擾也。有負此人遠來之意，可多多爲我謝之。冬至後四日，陽明字拜邦相揮使宗契。欲做皂靴一雙，寄去銀九錢。又錢五分，賣上好琴絃。望因便早寄。

書二（嘉靖四年　一五二五年）

過往士夫及鄉里後生自杭城來，皆能備道東瀛老先生休休樂善好德之誠，侃侃秉正斥讒之議，不勝敬服，不勝心感！後生浮薄狂愱，毀賢妬能者，聞東瀛之風，亦可以媿死矣；而尚略不知所慚沮，亦獨何以哉？家門不幸，區區之罪惡深重，近日祖墓復被掘毀，墓上天生瑞柏亦被斵伐，割心刳骨，痛何可言！近方歸此，修治園邑，論議紛紛，皆以爲孫氏所爲，區區亦未敢便以爲信。孫氏父子素所親厚，三子又嘗從學，此等窮兇極惡之事，我何忍遂以加於孫氏？姑告行府縣緝捕，盜賊之徒七十餘人，蹤蹟難掩，不久必能緝獲。幸而與孫氏無干，非惟我家得申不世之冤，而孫氏亦得以洗無實之惡。不然，則誠衣冠道誼之大不幸也！痛心，痛心！東瀛老先生坐是未能致謝，進見時，煩道懇苦。廬次，草草不盡。陽明病夫拜手邦相揮使。

書三（嘉靖四年　一五二五年）

南京陳處親事，得在今冬送至杭城，就在邦相家裏住下，擇日取過江來，甚好。若今冬緩不及事，在明春正月半邊到杭，亦可。家下人多不停當，無可使者，須邦相處遣一的確人，到彼説知之。嫁裝之類，皆不必辦，到杭後自有處也。宗處人還，可多多上覆他。陽明字，致王邦相揮使宗契。十二月十八日。

（三書見王世傑、那志良、張萬里編藝苑遺珍法書（第二輯第十三册）（香港開發股份有限公司，一九六七年版），新編本王陽明全集補録七著録。）

與鄭邦瑞書（三札）（嘉靖四年　一五二五年）

（一）

修理聖龜山廟時，我因外祖及二舅父分上，特捨梁木，聽社享將我名字寫在梁上。此廟既係社享香火所關，何不及早赴縣陳告？直待項家承買了，然後來説，此是享人自失了事機。我自來不曾替人作書入府縣，此是人人所知，可多多上覆。二舅母切莫見怪，此廟既不係廢毁之數，社享自可據情告理，若享人肯備些價錢取贖，縣中想亦未必不聽也。汝大母病勢如舊，服藥全不效。承二舅母掛念，遣人來看，多謝多謝！陽明字，寄寶一侄收看，社中享人亦可上覆也。

（二）

陽明字與鄭寶一官賢侄：　汝祖母所投帳目，可將文書逐一查出，與同去人照數討完，封送祖母收貯，不得輕易使費。此汝祖母再四叮囑之言，斷不可違。汝祖母因此帳目必欲回家，是我苦苦强留在此，汝可體悉此意，勿使我有誤汝祖母之罪，乃可。家中凡事謹慎小心，女孫不久還，差人來取，到此同住也，先説與知之。四月初三日，陽明字，與列位賢弟侄同看。

（三）

向曾遣人迎接二舅母，因病體未平復，遂不敢强。今聞已盡安好，故特差人奉迎，書到，即望將帶孫女來此同住。其王處親事，須到此商議停當，然後可許。一應事務，我自有處，不必勞心也。不一一。陽明書，致寶一侄收看，十月十六日。

（札見中國書法全集第五十二册，真蹟長二十四釐米，寬三十九點八釐米，今藏美國普林斯

頓大學美術館，日本大阪市立美術館編海を渡つた中國の書編入，計文淵吉光片羽彌足珍著録。）

寄伯敬弟手札（嘉靖四年　一五二五年）

前正思輩回，此間事情想能口悉。我自月初到今腹瀉不止，昨晚始得稍息。然精神甚是困頓，更須旬日，或可平復也。此間雨水太多，田禾多半損壞，不知餘姚却如何耳。穴湖及竹山諸墳，雨晴後可往一視。竹山攔土，此時必已完，俟楚知縣回日，當去説知。多差夫役搜置河下，俟秋間我自親回安放也。石山翁家事，不審近日已定帖否？子全所處，未必盡是；子良所處，未必盡非。然而遠近士夫乃皆歸罪於子良。正如我家，但有小小得罪於鄉里，便皆歸咎於我也，此等寃屈亦何處分訴？此意可密與子良説知之，務須父子兄弟和好如常，庶可以息眼前謗者之言，而免日後忌者之口。石山於我有深愛，而子良又在道誼中。今渠家紛紛若此，我亦安忍坐視不一言之？吾弟須悉此意，亦勿多去人説也。八弟在家處事，凡百亦可時時規戒，俗語所謂「好語不出門，惡言傳千里」也。六月十三日，陽明山人書，寄伯敬三弟收看。

（上書手札真蹟今藏中國歷史博物館，王陽明先生遺墨、計文淵王陽明法書集皆著録。）

陽明九聲四氣歌法（嘉靖四年　一五二五年）

九聲半篇

㊀鼓鼓鼓鼓鼓金金金**箇**平**箇**舒○**人**折**心**悠○**有**平**仲**折**尼**悠，玉○金**自**發**將**揚○**聞**折**見**悠○**苦**平**遮**折○**迷**串。玉金**而**串**今**串○**指**平**與**舒○**真**折**頭**悠○**面**嘆，玉○金**只**平**是**舒○**良**折**知**悠○**更**振**莫**折**疑**悠。玉○金**只**平**是**舒○**良**折**知**悠○**更**振**莫**折**疑**悠。玉玉玉。如連歌，止擊玉一聲，歌闋，方擊玉三聲。

四氣半篇

箇春之春，口略開。**箇**春之夏，口開。**人**春之秋，聲在喉。**心**春之冬，聲歸丹田。**有仲尼**亦分作春夏秋冬，而俱有春聲。**自**夏之春，口略開。**將**夏之夏，口開。**聞**夏之秋，聲在喉。**見**夏之冬，聲歸丹田。**苦遮迷**亦分作春夏秋冬，而俱有夏聲。**而今指與真頭面**首二字稍續前句，末三字平分，無疾遲輕重，但要有蕭條之意。聲在喉，秋也，亦宜春、宜夏、宜冬。**只**冬之春，聲歸丹田，口略開。**是**冬之夏，聲歸丹田，口開。**良**冬之秋，聲在喉。**知**冬之冬，聲歸丹田，口略開。**更莫疑**上四字，至冬之冬時，物閉藏剥落殆盡。此三字，一陽初動，剥而既復。故第五字聲要高，以振起坤中不絶之微陽。六字、七字稍低者，陽氣雖動，而發端於下，則甚微也。要得冬時不失冬聲，聲歸丹田，冬也，亦宜春、宜夏、宜秋。天有四時，而一不用，故冬聲歸於丹田，而口無閉焉。

九聲全篇

（鼓）（鼓）（鼓）（鼓）（鼓）（金）（金）（金）何平者舒◯堪折名悠席平上折珍悠？（玉）都發緣揚◯當折日悠得平師折◯真串。（玉）（金）是串知串◯佚平我舒◯無折如悠◯老嘆，（玉）◯（金）惟平喜舒◯放折懷悠◯長平似折春悠。（玉）◯（金）得平志舒◯當折爲悠◯天平下折事悠，（玉）◯（金）退發居揚◯聊折作悠◯水平雲折◯身串。（玉）（金）胸串中串◯一平點舒◯分折明悠處嘆，（玉）◯（金）不平負舒高折天悠◯不振負折人悠。（玉）◯（金）胸串中串◯一平點舒分折明悠處嘆，（玉）◯（金）不平負舒◯高折天悠◯不振負折人悠。（玉）（玉）（玉）。

即前半篇法而疊用之。

四氣全篇

九聲：曰（平），曰（舒），曰（折），曰（悠），曰（發），曰（揚），曰（串），曰（嘆），曰（振）。（平）者，機主於出聲，在舌之上齒之内，非大非小，無起無落，優柔涵蓄，氣不迫促。舒者，即聲在舌齒，而洋洋蕩蕩，流動軒豁，氣度廣遠。折者，機主於入，而聲延於喉，漸漸吸納，亦非有大小起落，其氣順利活潑。悠者，聲由喉以歸於丹田，和柔涓涓，其氣深長，幾至於盡，而復有餘韻反還。發者，聲之豪邁，其氣直遂而磊磊落落。揚者，聲之昌大，其氣敷張而襟懷暢達。串者，上句一字聯下句二字，聲僅成聽，其氣纍纍如貫珠然。嘆者，其聲淺短，氣若微妙剥落。振者，聲之平而稍寓精鋭，有消索振起之意。凡聲主於和順，妙在慷慨，發舒得盡，以開釋其鬱結；涵泳得到，以蕩滌其邪穢。如七言四句，其聲用平五出，無所出；用舒三出，而不輕於出；用折七入，無所入；用悠六入，而不輕於入；用發一揚一，漸於粗厲，弘而含也；用串三，而若一，而不至於間絶，微而縝也；用嘆一，以斂其氣；用振一，以鼓其機，抑而張也。慎其所出，節流滋原，重其所入，□歸復命，廣大精微，抽添補洩，闔闢宣天地之化機，屈伸昭鬼神之情狀，舒卷盡人事之變態。歌者陶情適性，聞者心曠神怡，一道同風，淪肌浹髓，此調燮之妙用，政教之根本，心學之樞要，而聲歌之極致也。

四氣：曰春，曰夏，曰秋，曰冬。每四句分作春夏秋冬；而春夏秋冬中，又自有春夏秋冬。如第一句春，第二句夏，第三句秋，第四句冬，每句上四字各分作春夏秋冬，第一字春，第二字夏，第三字秋，第四字冬；下三字稍仿上四字，亦分作春夏秋冬。第三句首二字稍續上句，末三字各平分，不甚疾遲輕重，以第三句少變前二句，不疊韻而足聽也。第四句第四字乃冬之冬，用藏已極，然陰不獨勝，陽不終絶，消而必息，虚而必盈，所謂既剥將復，而亥子之間，天地人之至妙至妙者是也。故末三字當有一陽來復之義。第五字聲要高，何也？閉藏已極，不有以振而起之，無以發其坤中不絶之微陽也。故以十月謂之陽月，每句每二字一斷，庶轉氣悠揚，不至急促。第一字口略開，聲要融和；第二字口開，聲要洪大；第三字聲返於喉，秋收也；第四字聲歸丹田，冬藏也。春而融和，夏而洪大者，達其氣而洩之，俾不閼也。秋而收之，冬而藏之，收天下春而藏之肺腑也。其不絶之餘聲，復自丹田而出之，以滌邪穢，以融渣滓，擴而清之也。春之聲稍遲，夏之聲又遲，秋之聲稍疾，冬之聲又疾，變而通之，則四時之氣備矣；闔而闢之，則乾坤之理備矣。幽而鬼神屈伸而執其機，明而日月往來而通其運，大而元會運世而統其全，此豈有所强而然哉？廣大之懷，自得之趣，真有如大塊噫氣，而風生於寥廓；洪鐘逸響，而聲出於自然者。融溢活潑，寫出太和真機；吞吐卷舒，妙成神明不測，故聞之者不覺心怡神醉，恍乎若登堯舜之堂，舞百獸而儀鳳凰矣。

（文見張鼐虞山書院志卷四。）

與歐陽崇一（三篇）

（一）（嘉靖五年　一五二六年）

正之諸友下第歸，備談在京相與之詳。近雖仕途紛擾中，而功力略無退轉，甚難，甚難！得來書，自咎真切。論學數條，卓有定見，非獨無退轉，且大有所進矣。文蔚所疑，良不爲過。孟子謂「有諸己之謂信」，今吾未能有諸己，是未能自信也，宜乎文蔚之未能信我矣。乃勞崇一逐一爲我解嘲，然又不敢盡謂崇一解嘲之言爲口給，但在區區，則亦未能一一盡如崇一之所解者，爲不能無愧耳，固不敢不勉力也！文蔚天資甚厚，其平日學問功夫，未敢謂其盡是，然却是樸實頭，有志學古者。比之近時徒尚口說，色取行違，而居之不疑者，相去遠矣。前者承渠過訪，惜以公務，不能久留，只就文義間，草草一說，鄙心之所願致者，略未能少效，去後殊爲怏怏。良知之説，近世朋友多有相講一二年，尚眩惑未定者，文蔚則開口便能相信，此其資質誠有度越於人；只是見得尚淺，未能洞徹到得，如有所立卓爾，是以未免尚爲書見舊聞所障。然其胸中渣滓絶少，而又已識此頭腦，加之篤信好學如是，終不慮其不洞徹也。因咳嗽正作，兼以人事紛沓，不暇寫書，故遲。孫倉官久候。

（二）（嘉靖六年　一五二七年）

去冬十二月十二日未時，得一子，今已逾百日，或可望長成也。北上之説，信有之。聖主天高地厚之恩，粉身無以爲報。今即位六年矣，徒以干進之嫌，不得一稽首門廷，臣子之心誠跼蹐不安。近日又有召命，豈有謝恩之禮待君父促之而後行者？但賤軀咳患方甚，揆之人情，恐病勢稍間，終當一行。來書所謂「如此人情，如此世道，何處著脚」，凡在吾黨，所見略同，千里拳拳之念，何敢忘也！何敢忘也！道之不行，已知之矣。區區之心，固不敢先有意必，然亦自有不容已者耳。

（三）（嘉靖六年　一五二七年）

遠勞問惠，甚愧。兩廣之任，豈病廢所堪？但世事又若難避，俟懇辭疏下，更圖進止耳。喻及持志養氣，甚善。暴其氣，亦只是不能持其志耳。釋氏輪回變現之論，亦不必求之窈冥。今人不能常見自己良知，一日之間，此心倏焉而夷狄，倏焉而禽獸，倏焉而趨入悖逆之途，倏焉而流浪貪淫之海，不知幾番輪回，多少變現，但人不自覺耳。釋氏言語，多有簸弄精神者，大概當求之游方之外，得其意而已矣。淫聲美色之喻，亦是吾儒作好作惡處，正須勘破此等病痛，方見廓然大公之本體也。

（三札見陽明先生文録卷三，錢明王陽明全集未刊散佚詩文彙編及考釋著録。按：第一篇「文蔚天資甚厚」之前文字，與王陽明全集卷六與歐陽崇一丙戌一文同。）

合族名行格言（疑嘉靖五年　一五二六年）

賢良方正，祈天永錫。崇德廣業，富有日新。文成明達，茂先宏通。祖於鶴鳴，世肇景宣。功□忠獻，道學□陽。元迪□則，嗣乃克昌。

陽明山人王守仁題。

（文見姚江歷山張氏宗譜卷四，王孫榮王陽明散佚詩文九種考釋、錢明王陽明全集未刊散佚詩文彙編及考釋著録。原題作「合族名行四言詩」，不當。）

柬友（約嘉靖五年　一五二六年）

一個「塵」字，昏了諸多人，吾輩最忌此「塵」字不去，社名「掃塵」，已後心上塵、口上塵（一作眼前塵）、筆墨塵、世路塵，都要掃却。

（書見徐渭古今振雅雲箋卷四、沈佳胤翰海卷十二。）

湖海集序（嘉靖五年　一五二六年）

蘿石董兄自海鹽來越，年已六十有八矣，出其舊日詩，屬余爲之叙。予不工詩，安敢序？第蘿石之心有亟亟者。歌詩自三百篇，均寫忠君愛國，纏綿悱惻之忱，而次及於山川鳥獸，君子所謂「多識」者。今觀蘿石詩，其於山川景物、草木鳥獸則多矣，言情之什則亦衆矣，當於忠君愛國間求之，則更上層樓矣。爰爲序之以歸之。

時在丙戌孟夏朔日，陽明王守仁序。

（序見董澐湖海集首。）

祭柴太安人文（嘉靖五年　一五二六年）

嘉靖年月日，新建伯兼兵部尚書忝眷王守仁，謹以牲醴之奠致祭於封太安人胡太親母柴氏之柩。維太安人，生於閨宗，歸於名族。母儀婦道，鄉邦所式。憲憲令子，外臺司直。匪榮膴秩，允榮顯德。溯澤於源，有封有錫。鬱鬱芝蘭，燁燁桑梓。耄壽考祥，哀榮終始。復何恨哉，復何恨哉！守仁忝在姻末，當始訃聞，病莫奔哭。期兹歸藏，必往執紼。先遣兒曹，匍匐歸役。經旬雨雪，水澤腹堅。加以咳疾，觸寒莫前。梗出意外，舟發復旋。天時人事，成此咎衍。百里江關，目極心瘁。薄奠申祖，臨風愴愧。豈足將誠，祇以告罪。

（文見民國三年惇裕堂刊本餘姚柏山胡氏重修宗譜卷首，王孫榮王陽明散佚詩文九種考釋著録。）

與聶雙江先生書（嘉靖六年　一五二七年）

遠承手教，推許過情，悚怍何可當！兼承懇懇衛道之誠，向學之篤，其爲相愛豈有既耶？感幸，感幸！道之不明，幾百年矣，賴天之靈，偶有所見，不自量力，冒非其任，誠不忍此學昧昧於世，苟可盡其心焉，雖輕身舍生，亦所不避，况於非笑詆毁之微乎！夫非笑詆毁，君子非獨不之避，因人之非笑詆毁而益以自省自勵焉，則固莫非進德之資也。承愛念之深，莫可爲報，輒以是爲謝。聞北上有日，無因一晤語，可勝懸懸。足下行有耳目之寄矣，千萬爲此道此學珍攝，以慰交遊之望。

二月十日，守仁頓首。

（書見同治永豐縣志卷三十五。）

與黄宗賢書（嘉靖六年　一五二七年）

所委文字，以通家之情，重以吾兄道義骨肉之愛，更復何辭？向日之約，誠有不得已者。近來人事日益紛擾，每每自晨發至更餘，無須臾稍閑，精神驟衰，往往終日自不得食。吾兄若見之，將亦自有不忍以此相責者矣。北來消息，昨晚始聞。承喻信然，所謂甚難行止者，恐亦毁譽之心猶在。今且只論纂修一事，爲可耶？爲不可耶？若纂修未爲盡非，則北赴未爲不可。陞官之與差委事體，亦自不同。况議禮本是諸君始終其事，中間萬一猶有未盡者，正可因此潤色調停。以今事勢觀之，元山既以目疾，未能躬事；方、霍恐未即出。二君若復不往，則朝廷之意益孤，而元山之志荒矣。務潔其身者，楊氏爲我之義，君子之心，未肯踁踁若此也。凡人出處，如人飲水，冷暖自知，非他人所能與，高明自裁度之。北行過越，尚須一面，不一一。

（書見嘉靖十二年黄綰序刊本陽明先生文録卷二。錢明王陽明全集未刊散佚詩文彙編及考釋著録。）

與鄒謙之書（嘉靖六年　一五二七年）

不可！吾黨學問，幸得頭腦，須鞭辟近裏，務求實得，一切繁文靡好，傳之恐眩人耳目，不録

可也。（下闕）

（書見錢德洪刻文録叙説。）

與錢德洪書（嘉靖六年　一五二七年）

所録以年月爲次，不復分別體類者，蓋專以講學明道爲事，不在文辭體製間也。

（書見錢德洪刻文録叙説及陽明先生年譜「嘉靖六年」下。）

與張羅峰（二篇）

（一）（嘉靖六年　一五二七年）

兩承手教，深荷不遺。僕迂疏之才，口耳講説之學耳。簿書案牒，已非其能，而况軍旅之重乎？往歲江西之役，蓋僥倖偶集。近年以來，益病益衰，惟養痾丘園，爲鄉里子弟考正句讀，使移向方，庶於保身及物亦稍效其心力，不致爲天地間一蠹物。若必責之使出，自擇其宜，惟留都之散部，或南北太常國學，猶可勉效其襪綫，外是，舉非所能矣。近日之舉，雖過承繆愛，然投之以所不能，則亦適所以壞之也。懇辭之情，疏内亦有所不敢盡言者，奏下，望相與扶持曲成之。

時事方亟，惟竭誠盡道，以膺天眷。不具。

（二）（嘉靖六年　一五二七年）

奏本人去，曾附小札。腐劣多病，已成廢人，豈能堪此重任？若懇辭不獲，終不免爲相知愛者之累矣。奈何，奈何！東南小蠹，特皮膚瘡疥之疾。若朝廷之上，人各有心，無忠君愛國之誠，讒嫉險伺，黨比不已，此則心腹之病，大爲可憂者耳。諸公方有湯藥之任，蓋天下莫不聞，不及今圖所以療治之，異時能辭其責乎？不旬日間，木齋翁且啓行。此老重望，其慎默鎮定，終當與流輩不同，惜其精力則益衰矣。差來官守催甚懇迫，力遣許時，始肯還。病筆草草，未盡欲言，千萬心亮。

（二札見陽明先生文録卷四，錢明王陽明全集未刊散佚詩文彙編及考釋著録。）

與周道通答問書（嘉靖六年　一五二七年）

問：爲今日之學者，須務變化氣習，而達之夫婦、父子、兄弟之間，以身修、家齊爲極，則庶有巴攬以驗其進，且爲實學。不然，則恐存心稍寬，茫無涯岸，未易成立。况聖賢體用之學，不由齊家，雖於治國、平天下或有得力處，畢竟於天德王道未盡。但齊家一關，盤詰甚大，苟非内有至健之志，而外有至順之容，恐未可以一二言也。如何，如何？

此段亦是好説話，只是欠下落。

問：先生嘗答問性云：「氣即是性，性即是氣。」則聞命矣。

此言是解説「生之謂性」一句。

然其間亦有難言者焉。佛氏明心見性之説，謂佛氏之所謂心性，非心性也，恐亦不可，然而所見疑有犯於程子論氣不論性之戒；爲吾儒之言者，往往又若專泥夫意之動爲心，而以知覺運動屬氣，必欲於心氣之外，别求見夫所謂理與性者，不又犯於程子論性不論氣之戒乎？二者疑皆失之，不能無問。

此段不消如此説得。

竊以爲受天地之中以生，而是中之屬於人生言乎？其初禀此□□□性言乎？其主於身，則謂之心；就心之條理而言，則謂之理。忘理與心，忘心與性，忘性與身，渾淪而言之，則通謂之氣；抑就氣而論其根源之地，靈明知覺吾其體，神妙不測吾其用。先民以其本來如是，此性之所由命名也；以一身之動，萬感之應，必樞機於是，此心之所由命名也。又就其心性自然明覺，無所不知者，名之爲智；就其本然自有權度，無所不宜者，名之爲義；就其凡皆有節有文，粲然條理者，名之爲禮；　就其□□生生不息，無物不體，無息不存者，名之爲仁，此又理之所由命名也，而其實均是一氣而已爾。

佛氏但窺見吾心吾性靈明知覺之旁燭者，而失究於本原之地，則不知有生生不息之體矣。故其爲道，樞機不屬於己，又安知有應變無窮、神妙不測之用乎？正如日月有明，佛氏止認夫容光之照無微不□，□以謂是日月也，而其墮於空寂之境也，又何疑□□□□，知足以周萬物，而道實不足以濟天下，豈知者過之之徒與？故吾聖人之學，曰執中，曰建極，曰不踰矩，皆指是樞機而言也。其所以恒是道者，曰思，曰兢兢業業，曰小心翼翼；　而其示人求之之地，則曰獨，曰良知，曰不睹不聞；　其工夫則曰誠，曰敬，曰戒慎恐懼，曰不愧於屋漏，皆就今本原體認，以求自得□，無所容私於其間。然則在今日正不必論性，亦不必論心，□須得樞機在手，而不失其中正焉，自可弗畔於道矣。然否，然否？

只消説此兩句，即前面許多話説皆□□説。

致良知便是。

此段所論，大略多有是處，只因致知工夫未得精明，是以多有夾雜。

儒者有言：「聖人之學，乾道也；　賢人之學，坤道也。」衢疑之。易曰：「乾知大始，坤作成物。」又曰：「知至至之，知終終之。」乾道坤道，恐不可析。但聖人工夫用得熟，便覺自然，無所容心。若賢人工夫，尚須强勉，有類坤作成物耳。然非知爲之主，則□□□□□事，故乾道坤道，雖就賢人之學看，亦不可缺一，是否？

此説亦是正，不必如此分疏。

閒居中静觀，時物生息流行之意，以融會吾志趣，最有益於良知。昔今康節、白沙二先生，故皆留情於此。但二先生又似耽著，有不欲舍之意，故卒成隱逸，恐於孔子用行舍藏之道有未盡合。

静觀物理，莫非良知發見流行處，不可又作兩事看。

白沙先生云：「學以自然爲宗。」又云：「爲學須從静中養□□□□有商量處。」此蓋就涵養説，固是有理，但恐初學未從□□用工來，輒令如此涵養，譬諸行路之人，未嘗跋歷險阻，一旦遇險便怯，能保其不回道乎？竊記明道先生有言：「造詣得極，更説甚涵養。」云造詣，則克己在其中矣。須嘗克己造詣上用工過來，然後志意堅忍，久而不變，此意如何？

知得致良知工夫，此等議論自然見得他有未盡處。

古聖相傳心法之要，不過曰「執中」。然中無定體，難以□□□□□，憑吾良知點檢日用工夫，頗亦覺得穩當處，多□□□□□，非過即又不及，不能得常常恰好，誠欲擇乎中庸，而固執之，如之何則可？

致良知便是擇乎中庸的工夫，倏忽之間有過不及，即是不致良知。

世儒論學，纔見人説就心性上用功，輒拒而不聽，以其流爲禪也。故其爲學，必須尋幾句書來襯貼此心，庶有依靠，此殆不能自立而然耳。先儒言心中不可有一物，若依靠□□□，□有物矣，安得此心虚明而應物無滯耶？蓋能□□□□□□□書，一一憑我驅使。不能自立，雖讀聖人之書，終身只服事得書。

此等意思，只曉得便了。

儒者論佛，往往不誅其立心之差，而反咎其用功之錯，以謂不宜專求本心，而遂遺棄物理也。不知遺棄物理，正由其初立心上生起此病，不干其專求於心也。夫吾孔子□□□□□，爲得其宗，傳之思孟而止。然曾子之學，專用□□□□□尾，只説得慎獨。至孟子云：「學問之道無他，求其放心而已。」故其論王道，一則曰心，二則曰義。佛氏之求心，夫何過哉？若吾儒之志於學，不於其初嚴審夫善利之間，徒欲矯佛而重於求物，輕於信心，則恐得罪於聖人之門，與佛氏公案雖不同，而同歸於律，惡得以五十步笑百步也！

佛氏不累於物，與吾儒同；但吾儒不離於物，而能不累於物。若使佛氏不離於物，則不能不累於物矣。吾儒知所容心，而又知無所容其心；佛氏則欲盡歸於無所容心而已矣。佛氏之明，如生銅開鏡，乃用私智鑿出；吾儒則如日月有明，一本其自然，故鏡怕物障，日月不怕物障。

曾作山陰縣學記，其間頗論儒釋之同異，□孰其中細細□□□□□。

嘗讀濂溪傳，至以名節自砥礪，妄疑其容心□□□□□□，所繫亦甚大，真吾□之藩籬也。衡自得五月十二日手教，遂自書「慎行惜名爲今日第一義」數字，貼之坐處。自是志向漸覺專一，工夫漸覺勇猛，戒謹恐懼之意常若不離於心目之間，而胸中亦自灑落，則是向裏之學，亦有資於外者然也。只孤立無助，恐中道作輟靡常，不能進步，以達天德，更望老先生一接引之。

致良知是今日第一義，□□□□□□，則所謂慎行惜名□□□□□□。

凡是有感斯應，其感自外至者，不必論也。澄心靜慮之□無思無爲，而有突然之感者，何歟？夫正感正應，邪感亦正應之，宜也。然有時乎正感而應之，忽入於邪者，豈其有所感而然耶？抑或涉於氣歟？必欲吾心之神，常爲萬感之主，無動靜而能定焉，當有何道？其道只是致良知，感應皆起於無思，無有自外至者，心無思，□□□□□。

良知真無待於一字加添，已自信得及，衡非□□□□□□得如此，只如今一會客之間，惟盡吾心之誠，當揖而揖，當拜而拜，當言而言，當嚷而嚷，已是多少利便，多少自在，反會錯謬，失東忘西，安能動容周旋中禮？又如凡作文字，才起思議，便走筆不動，每事體驗得如此，信不容纖毫□□□□□□□□用智之病，尚未能沙汰得盡，欲專留神於此沙汰，如何？

吾心一了之，百當之，有何疑？

今日致知之學，更無可疑。但這件工夫，固宜自力，還須常親師友，講得圓活通遍，到那耳順處，方能觸處洞然，周流無滯。不然，則恐固執太早，未免有滯心。以有滯之心而欲應無窮之變，其能事皆當理乎？良知即是天理，致良知即是當理，親師友，講貫□□□□□□，可別作一事□□□□。衡近今日用工夫，大率要在滌磨心病，使□□□□□□□□江漢暴之以秋陽，乾乾淨淨，一似秋空明月，方始快樂。但恨體弱多病，精神不足，正好用功之候，而四體又覺疲倦思卧矣。雖事親從兄之事，亦竟不能盡如其願，奈何，奈何！今必不得已，只憑良知愛養精神，既養得精神，都只將來供應良知之用，是或處病之一道歟？

良知自能分別調停，只要□□□□□。良知知得當愛養精神，即愛養精神便是致知；知得當滌磨心病，即滌磨心病便是致知。養儉養方，只是一道，不可分作兩事。

問：古者宗子之法，有百世不遷之宗，是爲大宗，其□□祖□祭也，不嫌於禘歟？大宗子死，族人雖已服盡，猶爲服齊衰三月，其禮不已重歟？夫謂宗法宜若是重也，記何以孔子曰「宗子爲殤而死，庶子弗爲後也」？聽宗法之廢歟？若謂庶子弗後，小宗言也，大宗而在，猶之可也；使大宗有絶，□□□□□□，可繼以爲後否歟？否則，疏遠之族，誰其爲□□□ □□□之法，後世士庶人亦有可以義比附而立歟？如或以爲僭也，君子而有重本尊祖之心者，得無有未盡歟？

問：古者立廟之制，天子七，諸侯五，大夫三，適士二，官師一。誠以廟宇之多寡爲制歟？抑祖考之祭，視廟宇而殺歟？如祖考之祭，視廟而殺，說禮者何以謂官師得祭祖？□□□□□□，是則適士亦得祭曾祖。同是二廟，大夫亦得□□□，同是三廟矣，然歟？說者又謂庶人祭禰於寢，然則漢以後庶人得祭三代，而今或祭及高祖者，僭而當事歟？昔人有祭先祖者，或以爲似祫而不敢祭，則古者大宗子之祭始祖似祫，亦在所廢歟？父母之喪，達於天子，無貴賤，一也。尊祖報本，亦□天理民彝之不可泯滅者，而獨於貴賤拘焉。無□□□□□□義，固有可推者歟？君子無意於尊祖報本則已，使其有尊祖報本之心，則是恐不可以不之講也。

宗法廟制，其説甚長，後世亦自有難行處。學者只是致其良知，以行其尊祖報本之誠，則所謂雖不中不遠矣。忙中不及細講説，然雖細講説，亦空談無益。

右衝病耳，艱於聽教。且承老先生遠别，恐路阻日修，就正益難。來途謹述所□□事，録□批斥是否，並求警發之言，以辟升堂入室之□□，得以循級而進，感恩何慨！

大□道通所問。良知信得及處，更自説得分曉，於良知信未及□□□□得支離。良知一也，有信得及處、信未及處，皆由致知之功未能精純之故。今請只於此處用力，不必多設方略，別尋道路，枉費心力，終無益也。冗次，言不能盡。八月卅一日，守仁上。

（真蹟見日本天理圖書館藏王陽明先生小像附尺牘一卷。該卷卷首題作「陽明教言」，前有文徵明作陽明先生遺像，後爲與周道通答問書，再次爲與周道通書（五通），最後爲吴昌碩所作跋。蓋是卷明以後鮮見流傳，一九二四年吴昌碩在上海偶獲觀此卷，以後流入日本。張立文曾將此卷中之與周道通答問書整理發表於王陽明全集前（紅旗出版社，一九九六年）。）

與鄒謙之書（嘉靖六年　一五二七年）

驥相遊甚久，學行兼優，其爲志諸幽堂，以洩其無窮之哀。

（書見鄒守益集卷二十二静菴黄公墓誌銘。）

大學問總論（嘉靖六年，一五二七年）

夫理無内外，性無内外，故學無内外。講習討論，未嘗非内也；反觀内省，未嘗遺外也。夫謂學必資於外求，是以己性爲有外也，是義外也，用智者也；謂反觀内省爲求之於内，是以已性爲有内也，是有我也，自私者也。是皆不知性之無内外也。故曰：「精義入神，以致用也；利用安身，以崇德也。」「性之德也，合内外之道也。」此可以知格物之學矣。格物者，大學之實下手處，徹首徹尾，自始學至聖人，只此工夫而已，非但入門之際有此一段也。夫正心、誠意、致知、格物，皆所以修身，而格物者，其所用力日可見之地。故格物者，格其心之物也，格其意之物也，格其知之物也；正心者，正其物之心也；誠意者，誠其物之意也；致知者，致其物之知也。此豈有内外彼此之分哉？理一而已。以其理之凝聚而言則謂之性，以其凝聚之主宰而言則謂之心，以其主宰之發動而言則謂之意，以其發動之明覺而言則謂之知，以其明覺之感應而言則謂之物。故就物而言謂之格，就知而言謂之致，就意而言謂之誠，就心而言謂之正。正者，正此也；誠者，誠此也；致者，致此也；格者，格此也，皆所謂窮理以盡性也。天下無性外之理，無性外之物。學之不明，皆由世之儒者認理爲外，認物爲外，而不知義外之説，孟子蓋嘗闢之，乃至襲陷其内而不免，豈非亦有似是而難明者歟？不可以不察也。

（文見萬曆年間百陵學山本大學問。按：此文實大學問之總論，隆慶刻本王文成公全書卷二十六所著録大學問遺漏此重要一段。）

寄正憲男手墨二卷（五札）（嘉靖六年　一五二七年）

書一

即日舟已過嚴灘。足瘡尚未愈，然亦漸輕減矣。家中事凡百與魏廷豹相計議而行，讀書敦行，是所至囑！内外之防，須嚴門禁；一應賓客來往，依所留告示，不得少有更改。四官尤要戒飲博，專心理家事。保一謹實可托，不得聽人哄誘，有所改動。我至前途，更有書報也。九月廿三日嚴州舟次，父字，付正憲收。老奶奶及二老奶奶處可多多拜上，説一路平安。

書二

即日已抵常山兩日，明早過玉山矣。九月卅日發。

書三

舟已過臨江，五鼓與叔謙遇于途次，燈下草次報汝知之。沿途皆平安，咳嗽尚未已，然亦不大作。廣中事頗急，只得連夜速進，南贛亦不能久留矣。汝在家中，凡宜從戒諭而行。讀書執禮，日進高明，乃吾之望。魏廷豹此時想在家，家衆悉宜遵廷豹教訓，汝宜躬率身先之。書至，汝即可報祖母諸叔。况我沿途平安，凡百想能體悉我意，鈐束下人謹守禮法，皆不俟吾喋喋也。廷豹、德洪、汝中及諸同志親友，皆可致此意。

書四

聰兒近來撫育如何？一應緥抱乳哺，不得過於飽暖。

書五

近兩得汝書，知家中大小平安。且汝自言能守吾訓戒，不敢違越，果如所言，吾無憂矣。凡百家事及大小童僕，皆須聽魏廷豹斷決而行。近聞守度頗不遵信，致牴牾廷豹。未論其間是非曲直，只是牴牾廷豹，便已大不是矣。繼聞其遊蕩奢縱如故，想亦終難化導。試問他畢竟如何乃可？宜自思之。守悌叔書來，云汝欲出應試。但汝本領未備，恐成虚願。汝近來學業所進吾不知，汝自量度而行，吾不阻汝，亦不强汝也。德洪、汝中及諸直諒高明，凡肯勉汝以德義，規汝以過失者，汝宜時時親就。汝若能如魚之于水，不能須臾而離，則不及人不爲憂矣。吾平生講學，只是「致良知」三字。仁，人心也；良知之誠愛惻怛處，便是仁，無誠愛惻怛之心，亦無良知可致矣。汝於此處,宜加猛省。家中凡事不暇一一細及,汝果能敬守訓戒,吾亦不必一一細及也。餘姚諸叔父昆弟皆以吾言告之。前月曾遣舍人任鋭寄書歷,此時當已發回。若未發回,可將江西巡撫時奏報批行稿簿一册,共計十四本,封固付本舍帶來。我今已至平南縣,此去田州漸近。田州之事,我承姚公之後,或者可以因人成事。但他處事務似此者尚多,恐一置身其間,一時未易解脱耳。汝在家凡百務宜守我戒諭,學做好人。德洪、汝中輩須時時親近,請教求益。聰兒已託魏廷豹,時常一看。廷豹忠信君子,當能不負所託。但家衆或有桀驁不肯遵奉其約束者,汝須相與痛加懲治。我歸來日,斷不輕恕。汝可早晚常以此意戒飭之。廿二弟近來砥礪如何?守度近來修省如何?保一近來管事如何?保三近來改過如何?王祥等早晚照管如何?王禎不遠出否?此等事,我方有國事在身,安能分念及此?瑣瑣家務,汝等自宜體我之意,謹守禮法,不致累我懷抱乃可耳。十二月初五日發。

(書卷見顧麟士過雲樓續書畫記卷二、中國歷代書法大觀(上)(國際文化出版公司)及錢德洪王陽明全集續編之寄正憲男手墨二卷。然此致正憲書卷原本有五札,錢德洪只取三札(一、三、五),且多有删改。)

梧山集序（嘉靖六年　一五二七年）

嶺南厚街王氏，吾宗也。今上嘉靖之二年，南京户部尚書梧山先生卒于官。越三年，其孤國子監監丞宏久，自東莞詣余，乞爲其先人集序。時余正奉命總制兩廣府署，距東莞一葦杭之爾。讀先生集，恍然如疇昔晤對時，遂欲移舟仙里，覽公平日釣遊之舊，多事匆卒，未能也。憶弘治己未歲，余舉進士，居京師，公時以給諫充安南册封使，於時先君子承乏秩宗，與同朝諸薦紳餞送都門，余始獲欽儀丰采，見其温温恪恪，岸然有道之容，倘所謂和順積中而英華發於外焉者耶？越十年，公累遷都憲，撫軍鄖陽，余亦撫南贛。洪都之變，公首設方略，爲犬牙交控之勢，以扼其衝。不踰年，逆濠成擒，天子得紓南顧憂者，公爲之備也。今上鑒公累勞，御極之初，特晉大司徒，將拜台輔，而公轉盼墓草，時甚悼焉。是集皆公歷宦以來，忠勤大節，形之章疏中，雖或允行，或未奉允行，甚或抵觸天怒，無所忌諱，要均可以前質古人，後示法於來者。間有閒吟别撰，非公經意爲之，而其性真所發，筆興並酣，則卓犖紆徐，不可以一格拘，其素所藴積者厚也。嗟乎！古人後世而不朽者三，立言其一焉，如公之盛德、豐功，赫赫在人耳目，立言其奚以爲？雖然，余嘗式公之德矣，佩公之勳伐猷爲矣，且十數年世講宗盟，得親公之謦欬風儀，非朝伊夕矣。今公往集存，每披尋展讀之，輒幸得所憑籍，以見公之生平，而况天下之大，四海之廣，且疏及遥遥幾百載後，未識公之面貌，又不獲俎豆公之書，而竹帛有湮，史册無據，其何以美而傳，愛而慕，使夫聞風生感，懦夫立，貪夫廉，重爲功於名教哉？故集存是公之存也，即公之立朝風烈文章及其匡居志趣，亦一一與之並存也。聞公之先大人淡軒先生守寶慶時，有楚遊草傳世，詩壇紙貴久矣，得公集廓而大之，於焉經世而行遠，後有作者，王氏其弁冕乎？余不才，不得政通人和之暇，相與造公堂，酹公墓而告焉，竊對公之遺集，幸公之盛德、豐功並立言而不朽之三俱矣，遂書之以爲序。

（文見王縝梧山先生集前。）

遊端州石室題刻（嘉靖六年　一五二七年）

嘉靖丁亥臘月之朔，新建伯餘姚王守仁來遊。

（題刻見崇禎肇慶府志卷三十五藝文十古今題名石刻，高要縣志卷十四金石略。按：陽明此題刻在端州七星巖石室壁上。）

霍兀厓宫端書（嘉靖六年　一五二七年）

每讀章奏，見磊落奇偉之志，挺持奮發之勇，卓然非儕輩可望，深用嘆服。果得盡如所志，天下之治誠可煥然一新。然其形勢自有不能盡如人意者，要在寬以居之，仁以行之而已。高明既有定見，顧無俟於鄙劣者之喋喋。西樵書中，亦致芹曝之獻，倘覽及之幸，有一言示其可否也。田州事實無緊要，徒勞師費財。紛紛兩年，重爲地方之患。今於謝恩疏中，略陳愚見，須得朝廷俯從其議，庶可以圖久安；不然，起伏之變，未有已也。賫奏人去，草草附問。地方之事，有可見教者，人還不惜示及。

（書見陽明先生文録卷四。錢明王陽明全集未刊散佚詩文彙編及考釋著録。）

泗城土府世系考（嘉靖七年 一五二八年）

宋皇祐間，儂智高寇擾粵西，楊畋等征討久無功。四年九月，上命樞密襄公狄青爲荆湖宣撫使，督諸軍討智高，以麒麟武衛懷遠將軍岑仲淑從，大破智高於邕州，智高竄奔廣南。襄公還朝，仲淑善後。五年正月，仲淑平廣南，智高復竄大理，遂死，函首至京師。仲淑駐鎮邕州，建元帥府，都督桂林、象郡、三江諸州兵馬，封粵國公。仲淑係出漢武陰侯岑彭後裔，原籍浙江紹興府之餘姚縣人。仲淑鎮邕，威惠並行，開拓疆土，撫綏蠻夷，大得民心。仲淑故，子自亭襲。時有流言，欲以叛逆中傷，自亭遂請謝邕州還朝。將束裝，夷土擁衆遮留不放。事聞，仍留鎮撫。後累加金紫光禄大夫，沿邊安撫使，來安路都總管。後遂遷入喬利，跨有牂牁，子孫世守邊土。

自亭生子二：長曰翱，次曰翔。翱襲，故絶，翔襲。翔生英，英生雄，雄生世興，皆以原官襲。至元時，世興以邊功加總兵、萬户侯。世興生子五：長曰怒木罕，襲父職；次曰帖木兒，分封田州，是爲田州始祖；三曰阿次蘭，受封喬利，是爲思恩土州始祖；四曰不花也仙，絶；五曰剌辛，受封東路，是爲鎮安始祖。怒木罕既襲父職，以侄伯顏入京讒謗，追奪封爵，改東路宣慰使。後復建功，封武德將軍。怒木罕生福廣，福廣生善忠，皆襲宣慰使。至明洪武六年，改古勘峒爲泗城土州，善忠改封土知州。

（文見古今圖書集成第一千四百五十二卷泗城府部藝文。）

答某人書（八篇）（嘉靖七年　一五二八年）

書一

改衛稿奉正，軍政稿當已裁定，望擲去人。守仁頓首。

書二

適聞貴恙，殊切懸懸。先遣問候，少間，當躬詣也。守仁頓首拜問。

書三

賤恙怯風，數日不出。未能即拜，極怏怏。先人問候，幸心寬。即日，守仁頓首。

書四

及躬詣，幸心照。守仁頓首。

書五

即日雖雨，不可以虚前約，未刻拱俟，想能惠然也。守仁頓首。

書六

諮文已發差人，明日行矣，幸知之。守仁頓首。

書七

尊稿後參語，似略有未滿處，恐亦事體當如是耶？然大勢扶持多矣，漫即之。

書八

改衛稿望斧正，擲去人。折糧奏疏並見示，尤荷。守仁頓首。

（八書見楊儒賓、馬淵昌也中日陽明學者墨蹟，其真蹟由何創時書法藝術文教基金會收藏。）

歷朝武機捷録序（嘉靖七年　一五二八年）

語曰：智周通塞，不爲時窮；才經險夷，不爲世屈。余自宸濠之變、田州土守之役，每顧諸青油所云偏裨者，時進而詢所憂，白的赤莖，龍鱗鶴膝，則赳赳似矣；其於孫、吴、尉繚、司馬，則憒憒如也。因示之曰：「一人敵，不足學；非不學也，不足專此學也。昔子房無三尺之軀，淮陰無屠少之雄，一能決勝千里之外，一能將多多益善之軍，是寧一人敵耶？綸巾羽扇，指顧而挫鋒芒；隻馬單騎，談笑以退戎虜，吾願汝輩知之也。」然轅壁寂然，相視而愕，中不少有志之士，俯而問略，余曰：「非一言可盡也。承平日久，徒知紈綺，耳不聞金鼓，足不履戰陣。白的龍鱗，技且高閣，豈特走孫、吴等於堂下乎？不憚輯古名將事迹，合諸武經者，彙爲一書，使各録一册熟之，此武經翼也。風雨關前，即是雪夜精騎；淆谷道上，詎異馬陵妙算哉？築營固壘，塞井夷竈，皆是術也。用不同矣。」居月餘，而習者乃不復吴下阿蒙。余因喜而志之，以俟後之學者。

餘姚王守仁撰。

（序見歷朝武機捷録卷首。）

與夏德潤朱克明手札（嘉靖七年　一五二八年）

舍人王勳來，嘗辱手札，匆匆中未暇裁答，爲愧。今此子已襲指揮使，頭角頓爾峥然，而克明、德潤未免淹滞於草野，此固高人傑士之所不足論，然世事之顛倒，大率類此，亦可發一笑也。因此子告還，潦草布問，不一一。守仁頓首，德潤夏先生、克明朱先生二契家。凡相識處，特望致意。

（札見葉元封湖海閣藏帖卷二與德潤及克明書、中國書法大成（五），姚江雜纂著録。）

南寧新建敷文書院記碑（嘉靖七年　一五二八年）

嘉靖丙戌夏，官兵伐田，隨與思恩，相比復煽，集軍四省，洶洶連年。於是皇帝，憂憫元元，容有無辜，而死者乎？迺命新建伯、臣王守仁：曷往視師，勿以兵殲，其以德綏。迺班師撤旅，散其黨翼，宣揚至仁，誕敷文德。凡亂之起，由學不明。人失其心，肆惡縱情。遂相侵暴，薦成叛逆。中上且然，而况夷狄？不教而殺，帝所不忍。孰近弗繩，而遠能准。爰進諸生，爰闢講室。決蔽啓迷，雲開日出。各悟本心，再從外得。厥風之動，翕然無遠。諸夷感慕，如草斯偃。我則自威，帝不我殄。釋干自縛，泣訴有泫。旬日來歸，七萬一千。濈濈道路，踴躍懽闐。放之還農，兩省以安。昔有苗徂征，七旬來格。今未期月，而蠻夷率服。綏之斯來，速於郵傳。舞干之化，何以加焉！明明天子，神武不殺。好生之德，上下迺格。神運無方，莫窺其蹟。爰告思田，毋忘帝德。既勒山石，昭此赫赫；復識於此，俾知兹院之所始。

（碑記見林富、黄佐嘉靖廣西通志卷二十六。）

答聘之書（嘉靖七年　一五二八年）

匆匆別，竟不能悉所言，奈何，奈何！今秀卿好義而貧，已曾面及，此去，幸垂照。九月六日，守仁頓首，聘之大人道契文侍。

（真蹟見茅一相寶翰齋國朝書法卷八王守仁與聘之憲長書三通，明代尺牘第二册（上海科學技術文獻出版社）。）

寄何燕泉書（嘉靖七年　一五二八年）

兵冗中久缺裁候，乃數承使問，兼辱嘉儀，重之以珍集，其爲感愧，何可言也！僕病卧且餘四月，咳痢日甚，淹淹牀席間，耳聾目眩，視聽皆廢。故珍集之頒，雖喜逾拱璧之獲，而精光透射，尚未得遽瞬目其間。候病疏得允，苟還餘喘於田野，幸而平復，精神稍完，然後敢納足玄圃之中，盡觀天下之至寶，以一快平生，其時當別有請也。伏枕不盡謝私，伏冀照亮。

（書見陽明先生文録卷四，錢明王陽明全集未刊散佚詩文彙編及考釋著録。）

與黄才伯書（嘉靖七年　一五二八年）

明德只是良知，所謂燈是火耳。吾兄必自明矣。

（書見黄佐庸言卷九。）

與提學副使蕭鳴鳳（嘉靖七年　一五二八年）

予祖綱，洪武初爲廣東參議，往平潮亂，至增江，遇海寇，卒爲所害。其子赴難，死之。舊當有祠，想已久毁，可復建也。然詢諸邑者，皆無知者。乃檄知縣朱道瀾，即天妃廟址鼎建，祀綱及其子彦達。既竣事,守仁往詣。祀事畢,駐節數日,不忍去,召集諸生,講論不輟。曰:「吾祖寓此,而甘泉又平生交義兄弟,吾視增城,即故鄉也。」乃題詩祠壁曰:「海上孤忠歲月深,舊壝荒落杳難尋。風聲再樹逢賢令,廟貌重新見古心。香火千年傷旅寄,烝嘗兩地歎商參。鄰祠父老皆仁里,從此增城是故林。」

(書見嘉靖三十九年黄佐編廣東通志卷四十二藝文。)

重刻廣東參議王公傳碑後題(嘉靖七年　一五二八年)

嘉靖七年,歲次戊子,冬閏十月吉,孝玄孫新建伯王守仁重刻,吏部辨印生錢君澤書。

(文見嘉慶增城縣志卷十九金石録。)

武經七書評(弘治十二年　一四九九年)

〈一〉孫子

始計第一

○兵者,國之大事。

○「經之以五事，校之以計，而索其情。」校之以計而索其情，是兵家秘密藏，即下文所謂「權」也，「詭」也。

○道者，令民與上同意。

○將者，智、信、仁、勇、嚴。

○五者，知之者勝。

○勢者，因利而制權。

○權，正對前「經」字而言。

○兵家之勝，不可先傳。

○廟算勝者，得勝多。

●談兵皆曰：「兵，詭道也，全以陰謀取勝。」不知陰非我能謀，人不見人，自不能窺見我謀也，蓋有握算於未戰者矣。孫子開口便説「校之以計，而索其情」，此中校量計畫，有多少神明妙用在，所謂「因利制權」、「不可先傳」也。

作戰第二

○兵衆用繁如此，自不得久戰於外。

○兵聞拙速。

○趨利者先遠害。

○善用兵者，役不再籍。

○因糧於敵。

○智將務食於敵。

○勝敵而益强。

○智將，民之司命。

●兵貴「拙速」，要非臨戰而能速勝也，須知有個先着在，「校之以計，而索其情」是也。總之，不欲久戰於外以疲民耗國，古善用兵之將類如此。

謀攻第三

○用兵，全國爲上。

○不戰而屈人之兵。

○上兵伐謀。

○善用兵者，以全争於天下。

○將者，國之輔。

○輔周，則國必强。

○以虞待不虞者勝。

○將能而君不御者勝。

○五者，知勝之道。

●兵凶戰危，聖人不得已而用者也。故孫子作兵法，首曰「未戰」，次曰「拙速」，此曰「不戰屈人兵」，直欲以「全國」、「全軍」、「全旅」、「全卒」、「全伍」。「全」之一字，争勝於天下。「上兵伐謀」，第「校之以計」而制勝之道而已。「輔周則國必强」，其在此將乎！

軍形第四

○善戰者，先爲不可勝。

○勝可知，而不可爲。

○善戰者，自保而全勝。

○戰勝而天下曰善。

○善戰者，勝於易勝。

○善戰者，無智名，無勇功。
○（善戰者）立於不敗之地。
○勝兵先勝而後戰。
○善兵者，修道而保法。
○勝兵若以鎰稱銖。
○勝兵若決積水。
●「修道保法」，就是「經之以五事」。其勝也，「無智名，無勇功」，所謂「不戰而屈人之兵」也。此真能先爲「不可勝」，以立於「不敗之地」者，特形藏而不露耳。

兵勢第五

○分數，形名。
○善出奇者，無窮如天地。
○戰勢不過奇正。
○奇正之變，不可勝窮。
○變動不居，周流六虛，此易理也。奇兵作用，悉本於此。

○善戰者，勢險節短。

○善動敵者，形之，而敵必從。

○善戰者，擇人而任勢。

○動静方圓，奇而不雜於正。

●莫正於天地、江海、日月、四時，然亦莫奇於天地、江海、日月、四時者何？惟無窮，惟不竭，惟「終而復始」，惟「死而復生」故也。由此觀之，不變不化，即不名奇，「奇正相生，如環無端」者，兵之勢也。任勢，即不戰而氣已呑，故曰「以正合」、「以奇勝」。

虚實第六

○致人而不致於人。

○善戰者，能使敵人自致。

○無形無聲，爲敵之司命。

○形人而我無形。

○形兵之極，至於無形。

○形兵應於無窮。

○兵形象水。

○因敵變化而取勝，謂神。

●蘇老泉云：「有形勢，便有虛實。」蓋能爲校計索情者，乃能知虛實；能知虛實者，乃能避實擊虛，因敵取勝。「形兵之極，至於無形」，微乎神乎，此乃其所以「致人而不致於人」者乎？

軍爭第七

○不知諸侯之謀者，不能豫交。

○不用鄉導者，不能得地利。

○兵以分合爲變。

○懸權而動。

○先知迂直之計者勝。

○鼓金旌旗，所以一人之耳目。

○三軍可奪氣。

○將軍可奪心。

○治氣，治心，治力。

●善戰不戰，故於軍争之中，寓不争之妙。「以迂爲直，以患爲利」，「分合爲變」，「懸權而動」，而必中之以避鋭擊惰。「以治」、「以静」、「無邀」、「無擊」、「勿向」、「勿逆」等語，所謂「校之以計，而索其情」者，審也。匪直能以不争勝争，抑亦能不即危，故無失利。

九變第八

○通九變之利者，知用兵。

○九者，數之極；　變者，兵之用。

○智者雜於利害。

○恃吾有以待之。

●從古有治人，無治法。國家誠得通於「九變」之將，則於「五利」、「五危」之幾，何不燭照數計，而又何「覆軍殺將」之足虞乎？「智者之慮，雜於利害」，此正通於「九變」處，常見在我者有可恃，而可以屈服諸侯矣。

行軍第九

○黄帝所以勝四帝。

○相敵情，有如燭照，得之幾先，非關揣摩。

○鳥集者虛，夜呼者恐。

○令之以文，齊之以武。

○令素行以教民，則民服。

○令素行者，與衆相得。

●「處軍相敵」，是行軍時事。「行令教民」，是未行軍時事。然先處軍而後相敵，既相敵而又無武進，所謂「立於不敗之地」，而兵出萬全者也。

地形第十

○能就地形趨避，而無蹈六敗，則戰必勝矣。

○六者，地之道。

○地形者，兵之助。

○料敵制勝，上將之道。

○知此而用戰者，必勝。

○惟民是保，而利於主。

○知兵者，舉而不窮。

○知天知地，勝乃可全。

●今之用兵者，只爲求名避罪一個念頭先橫胸臆，所以地形在目而不知趨避，敵情我獻而不爲覺察。若果「進不求名，退不避罪」，單留一片報國丹心，將苟利國家，生死以之，又何愁不能「計險阨遠近」而「料敵制勝」乎？

九地第十一

○兵情主速。

○運兵計謀，爲不可測。

○善用兵者，譬如率然。

○齊勇若一，政之道也。

○善用兵，携手若使一人。

○將事，静以幽，正以治。

○人情之理，不可不察。

○通局開闔，真如常山之蛇，首尾繫應。

○兵事，在順詳敵意。

○幾事不密則害成，此易理也。故夷關折符，無通其使。

○踐墨隨敵，以決事。

○處女，脱兔。

●以地形論戰，而及「九地」之變。「九地」中獨一「死地則戰」，戰豈易言乎哉！故善用兵者之於三軍，「携手若使一人」，且如出一心，使人常有「投之無所往」之心，則戰未有不出死力者，有不戰，戰必勝矣。

火攻第十二

○火攻有五。

○費留。

○明良合利而動。

○安國全軍，便是常勝之家。

●火攻亦兵法中之一端耳，用兵者不可不知，實不可輕發。故曰：「非利不動，非得不用，非危不戰。主不可以怒而興師，將不可以愠而致戰。」是爲「安國全軍之道」。

用間第十三

○不愛爵禄，捐金反間，是一要着。

○明君動而勝人。

○明君成功出衆。

○明君成功，必取於人。

○三軍莫親於間。

○以上智爲間，必成大功。

●用間與乘間不同，乘間必間自人主，用間則間爲我用。知此一法，任敵之堅壁完壘，而無不可破，横行直撞，直遊刃有餘耳。總之，不出「校之以計，而索其情」一語。

〈二〉吴子

圖國第一

○吴起儒服以兵機見。

○「占隱」、「察來」二語，便是兵機。

○明主修文治矣。

○國家教百姓而親萬民。

○國家先和而造大事。

○語合聖賢，兵機實不外此。

○起語腐。

○義者，所以行事立功。

○要者，所以保業守成。

○聖人綏之以道。

○聖人理之以義。

○聖人動之以禮。

○聖人撫之以仁。

○四德修之則興。

○湯武舉順天人。

○制國治軍，必以禮義。

○戰勝易，守勝難。

〇天下一勝者稀。
〇五者之服，各有其道。
〇料人、固國之道。
〇明王謹君臣之禮。
〇明王順俗而教。
〇明王簡募良材，以備不虞。
〇强國之君，必料其民。
〇五者，軍之練鋭。
〇守固、戰勝之道。
〇先自治而後治人，不謂吴起見亦及此。
〇能得其師者王。

料敵第二

〇安國家之道，先戒爲寶。
〇能審料此，可以擊衆。

○不卜而與敵戰者八。

○不占而避之者六。

○用兵先審敵虚實。

治兵第三

○用兵之道，何先？

○先明四輕、二重、一信。

○兵以治爲勝。

○三者，所以任其上令。

○三者，治之所由生。

○與「兵貴拙速」合。

○用兵之法，教戒爲先。

○能明此者，横行天下。

論將第四

○總文武者，軍之將。

○將之所慎者五。

○有此五慎，有生之樂，無死之憂矣。

○兵有四機。

○四機之中，事機尤要。

○知此四者，乃可爲將。

○必先占其將而察其才。

應變第五

○將勇兵强。

○戰無强敵，攻無堅陣。

○務易，務隘。

○大哉，聖人之謀。

○操刀必割，是有殺手人。

勵士第六

○嚴刑明賞，足以勝。

○三者，人主之所恃。

○精悍無前。

○一人足懼千夫。

○勵士之功。

○激勵之法，至此可不謂嚴明乎！

○令不煩，而威震天下。

●吴子握機揣情，確有成畫，俱實實可見之行事，故始用於魯而破齊，繼入於魏而破秦，晚入於楚而楚霸。身試之，頗有成效。彼孫子兵法較吴豈不深遠，而實用則難言矣。想孫子特有意於著書成名，而吴子第就行事言之，故其效如此。

〈三〉司馬法

仁本第一

○古者，以仁爲本。

○正不獲意則權。

○戰道，不違時。

○冬夏不興師。

○總之「以仁爲本」之意居多，其猶有周家忠厚之遺乎。

○六德以時合教。

○六德爲民紀之道。

○先王順天之道。

○先王聖德之至。

○王伯之所以治諸侯者六。

○即周禮大司馬九伐之法。

天子之義第二

○天子純法天。

○天子觀於先聖。

○士不先教，不可用。

○上貴不伐之士。

○教極省則民興良。

○明君教化之至。

○禮固仁勝。

○其教可復，是以君子貴之。

○用兵之刃，在周已然，况近代乎！

○三王彰其德。

○軍旅以舒爲主。

○在國言文而語温。

○修己以待人。

○禮與法，表裏。

○賢王明民之德。

○至德，至教，至威。

○得意則愷歌。

○示喜，示休。

●先之以教民，至誓師用兵之時，猶必以禮與法相表裏，文與武相左右，即賞罰且設而不用，直歸之克讓克和，此真天子之義，能取法天地而觀於先聖者也。

定爵第三

○凡戰，因心之動。

○五慮。

○教惟豫，戰惟節。

○凡事，因古則行。

○成基一天下之形。

○七政，四守。

嚴位第四

○氣閑心一。

○戰,敬則慊。

○大善用本。

○大善執略守微。

○説心效力。

用衆第五

○戰之道,用寡固,用衆治。

○凡戰,衆寡以觀其變。

〈四〉李衛公問對

問對卷上

○當奇而奇,是之謂正。

○諸葛正兵。

○真能用正者，是謂真奇。

○正兵古人所重。

○三者迭相爲用。

○馬隆得古法。

○聖武非學而能。

○先正而後奇。

○師以義舉者，正。

○天意所屬，偶然成功。

○霍去病暗與孫、吴合。

○奇正在人而推於天。

○戰勢不過奇正。

○臨時制變，不可勝窮。

○新書非奇正本法。

○將所自出爲奇。

〇神聖，迥出古人。

〇善用兵者，無不正，無不奇。

〇善用兵者，使敵莫測。

〇「無不正，無不奇」，即太宗所謂「以奇爲正，以正爲奇」。「使敵莫測」，即太宗所謂「吾正使敵視以爲奇，吾奇使敵視以爲正」。無二道也。

〇吴術大率類此。

〇古人臨陣出奇。

〇慕容垂一軍獨全。

〇兵無不是機。

〇奇正皆得，國之輔。

〇握奇、握機，本無二法。

〇奇正，在學者兼通。

〇正如率然，首尾擊應。

〇陳勢起於五，而終於八。

〇古人秘藏此法。

○八陳本一，分爲八。
○數起於五而終於八。
○黄帝立丘井制兵。
○數起於五人爲伍，井分於四正、四奇爲八家處之。
○智略能出閫閾。
○太公實繕其法。
○太公制師，以成武功。
○司馬法本太公。
○管仲節制之師。
○兵法本於王制。
○諸葛亮王佐之才。
○諸葛亮自比管、樂。
○神聖，知人如此。
○管仲制齊之法。
○管仲皆太公之遺法。

○四種皆出司馬法。

○張、韓不出三門、四種。

○司馬法首序蒐狩。

○順其時而要之以神。

○周禮最爲大政。

○九伐之法以威不恪。

○天子不忘武備。

○百官象物而動。

○軍政不戒而備。

○大率荀吴之舊法也。

○古法節制，可重。

○以何道經久，使得兩全。

○善用兵者，先爲不可測。

○只此，便見奇正之法。

○聖慮聞一知十。

○將臣權任無久責。
○教得其道，則士樂爲用。
○庶乎成有制之兵。
○自然各任其勢。
○奇正相生之法。
○點頭服義。
○以蠻夷攻蠻夷，中國之勢。

問對卷中
○兵書，無出孫武。
○孫武十三篇，無出虛實。
○用兵，識虛實之勢。
○奇正相變之術。
○奇正，所以致敵虛實。
○推此三義而有六。

○常教士，分爲三等。

○大將軍察此三等之教。

○六花陣法，出何術？

○六花大率皆然。

○善用兵者，教正不教奇。

○兵法可以意授。

○曹公有戰騎、陷騎、遊騎。

○三者，其用在人。

○太公畫地之法。

○軍不習此五者，安可臨敵？

○其實陰陽二義。

○奇正者，天人相變之陰陽。

○兵家自古詭道。

○兵家使貪使愚。

○兵家情狀不可以一事推。

〇尚書慎戒其終。

〇孫子之法，萬世不刊。

〇蕭王推赤心於人腹中。

〇大忠不顧小義。

〇如李衛公言，覺孫子爲譎。

〇周公大義滅親。

〇發必中節爲宜。

〇六韜，守禦之具。

問對卷下

〇用衆在乎心一。

〇安營據地，便於人事。

〇太公所説，兵之至要。

〇後世庸將，泥於術數。

〇分聚兵，貴適宜。

○事蹟爲萬代鑒。

○千章不出一句。

○用兵譬如弈棋。

○攻守二事，實一法。

○得一者，百戰百勝。

○深乎，聖人之法。

○攻守，同歸乎勝。

○攻心守氣。

○攻守：　君道，將法。

○知彼知己，兵家大要。

○分疏甚明，可作孫子注脚。

○含生禀氣，鼓作争鬥。

○用兵，必激勝氣。

○李勣，忠義臣。

○太宗徐思處置。

〇張良本爲韓報讐。
〇由張良借箸之謀。
〇蕭何漕輓之功。
〇光武保全功臣。
〇光武功臣不任吏事。
〇光武善於將將。
〇光武賢於高祖。
〇聖人委寄以權。
〇出師盡合古禮。
〇二事爲後世法。
〇二事，其機一也。
〇存其機於未萌。
〇成功在人事。
〇深乎，節制之兵。
〇名將用其一二，成功。

○兵法孰爲最深？

○孫武著書，三等皆具。

○道家忌三世爲將。

●李靖一書，總之祖孫、吴而未盡其妙，然以當孫、吴注脚亦可。

〈五〉尉繚子

天官第一

○刑德可以百勝。

○黄帝，人事而已。

○豪士一謀。

○天官、時日不若人事。

兵談第二

○三稱，則内固外勝。

〇勝備猶合符節。
〇治兵，秘地邃天。
〇治兵，若生於無。
〇禁舍開塞。
〇兵勝於朝廷。
〇主勝將勝。
〇方圓亦勝。
〇木弩羊角。

制談第三

〇兵，制必先定。
〇下莫能當其戰。
〇賞罰，動則有功。
〇獨出獨入。
〇獨出獨入者，王伯之兵。

○用天下之用以爲用。
○非戰無所得爵。
○農戰而天下無敵。

戰威第四

○兵以道勝。
○道勝、威勝、力勝。
○王侯知此,所以三勝。
○所以奪敵者五。
○五者,先料敵而後動。
○奪人而不奪於人。
○古者率民,必先禮信。
○戰者必率身以勵士。
○勵士之道,因所生。
○民之生不可不厚。

○戰者，卒伯如朋友。
○古者，本戰之道。
○養民以守死。
○三者，先王之本務。
○本務者，兵最急。
○先王專兵，有五。
○先王能守能成。
○先王動，成其所欲。
○王國富民。
○舉賢任能，不時日而事利。
○聖人貴人事。
○勞佚必以身同之。

攻權第五

○静勝專勝。

○將士,動静一身。
○民無兩畏。
○知道者,先知畏侮之權。
○善將者,愛與威。
○兵有勝於朝廷。
○曲勝,全勝。
○明主不求戰而勝。
○明主兵勝有法。
○兵有去備徹威而勝者。
○去備徹威,似縱而實擒。
○明主權敵審將,而後舉兵。

守權第六

○守者不失其險。
○誠爲守法。

十二陵第七

○戰在於治氣。

○無困在於豫備。

○智在於治大。

武議第八

○是爲王者之師。

○兵者，所以誅暴亂，禁不義。

○武議在於一人。

○兵不血刃，而天下親。

○農戰不索權。

○人主重將。

○主將賞功立名。

○君以武事成功。

○賢士有合，大道可明。

○將者，上不制於天，下不治於地，中不制於人。
○將者，無天無地。
○將者，無敵於前。
○雷霆，天下皆驚。
○勝兵似水。
○「性專觸誠」四字，可悟兵機兵勢。
○奇正，天下莫當。
○聖人謹人事。
○吴起不自高。
○一劍，非將事也。

將理第九

○理官，萬物之主。
○堯舜不能關一言。
○萬金不能用一銖。

●將爲理官，專重審囚之情，使關聯良民，亦得無覆盆之冤，可謂「直進虞廷欽恤」之旨。

原官第十

○官者，爲事之本。
○一道，爲政之要。
○文武，惟王二術。

治本第十一

○聖人埏埴以爲器。
○聖人飲食無費。
○治者，天下一家。
○治者，使民無私。
○民無私，則天下爲一家。
○善政執其制。
○善政使民無私。

○反本緣理,出乎一道。

○雜學不爲通儒。

○非通儒,不能爲此言。

○太上神化。

○文成、武成。

●武禁文賞,要知文武二者不可缺一。

戰權第十二

○兵貴先勝於此。

○精誠在乎神明。

○戰權在乎道之所極。

○先王之所傳者,任正去詐。

○知道者,必先圖不知止。

○明視而高居。

重刑令第十三

○刑重難犯，立法不有不如此。

○先王明制度於前。

○内畏外堅。

伍制令第十四

分塞令第十五

束伍令第十六

經卒令第十七

○鼓如雷霆風雨。

勒卒令第十八

○四者各有法。

將軍令第十九

○軍無二令。

踵軍令第二十

○欲戰先安内。

兵教上第二十一

○勸賞,兵教之法。

○正罰,所以明賞。

○舉功别德,明如白黑。

●習伏衆,神巧者不過習者之門。兵之用奇,全自教習中來。若平居教習不素,一旦有急,驅之赴敵,有聞金鼓而色變,覩旌旗而目眩者矣,安望出死力而決勝乎?

兵教下第二十二

○人君有必勝之道。

○人君興功致德。
○人君威服天下。
○兵有五致。
○興師，必審内外之權。

兵令上第二十三

○兵事必有本。
○王者伐暴，本仁義。
○敵與將，猶權衡焉。
○善御敵者必勝之道。
○虛、實、秘者，兵之體。

兵令下第二十四

○兵之三勝。
○善兵者，威加海内。

〇「殺士卒之半」，言太奇慘，而以歸言之善用兵者，不已誣乎！

●尉繚通卷論形勢而已。

〈六〉三略

上略

〇主將務攬英雄之心。

〇主將通志於衆。

〇兼此四者，而制其宜。

〇四者扶成天威。

〇如此謀者，爲帝王師。

〇聖人存之，以應事機。

〇爲國之道，恃賢與民。

〇爲國之道，策無遺。

〇即攬英雄之術。
〇英雄者，國之幹。
〇用兵之要，在崇禮而重禄。
〇崇禮則智士至。
〇將帥者，必與士卒同滋味。
〇兵有全勝，敵有全因。
〇有饋簞醪者，使投諸河。
〇戰之所以全勝者，軍政。
〇賞罰如天如地。
〇良將恕己而治人。
〇良將兵爲天下雄。
〇賢者所適，其前無敵。
〇將者，國家之命。
〇將能制勝，則國家安定。
〇將者能思士如渴，則策從。

○將謀欲密，士衆欲一。

○軍有此三者，則計不奪。

○四者，將之明誠。

○禮者，士之所歸。

○興師之國，務先隆恩。

○良將之養士，不易於身。

○三軍如一心，則其勝可全。

○用兵，必先察敵情。

○用兵，察其天地。

○先遠佞臣，然後可以擥英雄。

○主任舊齒，萬事乃理。

中略

○三皇無言而化流四海。

○帝者，體天則地。

○帝者，使臣有功。
○王者，制人以道。
○王者，四海會同。
○王者，國定主安。
○此軍之微權。
○聖王御世之制。
○聖人體天。
○智者師古。
○人主深曉上略。
○人主審治國之紀。
●皇、帝、王、霸四條，總是論君臣相與之道，而化工特帶言之，中間直出「攬英雄之心」一語，末復以「羅英雄」一語結之。三略大義，瞭然心目矣。

下略

○故澤及於民，則賢人歸。

○澤及昆蟲，則聖人歸。

○聖人歸，則六合同。

○求賢以德。

○聖人之政，降人以心。

○聖人降心以樂。

○人君者不失其和。

○有德之君以樂樂人。

○樂人者久而昌。

○佚政多忠臣。

○正己而化人者順。

○五者一體。

○五者使人均平。

○明君舍近而取遠。

○明君全功尚人。

○國安而衆善至。

○民得其所，而天下寧。

○聖主化行而衆惡消。

○明君求賢，必觀其所致。

○聖人時至而動。

○聖人建殊絶之功。

○聖人道高而名揚。

○君子常懼而不敢失道。

○君子急於進賢。

●開口便曰：「澤及於民，賢人歸之。」結尾仍曰：「君子急於進賢。」端的不出「務攬英雄」一語。

〈七〉六韜

（一）文韜

文師第一

○文王田於渭陽。

○君子樂得其志。

○釣有三權。

○情深可以觀大。

○君子親合而事生。

○仁人不惡至情。

○食餌牽緡。

○微哉！聖人之德誘。

○立斂何若而天下歸？

●看「嘿嘿昧昧」一語，而「韜」之大義，已自瞭然。

盈虛第二

○賢聖，則國安而民治。

○賢君從事於無爲。

○百姓戴君如日月。

國務第三

○爲國之大務。

○馭民如子。

大禮第四

○君臣之禮，則天則地。

○高山仰止。

○神明之德，正靜其極。

明傳第五

○四者，道之所起。

六守第六

○人君有六守、三寶。

○三寶各安其處。

守土第七

○掘壑附丘。

○人君必從事於富。

○人君仁義之紀。

○順者任之以德。

守國第八

○天地仁聖之道。

○聖人配天地經紀。

○仁聖至道。

○聖人之寶大。

○聖人因常視,則民安。

上賢第九

○文王要去六賊七害,安得不怒下殺。

舉賢第十

○後世黨錮之禍，正坐此弊。

○以官名舉人，可無曠官。

賞罰第十一

兵道第十二

○兵道，莫過乎一。

○一者，階道機神。

（二）武韜

發啓第十三

○須知實無取民之心，亦非欲取固與之説。

○道在不可見。

○勝在不可知。

○聖人將動，必有愚色。
○大明發而萬物皆照。
○大兵發而萬物皆服。

文啓第十四

○聖人何守？
○聖人守此而萬物化。
○天地不自明，故長生。
○聖人務静。
○賢人務正。
○聖人見始知終。

文伐第十五

○文伐有十二節。
○若果詭譎至此，則亦奸人之雄耳。毋論不入文王之耳，抑亦難出太公之口。

○十二節備，乃成武事。

●以此十二節爲「文伐」，毋乃更毒於「武伐」乎？兵莫憯於志，安在其爲文？文王聖人，不必言言矣；即尚父鷹揚，何遂陰謀取勝至此？明是後世奸雄附會成書。讀者可盡信乎？

順啓第十六

○亦屬膚淺庸談。

三疑第十七

○凡謀之道，周密爲寶。

（三）龍韜

王翼第十八

○王者有股肱，以成威神。

○舉兵以將爲命。

○王者隨時以爲紀綱。

○將有股肱以應天道。

論將第十九

○將有五材十過。

○勇、智、仁、信、忠。

○將者，先王之所重。

選將第二十

○王將，簡練英雄。

○大明能見其際。

○知之有八徵。

立將第二十一

○寒暑必同。

○事皆由將出。

將威第二十二

○將以誅大爲威。

○刑上極，賞下通。

勵軍第二十三

○將有三勝。

陰符第二十四

○八符，主將秘聞。

陰書第二十五

○陰事大慮，當用書。

軍勢第二十六

○變生於兩陣之間。

○奇正發於無窮之源。

○善戰者,不待張軍。

○勝敵者,勝於無形。

○上戰無與戰。

○事莫大於必克。

○用莫大於玄默。

○動莫大於不意。

○謀莫大於不識。

○聖人徵於天地之動。

○善戰者,居之不撓。

○智者從之而不失。

○知神明之道者無敵。

奇兵第二十七

○用兵大要何如?

○善戰者，皆由神勢。

○將者，人之司命。

○得賢將者，兵强國昌。

五音第二十八

○正聲，萬代不易。

○五行，天地自然。

○五行，微妙之神。

○五行，佐勝之徵。

○五音，聲色之符。

●上古無有文字，皆由五行以制剛强。今兵家亦知法五行相剋以定方位日時；然而於審聲知音，則概乎未有聞也。非聰明睿智神武而不殺者，其孰能與於斯？

兵徵第二十九

●「望氣」之說，雖似鑿鑿，終屬英雄欺人。如所云「强弱徵兆，精神先見」，則理實有之。

農器第三十

○戰攻守禦之具。

○用兵之具，盡於人事。

○爲國取於人。

●古者寓兵於農，正是此意。無事，則吾兵即吾農；有事，則吾農即吾兵。以佚待勞，以飽待饑，而不令敵人得窺我虛實，此所以百戰而百勝也。

（四）虎韜

軍用第三十一

●兵中器用之數，正不嫌於詳，悉可備考。

三陣第三十二

疾戰第三十三

必出第三十四

軍略第三十五

臨境第三十六

動静第三十七

金鼓第三十八

○三軍以戒爲固。

絶道第三十九

略地第四十

○如此，天下和服。

火戰第四十一

壘虚第四十二

○知天道、地理、人事。

（五）豹韜

林戰第四十三

突戰第四十四

敵强第四十五

敵武第四十六

鳥雲山兵第四十七

鳥雲澤兵第四十八
○用兵之大要。
○鳥雲變化無窮。
少衆第四十九
分險第五十
（六）犬韜
分合第五十一
○三軍分合之變。
武鋒第五十二
練士第五十三

教戰第五十四

○大兵立威於天下。

均兵第五十五

武車士第五十六

武騎士第五十七

戰車第五十八

○三軍同名異用。

戰騎第五十九

戰步第六十

（按：王陽明武經七書評明以來多有刻本，今尚存刻本多種：一爲明天啓元年徐光啓序、茅震東考訂本（茅本；今藏美國亞歷桑那大學圖書館），二爲明末申用懋序、據茅本重刻本，三爲今藏澳大利亞國家圖書館之清刻本。此外，日本東北圖書館藏有明朱墨印本武經七書評，日人佐藤一齋亦藏有一部武經七書評，發表於陽明學報第一七〇號。諸本中，以茅本最爲完備。蘇成愛批評武經七書校注即爲茅本之整理本，兹據其輯録武經七書評於此。）

大學古本傍釋（正德十三年　一五一八年）

序

大學之要，誠意而已矣。誠意之極，止至善而已矣。止至善之則，致知而已矣。正心，復其體也；修身，著其用也。以言乎己，謂之明德；以言乎人，謂之親民；以言乎天地之間，則備矣。是故至善也者，心之本體也；動而後有不善，而本體之知未嘗不知也。意者，其動也；物者，其事也。致其本體之知而動無不善，然非即其事而格之，則亦無以致其知。故致知者，誠意之本也。格物者，致知之實也。物格則知致意誠，而有以復其本體，是之謂「止至善」。聖人懼人之求之於外也，而反覆其辭，舊本析而聖人之意亡矣。是故不務於誠意而徒以格物者，謂之「支」；不事於格物而徒以誠意者，謂之「虚」；不本於致知而徒以格物、誠意者，謂之「妄」。「支」與「虚」與「妄」，其於至善也遠矣。合之以敬而益綴，補之以傳而益離。吾懼學之日遠於至善也，去分章而復舊本，傍爲之釋，以引其義，庶幾復見聖人之心，而求者有其要。噫！乃若致知，則存乎心，悟致知焉，盡矣。正德戊寅七月丙午餘姚王守仁書。

大學之道，在明明德，在親民，在止於至善。知止而後有定，定而後能静，静而後能安，安而後能慮，慮而後能得。物有本末，事有終始，知所先後，則近道矣。

親，愛也。明明德、親民，猶言修己安百姓。

明德、親民無他，惟在止於至善。

至善者，心之本體，盡其心之本體，謂之至善。

知至善惟在吾心，則求之有定向。

古之欲明明德於天下者，先治其國；欲治其國者，先齊其家；欲齊其家者，先修其身；欲修其身者，先正其心；欲正其心者，先誠其意；欲誠其意者，先致其知；致知在格物。物格而後知至，知至而後意誠，意誠而後心正，心正而後身修，身修而後家齊，家齊而後國治，國治而後天下平。自天子以至於庶人，壹是皆以修身爲本。其本亂而末治者否矣，其所厚者薄，而其所薄者厚，未之有也。此謂知本，此謂知之至也。

明明德天下，猶堯典「克明峻德，以親九族」，至「協和萬邦」。

致知，致吾心之良知也。格物，格正事物也。心者，身之主；意者，心之發；知者，意之體；物者，意之用。如意用於事親，即事親之事格之，必則吾心事親之良知無私欲之間而得以致其知矣。知至，則意無所欺而可誠矣；意誠，則心無所放而可正矣。

格物，如格君之格，是正其不正以歸於正。

其本則在修身。知修身爲本，斯謂知本，斯謂知至。然非實能修身，未可謂之修身。

所謂誠其意者，毋自欺也。如惡惡臭，如好好色，此之謂自謙。故君子必慎其獨也。小人閑居爲不善，無所不至。人之視己，如見其肺肝然，則何益矣。此謂誠於中，形於外，故君子必慎其獨也。曾子曰：「十目所視，十手所指，其嚴乎！」富潤屋，德潤身，心廣體胖，故君子必誠其意。

修身惟在於誠意，故特揭誠意以示人修身之要。誠意只是慎獨工夫，只在格物上用，猶中庸之「戒懼」也。

君子小人之分，只是能誠意與不能誠意。

言此未足爲嚴，以見獨之嚴也。

此猶中庸之「莫見莫顯」也。

詩云：「瞻彼淇澳，菉竹猗猗。有斐君子，如切如磋，如琢如磨。瑟兮僩兮，赫兮喧兮。有斐君子，終不可諠兮！」「如切如磋」者，道學也；「如琢如磨」者，自修也；「瑟兮僩兮」者，恂慄也；「赫兮喧兮」者，威儀也；「有斐君子，終不可諠兮」者，道盛德至善，民之不能忘也。詩云：「於戲前王不忘！」君子賢其賢而親其親，小人樂其樂而利其利，此以沒世不忘也。

誠意工夫實下手處只在格物，引詩言格物之事。此下言格物。

惟以誠意爲主，而用格物之工，故不須添一「敬」字。

中庸之「道問學」、「尊德性」。

猶中庸之「齊明盛服」。

康誥曰：「克明德。」太甲曰：「顧諟天之明命。」帝典曰：「克明峻德。」皆自明也。湯之盤銘曰：「苟日新，日日新，又日新。」康誥曰：「作新民。」詩曰：「周雖舊邦，其命惟新。」是故君子無所不用其極。

又説歸身上。自明不已，即所以爲親民。

親民之功至於如此，亦不過自明其明德而已。

格致以誠其意，則明德止於至善，而親民之功亦在其中矣。

明德、親民只是一事。

自明不已，即所以親民。

孟子告滕文公養民之政，引此詩，云：「子力行之，亦以新子之國。」

詩云：「緡蠻黃鳥，止於丘隅。」子曰：「於止，知其所止，可以人而不如鳥乎？」詩云：「穆穆文王，於緝熙敬止。」爲人君，止於仁；爲人臣，止於敬；爲人子，止於孝；爲人父，止於慈；與國人交，止於信。

君子之明明德、親民豈有他哉？亦不過止於至善而已。止於至善豈有他哉？惟求之吾身而已。

又說歸身上。

子曰：「聽訟，吾猶人也，必也使無訟乎！」無情者不得盡其辭，大畏民志。此謂知本。所謂修身在正其心者，身有所忿懥，則不得其正；有所恐懼，則不得其正；有所好樂，則不得其正；有所憂患，則不得其正。心不在焉，視而不見，聽而不聞，食而不知其味。此謂修身在正其心。

又即親民中聽訟一事，要在其極，亦本於明德，則信乎以修身爲本矣。

又說歸身上。

所謂齊其家在修其身者，人之其所親愛而辟焉，之其所賤惡而辟焉，之其所畏敬而辟焉，之其所哀矜而辟焉，之其所敖惰而辟焉。故好而知其惡，惡而知其美者，天下鮮矣。故諺有之曰：「人莫知其子之惡，莫知其苗之碩。」此謂身不修不可以齊其家。

修身工夫只是誠意。就誠意中體當自己心體，常令廓然大公，便是正心。正心之功，既不可滯於有，亦不可墮於無。此猶中庸「未發之中」。

所謂治國必先齊其家者，其家不可教而能教人者，無之。故君子不出家而成教於國。孝者，所以事君也；弟者，所以事長也；慈者，所以事衆也。康誥曰：「如保赤子。」心誠求之，雖不中不遠矣。未有學養子而後嫁者也。一家仁，一國興仁；一家讓，一國興讓；一人貪戾，一國作亂。其機如此。此謂一言僨事，一人定國。堯、舜率天下以仁，而民從之；桀、紂率天下以暴，而民從之。其所令反其所好，而民不從。是故君子有諸己而後求諸人，無諸己而後非諸人。所藏乎身不恕，而能喻諸人者，未之有也。故治國在齊其家。詩云：「桃之夭夭，其葉蓁蓁。之子于歸，宜其家人。」宜其家人，而後可以教國人。詩云：「宜兄宜弟。」宜兄宜弟，而後可以教國人。詩云：「其儀不忒，正是四國。」其爲父子兄弟足法，而後民法之也。此謂治國在齊其家。

人之心體不能廓然大公，是以隨其情之所向而辟，親愛五者無辟，猶中庸「已發之和」。

能廓然大公而隨物順應者，鮮矣。

所謂平天下在治其國者，上老老而民興孝，上長長而民興弟，上恤孤而民不倍，是以君子有絜矩之道也。所惡於上，毋以使下；所惡於下，毋以事上；所惡於前，毋以先後；所惡於後，毋以從前；所惡於右，毋以交於左；所惡於左，毋以交於右。此之謂絜矩之道。《詩》云：「樂只君子，民之父母。」民之所好好之，民之所惡惡之，此之謂民之父母。《詩》云：「節彼南山，維石巖巖。赫赫師尹，民具爾瞻。」有國者不可以不慎，辟則爲天下僇矣。

又説歸身上。

親民。

只是誠意。

又説歸身上。

只是修身。

只是誠意。

宜家人兄弟，與其儀不忒，只是修身。

《詩》云：「殷之未喪師，克配上帝。儀監于殷，峻命不易。」道得衆則得國，失衆則失國。是故君子先慎乎德。有德此有人，有人此有土，有土此有財，有財此有用。德者，本也；財者，末也。外本内末，争民施奪。是故財聚則民散，財散則民聚。是故言悖而出者，亦悖而入；貨悖而入者，亦悖而出。康誥曰：「惟命不于常！」道善則得之，不善則失之矣。楚書曰：「楚國無以爲寶，惟善以爲寶。」舅犯曰：「亡人無以爲寶，仁親以爲寶。」

惟在此心之善否。

善人只是全其心之本體者。

秦誓曰：「若有一介臣，斷斷兮無他技，其心休休焉，其如有容焉。人之有技，若己有之；人之彦聖，其心好之，不啻若自其口出。實能容之，以能保我子孫黎民，尚亦有利哉！人之有技，媢嫉以惡之；人之彦聖，而違之俾不通。實不能容，以不能保我子孫黎民，亦曰殆哉！」唯仁人放流之，迸諸四夷，不與同中國，此謂唯仁人爲能愛人，能惡人。見賢而不能舉，舉而不能先，命也；見不善而不能退，退而不能遠，過也。好人之所惡，惡人之所好，是謂拂人之性，菑必逮夫身。是故君子有大道，必忠信以得之，驕泰以失之。

此是能誠意者。

是不能誠意者。

仁是全其心之本體者。

生財有大道。生之者衆，食之者寡，爲之者疾，用之者舒，則財恒足矣。仁者以財發身，不仁者以身發財。未有上好仁而下不好義者也，未有好義其事不終者也，未有府庫財非其財者也。

孟獻子曰：「畜馬乘，不察於雞豚；伐冰之家，不畜牛羊；百乘之家，不畜聚斂之臣。與其有聚斂之臣，寧有盜臣。」此謂國不以利爲利，以義爲利也。長國家而務財用者，必自小人矣。彼爲善之，小人之使爲國家，災害並至。雖有善者，亦無如之何矣！此謂國不以利爲利，以義爲利也。

又説到修身上。

工夫只是誠意。

親民。

只是誠意。

親民。

惟系一人之身。

跋

萬象森然時亦沖漠無朕，沖漠無朕即萬象森然。沖漠無朕者，一之父；萬象森然者，精之母。一中有精，精中有一。正德戊寅秋七月丙午，後學餘姚王守仁書。

（按：陽明大學古本傍釋，今存上海涵芬樓影印隆慶本、續修四庫全書影印萬曆本、哈佛大學漢和圖書館藏乾隆中刊刻、嘉慶十四年重校本。四本傍注詳略不同，兹以隆慶本爲底本，以另三本參校，得其完篇矣。此本雖題爲正德十三年序、跋，實爲正德十六年以後之修訂本也。）

公移

公移一　巡撫南贛征剿横水桶岡等巢賊始末 共四十四條。是年九月奉敕提督軍務

其八勞賞知府季斅指揮馮翔 七月初四日

據嶺北道副使楊璋呈：將督營知府季斅、指揮馮翔等擒斬功次賞格開報到院。爲照各官運謀設策，屢挫賊鋒。各營將士俱能用命効力，奮勇擒斬。論績計庸，相應勞賞，以勵功能。爲此牌仰本府官吏，即將發去賞功銀兩及銀牌羊酒，遵照後開等第，照名給賞。其陣亡射傷兵夫，亦各依數查給優恤。各官務要益竭忠貞，協謀并勇，大作三軍之氣，共收萬全之功。仍將給賞優恤過姓名數目具由回報，以憑查考。

其九批廣東嶺南道調用猺人呈　七月二十七日

據兵備僉事王大用呈稱：賊首龐政深等積年稔惡，叛服無常。猺官徐璧等自願統領新民及委百户麥貴等督同併力擒捕。看得該道兵快悉已調征，選募驍勇又皆未集，賊勢復爾猖狂，據理豈宜坐視。照得所屬向化猺人既已革心，當能効力。若使統馭得宜，亦與官兵何異。仰該道即將向化猺民悉行查出，選委膽略諳曉猺情屬官，起集分統，量加犒賞，使知激勵。仍行稍發機兵，遥爲聲勢，指授方略，相機勦捕。雖固一時權宜，或亦可以濟事。但事變無常，兵難遥度。該道自宜酌量緩急，須要措置得宜，以靖地方。其選募驍勇，一面上緊整理，務在速成，以濟實用。呈繳。

其十批廣東嶺南道地理兵糧呈　七月二十八日

據兵備僉事王大用呈繳韶州府查過應勦應截賊巢及堪支錢糧合用兵夫等項，并南雄府畫圖貼説呈詳。看得韶州府知府姚鵬所具賊巢地理兵糧事宜，皆有條理，頗得機要，足見本官平日既肯用心，臨事又能縝密。仰該道即行本官悉照所議，一面整飭齊備，候三府會議，至日刻期行事。其南雄府不見開有賊巢要路，及兵糧事理亦欠分曉，該道仍要再與區畫停當，并將商税銀兩盡與查算明白，併呈繳。

其十五案委江西分巡嶺北道紀録功次　九月十九日

節該欽奉敕諭：「生擒盗賊，鞫問明白，就行斬首示衆。斬獲賊級，行令各該兵備守巡官，即時紀驗明白，備行江西按察司造册奏繳，查照陞賞激勸。欽此。」欽遵。查得先準兵部咨，内開湖廣、廣東、江西三省起調官軍兵快夾剿郴、桂、上猶等處峯賊，已該本院備將南贛二府兵糧事宜及合用本省巡按御史紀功等項緣由具奏去後。今照進兵在邇，各賊四散出掠，官兵擒斬，已有陸續解到。功次所據，紀録官員，若候命下前往，未免緩不及事。爲此仰抄案回道，照依案驗備奉敕諭内事理，行委兵備副使楊璋不妨本等職事，照舊軍前贊畫庶務，將陸續解到功次一面紀録，仍呈巡按衙門，查照本院具題事理，前往紀録施行。

其二十一牌行統兵官協謀搜剿

據衆議云云。爲此牌仰指揮郟文等，仍屯穩下，督同指揮馮翔，分領兵快，與知府伍文定協謀，合力搜剿稽蕪等賊。知府季斅退屯義安，分兵守把沙村等隘，遥與聶都守隘推官徐文英聲勢相應，務遏諸賊南奔要路，相機搜剿。各官俱要勵志奮勇，毋徒退縮以自全，毋以小挫而自餒。務奮澠池之翼，以收桑榆之功。如復仍前畏縮違誤，軍令具存，難再輕貸。

其二十三案行江西嶺北道剋期會勦

仰抄案回道，會同分守官，一面監督各哨兵馬，即將未獲賊徒行令務在十一月初一日移兵江西嶺北等處，分布夾攻，一面備行湖廣參將史春遵照原行進兵夾勦不得後期誤事。倘致參錯，責有所歸。

其二十八案行湖廣郴桂兵備摘兵搜扒

據知府邢珣云云。爲此仰抄案回道，備呈撫鎮等衙門查照施行。一面轉行統兵叅將史春，將原調官兵内摘撥三四千人，前來桂東連界大山内，逐一搜扒。必使各山果無噍類，然後班師。仍嚴飭前項官兵，止於連界大山搜扒，不得過境深入，重爲地方之患。毋得違誤。

其二十九犒賞湖廣官兵 十一月十五日

據湖廣兵備副使陳璧差舍人王廷璽禀稱：該省土兵已於本月十一日俱至桂東。隨據湖廣守備、武岡、指揮王翰呈稱，剋期於十一月十三日進勦等因。參看得湖廣官兵既已約定十一月初一日進勦，自合依期速進。今本省官兵攻破桶岡已將半月，始聞各兵前來。揆之初約，實已後期。但念各兵千里遠涉，亦已勞頓。若能悉力搜勦，尚有可冀之功。且宜略棄小過，先行犒勞。及照郴桂地方原係本院所屬相應差官押束，爲此除差贛州衛指揮同知明德齎執令旗令牌前往監押外，牌仰郴州兵備道官吏，即將發去牛酒照數查給，用見本院慰恤犒勞之意。各官務要嚴飭兵衆，遵照該省巡撫軍門及本院號令約束，各於當境界内藏賊山坳去處搜扒。務使地方解倒懸之苦，百姓有安堵之休，共勒忠貞之節，以收廓清之功。如或參錯乖繆，致有踈虞，國典具存，決不輕貸。仍取犒賞過緣由并各土兵頭目人等姓名數目，各具依準，隨牌繳來。

其三十牌行監軍巡守官分屯把截 十一月十五日

訪得桶岡峒殘賊見今俱逃上章山内，若湖廣官兵從彼四路并入，其勢必復遁回所據。賊奔要路，惟茶寮、茶坑、竹瓦窑等處最當兵鋒，除本院親率帳下見屯茶寮，分遣守備指揮郟文督同指揮謝昶、馮廷瑞等屯新地，知府唐淳屯霹靂坑，知府邢珣屯胡蘆洞，知縣張戩屯竹瓦窑，縣丞舒富屯茶坑，知府伍文定屯大水、小水，知府季斅屯聶都，各人嚴加把截，相機行事外，其茶坑、竹瓦窑等處，合遣方面重臣往彼監督，庶使兵威振揚，土兵不致生事。爲此牌仰兵備副使楊璋、分守參議黄宏，即便前去地名茶坑、聶都等處監督。各項官兵，務要設奇埋伏，以邀奔賊。仍令厚集營陣，振揚兵威，以待湖廣土兵。止令於連界賊遁各山搜扒，不得過境深入，重爲民患，毋得違誤，致有疎虞。國典具存，罪亦難宣。

其三十一犒恤統兵土舍　十一月二十一日

據兵備副使陳璧呈稱：會同指揮王翰、知府何詔遵，將指揮明德齎到犒賞牛酒銀兩眼同給受。當即申明軍門號令，嚴督本哨漢土官民軍兵在于本省界内山箐深密巖寨去後，設法搜扒，期在盡絶。及禁束不許一兵一卒越過江西境界，并將本哨原領兩江口土兵頭目人等姓名開報到院。看得前項土兵頭目人等赴夾攻之期雖亦稍遲，涉艱險之路則已甚遠。宜録勤勞，量行犒恤。爲此牌仰郴桂兵備道官吏，即便公同差去指揮明德，將本院發去牛酒銀兩查照後，開數目逐名分給，用宣本院慰勞之意，以勉各役報效之忠。仍各嚴加戒飭，務於本省界内賊遁大山搜扒，不得過境侵擾良民。獲有多功，重賞不吝。苟違節制，軍法具存。備開給賞過緣由繳牌。

其三十二牌行統兵知府伍文定把截奔賊撫處降民　十一月二十五日

照得湖廣官兵見今攻剿朱廣、魚黄等處，賊必東奔，聶都地方正當衝要，先該本院行委知府季斆分兵把截。近因本官稟稱朱雀等坑輋人何文秀等俱各告招，已經行令從宜處置，勢難輕動。兼且賊奔要路，非止聶都一處，必須委官協把。又據百長朱文清稟稱，新溪等巢告招輋人劉汝貴等三十二名自願隨兵殺賊立功，亦合委官撫處。爲此牌仰知府伍文定，分兵前往聶都等處，督同推官徐文英嚴加把截，相機擒捕。一面拘集朱文清等鄉兵，先將投招劉汝貴等從宜處置，督令殺賊立功。或將老幼婦女責令附近村寨領養，免致土兵人等殺害。候獲有功次，通行開具花名，一併解赴軍門，以憑議處安插。承委官員務要周悉詳慎，區畫停當，毋致踈虞。

其三十三牌行江西袁州府提問失期官員　十二月初九日

據袁州府萍鄉縣申稱：知縣高桂到任兩月，查追各年未完錢糧，清理軍伍。又稱城垣倒塌，修補未完等項緣由，申報到院。卷查前事，已經調取高桂等前來軍門領兵殺賊。隨准兵部咨奏奉欽依各官之中敢有抗違者，即以軍法從事。又經通行催取去後。今據前因，參看得知縣高桂既奉明文調取殺賊，自合依期星夜前赴軍門聽用爲當。乃敢故違軍令，繁文抵搪。且本院於七月行縣調取，抗違兩月之上，不行前來。至十月初一日，本院親督各哨進剿峯賊，本官已是違期，却至本月十六日方纔具申遮飾。若使調用各官俱若高桂傲慢違抗，豈不有誤軍機。合就處以軍法，但今師已克捷，姑從輕提問，以警將來。爲此牌仰本府官吏，即便行提犯人高桂正身到官，問擬應得罪名，具招申報發落，毋得容延，取罪不便。

其三十四犒賞統兵致仕宣慰彭世麒 十二月十六日

據哨探指揮明德報稱：湖廣、廣東、魚皇洛、平石等處賊巢悉破，地方已寧等因。照得統兵致仕宣慰彭世麒素稱儒雅，久著勳勞。養高林下，猶深報國之誠；同苦行間，復建平猺之績。合行犒獎，以勵忠勤。爲此今差舍人任光領齎後項禮物，前去本官處親行犒勞，用見嘉樂之意。仍仰本官益敦鄒魯詩書之習，以爲湖湘忠義之倡。惟爲善之不替，庶永譽以無窮。

其三十五批廣東嶺南道調摘兵壯呈 閏十二月二十二日

據兵備僉事王大用呈：看得三省會剿調摘各處兵壯，蓋亦事不容已。若使該縣官吏果能先事爲備，多方設法，在城在鄉，俱行起集排門父子兵夫操演，振揚威聲，盜賊聞風，自然不敢輕犯。今乃無事則袖手坐視，及至賊已入境搶掠，方纔選兵。此亦何能有濟？所據各該官吏俱合拏問，但既稱正在用人之際，姑記其罪。仰該道急與查處，仍行鄰道及附近府縣，一體多方設法，嚴謹督捕，務期剿獲，以贖前罪。如再因循怠慢，徒以兵少爲辭，致有疎虞，定行從重拏究不恕。呈繳。

其三十六案行嶺北道慶賀湖廣鎮巡司等官　閏十二月二十九日

照得湖廣、郴、桂等處所轄峯賊連年糾合廣東、江西賊衆，劫掠鄉村，攻打縣堡。遠近荼毒，神人痛憤。近因奏奉欽依三省各兵征剿，三月之内，巢穴掃蕩，賊黨盡擒，共收克捷之功，用樹安攘之績。是皆湖廣巡撫監軍懷遠略而行之以慎密，出奇謀而鎮之以安静，及各守巡兵備等官同心協力，竭忠奮勇之所致。自此各省人民悉解倒懸之苦，偕享袵席之安。推功仰德，禮宜行慶。爲此仰抄案回道，即於賞功所動支後開銀花綵叚禮物，差官領齎前去湖廣，送赴欽差巡撫都御史秦、鎮守太監杜及巡按紀功監察御史王，并方布政、惲副使等官，少將本省慶賀之意，以見同舟共濟之情。

其三十八批嶺北道新設縣治事宜呈

據副使楊璋備將横水事宜開欵呈詳：

一、大兵撤後，餘孽不無再集。查得縣丞舒富才頗有爲，擒賊功多。合無將上猶、大庾、龍泉三縣機兵打手鄉兵各點集一千名，專委統領，于新立縣所住劄，將已破賊巢不時巡視。如有餘黨復集，即便擒拏。

看得横水雖建縣治，工未易就。近照本院議於桶岡、横水兩處先立隘所。行仰該道，將附近虛設隘夫及各村寨并通賊人户悉行查編隘夫各一千餘名，計亦足以防剿餘賊。若復於三縣各點機快千名，不無糧餉費多，但欲委官往來巡視，亦須用兵防護。每縣止點三百名，分作三班，跟隨委官舒富於横水、桶岡等處巡視。遇有殘黨嘯聚，即便兼督隘夫剿撲，有功照例陞賞。機兵行糧，准於各縣所餘餉内支給，每日人各一升。候縣治已建，地方寧謐，再行呈處。

一，建立縣治雖候命下，而土木興造必須委任得人。查得南安府推官徐文英在任年久，幹事勤能。合無三縣各撥人夫三百名，專委本官總督。採辦木植，燒造磚瓦，會計城池衙門與夫工力匠作，逐一計處呈詳。

看得地方兵困之餘，量宜寬恤，而推官徐文英亦有公務相妨。查得横水見編隘夫一千餘名，今盜賊新平，各夫未有追襲之役。合將三縣人夫分作三班，委官統領。每縣輪班兩月，就委縣丞舒富，不妨往來巡邏，兼督一應採辦木植燒造磚瓦等役。就令本隘各夫相兼並作。况本官又有跟隨機快三百名，無事之時，亦可通融役使。如此，則民不重困，事亦易集。

一，二府舊俗，田地自不耕種，皆佃與龍泉、泰和、萬安等縣流移人户。至于盜賊之興，前項之人指引出刼，合夥分贓，害不可言者。合無痛加禁約，如田多人少者，止許佃與本地之人。如違，田主佃户一體坐罪發遣。

看得所議，深切時弊，實乃弭盜之源。仰即出給告示，嚴加禁絶。今後但有異府各縣之人潛住本處村寨佃種者，即係奸細之徒。但有容留潛將田土佃種者，即係窩藏流賊奸細之人。體訪得出，或被人告發，即便擒拏到官，斷治如律。

一，新設縣治界乎三縣之中，道路俱被峯人鑿峻，往來甚阻。合無三縣各委官帶人夫百名、石工數名，將前項道路開通。仍於適均去處先建公館一所及鋪舍各一座，庶車馬流通，盜無所容。

看得所議委官起夫漸次開通，就委縣丞舒富兼督。候道路既平，即將各夫解放。其設立公館、鋪舍等項，悉照詳施行。

一，新設縣治三縣該剖圖分，累年被賊搔擾占據，錢糧皆其包納。其餘人民俱以兵馬之擾、搬運之勞，困苦已極。況今添設縣治，未免仍于三縣取辦。合無將三縣正德十二年該割圖分，連正德十三年税糧差役盡行蠲免，候十四年一體納糧當差。

看得所建縣治未經奏准，各縣錢糧縱復奏蠲，恐未允免。除合用人夫量行撥起外，其餘不急事務，該道悉行查革，以甦民困。蠲免錢糧，候設縣之後，另行議奏。

一，縣治既設學校，當先合行提學副使，將三縣之中見在增廣，考其尤者，撥于新縣，以充廪膳。起送民間俊秀，以充增附。

看得議選生徒良亦先務，然亦須兼存填實之意。仰先行提督學校官，於三學之內，但有願於新設縣治起蓋房屋、占籍移居者，即便聽撥新學。仍於其中略考文藝，以充廪膳增附之數。如此，則既庶既富，而學校之教可興矣。

其四十牌行南安府撫緝新民 二月初八日

據縣丞舒富禀：招撫過新民二百餘徒，乞於横水、思順等處安插，已經行仰照議施行外，看得招來新民安插漸多，恐有貪功譎詐之徒潛去，激誘生變，致亂大謀，合先禁約。爲此牌仰知府季斅，將該府招出新民自行時加撫緝，毋令得與外人交接，致有驚疑。其思順、横水等處，尤要嚴禁所屬一應官兵人等，不得輒往問訊，傳遞消息，造作語言。惟當專責縣丞舒富悉心經理，一應事機，俱聽從宜區處。敢有假以公差報効等項名色，擅去新民安插地方，有所規圖者，定行拏赴軍門，治以軍法。該府行遵照施行。

其四十一奬勞廣東兵備等官 七月初六日

據廣東兵備僉事王大用等會呈：督領官兵前後擒斬賊犯高快馬、李斌等共一千四百餘名顆。及據嶺東道僉事顧應祥等呈：督領官軍前後俘斬賊犯吴珮等一千一百七十餘名顆口到院。爲照僉事王大用、顧應祥等備効勤勞，懋收克捷，可謂克稱委任，不負所學。都指揮王英、歐儒及知府姚鵬、同知阮仲義、通判鄒級、莫相、知縣李增、李葶，或領兵督哨，或進剿防截，類皆身親行陣，且歷險難。俱各獎勞，以表勤能。爲此仰抄案回府，即便查照後開獎勞數目，動支商税銀兩，差人分送各官，用見本院嘉獎之意，以明師旅激揚之典。

其四十二批廣東統兵都指揮等官留兵搜捕呈 七月十九日

據統兵官王英等呈：開各哨擒斬賊首龔福全、高快馬、李斌、藍友常等首從賊犯，及俘獲賊屬，奪回被虜男婦牛馬器仗等項，除將獲過功次查造，及督知府姚鵬等率兵緝探撫處看得。樂昌等處賊徒構禍連年，流毒三省。今兵備僉事王大用等，乃能身歷險阻，設謀調度，數月之内，致此克平，論厥功勞，良可嘉尚。除具本奏報及一面先行犒獎外，所據各哨賊徒穴巢雖已底定，而漏殄難保必無。況聞湖兵撤後，各該巢穴多復嘯聚，河源、龍川諸處殘賊，亦復招羣集黨，連結漸多，逆其將來必復熾盛。今雖役久兵疲，且宜班師息衆，但留兵搜捕，亦不可苟。毋謂斬木之不蘖，死灰之不然，苟涓涓之不塞，將江河之莫禦。其狼兵既已罷散，難復追留。若機快鄉兵之屬，暫令歸休，即可起集，爲輪番迭出之計。務使搜剿之兵若農夫之耘耨，庶幾盗賊之種，如莨莠之可除。該道仍備行搜捕，各官務體此意，悉拔根苗，無遺後患。批呈繳。

其四十四　欽奉陞廕敕諭通行各屬　七月初一日

六月二十九日節該欽奉敕諭：「爾奏上猶等縣桶岡、横水、左溪等巢賊首藍天鳳、謝志山等盤據險阻，荼毒數郡，僭擬王號，圖謀不軌，基禍種惡，已非一日。今幸奉行成算，督同兵備分守等官，調集官兵，分哨並進，擒斬首惡并從賊三千二百五十四名顆，俘獲賊屬男婦二千三百三十六名口，奪獲被虜人口及頭畜贓仗數多。渠魁皆已授首，黨惡亦無遺類等因。朕惟蠢兹盜賊，恃險聚衆，稔惡歲久。雖嘗設法招撫，愈肆桀驁。及用兵攻剿，又未見成功。乃今僅兩月之間，克殄此數十年未熄之患。自非爾運籌定議，親臨巢穴，申嚴號令，調度有方，何以致此捷奏來聞？朕心嘉悦，除有功官員人等命該部查議陞賞外，兹特陞爾前職，廕一子爲錦衣衛，世襲百户。仍降敕奬勵，以旌爾勞。尚念盜賊甫平，居民未盡安堵。爾尤宜竭心殫慮，從宜撫處，以靖地方。務使黔黎樂業，永保無虞，庶不負朝廷委任至意。欽此。」欽遵。擬合通行。爲此仰抄案回司道，着落當該官吏，照依案驗備，奉敕諭内事理，并行各道守巡兵備等官，轉行府衛所州縣等衙門，一體欽遵施行。

公移二　征剿浰頭巢賊始末

其四牌行信豐縣主簿等把截竄道　正月初八日

牌仰主簿譚聚璉，督同義官何廷珂、王綬、張嶽謙、張穡、鍾漢鼎等官兵，前去守把江尾、陂頭、樟木等隘賊行要路。如遇奔賊，就便嚴督，相機截殺，獲功解報。官兵人等敢有不遵軍令、臨陣退縮者，許令本官以軍法從事。本官務要奮勇竭力，悉心守把。毋得怯懦怠忽，致令奔走，定依軍法斬首，決不輕恕。

其五牌行督哨官　正月初十日

照得本院親率諸軍前去剿除龍南、龍川、浰頭等處叛賊，除將各營官兵分布哨道指受方略，刻期進剿外，所據督哨官員擬合行，委爲此牌。仰守備郟文、知府邢珣，即便前去浰頭等處賊巢催督。前項各營官兵，務要依期夾剿，不得違誤。其所擒斬俘獲并奪回男婦贓物牛馬等項，俱仰先行解赴軍門，以憑批發紀功，兵備實驗紀録。各營官兵敢有臨陣退縮、逗遛不進者，即以軍法從事。各官務要悉心竭智，往來嚴督，圖爲萬全之策，以收克捷之功。如或逡巡怠忽，致有踈虞，國典具存，罪難輕貸。

其六牌行督理糧餉官　正月十一日

牌仰委官主簿于旺，協同龍南縣知縣盧鳳督理該縣糧餉馬夫一應軍務，官吏里老隸卒義民總小甲人等，若有回抗不聽約束者，就便遵照本院欽奉敕諭内事理，許以軍法從事。仍仰知縣盧鳳勵志虚心，協和幹理。毋得因循怠忽及彼此參錯，致有失誤，罪不輕貸。

其七牌委參謀生員黄表　正月十三日

牌仰生員黄表，賫執令旗令牌前往上下坪等處，督同百長王受、謝鉞、黄金巢并該地方義官里老總小甲謝俊玉、丘隆、謝鵬、李積玉等父子鄉兵，守把賊奔要路，相機進勦。兵夫人等但有臨陣畏縮退避者，仰即照本院欽奉敕諭内事理，許以軍法從事。本生亦要悉心催督，不得違誤，致有踈虞及因而擾人，罪不輕恕。

其八牌行指揮金英等把截竄道　正月十三日

牌仰指揮金英，即便統領石背兵夫三百名前去太平堡等處，督同陰陽官廖思欽等兵守把賊奔要路，相機進勦，獲功解報。兵夫人等但有臨陣畏縮退避者，仰即遵照本院欽奉敕諭内事理，許以軍法從事。本官務要悉心竭力，毋得怠忽踈虞，自取軍法重究。

其九牌行河源始興翁源長樂四縣官分探遁賊　正月二十日

查得河源、始興等縣地方俱係賊奔要路，已經牌仰委官把截，相機擒捕。近該本院親率諸軍剋期進勦，前項巢穴悉已焚蕩，首賊雖已盡擒，而餘黨尚多奔遁。探得皆逃河源、始興等處藏躲。各縣掌印捕盗巡司官吏平素因循怠弛，不行嚴加把截，本當拏赴軍門，治以軍法。但今緊關用人之際，姑且記罪督捕。爲此牌仰該縣官吏作急選差乖覺人役，分投爪探各賊潛遁何處，星夜前來禀報。一面嚴督官兵人等，不分遠近，相機擒捕解報。務使根株悉拔，噍類無遺。如或坐視玩寇，貽患地方，定依軍法拏赴軍門斬首，決不輕貸。

其十奬勞知府陳祥邢珣等　二月二十八日

據知府陳祥、邢珣等呈：解拏斬浰頭賊人賊級并俘獲賊屬贓仗等項數目開報，所據各官遵照方略，奮勇協攻。一月之間，渠魁授首，巢穴掃蕩。忠勤備著，功勞可嘉，合行奬勞。爲此牌仰惠州、贛州府官吏，即支在庫官錢，買辦後開儀物備用鼓樂，就差本府同知徐大用、夏克義率領官吏師生，送至惠州府知府陳祥、通判徐璣、龍川等縣典史姚思衡、巡檢張行、驛丞何春、贛州府知府邢珣、推官危壽等，以勵敢勇之風。

其十一牌仰留屯官兵　二月二十八日

牌仰典史梁儀等，與同百户周芳、巡檢張行、驛丞何春，管領留屯官兵人等守禦浰頭地方，務要申嚴號令，整肅行伍。關防出入，禁止侵擾，謹風火以備災，除糞穢以防疾。如有殘賊出沒，就選精鋭驍勇，相機擒捕，獲功解報，不得貪利窮追。其餘兵衆仍須固守營場，不許輕率妄動。其白沙等處安插新民，務禁下人，不許驚擾。若彼或有人來，即與慰勞。撫喻各兵，班滿之際，務候本院差官前來點閘犒賞，或就彼放回，或引至贛州發遣。中間敢有拒抗，不聽約束，輕則量照軍令究治，重則綁解軍門斬首。仍仰各官俱要協和行事，一應機宜，須聽典史染儀照數收貯，扣查給散。事畢造册，通行繳報查考。

其十二牌行龍南縣陞奬百長王受等 二月二十九日

照得本院親統官兵剿平浰賊，但恐撤兵之後，餘黨仍復嘯聚，除浰頭已留屯官兵，責仰盧珂等把守，爲照牛岡、高砂、上蒙等隘，俱係賊行要路。查得老人葉秀芳等原在牛岡隘把截，近因臨陣畏縮，致賊奔逃，當照軍法究治革退。遂令伊弟葉秀聰頂替，充爲百長，協同老人黄啓濟管領兵夫，仍在原隘守把。及照百長王受、謝鉞、王金巢等，俱係誠心向善，出力報效，近復屢有戰功。合將王受、謝鉞陞爲千長，王金巢陞爲百長，以旌其功。就仰王受統領新民總甲劉遜、劉粗眉、温仲秀等兵夫，與同謝鉞等在於高砂等隘把截，其劉遜等俱要稟聽王受節制。中間若有不依約束者，輕則量行責治，重則綁解軍門，治以軍法。如遇殘賊出沒，各役務要密切約會盧珂等併力夾攻，獲功解報，照例給賞。爲此牌仰龍南縣官吏，即便備行出給印信帖文，付與千長王受、謝鉞、百長王金巢、老人黄啓濟、百長葉秀聰、總甲劉遜、劉粗眉、温仲秀等，各執照管束各手下兵夫新民，各照分地方住劄守把，有警互相策應，毋分爾我，致有違誤。仍加省諭，不許縱容下人生事。今後新民里老人等，俱不許擅受詞狀斷理。敢有故違者，不論應否曲直，告者、受者悉行拏送軍門，照依軍法斬首。每月朔望，各具不違結狀，赴縣投遞查考。仍行嶺北道守巡兵備守備官查照施行。

其十三牌督惠州府建立縣治巡司及留屯官兵　三月十五日

據副使楊璋、僉事朱昂會呈：於和平建立縣治，浰頭移設巡司，已經批仰設道會行各該府縣，查照所議施行。今照本院住軍浰頭已將兩月，前項工程尚未見委何官督理，其浰頭巡司雖經本院親督匠作起蓋官廳，其餘公廨營房等項皆未完備。及照盧珂等新民至今未見復業，陳英等兵夫至今未見解到。本院回軍曾未兩日，訪得留屯各兵已漸逃回，止存贛州官軍兵快在彼守禦。今四出殘賊難保必無，似此踈墮懈弛，萬一乘間嘯聚，虎兕出柙，誰任其咎？爲此牌仰本府官吏，即將前項事情逐一上緊整理，毋得彼此相推，徒事文移往復，苟求遮飾。每月仍將建設縣治等項見委某官管理，曾否興工築造及浰頭巡司公廨營房之類，有無添修完備，隘夫人等曾否編發着役，屯守各兵有無見在逃回，俱要備開申報，以憑查考。如再因循懈怠，縱無踈虞，定行拏治糸究，決不輕貸。

其十四牌委贛州府推官危壽　三月初五日

照得本院近因浰賊猖熾，親督諸軍掃蕩巢穴。而山深林密，漏殄殘黨，難保必無。已經行令各官計處防禦去後。今照本院回軍在邇，雖已分布有緒，必須調度得人。看得推官危壽，持身謹確，處事詳慎。先經領兵剿賊，深入賊穴，擒斬數多。即今見署龍南縣印，就合併委提調。爲此牌仰本官，不妨縣事，往來各隘經理整督。其葉秀聰等兵夫，務要拘集於南埠結屋屯劄守把，不許仍在縣城潛住。劉遜等兵夫，亦要隨同王受等住劄，不得四散分住，事無統紀。各隘兵夫不時常與點閘，間或犒賞，以示懲戒激勵。如有殘賊出没，即便督令各役併力夾剿。其招撫新民張仲全等見在白砂安插，亦要時常撫諭，務使誠心向化。遇有殘賊，亦就督令出力報效，毋得自存猜忌，招致罪累。仍戒各隘兵夫，亦不得輒有侵擾，致生驚疑。該縣通賊奸細磊積吞併之徒，罪在可誅，未盡查究。本官亦且暫行戒諭，容令改革。如有長惡不悛者，遵照軍令，輕則量行責治，重則斬首示衆。本官務要殫心竭力，以副委任。一應事機尚有計議未盡，悉聽從宜區處，具由呈繳。

其二十五案行廣東布按二司添設縣治　十月十九日

准兵部備咨，該本院題該本部覆題設縣治以保安地方事。卷查先經會同欽差巡按廣東監察御史毛鳳，各另具本奏請定奪。間續准户部咨内開煩爲會同兩廣撫按，會委各道守巡等官，督同各該府縣掌印正官，上緊親詣前項地方，再行從公相度堪以營建處所。其工作人匠夫役等項責令何處出辦，應用材木磚瓦等料動支何項銀兩收買，人匠工食於何處支給，坐委何衙門官員專一董理，務要查明議處穩便，具結回報。各撫按衙門另行會奏，以憑上請。其選官給印等項，候營建略有次第，備由咨來。本部具奏移咨吏、禮二部，銓官鑄印施行等因。爲照前項添設縣治，已該兵部覆議相應，别無違礙，擬合通行。爲此仰抄案回司，即行該道守巡等官，作急選委府縣佐貳能幹官員，先將添設縣治事宜詳加議處。原議竹木於和平、浰頭各山採辦，及於龍川縣并河源縣惠化都起夫應用外，其磚石灰瓦等料及各色匠作工食，備細估計，通該價銀若干，扣除清出賊占典賣田價若干可支，餘於惠州府庫堪動官銀補給，務要輳處停當，便就委官分理。速將城池、衙門、學校、倉厫、牢獄、鋪舍、街道等項作急築造，務使堅固經久，毋得虚應故事。其餘分割都圖及編僉隘夫、添設隘所事宜，悉憑本院所奏，徑自施行。先取該道委官職名估計數目呈報，以憑稽考。仍呈總督、總鎮、鎮守、巡按衙門知會。

其二十九案行福州等六府行十家牌法 二月十六日

本院奉命巡撫福建等處地方，思欲禁革奸弊，安養小民以期無負委托之重。顧才力短淺，知慮不及，雖切愛民之心，未有及民之政。照得本院舊撫南、贛、汀、漳等處，訪得所屬軍民之家，多有窺圖小利，寄住來歷不明之人，同爲奸宄。兼之有司訓養無方，淫侈兢作，而民僞日滋，禮教不興，而風俗日壞。頑梗之不率，賊盜之繁多，皆原於此。已經行仰各府所屬各縣在城居民，每家各置一牌，備寫門户籍貫及人丁多寡之數，揭於各家門首，以憑官府查考。仍團編十家爲一牌，開列各户姓名，背寫本院告諭，日輪一家，沿門按牌審察動静，但有面目生疎之人，踪跡可疑之事，及違犯戒諭者，即行報官究理。或有隱匿，十家連罪。如此庶居民知所趨向，而奸僞無所潛容。施行既久，人所稱便。所據福州等府屬縣，民俗大抵相同，應合通行編置。及照汀、漳二府雖已先行刊給曉諭，尤恐有司虚文搪塞，頑民罔知遵守，亦各再行申督禁諭。爲此仰抄案回府，即行屬縣，分着落各該掌印官，將領去告諭依樣翻刊，户給一張。及照十家牌式，逐巷隨村，挨次編置，務在一月之内了事。仍於各縣耆老中，推選年高有德爲衆所服者五六人，官府優加禮待，委令每日沿街曉諭，稽考不舉行者，即時送官責治。該府亦要嚴加督察各屬，期於着實施行，毋使虚應故事。仍令各將編置過緣由依限差人繳報，以憑查考。非獨因事以別勤惰，且將旌罰以示勸懲。

其三十一　牌委糸隨何圖撫諭新民　四月初二日

訪得和平地方居民因見招撫新民盧源等在彼安插，不思各民已是向化之人，却乃各將房屋毀棄，田地抛荒，挈帶妻子投城住坐，以致新民各懷疑忌，欲行奔遁。該縣官吏不聞禁約處置，又不申禀本院。本當究治，姑記查處。爲此仰糸隨何圖前去龍川縣，會同掌印官，即便拘集前項居民，坐委佐貳官一員，公同押領前去原住地方，各令選擇便利高要去處，結寨團住。仍各推保衆所信服寨長一名，時常鈐束寨丁，謹守法度，各務農耕，毋致失業，驚擾各寨。仍置大鼓一面，梆鈴數付，每夜輪流寨丁支更巡邏，以防不測。及仰撫諭所招新民，誠心改行，各安生理，毋得妄生驚擾，彼此扇惑。如有故違，定行拏赴軍門，治以軍法，決不輕貸。

其三十二　案行嶺北道禁革商鹽　四月十三日

准户部咨，該本院題該本部覆查。議得南、贛盜賊已平，而廣東事情緩急未定。其前項龜角尾所立抽分，亦經題奏欽依裁革。合咨本官及咨都察院轉行巡按江西、廣東監察御史，將廣東、海北二提舉司鹽許南贛二府發賣，其袁、臨、吉三府不許輒擅行賣。如有違者，不拘有引無引，鹽追入官，人犯照例問發。前項抽分商税去處，亦查照先奉欽依事理，即爲停革，不許私税，以便客商。正德十四年二月初三日，太子少保户部尚書石等具題奉聖旨：「是。欽此。」欽遵。

擬合就行。爲此仰抄案回道，備云該部題奉欽依内整理，東西二河鹽商所販鹽引，止許於南、贛發賣，不許違例越下袁、臨、吉三府。如有犯者，着巡司地方人等挨拏，照例問罪没官。其抽分商税，凡在停革之例者，悉行查革。仍將禁革商鹽緣由申報查考。

欽奉敕諭查處福州叛軍 共二條

其一牌行福州等八府 六月初八日

照得當職節該欽奉敕：「福州三衛軍人進貴、葉元保等脅衆謀反，隨該鎮巡等官設法擒獲。今特命爾不妨提督原任，前去彼處地方，將前項事情用心查議處置。軍衛有司官員，平時不能撫處，通行查究。情輕者就便拏問，情重者差人解京問理，干礙方面官条奏提問，罰治事干鎮巡官，指實陳奏。凡可以兼濟軍民，有益地方，行之久遠無弊者，隨宜斟酌施行。一應事宜，敕内該載不盡者，聽爾便宜處置。欽此。」除欽遵外，爲照福建所轄八府一州五十三縣，道路遼遠，一時未能通歷所據地方利弊。各該守令在任既久，必能周知，合行采訪，庶可從宜區處。爲此牌仰本府官吏，即將本府并所屬地方凡有利所當興、弊所當革，可以行之久遠者，務要用心咨訪停當，從實簡切開具印信揭帖，就仰掌印官親齎，前赴省城都察院面議可否，以憑施行。毋得違延，取究不便。

公移三　平寧藩叛亂上　共八十八條

其二牌行南昌吉安袁州臨江撫州建昌饒州廣信南安九江南康瑞州十二府集兵策應

照得本院云云。爲此仰本府官吏照牌事理，并行附近衛所，各要起集驍勇精壯父子鄉兵機快軍餘人等，多備鋒利器械，委官管領，操演武藝，固守城池，聽候本院公文調發，相機防剿。仍一面多方差人，四散爪探緩急聲息，飛報本院知會。毋得失誤，罪及未便。

其四牌委福建都布按三司照處本地叛軍　六月二十五日

照得本院於正德十四年六月初五日奉敕前往福建公幹，已於本月初九日自贛州啓行，由水路於本月十五日行至豐城縣，地名黄土腦。節據地方總甲人等禀報，本月十四日江西省城突然變亂，及聞撫巡三司等官俱遭拘執殺害，人心十分洶洶。本院原未曾帶有官軍，勢難輕進。除就近暫回吉安地方住劄，一面分投差人爪探的確，及仰臨江等府衛起集鄉兵，固守城池，以候調發進剿外，所據兵部前後咨到福建一應事情公文，俱已查照，備寫明白。若候撫臨之日發行，未免遲悞，擬合先行查處。爲此牌仰都布按三司，即將發去後項公文，各仰遵照，作急查處停當，聽候本院處置。江西地方稍有次第，前來覆議會奏施行，毋得違誤。仍呈鎮巡等衙門知會。

其六牌行贛州府調發官兵 六月二十一日

案照已經行仰贛州府，速將原操官兵取赴教場操練，聽候調發去後，今照前因，合行調用。爲此牌仰本府官吏，即將見在兵快人等，各帶鋒利器械，委官統領，就於官庫錢糧支給行糧，并僱船裝送，不分雨夜，兼程前赴軍門調用。如或遲誤，定以軍法論處，決不輕貸。其餘各縣未到兵快，亦就分差催調，通赴教場操練，聽候調遣，毋得遲誤不便。

其八案行廣東布政司共勤國難

節該云云。具奏外，仰抄案回司，會同都按二司，轉行各道，并呈鎮守撫按等衙門，各一體查照，知會施行。

其十案行福建漳南道預備赴調兵船

節該云云。濟事。爲此仰抄案回道，即將前項見在上杭教場操練精壯兵快人等，大約四五千名，并取漳州銃手李棟等一起，各帶隨身鋒利器械，責委謀勇官員統領，就於汀、漳官庫錢糧支給各兵行糧，計算日期，兼程不分雨夜，直抵本院住劄吉安府，隨兵進剿。仍備行瑞金縣查支官錢，預先雇辦船隻，伺候裝送。經過去處，敢有兵快人等擅取民間一草一木，或在途延緩及不聽約束者，就仰領兵官照依軍法論處。其用船隻裝送去處，若該縣臨期失誤，亦就指名叅呈，以憑拿赴軍門斬首，決不輕貸。仍將支過各兵行糧、起程日期、委官職名，先行呈繳。

其十一咨巡撫湖廣都御史秦吴共勤國難

節該云云。方克濟事。爲此合咨貴院，煩爲選取驍勇精壯曾經戰陣軍兵，及土官素抱忠義不與逆黨交通者，大約一二萬名，選委謀勇膽略方面官員分領。仍煩貴院親督，兼程前來，共勤國難。諒貴院素秉忠孝之節，久負剛大之氣，聞此必奮袂而起，秉鉞長驅。當在郭汾陽之先，肯居祖士遠之後哉！紛擾之中，莫罄懇切，惟高明速圖之。

其十二咨都御史李共勤國難

節該云云。奏外，照得南畿係朝廷根本重地。今寧府逆謀既著，北趨不遂，必將圖據南都。若不早爲之所，誠恐噬臍無及。爲此合咨貴院，煩爲選取所屬驍勇精壯曾經戰陣軍兵及民間義勇約二三萬名，選委謀勇膽略官員分領，會約鄰近郡省，合勢刻期，仍煩貴院親督，兼程前來，共勤國難。諒貴院忠孝自許，剛大素聞，當兹主憂臣辱之時，必將奮袂而起，秉鉞長驅，自有不容已者矣。紛擾之中，莫罄懇切，惟高明速圖之。

其十五牌行南安府調發官兵 六月二十四日

案照已經行仰南安府起集驍勇兵快，委官管領操演，聽候調發防剿，擬合行取。爲此牌仰本府官吏，即將原開單内曾經戰陣兵快及取峯山弩手一百餘名，各備隨身鋒利器械，就於庫内官錢給作行糧，行委推官徐文英統領。仍僱船裝送，不分雨夜，兼程前赴軍門，聽候調用。此係急剿謀叛，事關宗社安危，非比尋常賊情。毋得稽遲時刻，斷以軍法處斬。兵快人等敢有在途延緩不聽約束者，就仰遵照本院欽奉敕諭事理，即以軍法從事。

其十六牌諭臨江府知府戴德孺等合勢進剿 六月二十五日

屢據差人禀報，足見本官忠誠爲國。今逆黨上悖天道，下失人心，勤王之師，四面已集。忠孝豪傑，憤激響應，成擒不久。仰府縣整集兵馬，聽候本院指日東下，面授約束，合勢進剿。軍民人等，但有私通逆黨陰來游説及違犯號令退縮觀望者，仰照本院欽奉敕諭事理，即以軍法從事。嗚呼！主憂臣辱，主辱臣死。凡有血氣，孰無是心。仍諭槩縣父老子弟，使各知悉，同舉伐叛之師，共收勤王之績。

牌行袁州知府徐璉等、瑞州通判胡堯元等、新淦知縣李美等、奉新知縣劉守緒等、豐城知縣顧佖等、靖安知縣萬士賢等、新昌知縣王廷等、撫州知縣陳槐等、高安知縣應恩等、萬戴知縣張邦國等、寧州同知張偉等、進賢知縣劉源清等同。

其十七示諭吉安府城内外居民 六月二十六日

示諭府城内外，但有南昌府縣人民在此生理住居年久，隣里保管不致容留奸細者，聽其照舊居住，毋得擾害。若有奸徒潛來投住，能擒拿送院者，即行給賞。地方人等受賄容隱者，治以軍法。

其十九牌行吉安府揀練官兵 六月二十六日

近因江西省城變亂，已經發放該府行令廬陵、吉水等縣，起集鄉兵，保障地方。一面揀選精兵，委官管束，聽調去後。今據各兵以次漸到，各行陸續調發。爲此牌仰吉安府官吏，即將已到兵快人等通行揀閱操練，分委謀勇膽略官員統領，送赴軍門，以憑陸續發往豐城、臨江等處屯劄防守，聽候本院刻期進剿，毋得稽遲不便。

其二十一牌行吉安安福守禦千户所調兵策應 六月二十七日

照得先因省城變亂，已經行仰吉安等府并各屬縣選調精兵，聽候調用去後。今照前項兵快雖已陸續齊集，但恐分布不敷，必須添調策應。爲此牌仰本所官吏，即將見在旗軍揀選驍勇慣戰之人，約吉安所六百，安福所五百名，各備鮮明器械，選委勇謀膽略官一員統領，就於該府安福縣官庫錢糧查給行糧，不分雨夜，兼程直抵軍門，聽候調遣。毋得稽遲時刻，定以軍法從事。

其二十四牌行吉安府通判楊昉統兵策應豐城

據豐城縣知縣顧佖稟稱，本縣起調鄉兵固守城池，惟恐兵力不敷，必須請兵策應，庶保無虞等因。看係地方重務，已經調發龍泉、安福、永新等縣并吉安千户所機快軍兵，陸續前去策應。照得發去官兵，必須選委謀勇膽略官員統領，庶幾調度俱宜。爲此仰通判楊昉即將後開軍兵名數，督同千户蕭英監統，協同知縣顧佖等，計議攻守方略，相度險夷要害，遠斥堠以防奸，勤訓練以齊衆。探知賊人入境，即便設奇布伏，以逸待勞，擊其不意。務在先發制人，毋令乘間抵隙。軍兵人等，務要嚴爲約束，毋令侵擾。敢有違犯退縮，許以軍法從事。各官尤要同心并力，協和行事，共効忠貞之節，以紓國家之難。如或執拗參錯，觀望逗遛，違犯節制，致有踈虞，軍令具存，決難輕貸。

計開委官巡檢劉福、莫慶，百户石鼎，義官一名，龍泉縣兵二百名，安福縣兵二百名，永新縣兵四百五十名，安吉所軍四百名，廬陵縣一百八十四名。

其二十五牌行豐城縣知縣顧佖遵照方略　六月二十九日

據豐城縣云云。爲此牌仰本縣官吏照牌事理，即行知縣顧佖遵施行，毋得違錯。

其二十七牌行廣東龍川等縣調取民兵　七月初二日

照得江西變亂，已經行仰吉安等府，及行湖廣、福建等省，起調鄉兵及土漢官兵去後。查得廣東龍川等縣所轄和平等處，義官陳英、鄭志高、盧琢，及百長林義、關三，并新民盧源、陳秀堅、謝鳳勝、吴富等寨，各有曾經戰陣精兵。今兹逆黨倡亂，民遭荼毒，亦合調取以赴國難。爲此牌仰龍川縣官吏，即將前項部下驍勇兵夫各行量調三分之一，共計二三千名，各備鋒利器械，選委謀勇官員統領，就與縣庫官錢給與口糧，不分雨夜，兼程前赴軍門，聽候親統征剿。此係征剿謀反重務，非比尋常賊情，毋得稽遲。仍仰委官嚴加約束，兵夫人等沿途不許擾民間一草一木，違者許以軍法論處。

其二十八牌行贛州南安府寧都等縣選募民兵　七月初三日

訪得寧都、興國、瑞金、雩都、信豐、南康等縣，各有大家巨族，人丁衆多，兼亦素有膽略。今茲逆黨倡亂，民遭荼毒，正各民効忠奮義之日，亦合調取，以赴國難。爲此牌仰本府官吏，即便分投差人，前去各該縣分着落各掌印官，速於該縣大族人家堪出人丁二百者，止令出五十。務選驍勇精壯，各備鋒利器械，就於各户推選衆所信服堪爲百長總小甲者管領，各縣查將在庫官錢，給與行糧。另委相應謀勇官員總統，不分雨夜兼程，無拘前後，各另前赴軍門，以憑調用。此係征剿謀反重務，非比尋常賊情。果能立有功勞，當即封官拜將，亦非比尋常賞格。敢有違抗，捏故推搪致誤軍機，定照軍法論處，決不輕貸。

其三十一 牌差百户楊鋭督發建昌官兵 七月初六日

案經通行各府起集鄉夫，保障地方，一面調選驍勇精兵，聽候調發去後。爲照所調官兵未到，尤恐行文未至，或道路阻塞，本院已於本月初八日領兵前往豐城、市汊等處住劄，刻日進攻省城。若不差官督催，不無愈加遲悮。爲此牌仰百户楊鋭前往建昌府着落當該官吏，即將本府并屬調集兵快，務選驍勇慣戰，各備器械，該府縣掌印官親自統領，於各官庫不拘何項錢糧支作行糧，無分雨夜，兼程前進。期在本月十四、十五俱赴軍門，面受約束，并勢追剿。該府印信就能幹佐貳官掌管行令，嚴加守禦，毋致踈虞取罪。此係急剿謀逆重務，非比尋常賊情，不許時刻稽遲。兵快人等敢有違犯節制，觀望不行前進者，就仰遵照本院欽奉敕諭内事理，即以軍法從事，毋得姑息不便。

牌差百户任金善往饒州，百户劉泉往廣信，百户劉雄往撫州同。

其三十二牌行統兵知府徐璉面受進剿方略　七月初六日

案照已經行袁州等府起調機快，前赴軍門，聽候征剿去後。今照官兵俱已齊集相應，委官監統。爲此牌仰知府徐璉即將前項兵夫編成隊伍，整搠器械，親自統領，星夜前赴臨江、豐城地方，以憑面受方略，刻期並進。仍詳察險易，相度機宜，不得爾先我後，力散勢分。及要多方差人爪探聲息，不時飛報軍門知會。其軍兵及領兵官員人等，敢有逗遛觀望、退縮誤事者，仰照本院欽奉敕諭事理，即以軍法斬首示衆。仍諭下人，不得貪圖陞賞，妄殺平民，冒報功次。國典具存，法難輕貸。承委官員務要竭忠盡命，以効勤勞，苟或違誤，罪亦難逭。

其三十三牌行通判陳旦往進賢等縣督發民兵　七月初六日

據南昌府通判陳旦禀稱：　原蒙巡撫衙門委催拖欠錢糧在外，因聞前變，前赴軍門投到等因。所據本官頗有幹辦，及照進賢等縣各有驍勇義兵，尚未調用，合就行委起調。爲此牌仰通判陳旦、知印熊環前去進賢等縣，督同各縣掌印等官。除調集在官兵快，仍仰各縣官自行統領前來隨征外，其城郭鄉村内外尚有大家巨族，人丁衆多，素被寧府侵害，思欲報讐泄憤者，諭令多選驍勇精壯子弟佃僕人等，或二三百名，或五六百名，每縣大約計四五千名，各備鋒利器械，選委謀勇官員分領，查支在庫官錢給與行糧，就便督同各縣掌印官一併督發，不分雨夜，兼程前赴豐城、市汊等處，面稟軍門，約束刻期進攻，毋得稽違時刻。仍一面曉諭官吏、監生、生員、里老人等，各起父子鄉夫固守城池，一面分投差人爪探，但有奸細之徒潛入境内，就便擒拿，遵本院欽奉敕諭内事理，即以軍法從事。兵快及領兵人等敢有違犯節制，畏避退縮者，亦就論以軍法處治。承委官員各要効忠竭力，以副委任。苟或故違，罪不輕貸。

其三十八牌行贛州府權處軍糧 七月初十日

據贛州府申稱：動調官兵進剿逆賊，費用錢糧浩大，本府再無别項支用，欲借於民，尤恐激竄。乞查照原額，委官抽税，以救燃眉之急，候征剿完日停止一節，實係目前三軍存亡所關。况本院所屬南、贛、汀、漳、南、韶、惠、湖、郴、桂等處，原係盗賊淵藪，雖經調兵剿除，而漏網竄伏，不時竊發。倉卒起調，將何供應。且今寧王逆謀，已行北上。本院集兵一千餘萬，粘踪追襲，糧賞皆藉各府支應。中間多稱倉庫空虚，無從措辦。隨該本院具本奏聞，仍遵敕旨便宜事理，於龜角尾照舊抽分外，爲此仰抄案回府，即委佐貳能幹官員暫於原設廠内，將東西二關往來客商鐵鹽等項貨物，查照原定則例，照舊抽取税銀，以助軍餉支用。仍嚴禁吏書及隸快人等，不許作弊生事，侵欺税銀。亦不許客商私通橋子縱放船隻，及聽信奸詐牙行包攬，赴廠投遞報單，希圖匿税。承委官員必須親臨驗船大小及貨物多寡，令其從實開報納税，毋得虧損，致生嗟怨。仍照舊規，每五日開報稽考。仍通沿路巡檢司等衙門，不得生事阻絶未便。

其三十九牌行吉安永新千户所解送軍器　七月十一日

照得本院調集各處官軍，親統追勦逆賊，所有軍中合用防牌弓箭鎗刀等項，訪得吉安等千户所俱有收貯在官，擬合取用。爲此牌仰官吏，即將本所見在防牌弓箭鎗刀等項器械，不拘制造解京之數盡行查出，無分雨夜，差人解赴軍門，以憑給用事畢，發回收貯，毋得遲違時刻不便。

其四十牌行南贛吉臨四府及萬安泰和吉水新淦豐城五縣預備犒勞行軍　七月十一日

照得近因寧府反叛，已該本院通行各處起調漢土官兵追勦，俱由南安、贛州、萬安、泰和、吉安、吉水、新淦、臨江、豐城等處經過，必須犒勞，以勵人心。爲此仰府縣官吏即便查照先年用兵則例，支給在庫官錢，預先買辦牛酒等項，聽候所調各處官兵到日，就行分別等第犒勞，毋得臨期有誤。

其四十一牌行指揮麻璽策應豐城　七月十一日

據豐城知縣顧佖稟稱，兵力不敷，請兵策應。已經調發龍泉、安福、永新等縣并及吉安千户所機快軍兵，陸續防勦去後。今照發去官兵，必須選委謀勇膽略官員統領，庶幾調度得宜。爲此牌仰指揮麻璽即便前去，會同通判楊昉、督同千户蕭英等，將防守軍兵先行訓飭操演。務要行伍整肅，號令嚴明，進退齊一，聽候本院督臨，剋期分哨並進。軍兵人等所過，毋令侵擾。敢有違犯退縮者，許以軍法從事。各官仍要同心併力，協和行事，共效忠貞，以紓國家之難。

其四十二牌行通判談儲統領吉水官兵　七月十一日

牌仰通判談儲，即便統領吉水縣調集官兵一千五百員名，跟隨本院前去江西追剿逆賊。務要申嚴號令，整肅行伍。兵快敢有違犯節制，畏避退縮者，許照本院欽奉敕諭事内理，以軍法從事。其該縣印信，就仰縣丞任禮署掌。嚴加防禦，固守城池，俱毋違錯。

計開領哨官：

義官三員：　蕭連朴、李尚禮、李良蔡。永豐巡檢劉以貴，管理糧餉主簿何池。

其四十三牌行餘干縣知縣馬津預備戰船　七月十二日

照得本院調集各處官軍，前去追剿逆賊，所有裝兵船隻，止僱有民船，緣狹小，不堪水戰。本院不久沿江前進，惟恐臨期有誤。訪得餘干縣所屬龍津驛河埠灣泊，俱係運糧及民間大船，約有六七百號，在彼空閑，俱應起撥。爲此仰知縣馬津等即便親至前項河埠，盡將官民船隻，責令各船運軍船户裝載調到軍兵，跟隨本院前往剿賊。中間若有運軍不齊，亦聽隨宜僱募慣便水手代駕，仍各給與口糧。毋違時刻，定以軍法論處。

其四十四牌行臨江府戴德孺解送軍器戰船　七月十二日

照得本院調集各處官軍追剿逆賊，所有裝兵船隻狹小，不堪水戰。及照軍中合用弓箭鎗刀防牌等項器械，訪得臨江府所轄樟樹埠頭，俱有袁州等處運糧并民間船隻數多，庫内收有前項軍器，應合取用起撥。爲此仰臨江府官吏即行知府戴德孺，速將在庫軍器不拘解京之數，盡行差人星夜送赴軍門，給與各軍應用。并將前項埠頭灣泊官民船隻，責令各船運軍船户裝載官兵，跟隨本院前去剿賊。中間若運軍不齊，亦聽隨宜僱募慣便水手代駕。仍撥小漁船百隻，聽候差用，仍各給與口糧。毋違時刻，定以軍法處論。

其四十五牌行饒州府解送軍器戰船 七月十三日

照得本院調集各處官兵追剿逆賊，所有軍前合用防牌鎗刀弓箭器械及木鐵等匠，應合取用。及照裝兵船狹小，不堪水戰。訪得饒州府縣收有前項軍器及各色匠數，多并運糧新舊及民間船隻約有六七百號，俱在河下空閑，亦合起撥。爲此仰府官吏即行掌印官，速將見收軍器無拘解京之數，盡行差人，不分雨夜，解赴軍門，給軍應用，事畢發回。仍拘慣造器械鐵匠木匠等役各二三十名，各帶隨用家火，官辦熟鐵一二千斤，煤炭數十擔，亦差的當人員管領。及另選委能幹官員，速將官民船隻通行責令運軍，并各船户裝載官兵，速到南昌省城，跟隨本院前去沿江剿殺前賊。中間若各運軍不齊，亦就僱募慣便水手代駕，各給口糧，毋得稽違時刻，定以軍法論處。

其四十七牌差千户劉祥督發福建官兵 七月十五日

案照已於六月二十一日備行漳南道，即將見在上杭操練兵快，并取漳州銃手李揀等，委官統前赴本院，督發進剿，未報。續又牌仰布政司選募海滄打手，就仰布政席書、僉事周期雍，自行統赴軍門，相機擒剿去後，亦未見到。合再立限督催。爲此今差千户劉祥齎牌前去福建布政司，分巡該道着落官吏，即將前項見在兵快四五千名，并將海滄打手一二萬名，作急調取到官，令其各帶隨身鋒利器械等項，查取在庫不拘何項錢糧給與行糧并雇募之資，就仰左布政使席書統領,毋分雨夜,定限本月二十九日直抵江西省城,隨軍前進。如違時刻,定以軍法論處。此係叛逆謀危宗社重務,非比尋常賊情。軍兵人等敢有違犯節制者,許以軍法從事。其軍中合用火藥等項,亦仰支給官錢買辦應用,不得臨期失誤。仍查本院差來本道,并布政司官舍的於何日到彼,有無在途延緩緣由,各另呈報。

其五十一牌行主簿余旺督運兵糧　七月十九日

牌仰部糧主簿余旺即回吉安府,速將原部寧都縣糧里會元興等九名原寄各府倉廒收囤兑淮糧米七千七百石,盡數用船裝載,無分雨夜,督同各役正身運赴江西省城河次,以憑支給官兵行糧等用。中間糧里人等敢有違延誤事及不聽約束者,就仰本官照依軍法,輕則量情責治,重則綁赴軍門斬首,決不輕貸。完日通行造册繳報。

其五十三牌行劉守緒把守武寧渡　七月二十一日

照得本院原調奉新縣劉守緒統領民兵把守武寧渡,今因策應入城,搶擄妄殺,不無違犯軍令,本當重治,姑記過類處。爲此牌仰本官即便統領原管兵快,速赴前渡守把,不許一人一馬擅自渡江入城。敢有潛躲在城,并一應違犯軍令者斬首示衆。牌具不違,依准并離城定營地方時刻，火速繳來。

其五十九牌行撫州府知府陳槐掣兵設伏　七月二十五日

據各哨探報，逆黨近在地方王家渡屯住，去離江西程途不遠。雖經本院先已督發官兵四路相機夾剿，但城守未備，而張疑設伏，亦爲緊要。所據知府陳槐部下兵快合行掣取。爲此牌仰本官即將原統兵快中，分一半掣入省城，以憑面授方略，別有指使。分掣之際，務在密跡潛形，毋得張皇，致有驚動。牌具依准繳來。

其六十牌行建昌府知府曾璵會兵夾剿　七月二十五日

牌仰知府曾璵即便挑選部下驍勇精兵一千餘名，會同各哨官兵，相機夾剿叛賊，張疑設伏，候警急應，毋得違遲時刻，定以軍法從事。軍兵人等敢有臨陣退縮，違犯號令，仰遵本院欽奉敕諭事理，照依軍法斬首。

其六十一牌行進賢縣知縣劉源清會兵夾剿　七月二十六日

牌仰知縣劉源清即便挑選部下精兵七八百名，星夜前去吴城等處，會同各哨官兵，相機夾剿逆賊，張疑設伏，候警急應，毋得稽遲時刻，定以軍法從事。兵快人等敢有違犯節制及畏避退縮者，斬首示衆。

其六十二牌行安義靖安二縣知縣焚燒墳廠

仰知縣王軾、萬士賢即便會兵前去，速將新舊墳、雙嶺二廠藏賊房屋樹木等項，用火焚燒，以免逆賊復據。毋得違誤時刻，定以軍法從事。

其六十三咨總督兩廣右都御史楊停止原調官兵　七月二十六日

案照已經通行吉安等府調選官兵，委官統領督追叛逆。續該本院看得前項事情係國家大難，存亡所關，誠恐兵力不敷，隨即備咨南京兵部及欽差總督兩廣都察院右都御史楊、欽差巡撫蘇松等處都察院右都御史李、欽差巡撫湖廣都察院右副都御史秦、吴，并福建三司等官，煩爲選取驍勇兵快，選委謀勇官員監統，兼程前來，共勤國難去後。節據知縣顧佖等差報，寧王已下南京，留有逆黨萬餘固守城池。隨該本院分布哨道親督，刻期於七月二十日寅時攻破省城。各賊奔潰，分兵搜擒逆黨以次審決。一面分哨四路並進，或當其前，或躡其後。隨於七月二十六日在於鄱陽湖大戰，遂已擒獲寧賊，逆黨悉就翦平。除奏聞外，看得逆賊已獲，逆黨已盡，所據原調各省官兵應該停止。爲此合行移咨貴院，煩爲查照，希將起調軍兵人等俱行停止。如已起行，即便差官追回施行。

咨巡撫應天、蘇、松都御史李，咨巡撫湖廣都御史秦、吴，咨南京兵部同。

其六十四案行福建按察司停止原調兵快

案照云云。爲此仰抄案回司，即便遵照，速將所調兵快打手人等俱行停止，免致往返，徒勞跋涉，毋得違悮。仍行巡按衙門知會。

案行福建漳南道，淛江布政司。牌行吉安府，轉行隣界衡州等府同。

其六十五牌行知縣劉源清楊材追剿逆黨 七月二十七日

牌仰進賢、安仁二縣劉源清、楊材，各統部下驍勇精兵，星夜前去進賢等處追剿逆黨。陳賢、秦榮、屠典寶等務在日下名名獲報，以靖地方，毋得稽遲時刻。兵快人等敢有違犯節制，畏避退縮者，仰照本院欽奉敕諭内事理，即以軍法從事。承委各官務要竭忠効力，以副委任。苟或故違，致有踈虞，國典具存，罪不輕貸。

其六十六案行河間等府通州等州停止見調軍兵　八月十三日

案照先因寧王圖危宗社，興兵作亂，已經具奏請兵征剿，及通行各該官司調兵，併勢追襲去後。隨該本院催督吉安、贛州等處官軍分布哨道，親督刻期於七月二十日攻破省城，當即發兵分路收南康、九江等處，一面設伏張疑，誘襲寧王。已於本月二十四日在鄱陽湖連日大戰，至二十六日遂已擒獲寧王，餘黨亦就誅戮。除具本奏捷外，近訪得南北直隸順天、應天、河間、通州、海州、涿州等處一帶官司，即今仍起調軍兵追襲，若不通行差人阻遏，非但徒勞跋涉，亦恐騷擾地方。爲此仰抄案回府州，着落當該官吏，即便遵照，火速將見調軍兵俱行停止，放散寧家，毋得拘留，妨誤生業未便。

照會順天府同。

其六十八牌行統兵各哨官查報功次　八月十五日

牌仰各哨統兵官，將哨下官軍兵快人等前後擒斬功次，分別首從及各地名日期，并奉本院批發。隨征報効人員，俱要查明開造草册，送院覆查相同，以憑轉發類造，奏繳施行。毋得查造不實，及將非奉批發報効之人一槩濫造在册。查究得出，定行照例追問如律，決不容恕。

計開：

二十日破城，二十四日戰王家渡，二十五日戰八字腦，二十六日戰樵舍，二十七日戰吴城，二十八日戰沿江諸處。

吉安府知府伍文定，贛州府知府邢珣，臨江府知府戴德孺，袁州知府徐璉，撫州府知府陳槐，饒州府知府林城，建昌府知府曾璵，廣信府知府周朝佐，瑞州府通判胡堯元、童琦，贛州衛指揮俞恩，泰和縣知縣李楫，萬安縣知縣王冕，奉新縣知縣劉守緒，安義縣知縣王軾，新淦縣知縣李美，吉安府通判談儲，吉安府推官王暐，吉安府通判鄒琥，臨川縣知縣傅南喬。

其七十牌行南昌府追征寧府私債　八月二十九日

據二哨領兵贛州府知府邢珣呈，將盤出寧府各縣人民借去銀兩花户并保人姓名，開報到院。糸照所開前銀俱係没官之數，合行追究。爲此拈單仰府官吏，即便行拘各民到官，照數追取足色銀兩還官，不許縱容欺騙，亦不許分外加增擾害。完日取具印信庫收，并官吏不違，依准隨牌繳報查考。

其七十三牌行南昌府委官護送許副使喪柩　九月

照得江西按察司副使許近被寧賊殺害，續該本院統兵攻復省城，當給銀兩買棺裝殮。隨據伊男許某告稱扶柩還鄉，所據護送人員，擬合行委。爲此仰南昌府官吏，即於見在府衛官内定委一員，送至原籍交割云云，毋得稽遲未便。

其七十四牌行上元縣護送馬主事喪柩　九月

據福建興化府莆田縣民馬順告稱，伊父馬思聰由進士任南京户部主事，本年六月内奉命差至江西催攢錢糧時，被寧王謀反拘執囚禁而死。後蒙將父屍買棺裝殮。今欲扶柩回籍，緣路途窵遠，况父家小見在原任，無力俱各不能還鄉，告乞脚力口糧等因。看得本官因公奉差遭亂被執監故是實，除行南昌府縣應付差人遞送回籍外，仰上元縣官吏即便照例起關應付本官脚力船隻，差人護送還鄉。其本官應得俸糧柴薪馬夫等銀，就使查明，照數給與。或應該僉與長行水手，亦就查給，毋得稽滯。

其七十七案行江西布按二司官戴罪護印　九月初三日

照得江西省大務繁，都、布、按三司不可一日缺官掌理。今亂平之後，各官俱係戴罪，未經復職。其新除叅議周文光考滿，僉事王崇仁尚未到司，所有各衙門印信錢糧并朝覲進表等項一應重務，缺官管理。除題知外，爲此仰抄案回司，即行布政使胡濂、按察使楊璋，暫且戴罪護印，管理本司庶務。副使唐錦，戴罪仍行管理學校。僉事王疇，戴罪暫且管理南昌道。各官不得以緣事之故，輒退避苟且，玩愒日月，隳廢職務，反益罪愆。候叅議官周文光等到任及有官之日，各將印信倉庫等項交代，仍與左布政使梁宸、叅議王綸、程杲、劉斐、副使賀鋭、僉事賴鳳、潘鵬及首領等官，俱令本衙門知在，不許私自回籍。。

其七十八案行江西都司官戴罪護印　九月初三日

照得云云。爲此仰抄案回司，即行都指揮馬驥暫且戴罪護印，管理本司事務。候有官之日，仍將印信交代。

其七十九案行知府鄭瓛戴罪護印　九月初三日

仰抄案回司，即行知府鄭瓛戴罪署掌印信，管理府事。候叅奏明文至日施行，毋得懈怠苟且，隳廢職業不便。

其八十一牌行撫州等府縣選取督解官員　九月初三日

照得先因寧王云云。本院擬於本月十一日親自督解赴闕，所據押解官員必須得人，擬合通行選取。爲此牌仰本府着落當該官吏，即行後開官員，速備衣裝，并帶堪任信老成人役數名，查支在庫官錢，照名給作往回盤費。定限本月初九日前赴軍門。此係重務立等事理，毋得稽遲。

計取撫州府知府陳槐，進賢縣知縣劉源清，安義縣知縣王軾，廣昌縣知縣余瑩。

其八十四案行各府州縣衛掌印官從宜發落罪犯　九月初四日

照得各府州縣衛所奉有部院撫按二司等衙門委問勘合批詞，或各衙門自理詞訟，問有徒罪以上人犯，俱應申呈上司，祭詳發落。但省城亂平之後，撫按缺官，二司并巡守等官俱各戴罪，前項應詳人犯無憑請奪，今但從宜處置通行。爲此仰抄案回司，轉行南昌等府縣衛所，遇有申詳人犯，除死罪充軍、重犯監候請奪外，徒罪以下擺站、瞭哨、納米，或折納工價工食等項，俱行該府掌印官秉公持憲，詳審發落。候有上司至日，類行照驗，仍照舊規申呈詳奪。其杖罪以下應該納贖的決，各衙門徑自發落。各不許倚法爲奸，出入人罪，自取罪譴。

其八十五用手本御馬監太監張 九月初六日

據南康府申奉欽差提督軍務御馬監太監張劄，付内開訪得宸濠已該都御史王擒獲，克復南昌府城等語，不曾親到江西，又無堪信文移，止是見人傳説，遽難憑據。會同欽差提督軍務平賊將軍充總兵官左軍督府左都督朱議照，係干反逆重情，况係宗藩人衆，中間恐有撥置同謀逆黨，尚有漏網未盡，抑恐前言虚傳未的，將來爲患非細等因，備申到職。卷查先爲飛報地方謀反重情事云云。本職親自量帶官兵，徑從水路，於本月十一日啓行，解赴京師，及具本專差舍人金昇先期赴京奏知外，今申前因，爲照寧賊果已就擒，同謀黨惡果已盡獲，餘孽果已掃蕩，其妃姥干礙眷屬見今起解，家資錢糧并僞造軍器等項，俱該本職公同原經奏留巡按兩廣監察御史謝源、伍希儒，及都布按三司并各該府縣領兵籌官眼同封貯在府，聽候命下之日定奪外，合用手本前去，煩請查照施行。

公移四　平寧藩叛亂下 共三十七條

其三牌委隨行獻俘各官 九月二十五日

仰推官陳軫、縣丞王彦肅督領殺手人等，管押寧王水陸人夫船隻轎馬，并日逐飲食動静等項，務要晝夜嚴加防範，毋致傷損。及有踈虞，罪有所歸。

仰知縣余瑩、千户王欽督領官兵管押郡王將軍各水陸人夫船隻轎馬，并日逐飲食動静等項，務要晝夜嚴加防範，毋致傷損。及有疎虞，罪有所歸。

仰知縣劉守緒、指揮孟俊管押衆犯各水陸人夫船隻轎馬，并日逐飲食動静等項，務要晝夜嚴加防範，毋致傷損。及有疎虞，罪有所歸。

仰典史區澄、糸隨周祥、生員劉旦管押宮人各水陸人夫船隻轎馬，并日逐飲食等項。

仰指揮斯泰、該吏李景專一管理見解男婦衣服刑具等項，毋得違悮。

仰主簿張恩專管馬匹草料等項，毋得違悮。

仰指揮高睿教官艾珪專管本院出入門禁賓客往來，及各官關文等項，毋得違悮。

仰指揮陳偉、糸隨官龍光分撥本院隨帶糸隨官吏，并各重犯官兵人等夫船轎馬，務要公平均一，毋得違悮。

仰指揮劉鏜與同承差劉昂專管旗號器仗及卷箱等項，毋得違悮。

其四用揭帖知會御馬監太監張　九月二十六日

准欽差提督贊畫機密軍務御用監太監張揭帖開稱，今照聖駕親率六師，奉天征討，已臨山東南直隸境界。所據前項人犯，宜合比常加謹防守調攝，待候駕臨江西省下之日，查勘起謀根由明白，應否起解斬首梟掛等項，就便處分定奪。若不再行移文知會，誠恐地方官員不知事體，不行奏請明旨，那移他處，或擅自起解，致使臨難對證，有悮事機，難以悔罪等因，准此卷查先爲飛報地方謀反重情云云。本職已將寧王并逆黨親自量帶官兵，徑從水路，照依原擬日期啓行，解赴京師，已至廣信地方外，今又准前因及該差官留本職并寧王及各黨類回省。爲照前項人犯先監，按察司責委官員人等，晝夜嚴加關防，有病隨即撥醫調治。數内謀黨李士實、王春、劉養正等，已多醫治不痊，俱各身故。隨差官吏仵作人等前去相驗，責付淺殯，撥人看守。其寧王及謀黨劉吉等，俱係惡焰久張之人，設若淹禁不行解報，縱有官兵加謹防守，恐或扇誘，別生他奸。今若留回省城，中途踈虞，尤爲可慮。兼且人犯多生瘧痢，沿途亦即撥醫調治。又有數内鎮國將軍拱械并世子二哥，各行身故，又經差官相明置棺裝殮，責仰貴溪縣撥人看守。其餘尚未痊可，若更往返跋涉，未免各犯性命，愈加狼狽，相繼死亡，終無解京人犯。抑恐驚摇遠近，變起不測。況本職親解寧王先已奏聞朝廷，定有起程日期，豈敢久滯因循，不即解獻，違慢踈虞，罪將焉逭？及照庫藏籍册等項，未准揭帖之先，已會多官封貯在府，待命定奪。況新任按察使伍文定及戴罪三司官領兵各知府等官，俱各見任封識明白，別無可疑。除將寧王宸濠等各另差官分押，宫眷婦女行各將軍府取有内使管伴，俱照舊親自解京外，所有庫藏等項，奉有明旨，自應查盤起解，就請公同三司并各該府等官，眼同徑自區處。爲此合用揭帖前去,煩請查照施行。

其六呈奉欽差總督軍務鈞帖　九月二十七日

正德十四年九月二十六日酉時,奉欽差總督軍務鈞帖云云。仰提督南、贛、汀、漳兼巡撫江西等處右副都御史王,照依制諭内事理,即便轉行所屬司府衛所州縣驛遞等衙門,一體欽遵施行等因。奉此卷查先爲飛報地方謀反重情事,先該寧王圖危宗社,興兵作亂,當即具本奏聞,請兵征剿。隨該本職看得寧王虐焰熏張,恐其徑往南都,驚動京輔,當就退保吉安,設策牽制。一面調集各府官兵,親自統領,於七月二十日攻破省城,本月二十四等日在鄱陽湖連日與賊大戰,至二十六日,遂將寧王俘執,及其謀黨李士實、劉養正、王春等,賊首吴十三、凌十一、閔念四、吴國七、閔念八等,俱已前後擒獲。餘黨蕩平,地方稍靖。已於本月三十等日具本奏捷,并行南京兵部内外守備等衙門,及沿途一帶直抵北直隸各官司知會止兵去訖,續爲獻馘,以昭聖武事云云。本職擬於九月十一日親自解赴闕下,隨將前項緣由奏聞訖。後因傳報大駕南征,京邊各官軍四路隨進,地方愚民妄相驚擾逃竄,往往溺水自縊。本職屢次親行撫諭,尚未能息。殊不知朝廷出兵專爲除勦寧賊,救民水火之中。況統兵將帥,皆係素有威望老臣宿將,紀律嚴明,遠近素所稱服。縱使復來,亦自無擾害。況今寧賊已擒,地方已靖,京邊官軍亦豈肯無事遠涉?愚民無知，轉相驚惑，深爲可憫。誠恐沿途一帶居民，亦多聽信傳聞不實之言，而北來京軍尚或未知寧王已就擒獲，又於九月初四日分投差官各從水陸前去，沿途曉諭軍民，及一面迎候北來官兵，煩請就彼轉回。本職亦將寧王并逆黨親自量帶官兵徑從水路照依原擬日期啓行，解赴京師，已至廣信地方外。今奉前因，合就呈報通行。爲此除依奉鈞帖内事理施行外，今備緣由合行具呈，伏乞照驗施行。

其七准答安邊伯朱留查功次手本 九月二十七日

准欽差提督軍務充總兵官安邊伯朱手本開稱：即查節次共擒斬叛逆賊首級若干内，各處原奏報有名若干，無名若干，有名未獲漏網，并自首及得獲馬騾器械等項各若干，連獲功官軍衛所職役姓名，備查明白，俱各存留江西省城，聽候審驗。仍查宸濠餘黨有無奔潰，及曾否殄滅盡絶緣由，通行明白，作急開報，以憑遵奉鈞帖，備由回奏，及督併各營官軍粘踪襲剿施行等因。照得寧王宸濠及其餘黨李士實、劉養正、王春等，賊首淩十一、吴十三、閔念四、吴國七、閔念八等，已該本職調集官兵親自統領追襲，前後俘執擒獲，見今督解赴闕，以昭聖武。其餘脅從之人，又該本職備奉欽降黄榜，曉諭俱赴所在官司投首安撫外，所有各哨擒斬首從賊人賊級并俘獲賍仗馬騾等項，俱經發送紀功巡按兩廣監察御史謝源、伍希儒審驗，紀録造册，徑自奏繳定奪去後。今准前因，合用手本前去，煩查照施行。

其十案行江西按察司交割逆犯知會兵部及欽差等官

照得云云審處。除行浙江按察司云云施行外，仰抄案回司，着落當該官吏一體查照，并呈本部，及欽差提督軍務御馬監太監張、欽差總督軍務充總兵官安邊伯朱，各知會施行。

其十一咨報兵部交割逆犯

照得云云審處。爲此除行浙江按察司備呈欽差提督贊畫機密軍務御用監太監張煩請會同監軍御史公同當省都布按三司，將見解逆首宸濠及逆黨劉吉等各犯，并宫眷馬匹等項，逐一查交明白，轉解施行外，合咨知會施行。

其十二牌行副使陳槐督解逆犯　十月十一日

照得當職督解寧王等犯行至杭州地方，適遇欽差提督贊畫機密軍務御用監太監張奉命前來江西，體勘宸濠等反逆事情，及查理庫藏宫眷等事。當准鈞帖開稱：宸濠等待親臨地方覆審明白具奏軍門定奪等因。爲照本職因疾從便在於杭州城内請醫調治，候稍痊痾，仍回江西省城。或仍前進，沿途迎駕外，所據原解前項逆犯，雖經按仰浙江按察司備呈太監張，會同監軍御史，公同該省都布按三司，將宸濠并其黨類及各宫眷馬匹等項查交明白，另委相應官員管押，帶回省城，聽候駕臨之日，轉解軍門審處。但路途遥遠，恐致疎虞，或生他變，必須才能風力官員相幇督押。今照江西按察司新任副使陳槐見在軍門公幹，合就行委兼同委官督解。爲此將前項逆犯發仰兼同督押解回江西省城，聽候轉解軍門定奪，毋得違誤及疎虞未便。先將起程日期申報查考。

其十五案仰江西布按二司預備官軍糧草

准欽差整理兵馬糧草等項兵部左侍郎兼都察院左僉都御史王咨，爲委官分理庶務事云云。擬合就行。爲此仰布按二司，即將前項官軍經過住劄府州縣地方合用糧料草束及廩給拽船人夫，作急坐委本司佐貳能幹官員并行該道巡邏等官，分投前去整理，務要齊備，聽候至日應用。如有不敷，亦就上緊設法，多方處置，毋致臨期有誤未便。

其十七咨整理兵馬兵部侍郎王接濟官軍糧草

據江西按察司呈云云。查照先准户部咨内開題准將正德十三年兑運糧米俱准停留，如或用兵日久，本處軍餉供億不敷，前項糧米亦准動支應用外。爲照豆料草束非江西地方所産，每年止籍湖、浙客商販賣。近因寧府變亂，商賈不通，雖經節行布按二司設法給銀，差人分買，尚果缺乏。今聖駕將臨，軍馬衆多，遠近人心惶惶，事益難處。合行移咨貴職，煩爲憫念殘破之地瘡痍重叠，勢難復支。請即轉行湖、浙等省，差能幹官員上緊收買豆料草束，僱船裝運江西省城，聽候接濟。待事畢之日，或設法追銀解補，或准作正支銷。如此則人心稍定，地方免召意外之虞。軍餉有咨，軍馬得濟，臨期不乏。

其十八牌行江西按察司查收隨軍糧賞　十月十五日

照得本院督解寧王宸濠并其黨與已至浙江杭州地方。適遇欽差提督贊畫機密軍務御用監太監張奉命前來江西，體勘宸濠反逆等情。當准揭帖，隨將各犯案仰浙江按察司備呈太監張，就仰原委官兵解回江西省城，聽候轉解軍門審處外，所據原帶各項賞功銀牌花紅綵叚及糧餉等項，應合隨軍解回。爲此除差原解縣丞等官龍光等，仍將前項銀牌糧餉等項解回江西按察司，照數查收貯庫，待候逆犯轉解起程之日，隨軍支用。牌仰本司官吏，即便查照施行。仍具收過數目緣由、印信結狀及庫收隨牌申繳。

其十九牌差千户楊基追回起運官兵糧米　十月十七日

令差百户楊基前往南直隸地方同原委主簿于旺，即將原運官兵人等日用糧米裝回江西省城河下，聽候官兵起解人犯之日，仍發隨軍支給。仍仰南昌、新建二縣差人公同看守。

其二十案行江西布政司查報各衛充運遇變錢糧　十月二十七日

准欽差提督漕運都察院右副都御史臧咨，據南京留守中衛運糧甲餘徐禄等狀告：蒙派江西南昌等縣兑改正糧四千九百石零，於本年五月二十二日官軍四十七員名到吴城水次，至六月十四日兑完，各縣糧米俱遺下耗米并行糧未曾兑領，在彼守兑。至六月十六日，忽被王府承奉熊太監帶領流賊千餘齊擁上船，就將指揮綁縛截回江西去訖。有禄等奔命躲避，乞賜憐憫，轉達搶擄情苦等因。又據百户何鈺呈旗甲粱承宗等狀告跟隨指揮盛勳領兑南昌等縣糧一萬九百九十石零，至六月十四日，先將兑完糧米起運，止留下載船裝米八百石零，差委百户田榮帶領承宗等守兑行糧及輕齎銀兩。至十六日午時，亦同留守中衛糧船被賊擄去官銀一百四十三兩四錢四分，南昌縣輕齎銀九百三十六兩五錢零，進賢縣行糧一千八十三石，并官軍田榮等六員名，俱被搶擄去訖。止有承宗與董勝上岸逃命，乞賜轉達等因。續據湖廣蕲州衛指揮王驥呈報，黄州、武昌二衛兑領糧米入船，被賊刼虜。武昌左衛指揮丁鉞呈，本衛百户高鎔下運軍被賊搶擄二十八名。沔陽衛指揮張銘呈，本衛軍船遇賊截虜。武昌衛指揮李璁呈，本衛軍船旗甲俱被虜去。九江衛指揮陳勳呈，本衛千户王濟兑完金谿等縣船糧，被賊綁打刼虜等情，各呈到院，議照案候間。今照江西首惡被擒，地方寧靖，誠恐各該領運官軍或乘機侵欺，或在家延住，合行查催。爲此備咨貴院，煩請分委廉幹官員，前去江西吴城等水次，嚴督原兑有司糧里并江西等總兑糧官軍人等，查勘船糧擄刼若干，搶去輕齎銀兩若干，虜去運軍餘丁若干，數内侵欺乘機盗去若干，其見在倉糧截留聽用若干，催趕前進若干，中間原被搶虜糧銀有無見在，應否給領起運，通煩查處明白，備由咨報。又准欽差提督漕運鎮守淮安地方總兵官鎮遠侯顧手本，爲查催運糧事云云。煩行江西司府州縣等官查明回示。案查先該本院看得前項糧米交兑，正是寧王反逆之時，節審被虜運軍報稱，中間有官軍兑運已畢，稍泊吴城、湖口等處者，亦有糧長裝糧在水次交兑未全者，多被賊黨執虜等情。查究間續准户部覆題開稱：强賊往來，大肆侵刼。所據京儲重務相應議處，合無移咨巡撫并漕運等衙門，將正德十三年兑軍已行裝運賊勢不相及者，即便差人嚴督，儹運赴京交納。未曾交兑者暫免，赴運不遠者，差人趕回，俱留彼處，堅完城内另廒收貯，極力防守。如用兵日久，本處軍餉不敷，亦准動支應用。如有因而乘機侵埋者，撫按衙門准自查究施行，事寧之日，造册奏繳。仍造青册送部查考等因。題奉欽依備咨前來，已經案仰江西布政司欽遵，即行掌印并原委司府管糧監兑等官，速將各該糧米逐一清查要見何處水次，在前交兑已經裝運起程若干，相應嚴督儹運。其未曾交兑者，暫免起運，准留本處收貯防守，收留之時，查照漕運則例，加耗折收。但恐未經篩晒并濕潤等項，不無折耗，難以放支。合照舊規，每石再加濕潤米一斗三升。其被虜糧米，亦要查係何府縣糧米，該何衛所官軍交兑，務要的實明白。定限一月以裏，類造手册，呈報本院，以憑奏報。仍刊給告示，曉諭運糧官軍并管糧等官及糧里等，不許乘機通同侵盗埋没，捏作被賊刼虜，如違，許令各該地方呈首拿問。首告之人，重加給賞。受賄買和并知而不舉，事發一體重治不恕。去後，未報。今准前因擬合就行爲此仰抄按回司作急委官催督查報，仍一面徑自備呈漕運衙門，本院查照施行。如再違延，先將首領官吏提問，掌印官别議不恕。

其三十四案仰南昌湖東湖西九江各道頒行十家牌式 四月十五日

照得本院初撫南、贛地方，看得盗賊充斥，風俗弊壞。因念禦外之策，必以治内爲先；安民之術，須以化俗爲本。遍訪民情，博詢物議，爰立十家牌式，行令一府所屬各縣，不論在城在鄉軍民，每家各置一牌，備寫門户籍貫及人丁多寡之數，有無寄住暫宿之人，揭於各門首，以憑官府查考。仍編十家爲一牌，開列各户姓名，背寫本院告諭，日輪一家，沿門曉諭，因而審察各家動静。但有面目生踈之人，踪跡可疑之事，及違條犯教不聽勸諭者，即行報官究理。或有隱匿，十家連罪。行之未久，盗賊稍息，人頗稱便。今本院繆膺重寄兼撫是方。看得南昌等十一府所屬，其間民風土俗雖與南、贛間有不同，但近經寧王之變，加以師旅饑饉之災，盗賊繁興，狡僞潛匿，究觀流弊，亦不相遠。前項十家牌式，合就通行編置。爲此仰抄案回道，即行該管各府州縣，着落各掌印官，照依頒去牌式，沿村逐巷，挨次編排，務在一月之内了事。該道亦嚴加督察，期於着實施行，毋得虚應故事。仍令各將編置過人户名姓造册繳院，以憑查考。非獨因事以别勤惰，且將旌罰以示勸懲。

其三十八牌行通判林寬選委義勇

牌仰通判林寬，即於九姓良善之中，挑選義勇武藝，及沿湖諸處起集習水壯健之人，身自督領。密取各賊隣族隨同知因鄉道，四路爪探。或躡賊踪，或截要路，或歸防縣治。張疑設伏，聲東擊西。一應事機，俱聽從宜施行。合用糧餉，已行按察司量行給發。有功人員，從重給賞。本官務要悉心委命，殺賊立功，以靖地方。毋得輕忽縮懦，復致踈虞，軍法具存，決難再宥。

公移五　提督軍務兼理巡撫批行事宜 共五十條

其三案行湖西道處置豐城水患 六月初九日

爲處置地方水患事。查得先據分巡南昌道副使顧應祥呈：豐城縣申稱被水沖倒地名毛家壋等處，係干重務，欲行動支官錢修理緣由，備呈到院。看得前項決堤，若不及時修築，秋水再泛，民害益深。該道所議悉中事宜，已經批仰即先行該縣知縣顧佖動支見在庫銀，坐委縣丞沈廷用專理其事。一面督工分投修築，一面備行本府知府吴嘉聰親詣該縣查照所議，督同顧佖再加詢訪計議，務在周悉停當，備由呈報施行。近該本院撫臨該縣，督同巡守該道副使顧應祥、參議周文光、知縣等官顧佖等，看得前項決堤漸侵縣治，委係緊急民害。但正當水衝，欲便築塞，必須依倣水簾桅之法，用大船數十裝載磚石沙土，阻遏水勢，方可施工。已將水簾桅等法面與知縣顧佖等備細指説，督令遵照施行間，隨據袁州衛運糧指揮余恭呈，爲儹運糧儲事，開稱本衛原額運糧淺船一百九十二隻内，除見運及已賣完糧并漂流船隻外，見在不堪裝運淺船一十四隻，實難修艌。乞要變賣價銀，以備釘造船隻，下年裝運等因。據此，爲照豐城縣即令見要破損大船塞阻水勢，所據前項船隻，合行查處變賣，以濟急務。爲此一仰江西分巡湖西道抄案，仰抄案回道，着落當該官吏，照依案驗内事理，即便會同巡守南昌道官，將袁州衛不堪裝運淺船查明的有若干，就便督同該衛官旗人等，從公估計每隻值價若干，差官押解，前去該縣裝載沙石，修築決堤。就行該縣見貯官庫銀兩内照數動支，給與各船旗軍，以爲釘造船隻之費。如此則築堤者易於興工，而賣船者速於得價，以爲彼此兩得其濟。所賣船隻不許多估虧損，及容姦人作弊侵尅。旗甲已賣運船曾否告鳴官司，賣銀完糧，惟復私自變賣銀兩及漂流船隻有無所在官司文憑可據，亦就通行開查，具由回報，俱毋違錯。抄案官吏具依准呈來。

一、仰江西分巡南昌道，除行分巡湖西道會將袁州衛不堪裝運淺船查明云云。開查具由回報外，仰抄案回道，着落當該官吏，照依案驗内事理，即會本道分守官查照督理，上緊完報施行，俱毋違錯。抄案官吏具依准呈來。

一、仰南昌府豐城縣，除行分巡湖西道會同守巡南昌該道官將袁州衛不堪裝運淺船云云，及容作弊侵尅外，仰抄案回縣，着落當該官吏照依案驗内事理，即行知縣顧佖，速差能幹官員，帶領人夫前來樟樹地方，接駕前項淺船到縣。照依該道估守價值，於官庫銀内支給，各船旗軍收領，取具領狀附卷。就便擇日起衆，催督委官縣丞沈廷用遵照本院面授水簾桅等法，興工修築，務將前船銜結勾連，多用串關扇束縛堅牢，足障水勢，以便施工。毋爲摧蕩，虚費財力。俱毋違錯。抄案官吏具依准呈來。

其十牌行嶺北道集兵操練　閏八月二十七日

先該本院行仰本道，將原調上下輪班操演機快，各留該縣委官管束，遵照本院原定伍法，時常操習武藝，看守城池，毋容懈弛。若奉本院明文調取，便就依期速赴軍門，聽候去後。今照所轄地方盜賊不時竊發，所據原散兵快人等，應該通取赴教場操演。爲此牌仰本道官吏，即將寧都等各縣原定上下班次兵快，通令整備鮮明器械，取赴贛州教場，大閲武藝，考較勤惰。俱限九月十五日齊到。敢有遲違，治以軍法。

其三十三案行南昌道選揀兵士　正月三十日

照得南昌等處盜賊不時竊發，欲行起調各處軍兵勦捕。但春作方興，兼且往來道路，未免驚擾。所據羊房校尉籍左衛軍旗人等，先因從逆投首，遇蒙恩宥釋放。近經本院奏請，免其罪戮遷徙，見在省城屯住。相應選用，令其立功報效。爲此仰抄案回道，即將前項軍旗校尉人等，盡數查點，挑選膂力强壯者，送赴軍門，指授操演，以憑調遣，殺賊立功贖罪。其軍民人等中間，若有膂力膽略出衆，願從殺賊報效者，亦聽揀選聽用，毋得違錯不便。

其四十牌行江西臨江府賑恤水災　正月初七日

據臨江府新喻縣申稱，今年自春入夏，淫雨連綿。田地衝成江河，沙石積成丘陵。即今四野一空，秋成絶望，要將本縣在倉稻穀賑濟緣由。爲照臨江一府被水，縣分恐亦非止新喻，合就通行。爲此牌仰本府官吏，即便分委佐貳等官，及行所被水各縣掌印佐貳等官，將在倉稻穀用船裝載，或募人夫挑擔，親至鄉村踏勘水災。驗果貧難下户，就便量給升斗，暫救目前之急。就各申嚴十家牌諭，通加撫慰開導，令各相安相恤。各官務要視民如子，務施實惠，不得虛文搪塞，徒費錢糧，無救民患。若其間事勢可緩，或行或止，徑自因時斟酌施行，不必拘定一議。

其四十二案行嶺北道停革龜角尾抽分　五月二十日

照得先因南、贛等處盗賊生發，調兵征勦，而糧餉缺乏。隨該本院奏奉欽依於龜角尾抽分廠，將東西二關往來客貨，照例抽税，以助軍餉續。准户部咨稱，地方事寧，商税相應停止。已行嶺北道遵照禁止訖。正德十四年六月内，爲因江西反叛，本院駐兵吉安，通行各府州縣調兵征勦，費用錢糧浩大。當即遵照欽奉敕諭一應軍馬錢糧事宜，俱聽便宜區畫事理，案行贛州府照舊委官抽分，以助軍餉。今照反逆已平，盗賊亦頗停息。所據抽税，合且查革。若日後果有緊急軍情，再行議處。爲此仰抄案回道，即將龜角尾抽分自本年六月初五日爲止，就行查革。

仍出告示，曉諭客商人等知悉。其南安折梅亭抽分，係先年奏准事例，該府仍舊抽税，以助軍餉。毋容侵剋，務禁下人，不許騷擾客商。仍將贛州府自奉本院明文抽分起，并以前在庫商税銀兩，通行查明。已用若干，見在若干，就拘銀匠辨驗成色，責令吏庫人等秤封收貯，非奉本院明文，分文不許擅支。敢有故違，定行拏究，決不輕貸。

其四十六奉敕赴京案照　六月十六日

照得當職於正德十六年六月十六日奉敕行取赴京，即日起行。所有撫屬大小衙門呈申一應公文，合行處置。爲此仰抄案回司，凡遇所屬府衛申呈及兩京部院咨行公文，或差人領賫到來，即便收，候新任巡撫至日，類送查照。其福建、廣東、湖廣各官呈申，俱仰賫至贛州嶺北道投下，亦候新任提督開送定奪。各給收照，付原差回銷，俱毋違錯。

其四十七案照江西都布按三司并南昌府　六月十八日

照得當職云云，啓行。仰抄案回司府，即將本院未完事件及暫發監問人犯果有重大事情，就呈巡按衙門區處。若事情輕小，徑自查審發落，毋令久禁人難。仍候提督巡撫至日，通行呈報查考。

其四十八牌行南昌府防守錢糧文卷　六月十九日

照得當職近奉敕旨行取赴京，所有本院衙門見有軍機錢糧各項勘合詞訟等項文卷，爲因居住未定，陸續盤檢亂雜，向未清理，即令暫收大廳左廂房内，及合用什物，亦收衙内。必須撥人防守，庶免踈失。爲此牌仰本府官吏，即行南、新二縣，各差地方總小甲或均徭皂隸數名，晝夜看守。仍差官不時巡察防範，及將應閉門户，亦即封鎖停當。每日取各巡察官員并地方人等，不致違悞踈失，結狀在官，聽候新任巡撫到日，查考施行。

公移六　總督兩廣平定思田始末　共八十七條

其二牌行江西都司操閲軍馬

照得本爵奉敕總制四省軍務，征勦叛賊。所據各屬軍馬錢糧，相應查處調發。爲此牌仰本司官吏即行掌印官，督同領操官，將見在軍門通行整搠齊備，聽候本爵親臨視閲，以憑臨時調發。軍官人等敢有雜亂喧譁、違犯軍令者，遵照敕諭事理，治以軍法，決不輕貸。仍行鎮巡衙門，至日俱赴教場，聽候本爵督同閲視施行。

其三牌行江西布政司備辦糧賞

照得云云。爲此牌仰本司官吏，即查在庫錢糧計有若干，務要盡數開報，以憑查支應用。仍先動支銀兩買辦花紅銀牌等項，聽候犒賞。至日供事大小員役，敢有雜亂喧譁、違犯節制者，遵照敕諭事理，治以軍法，決不輕貸。

其四牌行江西按察司監視行罰 十月十二日

照得云云。爲此牌仰本司官吏，即查在庫錢糧計有若干，務要盡數開報，以憑查支應用。本司將帶刑具監視行罰。至日供事員役，敢有雜亂喧譁、違犯節制者，遵照敕諭事理，治以軍法，決不輕貸。

其七批吉安勤王有功張熖等詞 十一月初五日

據千百户丁紀、張熖、陳煉、蔣溥等告稱，自奉查功以來，俸糧未支。看得各官原在軍門效力，勤王有功無罪。止因讒嫉，致令虧枉。仰該所即行遵奉詔書事理，各行支俸管事。詞繳。

其十一案仰廣東嶺東嶺南嶺西海南海北及廣西桂林蒼梧左江右江等道行十家牌法　十一月二十一日

照得本院往年巡撫南、贛地方，看得盜賊充斥，風俗弊壞。因念禦外之策，必以治内爲先；安民之術，須以化俗爲本。遍訪民情，博詢物議。爰立十家牌式，行令二府所屬各縣。不論在城在鄉軍民，每家各置一牌，備寫門户籍貫及人丁多寡之數，有無寄住暫宿之人，揭於各家門首，以憑官府查考。仍編十家爲一牌，開列各户姓名，皆寫本院告諭。日輪一家，沿門曉諭，因而審察各家動静。但有面目生踈之人，踪跡可疑之事，及違犯教條不聽勸諭者，即行報官究理。或有隱匿，十家連罪。行之未久，盜賊稍息，人頗稱便。今本院繆膺重寄，兼撫兩省。看得所屬地方，其間民風土俗亦與南、贛相去不遠，前項十家牌式，合就通行編置。爲此仰抄案回道，即行該管各府州縣着落各掌印官，照依頒去牌式，沿途逐巷，挨次編排，務在一月之内了事。該道亦要嚴加省察，期於着實施行，毋得虚應故事。仍令各將編置過人户姓名造册繳報，以憑查考。非獨因事以别勤惰，且將旌罰以示勸懲。

一、仰廣東南雄、廣州、潮州、韶州、肇慶、雷州、廉州、惠州、潯州、平樂、瓊州、高州十(二)府，廣西梧州、桂林、柳州、南寧、慶遠、太平(八)〔六〕府官照。

一、仰廣西布按二司同。

其十三批嶺西道稅法呈　十一月二十四日

據僉事李香呈，看得立稅征商，本非善政。從權濟急，似可暫行。仰該道仍行各該地方，務須歷訪居民之意，備詢行旅之情。若果於事無擾，於商有便，可照議施行。不然，則毋以一時之獲，遂貽一方之怨，慎之慎之。

其十六批海南道策謀巢賊　十二月初二日

據副使范嵩呈，賊首王那整等，督令指揮徐爵密運謀策，計誘擒拏緣由。看得設守備以防奸，出奇謀以擒賊，固在經營有素，尤貴委任得人。依擬施行，務求實効。繳。

其十八批廣州府起蓋漏澤園申　十二月初九日

據廣州府申稱，起蓋東門、北門二處漏澤園緣由。看得掩骼埋胔，仁政之一況。近奉恩詔，正宜舉行。仰府照議動支銀兩。委官修理，事完繳報。

其二十牌差千户梅元輔省諭田州思恩　十二月十七日

今差千户梅元輔、舍人王義、百户鄧瓚、舍人趙楠賫捧令旗令牌，并齎軍門牌諭一封，前往田州、思恩地方，交付與土目盧蘇、王受等，省令開讀，與部下各兵夫知會。仰各官舍一到地方交付牌諭訖，當時即回，毋得在彼遲留，生事擾人。如違刻限，定依軍法斬首，決不輕貸。仍仰所過有司驛遞，即時應付馬匹夫船口糧，星夜前去，毋致遲悞，自取軍法重究。

其二十三批湖州府預備軍餉　十二月二十六日

據梧州府申，看得軍士方殷而錢糧匱竭若此，誠爲可慮。仰廣東布政司即於庫貯軍餉銀內，動支五萬委官先解梧州府秤收貯庫，以備軍前支給。及照各軍糧米每月不下數千，而梧州見在倉糧已稱不滿一萬。仍仰該司備將各處收貯糧米盡數查出，陸續運送軍門，以濟目前之急。俱毋遲悞，開數查考。繳。

其二十六牌行南康府收買回軍馬匹　嘉靖七年正月初二日

照得軍門缺欠馬匹，答應不敷。訪得放回各處官舍頭目人等，各將馬匹貨賣，經旬不售。相應收買，似於官民兩便。爲此牌仰本府，即便動支軍餉銀兩，將見賣馬匹盡行收買，非但接濟回兵之缺乏，亦可少蘇里甲之困苦。承委人員務要兩平估買，毋致偏虧。仍將用過銀兩，買過馬匹數目，開報查考。

其二十七牌行南寧府收買回軍刀鎗　正月初二日

照得軍門隨征官舍人等，防護器械，俱各缺乏。訪得放回各處土舍頭目人等，俱乏盤費，各有刀鎗在市貨賣，相應收買。爲此牌仰本府官吏，即便動支軍餉銀兩，將出賣刀鎗盡行平價收買。及查該府見收在庫器械，揀選鋒利堪用者，解赴軍門，以憑給發應用，毋得違誤。

其三十一批桂林道稱獲賊首呈　正月二十一日

據叅政龍誥呈獲稱賊首莫銀等緣由。看得各官不費兵糧，計擒首惡，足見用心之勤，機事之密。除候事完具奏外，仰行布政司先支在庫無礙官銀，將各官每員具禮幣羊酒銀十兩，行仰桂林府學教官率領合屬師生人等，送付各官收領，用見本院奬勞之意。其亦領牌領銀，設法獲功人役，悉准查照原許銀數，通行給賞，毋靳小費，致失大信。開數繳報查考。

其三十二批放回富州廣南屯兵呈　正月二十一日

據知府楊美璜、雲南右指揮同知蘇昂呈調到土舍目兵緣由。看得所呈，足見該府衛官勤勞王事、夾輔共濟之義。其土舍頭目人等，悉能奉命趨事，亦有可嘉。但思恩、田州地方漸就平復，兩廣狼達土漢官兵俱已放歸復業，而富州、廣南遠在異省，各兵乃尚屯守不懈，其爲勞苦尤爲可念。况今春氣萌動，東作方興。公文至日，仰該府衛官即將各兵通行放回，及時耕種，毋廢農作。地遠事隔，各兵不能略加犒賞，以少慰其勤勞。該府衛官仍各諭以本院惓惓之意，批呈繳來。

其三十三牌行通判陳志敬約束歸順目民　正月二十四日

據武緣等處稟報，盧蘇、王受等帶領手下目民人等，出赴軍門投撫。今已見在應墟等處住劄，惟恐手下目民人等萬一或有騷擾鄉村，反致貽累蘇、受。爲此牌仰南寧府通判陳志敬，前去省諭盧蘇、王受等，務要嚴束下人，經過地方，毋得侵犯人家一草一木。上緊星夜前赴軍門，面聽約束。毋得在途遲疑，驚動遠近，自取罪悔。仍仰禁緝所過各鄉村居民人等，亦毋得記惡，因而有所侵侮。別生事端，定以軍法重治。

其三十五案行廣西布政林富安插歸順目民　二月二十五日

先該禮部右侍郎方奏，節奉聖旨田州應否設都御史在彼云云。除具題外，爲此案仰本官公同副總兵張佑，將前項復業各土目人等不時往來於思、田二府，加意撫恤省諭，令各及時修復生理。仍將該府城池廨宇等項，通行查估。堪修緝者即便修緝，應改移者即便改移，須創建者即便創建。合用木石磚瓦釘灰等項，各速買辦措備。一面擇日興工，趂時修理，務在堅固經久。

委用官員選擇呈取人夫，照前催調打手人等應役，不必干預目民。仍要嚴禁下人，不許騷擾貽患。本官合用廩給及打手工匠人等口糧工食，俱於南寧府軍餉糧米内支應，其餘事情，俟命下之日施行。仍將土目人等復業日期緣由，并各夷情土俗，本爵料理不及、區畫未盡應須呈禀者，俱仰密切呈報，毋得違錯。

案行副總兵張佑同。俱二月二十五日

其三十六牌委化州知州安插歸順目民

照得思、田二府土目盧蘇、王受等，率衆數萬俱赴軍門，自縛投降。就經省發，各歸復業。本院見臨該府，看得城池廨宇等項，俱該修復，必須選委精力才幹官員專理，庶克濟事。看得廣東高州府化州知州林寬識見通敏，心計周密，且精力强健，舊任江西南康通判，曾經軍門委用，著有成効，合就行取。爲此牌仰本州官吏，即行知州林寬，將該州印信暫行佐貳官掌管，選帶跟隨人役，不分星夜，兼程前赴軍門，以憑委用施行。

其三十七牌委該道沿途督發湖廣回兵

照得先因田州等處變亂，該前軍門奏調湖廣永順、保靖二宣慰司官舍目兵，前來征勦。即今各夷自縛歸降，地方悉已平復。況春氣萌動，東作方興，應合放回休息，及時耕種。但兵衆在途，約束不嚴，未免騷擾。應合行委各道分巡官接程，督押出境。爲此除委条政龍誥督至湖廣交界地方，發遣各兵出境外，牌仰本官即便公同湖廣統兵官，統督永、保二司宣慰官舍管領所部目兵，回還休息農種，在途各要嚴加鈐束。各兵經過城市鄉村，遵守朝廷法度、軍門號令，不許纖毫騷擾人民。敢有違法，指實呈稟，以憑從重条奏處治。本官督至梧州，交與分巡蒼梧道僉事李傑，督至廣西省城，交與分巡桂林道僉事申惠，一體督至全州，發遣各兵出境，徑就回還，各具回報先行各官，查照施行，俱毋違錯。仍行巡按御史知會。

其三十八牌行南寧府犒賞湖廣回兵

照得先因徵調湖廣永、保二司土官目兵，坐委僉事汪溱、都指揮謝珮統領，聽調剿殺。今各夷自縛投順，地方安妥，各官即目督兵回還。間關山海，王事勤勞，應合慰勞。其跟隨人役，亦合一體犒賞。爲此牌仰南寧府官吏，照依此處查計開數，於軍餉銀内支出，分送各官，少慰勤勞，及給與跟隨人員收領，以充犒賞。

其四十批嶺南道估修三水縣城池呈　三月初八

據条政胡璉等呈勘估修理三水縣城池緣由。看得本官綜理精密，稽功省費。但其三次傾塌，皆由風雨，事出不測，至其修築不堅之罪，亦居然難掩。該縣既申稱，各匠債負貧苦，姑准量增工食，每丈二錢。諭令從此加意堅築，若再有傾塌，仍將所增工食追出還官。監工官不行用心督理，一體究治。批至，通將各匠決責二十，以警其怠。備行該縣，查照施行。

其四十二批廣東兵備議處新寧賊峒呈　三月十八日

據副使徐度呈：　廣海衛并新寧縣矬峒都民彭道立等連名告，合無請乞調發狼兵數千，遣官督押前來，及行布政司暫發銀三四千兩應用。看得各處賊情，多因招撫稍定，即便棄置，不復乘時計處。俟其勢焰復熾，却乃議撫議勦，急迫無措。此當今之通患也。仰該兵備官，即便會同該道守巡官，上緊再行議處。應撫應勦，火速施行。一面呈奪合用錢糧，亦准行布政司照數支取，開數查考。繳。

其四十四批嶺西道呈　三月十九日

據僉事李香呈：　各僮既有願効之誠，宜如所議，將各僮量行犒賞，密加撫諭存恤，以連屬其志。雖目今未即調用，而異時終有可資。該道所轄稔惡傜村，本院原有勦除之意。近該道呈申，各傜皆已分給告示欲出投撫。若復掩其不備，輒行勦撲，則虧失信義，後難行事。惟殺害李松一巢，自知罪大，不肯出投，亦不過五六千人。況住近沿江，若乘水漲之月相機襲捕，似亦非難。不必興師動衆，震驚遠邇。該道且宜密切圖之，別有機宜，密行呈稟。

其四十五批廣西布政司呈　七年三月二十一日

據廣西布政司呈：庫内止有鹽利折糧銀各五千兩，設若地方有警，將何支給。乞俯念邊方支費浩大，將前項鹽利銀兩，除湖兵支用外，其嘉靖四年起至六年止未發銀四萬八千八百餘兩，酌量於梧州府庫支發，以備不足。看得歲額糧米，雖有停徵之日，尚有可徵之時。發補鹽利，既爲接濟歲用不足，自聽該司通融支費。況當軍門連年兵耗之後，梧州庫藏所餘不滿五萬之數。今各道守巡兵備等官軍餉缺乏，請給無時，費出不貲，尤難逆計。該司所呈銀兩，非但既往者已莫補支，雖於見在者尚難措給。如前所呈科舉等費，自有額辦，皆已准於南寧、梧州府庫照數動支。今再准行梧州府鹽利銀内動支一萬一千兩，通將連年請給過銀兩開數繳報，以憑查考繳。

其四十七仰田州龍寄等各目分管各甲　初

照得思恩、田州二府各設流官知府，治以土俗。其二府原舊甲分城頭，除割田州八甲分立土官知府，以存岑氏之後，其餘悉照舊規，不必開圖立里，但與酌量分析，各立土目之素爲衆所信服者以爲土官巡檢，屬之流官知府，聽其各以土俗自治，照舊辦納兵糧，効有勤勞，遞加陞授。

其襲授調發，必皆經由於知府，其官職土地，皆得各傳其子孫。除具題外，爲照各甲城頭既已分析，若不先令各目暫行分管，誠恐事無統紀，别生弊端。爲此牌仰田州府土目龍寄等，遵照後開甲分每歲應該納辦官糧，查照開數，依期完納出辦，一應供役征調等項事情，悉聽知府調度約束，本目仍要守法奉公，正己律下，愛養小民，保安境土。毋得放縱恣肆，踰分干紀，自取罪累，後悔無及。候奏請命下，仰各欽遵施行。

計開：

凌時甲

每年納夏税秋糧米八十八石八斗七升七合

每調出兵三百八十四名

每年表箋用銀三錢二分

須知册一本赴廣西用銀一錢一分

須知册二本赴京用銀八錢八分

每年納官猪等例銀一十三兩

每年納官禾四十担重一百斤

每年供皂隸禾七担

完冠砦陶甲

每年納夏税秋糧米六十九石一斗八升四合三勺

每調出兵三百三十八名

每年表箋用銀二錢七分八釐

三年大貢用銀八兩四錢二分

須知册一本赴廣西用銀九分三釐

須知册二本赴京用銀七錢五分五釐

每年納官猪等例銀一十四兩三錢

每年納官禾七十五擔

每年供皂隸禾七擔

腮水源坤宦位甲

每年納夏税秋糧米六十九石一斗八升四合三抄

每調出兵三百四十名

每年表箋用銀二錢七分五釐

三年大貢用銀八兩四錢二分

須知册一本赴廣西用銀九分三釐
須知册二本赴京用銀七錢六分
每年納官猪等例銀一十四兩三錢
每年納官禾七十五擔
每年納供皂隸禾七擔
邑答甲
每年納夏税秋糧米四十九石四斗四升二合二抄
每年調出兵三百七十一名
每年表箋用銀二錢
三年大貢用銀六兩零一分二釐五毫
須知册一本赴廣西用銀六分六釐二毫五絲
須知册二本赴京用銀五錢三分二釐五毫
每年納官猪等例銀五兩二錢
每年納官禾三十擔
每年納供皂隸禾七擔

廉州田子半甲

每年納夏税秋糧米四十八石八斗八升三合九勺六抄

每調出兵一百七十八名

每年表箋用銀二錢一分

三年大貢用銀五兩九錢五分

須知册一本赴廣西用銀七分

須知册二本赴京用銀五錢六分

每年納官猪等例銀七兩一錢五分

每年納官禾三十五擔

每年納供皂隷禾三擔半

右仰凌時巡檢司署土巡檢事土目龍寄准此。

砦馬甲

每年納夏税秋糧米七十九石四斗一升二合八勺一抄

每調出兵四百四十八名

每年表箋用銀三錢二分二釐

三年大貢用銀九兩六錢七分
須知册一本赴廣西用銀一錢零七釐
須知册二本赴京用銀八錢五分
每年納官猪等例銀一十五兩
每年納官禾五十擔
每年納供皂隸禾七擔

略甲

每年納夏税秋糧米六千二石八斗九升五合
每調出兵三百名
每年表箋用銀二錢五分六釐
三年大貢用銀七兩六錢六分
須知册一本赴廣西用銀八分四釐
須知册二本赴京用銀六錢九分
每年納官偖等例一十三兩
每年納官禾五十擔

每年納供皂隸禾七擔

温乞甲

每年納夏税秋糧米八十八石八斗七升七合

每調出兵三百三十一名

每年表箋用銀三錢三分

三年大貢用銀一十兩八錢二分

須知册一本赴廣西用銀一錢一分

須知册二本赴京用銀八錢八分

每年納官猪等例一十三兩

每年納官禾六十擔

每年納供皂隸禾七擔

右仰砦馬巡檢司署土巡檢事土目盧蘇准此

大田了甲

每年納夏税秋糧米二百六十四石八斗一升五合

每調出兵九百一十名

每年表箋用銀一兩零九分
三年大貢用銀三十六兩一錢
須知册一本赴廣西用銀三錢六分
須知册二本赴京用銀二兩九錢
每年納官猪等例銀一十五兩六錢
每年納官禾八十擔
每年納供皂隸禾七擔

那帶甲

每年納夏税秋糧米九十七石七斗六升二合七勺
每調出兵三百六十一名
每年表箋用銀四錢二分
三年大貢用銀一十兩九錢
須知册一本赴廣西用銀一錢四分
須知册二本赴京用銀一兩一錢二分
每年納官猪等例銀一十四兩三錢

每年納官禾五十擔
每年納供皂隸禾七擔

錦養甲

每年納夏税秋糧米四十四石零一升五合
每調出兵一百六十九名
每年表箋用銀一錢七分九釐
三年大貢用銀五兩三錢六分
須知册一本赴廣西用銀五分九釐
須知册二本赴京用銀四錢九分
每年納官猪等例銀九兩一錢
每年納官禾七十五擔
每年納供皂隸禾七擔
右仰大田巡檢司署土巡檢事土目黄富准此。

累彩田子軒憂甲

每年夏税秋糧米五十三石八斗七升五合五勺

每調出兵二百四十一名
每年表箋用銀六兩六錢
須知册一本赴廣西用銀七分五釐
須知册二本赴京用銀五錢八分
每年納官猪等例銀一十一兩七錢
每年納官禾五十擔
每年納供皂隸禾七擔

篤忻下甲

每年納夏税秋糧米四十七石八斗八升九合四勺
每調出兵一百九十九名
每年表箋用銀一錢九分
三年大貢用銀五兩八錢五分
須知册一本赴廣西用銀六分四釐
須知册二本赴京用銀五錢二分
每年納官猪等例銀一十兩四錢

每年納官禾五十擔

每年納供皂隸禾七擔

右仰累彩巡檢司署土巡檢事土目盧龍准此。

武龍烟負甲

每年納夏税秋糧米五十九石八斗六升一合五勺

每調出兵三百六十四名

每年表箋用銀二錢五分

三年大貢用銀七兩三錢五分

須知册一本赴廣西用銀八分五釐

須知册二本赴京用銀六錢五分

每年納官猪等例銀一十三兩

每年納官禾五十擔

每年納供皂隸禾七擔

里定甲

每年納夏税秋糧米四十七石八斗八升九合四勺

每調出兵二百五十五名
每年表箋用銀一錢九分
三年大貢用銀五兩八錢五分
須知册一本赴廣西用銀六分四釐
須知册二本赴京用銀五錢二分
每年納官猪等例銀一十兩四錢
每年納官禾七十五擔
每年納供皂隸禾七擔
右仰武龍巡檢司署土巡檢事土目黄笋准此。
萬洞甲
每年納夏税秋糧米六十三石二斗五升
每調出兵三百五十一名
每年表箋用銀二錢六分九釐六毫二絲五忽
三年大貢用銀七兩七錢零二釐
須知册一本赴廣西用銀八分六釐二毫五絲

須知冊二本赴京用銀六錢八分二釐五毫
每年納官猪等例銀一十四兩
每年納官禾四十擔
每年納供皂隸禾七擔

永寧甲

每年納夏税秋糧米四十九石四斗四升二合二抄
每調出兵二百七十七名
每年表箋用銀二錢
三年大貢用銀六兩零一分二釐五毫
須知冊一本赴廣西用銀六分六釐二毫五絲
須知冊二本赴京用銀五錢三分二釐五毫
每年納官猪等例銀五兩二錢
每年納官禾三十擔
每年納供皂隸禾七擔

右仰萬洞巡檢司署土巡檢事土目陸豹准此。

陽院右鄧甲

每年納夏稅秋糧米六十三石二斗五升

每調出兵四百一十九名

每年表箋用銀二錢六分九釐六毫二絲五忽

三年大貢用銀七兩七錢零二釐

須知册一本赴廣西用銀八分六釐二毫五絲

須知册二本赴京用銀六錢八分二釐五毫

每年納官猪等例銀一十四兩

每年納官禾四十擔

每年納供皂隸禾七擔

葛羅彼甲

每年納夏稅秋糧米四十九石四斗四升二合二抄

每調出兵二百六十六名

每年表箋用銀二錢

三年大貢用銀六兩零一分二釐五毫

須知册一本赴廣西用銀六分六釐二毫五絲
須知册二本赴京用銀五錢三分二釐五毫
每年納官猪等例銀五兩二錢
每年納官禾三十擔
每年納供皂隸禾七擔
右仰陽院巡檢司署土巡檢事土目林盛准此。

思郎那召甲

每年納夏税秋糧米一百七十六石五斗四升二合
每年調出兵三百八十二名
每年表箋用銀七錢二分
三年大貢用銀二十一兩二錢二分
須知册一本赴廣西用銀二錢四分
須知册二本赴京用銀一兩九錢二分
每年納官猪等例銀一十兩四錢
每年納官禾八十擔

每年納供皂隸禾七擔

舍小田子憧甲

每年納夏税秋糧米一百一十石三斗三升七合五勺

每調出兵三百二十二名

每年表箋用銀四錢四分

三年大貢用銀一十二兩八錢

須知册一本赴廣西用銀一錢五分

須知册二本赴京用銀一兩一錢八分

每年納官猪等例銀六兩伍錢

每年納官禾二十四擔

每年納供皂隸禾七擔

右仰思郎巡檢司署土巡檢事土目胡喜准此。

怕何甲

每年納夏税秋糧米九十七石七斗六升二合七勺

每調出兵三百二十六名

每年表箋用銀四錢二分
三年大貢用銀一十一兩九錢
須知册一本赴廣西用銀一錢四分
須知册二本赴京用銀一兩一錢二分
每年納官猪等例銀一十四兩三錢
每年納官禾五十擔
每年納供皂隸禾七擔

速甲
每年納夏税秋糧米八十八石九斗七升七合
每調出兵三百二十三名
每年表箋用銀三錢三分
三年大貢用銀一十兩八錢二分
須知册一本赴廣西用銀一錢一分
須知册二本赴京用銀八錢八分
每年納官猪等例銀一十三兩

每年納官禾五十擔
每年納供皂隸禾七擔
右仰怕何巡檢司署土巡檢事土目羅玉准此。

拱甲

每年納夏税秋糧米四十九石四斗四升二合二抄
每調出兵三百二十六名
每年表箋用銀二錢
三年大貢用銀六兩零一分二釐五毫
須知册一本赴廣西用銀六分六釐二毫五絲
須知册二本赴京用銀五錢三分二釐五毫
每年納官猪等例銀五兩二錢
每年納官禾五十擔
每年納供皂隸禾七擔

白石甲

每年納夏税秋糧米四十九石四斗四升二合二抄

每調出兵三百二十六名
每年表箋用銀二錢
三年大貢用銀六兩零一分二釐五毫
須知册一本赴廣西用銀六分六釐二毫五絲
須知册二本赴京用銀五錢三分三釐五毫
每年納官猪等例銀五兩二錢
每年納官禾三十擔
每年納供皂隷禾七擔
右仰拱甲巡檢司署土巡檢事土目邢相准此。

縣甲

每年納夏稅秋糧米三十一石四斗四升七合五勺
每調出兵二百二十一名
每年表箋用銀一錢二分八釐
三年大貢用銀三兩八錢三分
須知册一本赴廣西用銀四分二釐

須知册二本赴京用銀三錢四分五釐
每年納官猪等例銀六兩五錢
每年納官禾無
每年納供皂隸禾七擔

環甫蛙可甲

每年納夏稅秋糧米五十六石六斗一升一合
每調出兵二百九十五名
每年表箋用銀二錢七分八釐
三年大貢用銀六兩八錢九分
須知册一本赴廣西用銀七分五釐
須知册二本赴京用銀六錢二分
每年納官猪等例銀一十一兩七錢
每年納官禾六十擔
每年納供皂隸禾七擔

右仰縣甲巡檢司署土巡檢事土目羅寬准此。

篆甲

每年納夏税秋糧米九十七石七斗六升二合七勺

每調出兵三百五十六名

每年表箋用銀四錢二分

三年大貢用銀一十一兩九錢

須知册一本赴廣西用銀一錢四分

須知册二本赴京用銀一兩一錢二分

每年納官猪等例銀一十四兩三錢

每年納官禾四十擔

每年納供皂隸禾七擔

煉甲

每年納夏税秋糧米七十一石零九升五合

每調出兵三百一十九名

每年表箋用銀三錢

三年大貢用銀八兩六錢五分

須知册一本赴廣西用銀一錢
須知册二本赴京用銀八錢
每年納官猪等例銀一十四兩四錢
每年納官禾四十擔
每年納供皂隸禾七擔
右仰篆甲巡檢司署土巡檢事土目黄萊准此。
思幼東平夫捧甲
每年納夏税秋糧米六十三石二斗五升
每調出兵二百九十八名
每年表箋用銀二錢六分九釐六毫二絲五忽
三年大貢用銀七兩七錢零二釐
須知册一本赴廣西用銀八分六釐二毫五忽
須知册二本赴京用銀六錢八分二釐五毫
每年納官猪等例銀一十四兩
每年納官禾五十擔

每年納供皂隸禾七擔

潒喃甲

每年納夏税秋糧米六十二石二斗四升九合
每調出兵二百四十七名
每年表箋用銀二錢六分
三年大貢用銀七兩五錢七分
須知册一本赴廣西用銀八分
須知册二本赴京用銀六錢四分
每年納官猪等例銀九兩一錢
每年納供皂隸禾七擔

右仰思幼巡檢司署土巡檢事土目楊趙准此。

床甲

每年納夏税秋糧米四十九石四斗四升二合二抄
每調出兵二百九十一名
每年表箋用銀二錢

三年大貢用銀六兩零一分二釐五毫
須知册一本赴廣西用銀六分六釐二毫五絲
須知册二本赴京用銀五錢三分二釐五毫
每年納官猪等例銀五兩二錢
每年納官禾三十擔
每年納供皂隸禾七擔

砦例甲

每年納夏税秋糧米四十九石四斗四升二合二抄
每調出兵二百七十八名
每年表箋用銀二錢
三年大貢用銀六兩零一分二釐五毫
須知册一本赴廣西用銀六分六釐二毫五絲
須知册二本赴京用銀五錢三分二釐五毫
每年納官猪等例銀五兩二錢
每年納官禾三十擔

每年納供皂隸禾七擔

右仰床甲巡檢司署土巡檢事土目盧保准此。

婪鳳甲

每年夏税秋糧米二百二十石六斗八升

每調出兵五百八十三名

每年表箋用銀九錢一分

三年大貢用銀二十六兩六錢

須知册一本赴廣西用銀三錢

須知册二本赴京用銀二兩四錢

每年納官豬等例銀一十三兩

每年納官禾六十擔

每年納供皂隸禾七擔

工堯降甲

每年納夏税秋糧米八十八石二斗七升一勺八抄

每調出兵三百零五名

每年表箋用銀三錢五分
三年大貢用銀一十兩零五分
須知册一本赴廣西用銀一錢二分
須知册二本赴京用銀九錢四分
每年納官猪等例銀五兩二錢
每年納官禾二十八擔
每年納供皂隸禾七擔
右仰婪鳳巡檢司署土巡檢事土目黄陳准此。

下隆甲

每年納夏稅秋糧米七十五石四斗七升一合
每調出兵三百三十名
每年表箋用銀三錢零七釐
三年大貢用銀九兩一錢九分
須知册一本赴廣西用銀一錢
須知册二本赴京用銀八錢二分五釐

每年納官猪等例銀一十五兩六錢
每年納官禾一百擔
每年納供皂隸禾七擔
甲周鄕柳哥田子甲
每年納夏税秋糧米六十二石八斗九升五合
每調出兵三百四十二名
每年表箋用銀二錢五分六釐
三年大貢用銀七兩六錢六分
須知册一本赴廣西用銀八分四釐
須知册二本赴京用銀六錢九分
每年納官猪等例銀一十三兩
每年納官禾一百擔
每年納供皂隸禾七擔
右仰下隆巡檢司署土巡檢事土目黄對准此。

呰桑甲

每年納夏税秋糧米八十八石二斗七升二勺

每調出兵三百零五名

每年表箋用銀三錢五分

三年大貢用銀一十兩零五分

須知册一本赴廣西用銀一錢二分

須知册二本赴京用銀九錢四分

每年納官猪等例銀五兩二錢

每年納官禾四十擔

每年納供皂隸禾七擔

義寧江那半甲

每年納夏税秋糧米四十四石一斗三升五合一勺

每調出兵一百五十二名半

每年表箋用銀一錢七分五釐

三年大貢用銀五兩零五分五釐

須知册一本赴廣西用銀六分
須知册二本赴京用銀四錢七分
每年納官猪等例銀二兩六錢
每年納官禾二十擔
每年納供皂隸禾三擔半
右仰砦桑巡檢司署土巡檢事土目戴德准此。

侯周怕豐甲

每年納夏税秋糧米六十三石二斗五升
每調出兵二百七十九名
每年表箋用銀二錢六分九釐六毫二絲五忽
三年大貢用銀七兩七錢零二釐
須知册一本赴廣西用銀八分六釐二毫五絲
須知册二本赴京用銀六錢八分二釐五毫
每年納官猪等例銀一十四兩
每年納官禾五十擔

每年納供皂隸禾七擔

右仰侯周巡檢司署土巡檢事土目戴慶准此。

其四十八牌行田州土目暫管岑氏八甲

爲照田州八甲兵糧，議立岑氏之後，未奉明旨。必須選委土目，暫行管理，庶不有誤辦納。爲此牌仰土目黃寳、羅願將後開八甲兵糧等項暫行管理，依期完納。一應事情，悉聽本府流官知府調度。候岑氏子孫授職之日，照舊交還，聽其自行理辦。仍赴本府交納，悉聽知府節制。其八甲舊朔勒砦英横懶歸仁一甲亦就撥與本目，永遠食用，照數辦納兵糧。本目務要守法奉公，不許踰分躐等，別生弊端。但有變亂是非，違犯號令，就仰該府將撥與原食甲分革去，拿赴軍門，治以軍法，決不輕貸。

計開：

拱田子戎剥蔭半甲

每年納夏税秋糧米一十三石二斗四升九合三勺

每調出兵四十六名

每年表箋用銀五分

文

三年大貢用銀一兩四錢七分
須知册一本赴廣西用銀一分八釐
須知册二本赴京用銀一錢四分

甲周甲

每年納夏税秋糧米六十三石二斗五升
每年調出兵二百五十四名
每年表箋用銀二錢六分九釐六毫二絲五忽
三年大貢用銀七兩七錢零二釐
須知册一本赴廣西用銀八分六釐二毫五絲
須知册二本赴京用銀六錢八分二釐五毫

控溝畫田子甲

每年納夏税秋糧米六十三石二斗五升
每調出兵二百五十四名
每年表箋用銀二錢六分九釐六毫二絲五忽
三年大貢用銀七兩七錢零二釐

須知册一本赴廣西用銀八分六釐二毫五絲
須知册二本赴京用銀六錢八分二釐五毫
羅博龍威甲
每年納夏税秋糧米六十三石二斗五升
每調出兵二百五十四名
每年表箋用銀二錢六分九釐六毫二絲五忽
三年大貢用銀七兩七錢零二釐
須知册一本赴廣西用銀八分六釐二毫五絲
須知册二本赴京用銀六錢八分二釐五毫
凡耶共一甲
每年納夏税秋糧米七十四石四斗七升一合
每調出兵二百九十名
每年表箋用銀三錢零七釐
三年大貢用銀九兩一錢九分
須知册一本赴廣西用銀一錢

須知册二本赴京用銀八錢二分五釐

洞里他雙共一甲

每年納夏税秋糧米六十三石二斗五升

每調出兵二百五十名

每年表箋用銀二錢六分九釐六毫二絲五忽

三年大貢用銀七兩七錢零二釐

須知册一本赴廣西用銀八分六釐二毫五絲

須知册二本赴京用銀六錢八分二釐五忽

水册槐並半甲

每年納夏税秋糧米四十石

每調出兵一百五十六名

每年表箋用銀一錢六分一釐

三年大貢用銀四兩八錢三分四釐

須知册一本赴廣西用銀五分三釐

須知册二本赴京用銀四錢二分

怕牙那馬甲

每年納夏税秋糧米一百一十石三斗三升七合五勺

每調出兵一百八十二名

每年表箋用銀四錢四分

三年大貢用銀一十二兩八錢

須知册一本赴廣西用銀一錢五分

須知册二本赴京用銀一兩一錢八分

每年納官猪等例銀六兩五錢

每年納官禾六十擔

每年納供皂隸禾七擔

育半甲

每年納夏税秋糧米四十四石一斗三升五合一勺

每調出兵九十二名半

每年表箋用銀一錢七分五釐

三年大貢用銀五兩零二分五釐

須知册一本赴廣西用銀六分
須知册二本起京用銀四錢七分
每年納官猪等例銀二兩六錢
每年納官禾二十擔
每年納供皂隸禾七擔半
已上俱屬州管理。

土目黄寶名下食

舊朔勒呰英一甲
每年納夏税秋糧米四十九石四斗四升二合二抄
每調出兵二百名
每年表箋用銀二錢
三年大貢用銀六兩零一分二釐五毫
須知册一本赴廣西用銀六分六釐二毫五絲
須知册二本赴京用銀五錢三分二釐五毫

土目羅願名下食

横懶歸仁一甲

每年納夏税秋糧米一十七石九斗五升九合三勺

每調出兵六十七名

每年表箋用銀七分

三年大貢用銀二兩零六分

須知册一本赴廣西用銀二分四釐

須知册二本赴京用銀一錢八分

其四十九牌仰思恩府土目分管各城頭

照得思恩、田州二府各設流官知府，治以土俗。其二府原舊甲分城頭云云。其襲授調發，必皆經由於知府。其官職土地，皆得各傳其子孫。除具題外，爲照各甲城頭既已分析，若不先令各目暫行分管，誠恐事無統紀，别生弊端。爲此牌仰思恩府土目韋賢等，遵照後開甲分每歲應該納辦兵糧，查照開數，依期上緊完納出辦。一應供設征調等項事情，悉聽知府調度約束。本目仍要守法奉公，正己律下，愛養小民，保安境土。毋得放縱恣肆，踰分干紀，自取罪累，後悔無及。候奏請命下,仰各欽遵施行。

計開:

興隆七城頭兼都陽十二城頭

每年納夏税秋糧米八百一石一斗

每調出兵四百一十二名

每年表箋用銀二兩七錢六分六釐九毫七絲

三年大貢用銀七十七兩四錢五分五釐七毫三絲

須知册一本赴廣西用銀九錢二分二釐四毫五絲

須知册二本赴京用銀七兩三錢七分八釐四毫六絲

每年春秋祭祀猪羊等物該銀九兩二錢二分四釐五毫

每年納官禾

迎接詔敕使客往來供應廩給夫馬等項出銀三十八兩

右仰興隆巡檢司署土巡檢事土目韋貴准此。

白山七城頭兼丹良十城頭

每年納夏税秋糧米六百八十七石五斗五升

每調出兵三百六十名

每年表箋用銀二兩四錢七分五釐七毫一絲
三年大貢用銀六十九兩三錢二分三毫九絲
須知册一本赴廣西用銀八錢二分五釐三毫五絲
須知册二本赴京用銀六兩六錢零一釐七毫八絲
每年春秋祭祀猪羊等物用銀八兩二錢五分三釐五毫
每年納官禾
迎接詔敕使客往來供給廩給夫馬等項出銀一十七兩

右仰白山巡檢司署土巡檢事土目王受准此。

定羅十二城頭

每年納夏税秋糧米九百九十七石五斗一升三合
每調出兵五百二十名
每年表箋用銀一兩七錢四分七釐五毫六絲
三年大貢用銀四十八兩九錢三分一釐四絲
須知册一本赴廣西用銀五錢八分二釐六毫
須知册二本赴京用銀四兩六錢六分八絲

每年春秋祭祀猪羊等物用銀五兩八錢二分六釐
每年納官禾
迎接詔赦使客往來供給廪給夫馬等項出銀二十二兩
右仰定羅巡檢司署土巡檢事土目徐五准此。

安定六城頭

每年納夏稅秋糧米八百四十五石七升
每調出兵四百五十名
每年表箋用銀八錢七分三釐七毫八絲
三年大貢用銀二十四兩四錢六分六釐二絲
須知册一本赴廣西用銀二錢九分一釐三毫
須知册二本赴京用銀二兩三錢三分四絲
每年春秋祭祀猪羊等物用銀二兩九錢一分三釐
每年納官禾
迎接詔赦使客往來供給廪給夫馬等項出銀一十二兩
右仰安定巡檢司署土巡檢事土目潘良准此。

古零通感那學下半四保四城頭

每年納夏稅秋糧米四百四十三石一斗七升九合六勺

每調出兵二百四十名

每年表箋用銀五錢八分二釐五毫二絲

三年大貢用銀一十六兩三錢一分六毫八絲

須知册一本赴廣西用銀一錢九分四釐二毫

須知册二本赴京用銀一兩五錢五分三釐三毫六絲

每年春秋祭祀猪羊等物用銀一兩九錢四分二釐

每年納官禾

迎接詔赦使客往來供給廩給夫馬等項出銀八兩

右仰古零巡檢司署土巡檢事土目覃益准此。

舊城十一城頭

每年納夏稅秋糧米四百九十石八斗四升

每調出兵二百六十名

每年表箋用銀一兩六錢一釐九毫三絲

三年大貢用銀四十四兩八錢伍分四釐三毫八絲
須知册一本赴廣西用銀五錢三分四釐五絲
須知册二本赴京用銀四兩二錢七分一釐七毫四絲
每年春秋祭祀猪羊等物用銀五兩三錢四分五釐
每年納官禾
迎接詔赦使客往來供給廩給夫馬等項出銀二十二兩
右仰舊城巡檢司署土巡檢事土目黄石准此。

那馬十六城頭
每年納夏税秋糧米一千八十六石八斗八升五合五勺九抄一圭
每調出兵五百九十三名
每年表箋用銀二兩三錢三分八絲
三年大貢用銀六十五兩二錢四分二釐七毫二絲
須知册一本赴廣西用銀七錢七分六釐八毫
須知册二本赴京用銀六兩二錢一分三釐四毫四絲
每年春秋祭祀猪羊等物用銀七兩七錢六分八釐

每年納官禾
迎接詔敕使客往來供給廩給夫馬等項出銀三十二兩
右仰那馬巡檢司署土巡檢事土目蘇闕准此。
下旺一城頭兼南海十城頭
每年納夏税秋糧米一百八十四石五斗
每調出兵一百名
每年表箋用銀一兩六錢一釐九毫三絲
三年大貢用銀四十四兩八錢五分四釐三毫八絲
須知册一本赴廣西用銀五錢三分四釐五絲
須知册二本赴京用銀四兩二錢七分一釐七毫四絲
每年春秋祭祀猪羊等物用銀五兩三錢四分五毫
每年納官禾
迎接詔敕使客往來供給廩給夫馬等項出銀二十二兩
右仰下旺巡檢司署土巡檢事土目韋文明准此。

都陽中團一城頭兼順山六城頭

每年納夏稅秋糧米一百三十六石四斗六升五合

每調出兵六十五名

每年表箋用銀一兩零一分九釐四毫九絲

三年大貢用銀二十八兩五錢四分三釐五毫九絲

須知册一本赴廣西用銀三錢三分九釐八毫五絲

須知册二本赴京用銀二兩七錢一分八釐三毫八絲

每年春秋祭祀用猪羊等物用銀三兩三錢九分八釐五毫

每年納官禾

迎接詔赦使客往來供應廩給夫馬等項出銀一十四兩

右仰都陽巡檢司署土巡檢事土目黄留准此。

其五十五梧州府同知舒柏查理南寧府軍餉銀兩

照得近來思、田二府攘亂，該前軍門調發各處官兵，俱在南寧府駐劄防守，各處解到軍餉銀兩，俱發該府收貯支用。今照地方事已平復，軍兵悉皆放回，合行委官清查。爲此牌仰梧州府同知舒栢，速往南寧府吊取自嘉靖四年十月起至嘉靖六年十一月終止，一應文卷到官清查。要見舊管若干，新收解到若干，支給過若干，實在若干；又自十二月初起，今至四月終止，俱要清查明白，造册繳報，以憑施行。中間若有侵欺借貸，抵換隱瞞，事有可疑等項情弊，應拿問者，就便拿問；應衆究者，呈來施行。承委官員務秉至公，毋得循情代爲揑飾。有負委托，罪亦難逭。

其五十六又仰同知舒栢查理賓州軍餉銀兩

照得近來思、田二府擾亂，該前軍門前後調發各處官兵，俱在賓州住劄防守。其各處解到軍餉銀兩，俱發該州官庫收貯支用。今照地方事已平復，軍兵悉皆發回，合行委官清查。爲此牌仰梧州府同知舒栢，即便前去賓州，吊取自嘉靖四年十月起至嘉靖六年十二月二十六日止，一應文卷到官，逐一清查。要見舊管若干，新收各處解到若干，奉某衙門明文用過若干，實在若干；又自十二月二十七日本院撫臨地方起，至今年六月二十二日止，俱要清查明白，造册繳報，以憑查對施行。中間若有侵欺借貸等項情弊，應拿問者，就便拿問；應衆究者，呈來施行。承委官員務秉至公，以副委託。

其五十七批海南道鈐束立功官員呈

據副使范嵩呈稱：　立功官員俱發分守兵備等官，分發各處關隘立功，私逃者問罪。看得各處立功官員，類多用計逃避，有名無實，誠有如該道所議者，合准所議。今後立功官俱發各道兵備守備官處，統領鈐束，聽其酌量各官才能强弱，分發緊要關隘地方，督兵防守截捕，着實立功。仍要不時點閘，但有私逃回家及用計偷避者，即便提問，責令從新立功，庶幾法不虛行，人知懲創。仍備行各該衙門知會施行。此繳。

其五十八批嶺西道優處負户呈　四月二十一日

據叅政應大猷呈稱：　福慶州陳山鷄等六户共糧五十石零，被賊殺占，拋荒遞年，負累排年，李鑑替賠，要行全拆京銀，以甦民困緣由。看得該州所申田糧既勘係賊占拋荒，負累排年，賠納是實。准議備行布政司，將該州前米定折京價銀兩徵解，仍行該州查照施行。繳。

其六十牌行同知桂鏊收貯軍餉　五月初三日

牌仰思恩府署印同知桂鏊，即將發去軍餉銀一千兩照數收貯庫内，就便督同韋貴等用心經理一應軍務，毋得怠墮。訪得賊寨米穀甚多，若遇各處土民人等，或有挑擔前來糶賣者，毋拘多寡，就量收買，儲積思恩、上林等處，以備修理城池廨宇支用。仍要嚴禁下人，不得因而侵漁騷擾。通候事完之日，開報查考。

其六十三批平樂府計處賊情申　五月十八日

據平樂府申，荔浦縣賊首閉公定、韋公護等，乞調兵征勦。看得前項賊情，先已屢行仰司及該道各官密切計處，相機行事去後。今復據申前因，仰該道守巡等官查照先今牌批事理，上緊密切行事。中間若有機宜，須稟報軍門者，星夜火速飛報，毋得因仍坐視，畏難苟安，致有疎失，罪終有歸。此繳。

其六十四牌行思明府官孫黃朝比例冠帶　六月初七日

據左江道僉事吴天挺呈，據思明府族目黃志盛等狀告，先蒙軍門行取官男黃澤防守武緣，年老有疾，又蒙行取應襲官孫黃朝督兵前來南寧，聽調更替。乞將黃朝給與冠帶，庶使夷民知有定主等情。查得黃朝年壯循禮，亦經督兵征勦古田、思恩有功。若非寵異，無以示信。合請照依向武州黃仲金父在亦給冠帶事宜，令替黃澤鈐束目兵聽調緣由，呈詳到院。参看得黃朝比例冠帶，既經該道查勘，相應合行給與。爲此牌仰官男黃朝遵照本院欽奉敕諭内便宜事理，就便冠帶，望闕謝恩。候該襲之時，另行具奏。本官男務要竭忠効命，以報國恩。毋得恃强凌弱，倚衆暴寡。苟違法制，罪罰難逃。戒之敬之。

其六十五劄付永順宣慰司官舍田榮有成冠帶督兵 六月初十日

據湖廣上湖南道僉事汪溱呈：據宣慰司宣慰彭明輔并指揮彭飛呈稱遵依會勘，得施溶州田貴身故，並無兒男，官舍田榮領兵隨征，係田貴同祖親堂兄弟。及審田家洞長官田有旺，先年調征田州，軍前陣亡，别無兒男，官舍田有成領兵隨征，係田有旺同父親弟，别無違礙。前項知州長官應該各舍承襲，乞要比例賜給冠帶，統束目兵。爲照土官襲替，必經該管官司委官結勘，以杜詐冒。今各舍雖稱應襲，未經結勘，但見今領兵殺賊，似亦相應俯從，呈詳到爵。爲照土舍田榮、田有成各領兵隨調剿賊，勤勞王事，固朝廷之所嘉悦。况經該道查勘應襲之人，且近於潯州、平南諸處多有斬獲，功勞可嘉。合就遵照本爵欽奉敕諭内便宜事理，給與冠帶，一以便其行事，二以酬其勞績。爲此劄仰永順宣慰司施溶州官舍田榮、田家同，長官司官舍田有成先行冠帶，望闕謝恩。仍須秉節持身，正己律下。申嚴約束，而使兵行所在，無犯秋毫。作興勇敢，而使兵威所加，有如破竹。益竭忠真，以圖報稱。

其六十六劄付保靖永順宣慰司官舍彭飛遠王相冠帶 六月初十日

據湖廣上湖南道僉事汪溱呈：據保靖宣慰司宣慰彭九霄及指揮張恩呈稱，依奉查勘得隨司辦事長官彭昂，舊年奉調征進田州斬獲賊級，解驗班師，因患烟瘴身故。土舍彭飛遠領兵隨征，係彭昂嫡長男。及照宣慰彭明輔、指揮彭飛遠呈稱，查勘施溶洞長官汪勝霖，去年奉調田州，箭傷身故。土舍汪相領兵隨征，係汪勝霖嫡長男，前項長官應該本舍應襲。爲照土舍襲替，必經該管官司委官結勘，以杜詐冒。今各舍雖稱應襲，未經結勘，但見今領兵聽調殺賊。欲比照土舍彭宗舜事例，賜給冠帶，似亦相應俯從，呈詳到爵。爲照土舍彭飛遠、汪相各領兵隨同宣慰彭九霄等，遠來聽調勦賊，勤勞王事，固朝廷之所嘉與。況又經該道審勘應襲兒男，且近於潯州、平南諸處，多有斬獲，功勞可嘉。合就遵照欽奉敕諭内便宜事理，給與冠帶，一以便其行事，一以酬其勞績。爲此劄仰保靖宣慰司隨司辦事官舍彭飛遠，永順宣慰司施溶洞長官舍汪相，先行冠帶，望闕謝恩。仍須正己律下，申嚴約束，使兵行所在，無犯秋毫，兵威所加，有如破竹。益竭忠貞，以圖報稱。

其七十六告諭賓州軍民 七月二十五日

照得近因思、田二府多事，該前總鎮等官奏調三省漢土官兵，前來賓州屯住防守。軍民大小，男不得耕，女不得織。而湖兵安歇之家，騷擾尤甚。今雖地方幸已平靖，湖兵亦已放回，然瘡痍未起，困苦未蘇。況自三月不雨，至於五月，農田龜拆，佈種大遲。即今正值青黄不接，民多缺食，誠可憫念。當委判官楊耀遍歷城郭内外，查報停歇湖兵之家，大小共計一千四家，合就量行賑給。已經牌仰賓州官吏行委判官楊耀，將大家給米一石，小家給米六斗，就於該州倉貯軍餉等米内照數支給，略見本院存恤之意。其餘軍民，不能遍及，須諭以本院心雖無窮，而錢糧有限。況今八寨既平，地方已無盜賊之患，比之豐亨豫大之日雖未足，而方之兵戈擾攘之時已有餘。各宜安心生理，勤儉立家。毋縱驕奢，毋習游惰。務爲守法良善之民，共享太平無事之樂。故諭。

其八十批賓州建立書院申　八月十三日

據賓州申稱，張指揮宅居一所，廳房樓屋，宜作書院。看得該學諸生乞要建立書院，以爲藏修之地。其一念進德向學之美，正宜鼓舞作興，合就准行。但其間以師尊本院爲辭，則吾豈敢當哉？仰分巡該道再加議處施行。繳。

其八十六牌行廣西副總兵李璋　更調土兵事宜

據鎮守廣西地方副總兵李璋呈開，廣西省城傜僮密邇，屢年大征，皆係老弱就誅，而豪强竄伏。捷書方聞，警報隨至。明驗有徵，覆轍當戒。顧今日之事，大征未敢輕議，而雕勦實所當行。除將見在官軍打手整搠聽候外，及照原擬防守省城東蘭、南丹、那地三州土兵，今皆逃回。正衆呈催調問，據廣西布政司呈奉軍門批據，將那地州土兵免其秋調，專在柳州聽衆將沈希儀調用，備行南丹州前赴廣西省城聽調殺賊。自今八月初一日爲始，至下年八月初一日止，却調東蘭州土兵依期更替等因。照得南丹一州兵力素弱，恐難濟事。東蘭每年出兵二千，更番防守省城。此係土官韋虎林先年告求實授，自願報效，比與秋調不同。合無再令韋虎林精選三千前赴省城，聽本職會同三司并該道守巡等官，從長酌量，相機雕勦。仍乞行桂林道守巡官監督軍務，紀驗功次。合用錢糧，乞於軍餉銀内量支發，仰布政司收貯聽支，事完造册繳報等因到院。照得各州土兵征調頻數，本非良法。非但耗費竭財，抑且頓兵剉鋭。必須各州輪年調發，一以省供饋之費，一以節各兵之勞。庶幾土人稍有休息之期，而官府亦獲精鋭之用。已經行仰該司遵照備行南丹州官族莫振享，即就揀選勇敢精鋭目兵三千名，躬親統領，照依剋定日期，前赴廣西省城，聽調殺賊。果能輸忠報効，立有奇功，即與具奏，准襲該州官職。自今八月初一日爲始，至下年八月初一日止，却調東蘭州土兵依期更替。自今各州目兵，軍門斷不輕易調發，致令奔疲勞苦，亦決不姑息隱忍，縱令驕惰玩弛。但有稽抗遲悮，違犯節制，輕則量行罰治，重則拏究革去冠帶，又重則貶級削地，又重則舉兵誅討，斷不虛言。通行各土官兵目知悉，俱仰改心易慮，毋蹈前非，自貽後悔去後。今據所呈，爲照本院軍令既出，難再輕改，失信下人。但本官呈稱雕勦缺兵，固亦一時權宜。況稱原係本州先年自願報効，不在秋調之數，亦合姑從所請，暫准取調。爲此牌仰本官即便會同鎮守太監傅倫，行仰該州土官韋虎林照數精選目兵，前赴省城，聽各官調遣勦賊。待三兩月間事畢，隨即撤放回州。遵照軍門批行事理，依期更班聽調，不許久留失信。其所呈雕勦事宜，悉聽會同三司掌印守巡兵備等官依擬施行。事完之日，通將獲過功次，用過錢糧數目，開報查考，俱毋違錯，仍行總鎮總兵鎮巡等衙門知會。

征勦八寨斷藤峽

牌行永順宣慰司統兵致仕宣慰使彭明輔進勦方略

據分守潯、梧等處左參將署都指揮僉事張經等會呈開稱：斷藤峽、牛腸、六寺、磨刀等處猺賊云云。合就遵奉敕諭事理，量調官軍，協同湖兵乘釁勦撲。爲此牌仰宣慰使彭明輔，即便統率所領目兵，分哨進勦牛腸諸賊。冠帶廕襲官男彭宗舜，親督頭目彭明弼、彭傑等，領湖兵八百，隨同領哨指揮馬文瑞、千户李宗、武管等官兵二百五十名，用鄉道黎散、陸英、黄方保引路，從龍村沖舊灣上岸四十五里，徑衝牛腸賊巢前路而入。頭目向未壽、嚴謹等領兵四百名，隨同領哨指揮王勛、百户蔣綸、聶弘禮等官兵二百五十名，用鄉道韋英、戴禮勝、鍾讚等引路，從龍村埠上岸六十里，徑衝賊巢後路而入。未至信地三日之前，停軍中途，候約參將張經與同守巡各官議集。先將進兵道路之險夷遠近、各巢賊徒之多寡强弱及所過良民村分之經由往復，面同各鄉道人等備細講明。務要彼此習識通曉，然後刻定日時，偃旗息鼓，寂若無人，密至信地，乘夜速發。務使迅雷不及掩耳，將各稔惡賊魁盡數擒剿，以除民害，以安地方。仍要禁約目兵人等，所過良民村分，毋得侵擾一草一木。有犯令者，當依軍法斬首示衆。本官素懷忠義，當兹委用，務要殫心竭力，以益輸報國之誠。事完之日，通將功次解報紀功官收處紀驗，以憑奏聞旌賞。俱毋違錯，自貽悔累。

牌行保靖宣慰司宣慰彭九霄進勦方略

牌仰致仕宣慰使彭九霄，即便統率所領目兵分哨進剿六寺、磨刀等寨諸賊。就内分委頭目彭志明等領兵二百，隨同領哨指揮唐宏、百户胡儀等官兵二百五十名，用鄉道李賢引路，至龍村埠上岸五十里，徑衝六寺賊巢後路而入。又委頭目彭九皐等領湖兵二百，隨同原哨指揮卞琚、千户黄政等官兵二百五十名，用鄉道韋扶錦引路，至龍村埠上岸四十五里，徑衝六寺賊巢前路而入。又分委頭目彭輔等領湖兵二百，隨同領哨指揮張縉、千户鄧瑛等官兵二百五十名，用鄉道李芳引路，至龍村埠上岸五十里，徑衝磨刀賊巢後路而入。又委頭目李英等領湖兵二百，隨同領哨千户劉宗本、百户王神兒等官兵二百五十名,用鄉道黄雲通引路,至龍村埠上岸四十五里,徑衝磨刀賊巢前路而去。未至信地三日之前,停軍中途,俟約參將張經與同守巡各官集議。先將進兵路道之險夷遠近、各巢賊徒之多寡强弱及所過良民村分之經由往復,面同各鄉道人等備細講明。務要彼此習熟通曉,然後尅定日期,偃旗息鼓,寂若無人,密至信地,乘夜速發。務使迅雷不及掩耳,將各稔惡賊魁盡數擒剿,以除民害,以安地方。仍要禁約目兵人等,所過良民村分,毋得侵擾一草一木。有犯令者,當依軍法斬首示衆。本官素懷忠義,當兹委用,務要殫心竭力,以益輸報國之誠。事完之日,通將功次解報紀功官處紀驗,以憑奏聞旌賞。俱毋違錯,自貽悔累。

牌行湖廣督兵僉事汪溱都指揮謝珮

牌仰督兵僉事汪溱,會同都指揮謝珮及廣西左江道守巡守備等官,監督永順宣慰彭明輔統兵進剿牛腸諸賊云云。當依軍法斬首示衆。本官既有監督責任,兼復素懷忠義。隨地報效,乃其本心,豈分異省,有所不盡。當兹委託,是務大展才猷,以祛患安民。一應機宜牌内未盡者,公同各官計議,從便施行。事完之日,通將獲過功次開報紀功官處紀驗,以憑奏報。俱毋違錯。

牌行左江道守巡官布發旗號三月二十三日

牌仰左江道守巡官，即將發去號色旗號等項，公同參將張經收發各哨官兵人等及各良民村分應用。俱候事完之日，照數取回，差人解赴軍門交納，以備別用，毋違。

計開：

黃布號色八千六百，良民村分旗一百，軍令五百張，黃招安旗一百。

牌行南寧府支給糧餉四月十九日

照得本院見委柳州府同知桂鏊前去思恩等處督兵勦除流賊，所有糧餉合行支給。爲此牌仰本府官吏，即於軍餉銀内動支六百兩秤付本官收領，前去軍前支用。就仰本官即便星夜前往督促各兵，務將各寨稔惡賊徒盡數勦滅，以絶禍根。毋得容情放縱，致貽後患。就將解到賊徒賊級即與紀驗明白，事完之日，通送紀功御史衙門覆驗奏報，俱毋違錯。

牌行指揮孫繼武搜捕逋賊

牌仰指揮孫繼武等督率該所土舍梁甫、韋玠、韋錦、覃洪、覃璋，各起集士兵人等，前去洛春、高徑、大潘等處搜捕各賊。仍行曉諭各良善云云，毋自取悔。

牌仰千户丁文盛等搜捕逋賊

牌仰千户丁文盛督率招至馬廷器等，起集管下兵款人等，前去渌里等處搜捕各賊。仍行曉諭各良善云云，毋自取悔。各官及舍目兵夫人等獲有功次，俱仰解送右江道兵備官處紀驗明白，一體給賞。

牌仰委官季本 五月初九日

牌仰原任監察御史今降揭陽縣主簿季本，賫執令旗令牌，前去會同總兵監軍等官，公同署思恩府事同知桂鏊、身督領兵頭目王受等閱視各營。但有云云，決不虚言。

牌行賓州預處兵屯 六月十五日

照得本院不日進駐賓州督調軍馬，誠恐該州居民房屋稀少，跟隨官兵無處屯住。爲此牌仰本州官吏，即於州城内外寬平穩便去處量搭營房，多或百餘間，少數十間，聽候本院至日分撥官兵人等屯住，毋得違誤。

牌行署田州府事知州林寬給發軍賞

牌仰署田州府事知州林寬，即便會同南寧府掌印官，將該府見貯魚鹽軍餉糧米内照依後開數目分給各目收領食用，以見本院體恤之心。仍開給散過數目，繳報查考。

（按：以上「移文」，輯自明嘉靖刻本陽明先生别録（國家圖書館藏，原國立北平圖書館甲庫善本叢書第七三四册）及明嘉靖三十四年閭東序刊本陽明先生文録（日本早稻田大學圖書館藏）。最早由日永富青地輯録，尚有遺漏。）

語録

語録雜輯

按：陽明語録散佚甚鉅，今人之輯陽明散佚語録，主要有佐藤一齋伝習録欄外書，陳榮捷王陽明傳習録詳注集評，水野實、永富青地陽明先生遺言録訳注，陽明先生要書における王守仁の遺言について，諸儒理學語要所收陽明先生語要の基礎的研究，先進遺風における王守仁の遺言遺事考，水野實、三澤三知夫諸儒語要的王守仁逸言考，陳來、永富青地龍溪王先生全集所見陽明先生語録輯釋，陳來等明儒學案所見陽明言行録佚文，陳來王龍溪鄒東廓等集所見王陽明言行録佚文輯録等。今在諸家之外，再輯得陽明散佚語録一編，著録於下。

陽明先生昔平逆濠，恭俟乘輿，艤舟皖口者七日，予嘗請益焉。公謂：「格物爲正物。」予謂：「如正心何？」公又謂：「格物而如朱子所訓，如初學何？」予謂：「如公所論，欲求之心也，正唯初學所未能也。」公亦以爲然。予又謂：「格之致之雖在物在知，然所以格所以致却在心。」公亦以爲然。至論天理人欲之判，鑿鑿分明。予領其義，而知公聰明才辨，不獨文章事業高出於人也。却未言及良知。公謂：「四十、五十而無聞，爲聞道。」予亦以爲然。公謂：「陸氏非專尊德性。」予謂：「朱子非專道問學。然顔子不曰『博我以文，約我以禮』邪？」公亦以爲然。予又謂：「象山元不學禪，學象山便是禪。」公亦以爲然。而涇野吕子、渭厓霍子則曰：「象山正是禪。」（胡纘宗願學編卷下。）

癸未冬，予册封道杭，會同窗梁日孚，謂：「陽明仰子。」予即往紹興見之。公方宅憂，拓舊倉地，築樓房五十間，而居其中。留予七日，食息與俱。始談知行合一，予曰：「知以知此，行以成此，中庸兩言一也，信矣。」因指茶中果曰：「食了乃是味，猶行了乃是知，多少緊切。」予曰：「知，目也；行，足也。洵知公居足以步，目一時俱到，其實知先行後。」公曰：「尊兄多讀宋儒書。」予曰：「『知之非艱，行之唯艱』，豈宋儒耶？」曰：「書意在王忱不艱，可見行了乃是知。」予曰：「知之未嘗復行也。使知不在先，恐行或有不善矣。」公默然，俄謂曰：「南元善昨送賦用『兮』，『兮』，噫歎辭也，豈可誦德？」予曰：「淇澳誦德亦用『兮』，似不妨。」公復默然。自是論征浰頭諸賊，待以不殺，併及逆濠事甚悉，予曰：「濠離豫章，猶曹操離許，使英雄如公擣虚，漢不三國矣。」公歎曰：「直諒多聞，吾益友也。」最後出大學古本，予曰：「明明德於天下，仁也；慎獨，則止於至善矣。意誠志仁，無惡也；無惡，猶有過。廓然大公，無心過，心正矣；物來順應，無身過，身修矣。家國天下，舉而措之。」公喜，即書夾註中。瀕行，詣予舟，謂：「主一在此，不學無益，托日孚攜之歸廣。」復論禦狄治河縷縷，乃别，始知公未嘗不道問學也。比平八寨駐廣，予已僉臬江右，時開講，官師士民畢集。先有簡托祝公叙招予，予往見，大喜曰：「昔論良知，知尊兄謂聖人於達道達德，皆責己未能當，言明德則良能可兼，已作敷文書院對聯矣，曰：『欲求明峻德，惟在致良知。』」予致謝而已，且曰：「天下皆悦吾言矣。」予曰：「顏淵無所不悦，冉有則勉强謂非不悦爾，恐人各自有夫子。」公笑曰：「是也，非尊兄不聞此言。」予見其面色黧悴，時嗽薑蜜以下痰，勸之行，公以爲然。季、薛二子拉予往受業，予荒遯山中。公行，復簡予曰：「明德只是良知，所謂燈是火耳，吾兄必自明矣。」予始終與公友，其從善若此。（黄佐庸言卷九。）

嘉靖改元，始封新建伯，兼南京兵部尚書，尋去位。五年，復起征思、田，時駐節武林。余爲諸生，心景慕之，約同儕數人廷謁公，得覯風儀。神骨清朗，步履矯捷，翩翩如鶴。求其指示，但云：「隨事體認，皆可進步。爲諸生，誦習孔、孟，身體力行，即舉子業，豈能累人哉！所患溺於口耳，無心領神會之益，視聖賢爲糟粕耳。」余聆公言，至今猶一日也。（張瀚松窗夢語卷四士人紀。）

明德親民之説，往歲謁陽明先生於紹興，如「知行」、「博約」、「精一」等語，俱蒙開示，反之愚心，尚未釋然。最後先生或語云：「古人只是一個學問，至如『明明德』之功，只在『親民』。後人分爲兩事，亦失之。」某愕然，請問。先生曰：「『民』之通乎上下而言，欲明『孝』之德，必親吾之父；欲明『忠』之德，必親吾之君；欲明『弟』之德，必親吾之長。親民工夫做得透徹，則己之德自明，非親民之外，别有一段『明德』工夫也。」某又起請曰：「如此，則學者固有身不與物接時節，如『戒謹乎其所不睹，恐懼乎其所不聞』，『相在爾室，尚不愧於屋漏』。又如禮記『九容』之類，皆在吾身不可須臾離者，不待親民，而此功已先用矣。先生謂『明德工夫只在親民』，不能無疑。」先生曰：「是數節，雖不待親民時已有此，然其實所以爲親民之本者在是。」某又請曰：「不知學者當其不睹不聞之必戒謹恐懼，屋漏之必不愧於天，手容之必恭，足容之必重，頭容之必直等事，是著實見得自己分上道理合是如此，工夫合當如此，則所以反求諸身者，極於幽顯微細，而不敢有毫髮之曠闕焉。是皆自明己德之事，非爲欲親民而先此以爲之本也。如其欲親民而先以此爲之本，則是一心兩用，所以反身者必不誠切矣。故事父而孝，事君而忠，事長而弟，此皆自明己德之事也。必至己孝矣、忠矣、弟矣，而推以之教家國天下之爲人子、爲人臣、爲人弟者，莫不然矣，然後爲親民之事。己德有一毫未明，固不可推以親民，苟親民工夫有毫髮未盡，是亦自己分上自有欠闕，故必皆止於至善，而後謂之大學之道，非謂明德工夫只在親民。必如老先生之言，則遺却未與民親時節一段工夫，又須言所以爲親民之本以補之，但見崎嶇費力，聖賢平易教人之意，恐不如是也。」先生再三鐫誨曰：「此處切要尋思。公只爲舊説纏繞耳，非全放下，終難湊泊。」（張岳小山類稿卷六與郭淺齋憲副。）

四明張邦奇將歸省，驗封陽明王子贈之曰：「古之君子有所不知，而後能知之；後之君子無所不知，是以容有不知也。」邦奇矍然而作，曰：「善哉！無所不知者，乃其所以爲無所知也。請爲吾陽明子極言：知之道，以祛今之惑，雖然，吾何敢言知乎哉？至神者，天也；至明者，人也；至微者，心也。吾皆未得而知之，吾何敢言知乎哉？」陽明子曰：「何謂至神者天？」曰：「天之道，明善夫天下而無視，聰善夫天下而無聽，是故天之道微顯而闡幽，非微顯而闡幽也，□於天下無顯無幽也。有聲，天聞之矣；無聲，天聞之矣。有形，天見之矣；無形，天見之矣，其何顯微之間之有？人□限於耳目者，自其所不見聞而謂之幽，天惡其若此也，故從而闡之而微之，斯其損益盈虚之理耳。」「然則何謂至明者人？」曰：「其以耳目見聞者，愚人也；達者之見聞，則同乎天矣。是故是非善惡，愚者疑而達者覺矣，覺者辨而疑者釋矣，而天下皆覺矣。是故天下之事，久而無不定。」「何謂至微者心？」曰：「念慮萌乎中，非至精者弗察也；弗察，則不能知吾心；不能知吾心，則不能知人；不能知人，則不能知天。不知天，則不知所以畏天；不知人，則不知所以畏人；不知心，則不知所以畏心。心，吾心也，而畏之猶未也，況又不知所以畏，吾何敢言知乎哉？顏氏之子有不善，未嘗不知，其自知若是之明也；唯孔子知之，曰其心『三月不違仁』，其知人若是之微也。古之君子曷爲其無不知若此，知遠之近也，知風之自也，知微之顯也，知之始也，及其知也，質諸鬼神而無疑，百世以俟聖人而不惑。」陽明子矍然而作，曰：「善哉！至神者天，禍福係之矣；至明者人，予奪係之矣；至微者心，誠僞係之矣。吾子將進於知矣夫，其誨我以知之矣夫！」（張邦奇張文定公紆玉樓集卷四別陽明子序。）

按：參見王陽明全集卷七別張常甫序。

光謂德洪曰：昔夫子寫楊公火牌將發時，雷濟問曰：「寧王見此恐未必信。」曰：「不信，可疑否？」對曰：「疑則不免。」夫子笑曰：「得渠一疑，彼之大事去矣。」既而歎曰：「宸濠素行無道，殘害百姓，今雖一時從逆者衆，必非本心，徒以威劫利誘，苟一時之合耳。縱使奮兵前去，我以問罪之師徐躡其後，順逆之勢既判，勝負預可知也。但賊兵早越一方，遂破殘一方民命。虎兕出柙，收之遂難。爲今之計，只是遲留宸濠一日不出，則天下實收一日之福。」（錢德洪征宸濠反間遺事。）

德洪昔在師門，或問：「用兵有術否？」夫子曰：「用兵何術？但學問純篤，養得此心不動，乃術爾。凡人智能相去不甚遠，勝負之決不待卜諸臨陣，只在此心動與不動之間。昔與寧王逆戰於湖上時，南風轉急，面命某某爲火攻之具。是時前軍正挫却，某某對立矍視，三四申告，耳如弗聞。此輩皆有大名於時者，平時智術豈有不足？臨時忙失若此，智術將安所施？」（同上）

又嘗聞陳惟濬曰：惟濬嘗聞之尚謙矣。尚謙言：昔見有待於先生者，自稱可與行師。先生問之，對曰：「某能不動心。」曰：「不動心可易言耶？」對曰：「某得制動之方。」先生笑曰：「此心當對敵時且要制動，又誰與發謀出慮耶？」又問：「今人有不知學問者，儘能履險不懼，是亦可與行師否？」先生曰：「人之性氣剛者，亦能履險不懼，但其心必待强持而後能。既强持，便是本體之蔽，便不能宰割庶事，孟施舍之所謂守氣者也。若人真肯在良知上用功，時時精明，不蔽於欲，自能臨事不動。不動真體，自能應變無言。此曾子之所謂守約，自反而縮，雖千萬人吾往者也。」（同上）

又嘗聞劉邦采曰：昔有問：「人能養得此心不動，即可與行師否？」先生曰：「也須學過。此是對刀殺人事，豈竟想可得？必須身習其事，斯節制漸明，智慧漸周，方可信行天下。未有不履其事而能造其理者，此後世格物之學所以爲謬也。孔子自謂軍旅之事未之學，此亦不是謙言。但聖人得位行志，自有消變未形之道，不須用此。後世論治，根源上全不講及，每事只在半中截做起，故犯手腳。若在根源上講求，豈有必事殺人而後安得人之理？某自征贛以來，朝廷使我日以殺人爲事，心豈割忍，但事勢至此，譬之既病之人，且須治其外邪，方可扶回元氣，病後施藥，猶勝立視其死故耳。可惜平生精神，俱用此等没緊要事上去了。」（同上）

陽明公又平宸濠歸越，始決意師事焉。及還姚，公率同志數十人龍泉中天閣，請陽明公升座開講。陽明公曰：「觀是何人，理非外得。知乃德性之知，是爲良知，非知識也。良知至微而顯，故知微可與入德。唐虞授受，只是指點得一微字，中庸不睹不聞，以至無聲無臭，中間只是發明得微字。」衆聞之躍然有悟。（吕本期齋吕先生文集卷十二緒山錢公墓誌銘。）

丙戌，與龍溪同舉南宫，不就廷試而歸。文成迎會，笑曰：「吾設教以待四方英賢，譬之市肆主人開行以集四方之貨，奇貨既歸，百貨將日積，主人可無乏行之歎矣。」自是四方來學者日益雲集。（周汝登聖學宗傳卷十四錢德洪傳，過庭訓聖學嫡派卷四錢德洪傳。）

摯友柴墟儲公巏與予書曰：「近日士大夫如王君伯安，趨向正，造詣深，不專文字之學，足下肯與之遊，麗澤之益，未必不多。」予因而慕公，即夕趨見。適湛公共坐室中，公出與語，喜曰：「此學久絕，子何所聞而遽至此也？」予曰：「雖粗有志，實未用功。」公曰：「人惟患無志，不患無功。」即問：「曾識湛原明否？來日請會，以訂我三人終身共學之盟。」明日，公令人邀予至公館中，會湛公，共拜而盟。（黄綰陽明先生行狀。）

密撰此奏，蓋體統利害事。草具，袖而過邊博士。會王主事守仁來，王遽目予袖而曰：「有物乎？必有諫草耳。」予爲此，即妻子未之知，不知王何從而疑之也。乃出其草示二子，王曰：「疏入，必重禍。」又曰：「爲若筮，可乎？然晦翁行之矣。」於是出而上馬並行，詣王氏，筮得「田獲三狐，得黄矢，貞吉」。王曰：「行哉，此忠直之繇也。」乃疏入，不報也。（李夢陽空同集卷三十九上孝宗皇帝書稿秘録附。）

余嘗以反求諸己爲問，先師曰：「反求諸己者，先須掃去舊時許多謬妄、勞攘、圭角，守以謙虚，復其天之所以與我者。持此正念，久之，自然定静，遇事之來，件件與他理會，無非是養心之功，蓋事外無心也。所以古人云：「若人識得心，大地無寸土。」此正是合内外之學。（董澐從吾道人語録日省録。）

嘉靖乙酉八月二十三日，從先師往天柱峰，轉至朱華麓。麓有深隈，水木縈紆，石徑盤曲，更深邃處，寂無喧囂，人跡罕到。中有一人家，樓閣森聳，花竹清麗，其家曾央儈者出賣於先師，以其地遥，未即成券。是日睹之甚悦，既而皤然省曰：「我愛而彼亦愛之，有貪心而無恕心矣。」於是再四自克，屢起屢滅，行過朱華嶺四五里餘，始得浄盡，歸以語之門人。余時在座，不覺惕然。（同上）

「季文子三思後行」，横渠以爲聖人深美之詞，若曰：「再思可矣，况能三邪？」陽明先師以爲聖人不許之詞，曰：「文子雖賢，再思可矣，恐未能三也。」二夫子之言，不約而同，以見人肯三思者之難得也。（董澐從吾道人語録把卷録。）

一日，先師謂余曰：「吾昨因處骨肉之間，覺得先儒著書有未盡者。且如舜『父頑母嚚』一節，以余意觀之，舜『父頑母嚚象傲』，舜則能諧之以孝，烝烝然，自進於善，未嘗正彼之姦。久之，瞽叟亦信順之矣。俱在自家身上説，若有責善之意，則彼未必正而是非先起矣。甚哉，骨肉之難處也。」愚謂先師此言，真是實受用處。（同上）

余自嘉靖乙酉秋隨侍先師遊廣孝寺，舟中聞先師云：「以道自樂，不知而不愠者，其王蘋乎！」余時懵然失問，及今病中，小兒自外獲其語録歸，得而觀之，足以知先師之歎者信矣。（董澐從吾道人語録後録題王著作先生語録後。）

陽明王公起自絶學，亟示之曰：「大學致知，乃致吾之良知，非專外也。」一時豪傑響應，而獨稱歐陽先生爲盛。先生始學近空寂，而從政疑於思索，乃以書質諸公，公答以「自私用智，喪失良知」之語，先生遂悟良知。（胡直歐陽南野先生文選序。）

嘗聞先師有云：「本體要虚，功夫要實。」（歐陽德歐陽德集卷五答曾雙溪。）

師嘗云：「無有作好作惡，方是心之本體；有所忿懥好樂，則不得其正。」（同上卷五答聶雙江。）

先師陽明公闡慎獨之訓，而爲之言曰：「獨知也者，良知也；戒慎恐懼，毋自欺而求自慊，所以致之也。」（同上卷三答彭雲根。）

陽明先生曰：「學患不知要；知要矣，患無篤切之志。既知其要，又能立志篤切，循循日進，自當有至。譬之飲食，其味之美惡，食者當自知之，非人之能以美惡告之也。」（李栻困學纂言卷一。）

陽明先生曰：「躁於其心者，其動妄；蕩於其心者，其視浮；歉於其心者，其氣餒；忽於其心者，其貌惰；傲於其心者，其色矜。五者，心之不存也；不存者，不學也。」又曰：「浮氣者，其志不確；心粗者，其造不深；外誘者，其中日陋。」（同上，卷二。）

人不可一時不精明，如舉動言語，應事接物，當疾而徐，當徐而疾，皆不精明之過也。（同上）

人收斂警醒，則氣便清，心自明；才惰慢，便心事散亂，精神昏憒，書愈難讀，理愈難窮矣。（同上）

陽明先生曰：「君子與人，惟義所在，厚薄輕重已無所私焉，此所以爲簡易之道。世人之心雜於計較，毀譽得喪交於中，而眩其當然之則，是以處之愈周，計之愈悉，而行之愈難也。」（同上，卷四。又見王陽明全集卷二十一答儲柴墟一文中。）

陽明先生曰：「先生（章懋）專一主敬。國子祭酒時，年踰七十三，疏得請。逆瑾擅權，名卿多遭斥辱，而翁已先機去矣。」（章懋楓山語録行實。）

丁亥冬（梧山書院）落成，姚公致政去。新建伯陽明王先生奉命總制四省軍務來代，實倡正學，風厲多士，其言曰：「誠意爲聖門第一義，今反落第二義；而其知行合一之説，於博文多識，若有不屑，學者疑焉。」芳解之曰：知以利行，行以踐知，此學者之常談，不假言也。先生之説，啓扃鑰以救流弊，探本之論也。夫學也者，非以進德修業乎？乾之九三言「進德」，曰「忠信」，「居業」，曰「修辭立誠」，是固主於行矣。其曰「知至至之」，決其幾也，故曰「可與言幾」；「知終終之」，堅其守也，故曰「可與存義」。然皆忠信爲主焉，而學聚問辨，程子亦以爲進德之事，非行與知合，奚乎？聖門四教，學文爲主，如非忠信，則馳騖泛濫而無所益。中庸知爲達德，而誠以行之，□有明訓，故君子之學未嘗不博，其博也乃在於人倫日用之實，而益致夫精擇固守之功。蓋存誠者，大本之所以立；精義者，達道之所以行也。率是而進之，夫然後學者有定本，而日躋乎美大聖神之域。若如後世之所謂學，忘其本真，而務雜情以廣知，非惟不足以望游、夏；而沉溺文藝，無所發明，其所知者，固有君子之所不必知，適以濟夫驕吝之私，長其浮誕之習而已，亦將何所成乎？故言誠，則知在其中；言知，則誠猶有間。執德不一，學將焉用？此君子所以遺其本也。愚以是質諸先生，先生然之。（嘉靖廣西通志卷二十六黄芳梧山書院記。）

王文成平思、田事，後多遺議。翁仁父云：公將薨時，對某言：「田州事，非我本心，後世誰諒我者？」蓋爲輔臣而發。（雍正廣西通志卷一百二十七引西事珥，古今圖書集成卷一千四百五十二。）

王新建對人，每論人皆可以爲堯舜。一日，令蒼頭辟草階前，有客問曰：「此辟草者，亦可堯舜耶？」答曰：「此辟草者縱非堯舜，使堯舜辟草，當不過此。」（鄭仲夔玉麈新談卷二清言。）

陽明王公爲刑部主事，決囚南畿。有陳指揮者，殺十八人繫獄，屢賄當道，十餘歲不決。王公至，首命誅之，巡撫御史反爲立請，而王公竟不從。陳臨刑呼曰：「死而有知，必不相舍！」公笑曰：「吾不殺汝，十八人之魂當不舍吾。汝死，何能乎？」竟斬於市，市人無不嚼齒稱快。（都穆都公譚纂卷下。）

陽明先生曰：「爲善自是士人常分，今乃歸身後福取報，若市道然，吾實恥之。使無禍福報應，善可不爲耶？」（林有麟法教佩珠卷一，又卷二；王象晉清寤齋心賞編。）

一士人嘗動氣責人，王陽明儆之曰：「學須反己，勿徒責人。能反己，方見己有許多未盡處，何暇責人。舜能化象，其機括只是不見象的不是。若要正他姦惡，則文過掩慝，乃惡人常態，反去激他惡性起來，如何感化得他？若能於己用功，則惡人自化，何動氣之有？」（鄭瑄昨非庵日纂三集卷十。）

陽明先生云：「今學者之學聖人，於聖人之所能知者未能學而知之，而顧汲汲焉求知聖人所不知者以爲學，無乃失其所以希聖之方歟？」（王崇簡冬夜箋記。）

王文成公初第，上安邊八策，世稱爲訏謨。晚自省曰：「語中多抗厲氣，此氣未除，而欲任天下事，其何能濟！」筮仕刑曹，言於大司寇，禁獄吏取飯囚之餘豢豕，或以爲美談。晚自愧曰：「當時善則歸己，不識置堂官同僚於何地？此不學之過。」（黄文炤古今長者録卷八王守仁。）

始與永會，故事，中貴人專中席，公不欲一入，即握永手，問寢息何地，遂入其室，命設榻左右，對談曰：「兵事煩冗，不得視寢息，主人罪也。」永亦心啣之，曰：「寧藩昔分封及聚斂民間金寶頗多，不知何在？」公曰：「然誠多，當城破，即命數員官馳視，得其册籍。兵興費固多，而輦入京打點諸衙門亦多。」永語塞，反相契合。永發瑾姦，安社稷，公與有力焉。（王同軌耳譚類增卷四十一。）

嗣寅應氏曰：先生之學，誠能救時，而先生竟欲掃去，謂：「道自茂叔、明道而後，言愈詳，道愈晦，此與斥吾之父母祖先何異？吾不忍聽也。」（沈佳明儒言行録卷八王守仁。）

先師嘗云：「人在功名路上，如馬行淖泥中，腳起腳陷，須有超逸之足，始能絶塵而奔。得意場中，能長人意氣，亦能消滅人善根。」（瞿式耜媿林漫録，鄭瑄昨非庵日纂三集卷十三。）

陽明先師領南贛之命，見黄轝子。黄轝子欲試其所得，每撼激之不動，語人曰：「伯安自此可勝大事矣，蓋其平生經世之志於此見焉。」其後黄轝子殁，陽明先師方講良知之學，人多非議之，歎曰：「使黄轝子在，吾言必相契矣。」（季本季彭山先生文集卷三王司輿傳。）

田江之濱有怪石焉，狀若一龜，卧於衍石之上……維田始禍，石實譽之，具以怪狀聞，且曰：「自王師未旋，石靡有寧，田人惴惴守之如嬰，今則亡是恐矣。願公毀此，以寧我田。」公曰：「其然，與若等往觀之。」既觀，曰：「汝能怪乎？吾不汝毀而與決。」取筆大書其上曰：「田石平，田州寧，千萬世，鞏皇明。」明年春，公使匠氏鐫之，遂以爲田鎮。（費宏田石平記。）

乃託爲投江，潛入武夷山中，決意遠遯。夜至一山庵投宿，不納。行半里許，見一古廟，遂據香案卧。黎明，道士特往視之，方熟睡。乃推醒曰：「此虎狼穴也，何得無恙？」因詰公出處，公乃吐實。道士曰：「如公所志，將來必有赤族之禍。」公問：「何以至此？」道士曰：「公既有名朝野，若果由此匿跡，將來之徒假名以鼓舞人心，朝廷尋究汝家，豈不致赤族之禍？」公然其言。嘗有詩云：「海上曾爲滄水使，山中又拜武夷君。」（黃綰陽明先生行狀。）

十月初十日，復上疏乞骸骨，就醫養病，因薦林富自代。又一月乃班師。至大庾嶺，謂布政使王公大用曰：「爾知孔明之所以付託姜維乎？」大用遂領兵擁護，爲敦匠事。廿九日至南康縣，將屬纊，家僮問何所囑，公曰：「他無所念，平生學問方纔見得數分，未能與吾黨共成之，爲可恨耳！」遂逝。（同上）

往歲獲見執事於杭城，款領道論……自知夫體用一原之學……執事於其每言而疵之曰：

「此禪家語。」謹亦安敢自文也哉？……執事述程子之意，謂：「纔説性時，便已不是性。孟子所謂性善，是繼之者，非本然之性也。」是誠足以破釋氏知覺是性説。（光緒開化縣志卷十一吾謹與王伯安先生書。）

王陽明先生曰：「勿以無過爲聖賢之高，而以改過爲聖賢之學；勿以其有所未至者爲聖賢之諱，而以其常懷不滿者爲聖賢之心。」（程達警語類抄卷五。）

陽明先生論動静二字不相離：「天地之化，非是動了又静，静了又動。動静合一，静只在動中。且如天地之化，春而夏而秋而冬，而生長收藏，無一息之停，此便是動處；或春或夏，或寒或暖，或生長收藏，開花結子，青紅緑白，年年若是，不差晷刻，不差毫釐，此便是静的意思。今人不知，謂動了又静，静了又動者，非是。」此説隆（王世隆）聞之彭伯蓋，云：「先生在廣中時，其論若此。」（湛若水泉翁大全集卷七十七金臺答問録。）

陽明先生謂：「所謂聖者，即金銀之足色也，而大小不同者，亦其分兩不同然耳。故曰：伯夷聖之清，伊尹聖之任，柳下惠聖之和，而人皆可以爲堯舜者，蓋謂此也。」（同上）

魏師説給事論救南臺諸公繫獄，時隆往候之曰：「公今繫獄時，此心何如？」師説曰：

「亦是堅忍而已。『凡遇患難,須要堅忍。譬如烹飪硬物,火到方熟,雖聖人遇事亦如此。不然,大舜聖人豈不能即格頑父、嚚母、傲弟?然亦必須有許多堅忍節次,方得彼感格,以此知堅忍之功,雖聖賢不可無也。』」隆深以爲然。後師説與隆會同志諸公,聯轡道中,隆因話及此,爲之歎賞,師説曰:「此非予之言,陽明老先生之言也。」(同上)

隆問陽明先生曰:「神仙之理恐須有之,但謂之不死則不可。想如程子修養引年者,則理或然耳。」先生曰:「固然,然謂之神仙須不死,死則非神仙矣。」隆聞此語時,先生年已三十九矣,不知後來定論如何。(同上)

吴伯詩問陽明先生:「尋常見美色,未有不生愛戀者,今欲去此念未得,如何?」先生曰:「此不難,但未曾與著實思量其究竟耳。且如見美色婦人,心生愛戀時,便與思曰:『此人今日少年時雖如此美,將來不免老了,既老則齒脱髮白面皺,人見齒脱髮白面皺老嫗,可生愛戀否?』又爲思曰:『此人不但如此而已,既老則不免死,死則骨肉臭腐蟲出,又久則蕩爲灰土,但有白骨枯髏而已,人見臭腐枯骨,可復生愛戀否?』如此思之,久久見得,則自然有解脱處,不患其生愛戀矣。」(同上)

陽明先生寓辰州龍興寺時,主僧有某者方學禪定,問先生。先生曰:「禪家有雜、昏、惺、性四字,汝知之乎?」僧未對,先生曰:「初學禪時,百念紛然雜興,雖十年塵土之事,一時皆入心内，此謂之雜；　思慮既多，莫或主宰，則一向昏了，此之謂昏；　昏憒既久，稍稍漸知其非，與一一磨去，此之謂惺；　塵念既去，則自然裏面生出光明，始復元性，此之謂性。」僧拜謝去。（同上）

往時陽明先生在辰州府龍興寺講學，時世隆與吴伯詩、張明卿、董道夫、湯伯循、董粹夫、李秀夫、劉易仲、田叔中俱時相從，每講坐至夜分。一夕講及好色者，衆咸曰：「吴伯詩、張明卿恐難免此。」先生曰：「若一向這裏過來，忽然悔悟，亦自決烈；　若不曾經過，不能謹守，一旦陷入裏面，往往多不能出頭。嘗見前輩有一二人，平時素稱不飲酒，不好色，後來致仕家居，偶入妓者家飲酒，遂至傾家資與之，至老無所悔。此亦是不曾經過，不能謹守之故也。以此知人於此須是大段能決烈謹守，乃可免此耳。」（同上卷七十六金陵答問。）

陽明在廣，對先生門人則曰：「隨處體認天理，與致良知一般。」向別人則又云：「隨處體認天理，是義襲而取之。」前後不同。（同上卷七十新泉問辯録。）

吾（嘉靖）元年同方西樵、王改齋過江弔喪，陽明曾親説：「我此學，途中小兒亦行得，不須讀書。」想是一時之言乎？未可知也。亦是吾後來見其學者説此，吾云：「吾與爾説好了，只加學問思辯篤行，如此致之便是了。」（同上卷七十二新泉問辯續録。）

吾於金臺得陽明王子焉，吾於金陵得古庵毛子焉。而余昔與陽明究此天理於長安之邸，陽明曰：「如是如是。」繼余與古庵究此天理於新泉之涘，古庵曰：「唯唯！唯唯。」古庵固陽明禮闈之門弟也，遺陽明之書曰：「吾近得宗指焉，吾得於甘泉子之隨處體認天理矣，至矣！」陽明曰：「良知哉！體認天理，吾猶惑乎其外。」古庵曰：「天理外乎？心乎？體認之者，心乎？外乎？」益自信。（同上卷五十七祭黄門毛古庵先生文。）

按：湛若水毛古庵墓誌銘云：「告陽明子曰：『吾諒焉，吾適得甘泉子隨處體認天理，學而得力焉，至矣！雖復有聞，蔑以加矣！』」（同上卷六十。）

兄之訓「格」爲「正」，訓「物」爲「念頭之發」，則下文「誠意」之「意」，即念頭之發也，「正心」之「正」，即格也，於文義不亦重複矣乎？……兄之「格物」訓云：「正念頭也。」則念頭之正否，亦未可據……吾兄確然自信而欲人以必從，且謂「聖人復起，不能易」者，豈兄之明有不及此？……陳世傑書報吾兄疑僕「隨處體認天理」之説「爲求於外」，若然，不幾於義外之説？……（同上卷九答陽明王都憲論格物。）

王文成守仁初見宸濠，佯言售意，以窺逆謀。宴時，李士實在座，濠指斥朝政，外示愁歎，士實曰：「世豈無湯、武耶？」陽明曰：「湯、武亦須伊、呂。」濠曰：「有湯、武，便有伊、呂。」陽明曰：「若有伊、吕，何患無夷、齊？」自是始知濠逆謀決矣。（張怡玉光劍氣集卷二臣謨。）

按：湛若水陽明先生墓誌銘云：「夫陽明逆知宸濠有異志，劉養正來説：『必得公乃發。』公應之曰：『時非桀、紂，世無湯、武，臣有仗節死義耳。』其猶使冀元亨往與之語者，實欲誘其善，不動干戈，潛消莫大之禍也。」

文成謫龍場時，過常德。蔣督學信，字道林，以詩謁之，云：「安排畢竟非由我，燮理從來自屬人。堪笑世人渾不識，九還丹裏苦偷生。」文成一見，驚曰：「此人有志。」（張怡玉光劍氣集卷十三理學。）

按：江盈科雪濤閣集卷十四蔣道學云：「吾鄉先輩有蔣信者，號道林，生而純粹近道。王陽明謫龍場，道經武陵，信往謁之。陽明曰：『蔣生資質，可作顔子。』」

嘗記一人送文字求正於陽明，陽明評曰：「某篇似左，某篇似班，某篇似韓、柳。」其人大喜。或以問陽明，陽明曰：「我許其似，正謂其不自做文而求似人也。童子戴假面，掛假鬚，傴僂謦咳，儼然老人，人且笑之，又何敬焉！」（同上卷二十三詩話。）

陽明王先生守仁少負奇氣……乃獨得不傳之緒，喟然歎曰：「『致良知』三字符，不可易也。」（同上卷十三理學。）

新建伯文成王先生筮仕刑曹，適輪提牢，睹諸吏豢豖，惻然恚曰：「夫囚以罪繫者，猶然飯之，此朝廷好生浩蕩恩也。若曹乃取以豢豖，是率獸食人食矣，如朝廷德意何！」欲督過之，群吏跪伏請寬，且諉曰：「相沿例也，亦堂卿所知。」先生曰：「豈有是哉？汝曹援堂卿以自文耳。」即白堂卿，堂卿是其議。先生遂令屠豖，割以分給諸囚。獄吏到今不豢豖之。先生晚年在告家居，同里有官刑部主政管姓者，習其事，一日，侍先生，喟然諮歎曰：「先生平生經世事功亡論諸掀揭之大，即筮仕刑部時，屠豖事至今膾炙人口云。」先生聞已，顰蹙曰：「此余少年不學，作此欺天罔人事也。茲聞之，尚有餘慚，子乃以爲美談，諛我耶？」管不達曰：「上宣朝廷之德惠，下軫囹圄之罪人，本至德事也。先生顧深悔之，以爲罪過，何也？」先生復蹙然曰：「比時憑一時意見，揭揭然爲此，置堂卿於何地耶？只此便不仁矣。」（金汝諧新編歷代名臣芳躅卷下王守仁。）

澄（陸澄）又疏詆考興獻之非，投劾歸。赴補得禮部，時張、桂新用事，復疏頌璁、萼正論云：「以其事質之師王守仁，謂：『父子天倫不可奪，禮臣之言未必是，張、桂之言未必非。』恨初議之不經，而懊悔無及。」疏下，吏部尚書桂萼謂澄事君不欺，宜聽自新。（沈德符萬曆野獲編卷二十陸澄六辨。）

先是太監張忠、安邊伯朱泰、左都督朱暉勸上親征，既聞守仁已擒濠，甚不喜，蓋不以其擒叛爲功，而以不待上親征輒擒濠爲擅。守仁發自南昌，將往金陵，至廣信遇忠等，乃欲使守仁縱宸濠鄱陽中，待上至親擒示武。守仁曰：「一日縱敵，數世之患。誰敢以叛藩戲？」忠等怒。守仁夜渡玉山，遇太監張永於杭州，守仁浮慕永，永喜，仁因語永曰：「仗祖宗之靈，逆藩就縛，忠等猶領軍至彼，恐江西民不堪重毒。足下胡不早赴，稍約束之，其猶有蘇乎？」永曰：「吾出此，正欲監制群小，使不得肆，如足下言耳。」守仁曰：「足下此時與其赴江西，何不聽守仁以濠相付，借足下詣闕獻俘？忠等聞俘已獻，久駐師無名，將遂班師，則江西之民陰受足下賜多矣。」永深喜，遂從守仁受濠。（江盈科《江盈科集·皇明十六種小傳》卷三《王守仁計破群姦》。）

陽明先生曰：「自喜於一節者，不足以進於全德之地；求免於鄉人者，不可語於聖賢之途。」（李栻《困學纂言》卷一。）

陽明先生曰：「語言無序，亦足以見心之不存。」（同上卷四。）

陽明先生曰：「要當軒昂奮發，莫慝地沉埋在卑隨凡下處。」（同上卷一。）

陽明先生曰：「大世界不享，却要占個小蹊小徑子；大人不做，却要爲小兒態，惜哉！」（同上）

陽明先生曰：「堯雞終日縈縈，無超然之意。須是一刀兩斷，何故縈縈如此，縈縈地討個甚麽！」（同上）

一日寓寺中，有郡守見過，張燕行酒，在侍諸友弗肅。酒罷，先生曰：「諸友不用功，麻木可懼也。」友不達，先生曰：「可問王汝止。」友就汝止問，汝止曰：「適太守行酒時，諸君良知安在？」衆乃惕然。（張萱西園聞見録卷七道學。）

江西羅欽順嘗寓書守仁，謂其名實盡已出人，只除却講學一事足殻一生。守仁答之曰：「諸皆餘事，守仁平生唯有講學一節耳。」故其屬纊之際，家僮問：「何所囑？」乃應之曰：「我他無所囑，平生學方才見得，猶未能與吾黨共成之，爲可恨耳！」（同上）

嘗遊陽明洞，隨行在途中偶歌，先生回顧，歌者覺而止。至洞坐定，徐曰：「吾輩舉止，少有駭人處，便非曲成萬物之心矣。」（同上）

在留都，人傳謗書心動，自訟曰：「終是名根消釋未盡，愧矣乎！」（同上）

贛賊（平）後，語門弟曰：「吾每登堂行事，心體未能如友朋相對時，則不安。」或問寧藩事，曰：「當時只令如此覺來，尚有揮霍微動於氣所在，使今日處之，更别也。」（同上）

先生居里，謗議日熾。一日，謂門弟子曰：「吾道非耶？何爲如此？」在侍者或謂先生功盛位崇，娼嫉者謗；或謂學駁宋儒，泥同者謗；或謂有教無類，未保其性，或以身謗。先生曰：「莫不有之，顧吾自知尤切也。蓋吾性往往名根未能盡脱，尚有鄉愿掩護意在。今一任吾良知，真是真非罔有覆藏，進於狂矣。」（同上）

唐虞佐龍勸先生撤講擇交，先生報書，喻「爲金淘沙，不能舍沙求金」云。（同上）

先生又嘗曰：「變化氣質，居常無所見，惟當利害經變故，遭屈辱，平時忿怒者，到此能不忿怒，憂惶失措者，到此能不憂惶失措，始是能有得力處，亦便是着力處。」（同上。按：此語又見王陽明全集卷四與王純甫壬申一文。）

先生晚年頗自悔，嘗云：「朱元晦學問醇實，畢竟還讓他。」又語門人曰：「吾講致良知原自有味，却被諸君敷衍，今日講良知，明日講良知，就無味了，且起人厭。諸君今後務求體認，勿煩辭説。」（同上）

陽明先生曰：「君子之學，貴於得悟。悟門不開，無以徵學。入悟有三：有從言而得者，有從静而得者，有從人情事變煉習而得者。得於言者，謂之解悟，擬議觸發，未離言詮，譬之門外寶，非己家珍；得於静坐者，謂之澄悟，收攝保衆，猶有待於境，譬之濁水初澄，濁根尚在，纔遇風波，易於淆動；得於煉習者，謂之徹悟，磨礱洗滌，到處逢源，愈震動愈凝寂，不可得而澄清也。根有大小，故蔽有淺深，而動有難易，善學者之所至，以漸而入，及其成功一也。夫悟與迷對，不迷所以爲悟也。百姓日用而不知，迷也；　賢人日用而知，悟也；　聖人亦日用而不知，忘也。學至於忘，悟其幾矣。」（同上）

陽明先生曰：「孟子三自反，後比妄人爲禽獸，此處似尚欠細。蓋横逆之來自謗訕怨詈，以至於不道之甚，無非是我實受用得力處，初不見其可憎，所謂山河大地盡是黄金，滿世界皆藥物者也。」（張萱西園聞見録卷十六處謗。）

近齋朱先生（朱得之）説：　陽明老師始教人存天理，去人欲，他日謂門人曰：「何謂天理？」門人請問，師曰：「心之良知是也。」他日又曰：「何謂良知？」門人請問，師曰：「是非之心是也。」（尤時熙尤西川先生擬學小記卷六紀聞。）

近齋自言得自親聞老師云：「諸友皆數千里外來此，人當謂有益於朋友，我自覺我取朋友之益爲多。」又云：「我自得朋友聚講，所以此中日覺精明，若一二日無朋友，氣便覺自滿，便覺怠惰之習復生。」（同上）

近齋説：　老師嘗云：「學者須有個嘉善而矜不能的心。」又云：「須是遯世無悶，不見是而無悶。」（同上）

近齋說：老師逢人便與講學，□人疑之，老師歎曰：「我如今譬如一個食館相似，有客過此，喫與不喫，都讓他一讓，當有喫者。」（同上）

近齋說：老師尹廬陵時，廬陵舊俗健訟，老師作兩櫃，鎖封之，竅其蓋，合可受投書，題其上一曰「願聞己過」，一曰「願聞民隱」。夜置衙前，旦則收視。其於己過，有則改之，無則加勉；其於民隱，詳察而慎圖之。數月，廬陵無訟。甘泉先生嘗曰：「陽明子卧治廬陵。」（同上）

近齋說：老師在南都時，有私怨老師者誣奏師，極其醜詆。老師始見其疏草，頗怒，即自省曰：「此不得放過。」即掩卷自反自抑，俟心平氣和，再展看。又怒，又掩卷自反自抑，直待心平氣和如常時，視彼詆誣真如飄風浮靄，略無芥蔕怨尤。是後雖有大譭謗，大利害，皆不爲動。老師嘗告學者曰：「君子之學，務求在己而已。毀譽榮辱之來，非惟不以動其心，且資以爲切磋砥礪之地，故君子無入而不自得，正以無入而非學也。」（同上）

近齋說：老師每及門人游山，童冠雲從。遇佳勝處，師盤坐，冠者列坐左右，或鳴琴，或歌詩，或質疑，童子在後，俯伏潛聽，真機活潑，藹然「吾與點也」之意。（同上）

一日，因論「巧言令色鮮矣仁」，近齋曰：昔侍坐先師，一友自言：「近覺自家工夫不濟，無奈人欲間斷天理何！」師曰：「若用汝言，工夫盡好了，如何說不濟？我只怕你是天理間斷人欲耳。」其友茫然自失。（同上）

予昔官國學，一日，同鄉許號田者，函谷先生冢嗣也，謂我曰：「聞君講陽明學。」予未有對，號田曰：「陽明與先人在同年中最厚，且同志。後相别數年，及再會，先人舉舊學相證，陽明不言，但微笑，良久曰：『吾輩此時只説自家話罷，還翻那舊本子作甚！』蓋先人之學本六經，陽明則否。」（同上）

近齋説：陽明老師年逾五十未立冢嗣，門人有爲師推算，老師喻之曰：「子繼我形，諸友有得我心者，是真子也。慨自興兵以來，未論陣亡，只經我點名戮過者甚多，倘有一人冤枉，天須絶我後。我是以不以子之有無爲意。」（同上）

實夫問：「心即理，心外無理，不能無疑。」師曰：「道無形體，萬象皆其形體；道無顯晦，人所見有顯晦。以形體而言，天地一物也；以顯晦而言，人心其機也。所謂心即理也者，以其充實氤氲而言謂之氣，以其脉絡分明而言謂之理，以其流行賦畀而言謂之命，以其稟受一定而言謂之性，以其物無不由而言謂之道，以其妙用不測而言謂之神，以其凝聚而言謂之精，以其主宰而言謂之心，以其無妄而言謂之誠，以其無所倚著而言謂之中，以其無物可加而言謂之極，以其屈伸消息往來而言謂之易，其實則一而已。今夫茫茫堪輿，蒼然隤然，其氣之最麄者歟？稍精則爲日月、星宿、風雨、山川；又稍精則爲雷電、鬼怪、草木、花卉；又精而爲鳥獸、魚鱉、昆蟲之屬；至精而爲人，至靈至明而爲心。故無萬象，則無天地；無吾心，則無萬象矣。故萬象者，吾心之所爲也；天地者，萬象之所爲也；天地萬象，吾心之糟粕也。要其極致，乃見天地無心，而人爲之心。心失其正，則吾亦萬象而已；心得其正，乃謂之人。此所以爲天地立心，爲生民立命，惟在於吾心。此可見心外無理，心外無物。所謂心者，非今一團血肉之具也，乃指其至靈至明、能作能知者也，此所謂『良知』也。然而無聲無臭，無方無體，此所謂『道心惟微』也。以此驗之，則天地日用，四時鬼神，莫非一體之實理；不待有所彼此比擬者。古人之言合德合明、如天如神、至善至誠者，皆自下學而言，猶有二也；若其本體，惟吾而已，更何處有天地萬象？此大人之學所以與天地萬物一體也。一物有外，便是吾心未盡處，不足謂之學。」此乙酉十月與宗範、正之、惟中聞於侍坐時者，丁亥七月追念而記之，已屬渺茫，不若當時之釋然，不見師友之形骸，堂宇之限隔也。（朱得之輯稽山承語。）

歌詩之法，直而温，寬而栗，剛而無虐，簡而無傲。歌永言，聲依永而已。其節奏抑揚，自然與四時之叙相合。（同上）

嘉靖丁亥，得之將告歸，請益。師曰：「四方學者來此相從，吾無所畀益也，特與指點良知而已。良知者，是非之心，吾之神明也。人皆有之，但終身由之而不知者衆耳。各人須是信得及，儘著自己力量，真切用功，日當有見。六經四子，亦惟指點此而已。近來學者與人論學，不肯虛心易氣，商量個是當否，只是求伸其說，不知此已失却爲學之本，雖論何益？又或在此聽些説話，不去切實體驗，以求自得，只管逢人便講，及講時又多參以己見，影響比擬，輕議先儒得失。若此者，正是立志未真，工夫未精，不自覺其粗心浮氣之發，使聽者虛謙問學之意反爲蔽塞，所謂輕自大而反失之者也。往時有幾個樸實頭的，到能反己自修，及人問時，不肯多説，只説我聞得學問頭腦只是致良知，不論食息語默，有事無事，此心常自炯然不昧，不令一毫私欲干涉，便是必有事焉，便是慎獨，便是集義，便是致中和。又有一等淵默躬行，不言而信，與人并立，而人自化，此方是善學者，方是爲己之學。」（同上）

楊文澄問：「意有善惡，誠之將何稽？」師曰：「無善無惡者心也，有善有惡者意也，知善知惡者良知也，爲善去惡者格物也。」曰：「意固有善惡乎？」曰：「意者心之發，本自有善而無惡，惟動於私欲而後有惡也。惟良知自知之，故學問之要曰致良知。」

或問三教同異。師曰：「道大無外，若曰各道其道，是小其道矣。……其初只是一家，去其藩籬，仍舊是一家。三教之分，亦只似此。」（同上）

丙戌春末，師同諸友登香爐峰，各盡足力所至，惟師與董蘿石、王正之、王惟中數人至頂。時師命諸友歌詩，衆皆喘息不定。蘿石僅歌一句，惟中歌一章，師復自歌，婉如平時。蘿石問故。師曰：「我登山，不論幾許高，只登一步。諸君何如？」惟中曰：「弟子輩足到山麓時，意

已在山頂上了。」師曰：「病是如此。」（同上）

或問：「裴公休序圓覺經曰：『終日圓覺而未嘗圓覺者，凡夫也；欲證圓覺而未極圓覺者，菩薩也；具足圓覺而住持圓覺者，如來也。』何如？」曰：「我替他改一句，終日圓覺而未嘗圓覺者，凡夫也；欲證圓覺而未極圓覺者，菩薩也；具足圓覺而住持圓覺者，羅漢也；終日圓覺而未嘗圓覺者，如來也。」（同上）

董蘿石平生好善惡惡甚嚴，自舉以問。陽明先生曰：「好字原是好字，惡字原是惡字。」董於言下躍然。（明儒學案卷二十五明經朱近齋先生得之。）

有稱陽明者曰：「古之名世，或以文章，或以政事，或以氣節，或以勳烈，公皆兼之，獨除却講學一節，便是全人。」陽明笑曰：「某願從事講學一節，盡除却四者，亦是全人。」（劉鱗長浙學宗傳陽明先生語録。按：鄒守益陽明先生文録序亦收録此語。）

此學如立在空中，四面皆無倚靠，萬事不容染着，色色信地本來，不容一毫增減，若涉些安排，着些意思，便不是合一工夫。（同上）

陽明曰：「求聖賢之遺言於簡册，不若求聖賢之遺言於吾心，簡册其糟粕，吾心其精微也。糟粕者，精微之所在也，學者因言以求心，心得而精微盡，則吾心即聖賢之心也。」（李呈祥古源山人日録卷七知行分合。）

江西萬安縣有一士人姓劉者，憂貧不能置義田以濟族人，拳拳對其諸友言之。一日，又以問於陽明，陽明曰：「吾恐汝義田未舉，而心田先壞矣。」既而又曰：「凡立言，貴不偏，吾言適偏矣。力可濟，則濟之；力不可濟，則已。不必以此累心。」（同上卷八泛論。）

或問於陽明曰：「予平生未嘗爲姦淫之事。」陽明曰：「汝不是身奸，恐心奸之矣。」其人毛竦汗出，如有所失。（同上）

王伯安曰：「客與主對，讓盡所對之賓，而安心居於卑末，又能盡心盡力供養諸賓，有失錯又能包容，此主氣也。惟恐人加於吾之上，惟恐人怠慢我，此是客氣。」（許自昌樗齋漫録卷四。）

王陽明兒時，客令舉令。公言欲論語有「譬」字一句，乃舉「能近取譬」一語。客易之，各舉「譬如北辰」、「譬諸草木」等語。公各罰一觥，曰：「兒譬從下出，諸公乃從上出乎？」此時已鼓弄諸人於掌握之上矣。（同上卷六。）

寓京，以書盡規門弟，至牴牾有違言，自省曰：「不能積誠反躬，而徒騰口說，吾罪也。」（俞廷佐儒宗約旨卷十陽明先生考。）

尋轉考功司郎中，門人稍益進，謂王司成雲鳳曰：「仁，人心也。體本弘毅，識仁，則弘毅自不容已。」（同上）

王文成言：「吾儒並包二氏，後儒不察，僅得一偏。猶之一室三間，割左以與釋，割右以與老，不知三間俱是我一室所有。」（謝文洊程山先生日録卷三。）

（陽明）遂獻俘，偕予行。上遣許泰、張忠輩率師直搗江西，而陽明由浙江以達，迎駕獻俘。時上已差張永由鎮江入浙，以要衆囚，至廣信，張忠差人奉命取囚，予與陽明論，請付囚與諸將，與之同見行朝，則功成於我者，皆朝廷成命所致，不可抗也。不聽。時鵝湖費公家居，余往謁鵝湖相告，是余言，而往説陽明，不允。竟趨浙，而張永已到杭州相邀矣。陽明乃以囚委余爲去就，偕張永行，而已留於杭。從此張忠、許泰之飛語誣陽明，上達武宗，賴張永敷陳誠款，以一家保，陽明且曰：「往年寘鐇反，今年宸濠反，天下王府、將軍、中尉七千餘家，安保無今日事？王守仁一人受誣得罪，他日誰肯向前平亂？」幸上信其言，自後讒謗無從而入也。（陳槐聞見漫録卷上。）

嘉靖丁亥四月，時鄒謙之謫廣德，以所録先生文稿請刻。先生止之曰：「不可。吾黨學問，幸得頭腦，須鞭辟近裏，務求實得，一切繁文靡好，傳之恐眩人耳目，不録可也。」謙之復請不已，先生乃取近稿三之一，標揭年月，命德洪編次……明日，德洪掇拾所遺復請刻。先生曰：「此愛惜文辭之心也。昔者孔子删述六經，若以文辭爲心，如唐、虞、三代，自典、謨而下，豈止數篇？正惟一以明道爲志，故所述可以垂教萬世。吾黨志在明道，復以愛惜文字爲心，便不可入堯、舜之道矣。」德洪復請之不已。乃許數篇，次爲附録，以遺謙之，今之廣德版是也。(錢德洪刻文録叙説。)

先生讀文録，謂學者曰：「此編以年月爲次，使後世學者，知吾所學前後進詣不同。」又曰：「某此意思賴諸賢信而不疑，須口口相傳，廣布同志，庶幾不墜。若筆之於書，乃是異日事，必不得已，然後爲此耳。」又曰：「講學須得與人人面授，然後得其所疑，時其淺深而語之。纔涉紙筆，便十不能盡一二。」(同上)

或問：「先生所答示門人書稿，删取歸併，作數篇訓語以示將來，如何？」先生曰：「有此意。但今學問自覺所進未止，且終應酬無暇。他日結廬山中，得如諸賢有筆力者，聚會一處商議，將聖人至緊要之語發揮作一書，然後取零碎文字都燒了，免致累人。」(同上)

昔武宗南巡，先生在虔，姦賊在君側，間有以疑謗危先生者，聲息日至，諸司文帖，絡繹不絶，請先生即下洪，勿處用兵之地，以堅姦人之疑。先生聞之，泰然不動。門人乘間言之，先生姑應之曰：「吾將往矣。」一日惟濬亦以問，先生曰：「吾在省時，權豎如許，勢焰疑謗，禍在目前，吾亦帖然處之。此何足憂？吾已解兵謝事乞去，只與朋友講學論道，教童生習禮歌詩，烏足爲疑？縱有禍患，亦畏避不得。雷要打，便隨他打來，何故憂懼？吾所以不輕動，亦有深慮焉爾。」又一人使一友亦告急，先生曰：「此人惜哉不知學，公輩曷不與之講學乎？」是友亦釋然，謂人曰：「明翁真有赤舄几几氣象。」（同上）

甲戌，陸南京鴻臚卿……謂陸澄曰：「義理無定在，無窮盡，未可少有得即自足。堯、舜之上善無盡，今學者於道若管窺天，少有所見，遂傲然居之不疑，與人言論不得其終，而先懷輕忽非笑心，訑訑之聲音顏色，有道者側觀之，方爲之悚息汗顏，而彼且悍然不顧，略無省悔，可哀已。」澄問：「論道者往往不同，何如？」曰：「道無方體，即天也。人嘗言天，實未知天，若解道即天，何莫非道？彼局於一隅之見，以爲道止如此，若解向裏尋求，見得自己心體，即無處不是此道，亘古亘今，無始無終，更何同異？蓋心即道，道即天，知心，則知道、知天矣。欲見此道，須從此心上體驗始得。」又曰：「心不可以動靜分體用，動靜時也，即體而言，用在體；即用而言，體在用。謂靜可見體，動可見用，則得。精神言動，大率以收斂爲主，發散是不得已。天地人物皆然。聖人到位天地，育萬物，從喜怒哀樂未發之中養來，後儒不明格物之説，見聖人無不知、無不能，乃於初學入門時欲講求得盡，豈有此理？」（耿定向耿天臺先生文集卷十三新建侯文成先生世家。）

王陽明先生評目蓮曲，曰：「詞華不似西廂豔，更比西廂孝義全。」亦神道設教意也。（民國南陵縣志卷四輿地，茆耕如目蓮資料編目概略。）

（王襞）九歲時，隨先公讀書於文成公家。一日，大會紳士夫，不啻千人。公命童子歌，衆皆歉，獨先生高歌自如。文成公呼視之，知爲先公子也，乃訝之曰：「吾説吾浙中無此子也。」甚奇之。又一日，入公府，值數十犬叢吠之，先生拱立不動，神色自如。公見益奇之，告於衆曰：「此子氣宇不凡，吾道當有寄矣。」居十年方歸娶耳。（王襞新鐫東厓王先生遺集卷下東厓先生行狀。）

予舊曾以持話頭公案質於先師，謂：「此是古人不得已權法。釋迦主持世教無此法門，只教人在般若上留心。般若，所謂智慧也。嗣後，傳教者將此事作道理知解理會，漸成義學。及達磨入中國，不立文字，直指人心，見性成佛，從前義學，盡與刊下。傳至六祖以後，失其源流，復成義學。宗師復立持話頭公案，頓在八識田中，如嚼鐵酸餡，無義路可尋討，無知解可湊泊，使之認取本來面目，圓滿本覺真心。因病施藥，未嘗有實法與人，善學者可以自悟矣。」（王畿集卷六答五臺陸子問。）

宋子命諸生歌詩，因請問古人歌詩之意，先生曰：「……禮記所載『如抗如墜，如槁木貫珠』，即古歌法，後世不知所養，故歌法不傳。至陽明先師，始發其秘，以春夏秋冬、生長收藏四義，開發收閉爲按歌之節，傳諸海内，學者始知古人命歌之意。先師嘗云：『學者悟得此意，直歌到堯舜羲皇，只此便是學脈，無待於外求也。』……」（王畿集卷七華陽明倫堂會語。）

（魏良弼）爲王文成高弟，文成每於坐上目先生曰：「擔當世道，力行所知，將在此子。」（魏良弼太常少卿魏水洲先生文集卷首理學名臣水洲魏先生文集序，卷六魏水洲先生行略。）

陽明先生自立志後，群少復來戲遊，先生曰：「吾已爲聖人徒矣，豈從子輩遊？」群小自此退去，而先生行始卓。（劉宗周劉宗周全集第二册語類三人譜雜記二。）

佛氏本來面目，即吾聖人所謂良知。工夫本體，大略相似，只佛氏有個自私自利之心，所以不同。佛氏外人倫，遺物理，固不得謂之明心。（同上第三册文編三答王金如三。）

陽明嘗曰：「吾起初爲學，尚未力，後來被朋友挾持，遂放倒不得。是故爲善未有獨成者，總是不專心致志。專心致志，自能求助於君子，不爲小人所惑。」（同上第五册孟子師説卷六。）

陽明先生教人，其初只是去人欲、存天理。或問：「何者爲天理？」曰：「去得人欲，便是天理。」大抵使人自悟而已。他日，則曰：「元來只有這些子，連這些子亦形容不得。」輒健羨不已者久之。其後乃有「良知只是獨知」之説，既不費形容，亦不須健羨。（同上第二册語類十二學言。）

（陽明）先生奚廢書乎？昔者郭善甫見先生於南臺，善甫嗜書者也，先生戒之曰：「子姑静坐。」善甫坐餘月，無所事，復告之曰：「子姑讀書。」善甫憝而過我曰：「吾滋惑矣。始也教慶以廢書而静坐，終也教慶廢坐而讀書，吾將奚適矣？」侃告之曰：「是可思而入矣。」（薛侃研幾録。）

予嘗載酒從陽明先師遊於鑑湖之濱，時黄石龍亦預焉。因論戒慎不睹、恐懼不聞之義，先師舉手中筯示予曰：「見否？」則對曰：「見。」既而以筯隱之桌下，又問曰：「見否？」則對曰：「不見。」先生微哂。予私問之石龍，石龍曰：「此謂常睹常聞也。」初亦不解，後思而得之。蓋不睹中有常睹，故能戒慎不睹；不聞中有常聞，故能恐懼不聞。此天命之于於穆不已也。故當應而應，不因聲色而後起念；不當應而不應，雖遇聲色而能忘情。此心體所以爲得正，而不爲聞見所牽也。」石龍名綰，後號久庵。（季本說理會編卷三。）

良知良能本一體也。先師嘗曰：「知良能，是良知；能良知，是良能。此知行合一之本旨也。」（同上，卷四。）

先師曰：「日間工夫，覺懶看書，則且看書，此勝怠之苦功也。不如是，則惰不警。」又曰：「無事時，將好貨、好色、好名等私逐一追究，搜尋出來，定要拔去病根，永不復起，此檢身之密功也。不如是，則慝不修。」（同上，卷五。）

先師嘗言：「才略、謀略、方略、經略，古人皆謂之略，略則簡而不煩，可勝大事。因略致詳，隨時精進而已，何難之有！若務於詳，鮮有能略者。蓋不患不能詳，而患不能略也。」（同上，卷七。）

陽明先生解大學「明明德於天下」云：「明我之明德於天下，合知篇首在明明德，則謂明我之明德於凡天下國家，日用應酬，無適而非明德之著。」（王棟一庵王先生遺集卷上會語正集。）

王文成曰：「朋友之交，以相下爲益。或議論未合，要在從容涵育，相感以誠，不得動氣求勝，長傲遂非，務在默而成之，不言而信。其或矜人之長，攻人之短，粗心浮氣，矯以沽名，訐以爲直,挾勝心而行憤嫉,以圮族敗群爲志,則雖日講時習於此,亦無益矣。」(詹景鳳詹氏性理小辨卷十五。按:此段文字王陽明全集卷八書中天閣勉諸生乙酉收録。)

王文成曰:「曾子病革而易簀,子路臨絶而結纓,横渠撤虎皮而使其子弟從講於二程,惟天下之大勇無我者能之。」(同上)

人臣居功最難。昔王文成既擒宸濠於江上,訪一老者,爲道所以擒獲方略。老者曰:「公禍且立至,何方略之云云。」文成驚問:「何謂?」曰:「君但圍困宸濠,使不得逃遁,而待大軍至,功歸大軍,此上策也。即不得已而擒之,且勿獻捷,待大軍至而後獻,此中策也。今大軍方來且近,君不能待而急於擒獲獻捷,此下策也。君由下策,彼大軍至,將以何爲?彼且以爲專功而禍君矣,君其能焉?」文成再拜稱服。未幾,果被口語。(同上卷三十一。)

人問王陽明曰:「聖人果以相助望門弟子否?」陽明曰:「亦是實話。聖人之言,本是周遍,但有問難的人,胸中滯礙,聖人被他一難,發揮的愈加精神。若顔子胸中了然,如何得問難?故聖人亦寂然不動,無所發揮。」(智旭四書蕅益解先進篇。)

永至浙江,宣書曰:「上令仗鉞撫臣不得抗禮。」閹中門者累日。守仁一日直入館中,坐永臥榻上。永驚異之，已聆守仁言議忠慨，且稍持其陰事，益靡然，顧尚持氣岸曰：「公何爲國苦辛如是？盍早投我懷中？」守仁曰：「豈有投人王節使耶？公投我懷中，則可共成國事耳。」永曰：「我故非負國者，公不見我安化事乎？」守仁曰：「公不負國，何爲令主上南征？」永曰：「南征何害？」守仁曰：「寧藩圖覬，江左久虛。頃繼以軍興，郊郭數千里間，亡不折骸而炊，易子而食。餘孽竄伏江湖，尚覬時候，王師果南，非值此輩乘間，即百姓不支，且揭竿起矣。」永大悟，則曰：「公所檻與俱來者，不可不歸我。」守仁曰：「我安用此？」則以俘歸永。永至南京，見上具言守仁忠。（何喬遠名山藏列傳宦者記張永傳。）

陽明子曰：「理無動者也，循理則酬酢萬變，而未嘗動；不則雖槁心而未嘗靜。良知之體，本自寧靜，却添求寧靜；本自生生，却添個欲無生，非獨聖門致知不如此，佛氏之學亦未必如此。將迎意必也，只是致良知，徹首徹尾，即是前念不滅，後念不生。今欲前念易滅，後念不生，是佛所謂『斷滅種性』也。」（方以智藥地炮莊卷五。）

王陽明先生云：「人之詩文，先取真意。譬如童子垂髫肅揖，自有佳致。若帶假面傴僂，而裝鬚髯，便令人生憎。」（袁枚隨園詩話卷三。）

賊衆號數十萬，舟楫蔽江，聲言欲犯留都。且分兵北上，而萬里告急，又不可遽達於九重。公慨然歎曰：「事有急於君父之難者乎？賊順流東下，我苟不爲牽制之圖，沿江諸郡萬有一失焉，旬月之間必且動揺京輔。如此則勝負之算未有所歸，此誠天下安危之大機，義不可捨之而去也。」遂徇太守伍君文定之請，暫住吉安，以鎮撫其軍民。且禮至鄉宦王公與時、劉公時讓、鄒公謙之、王君宜學、張君汝立、李君子庸輩，與之籌畫機宜。（費宏費宏集卷十四賀大中丞陽明王公討逆成功序。）

正德丁丑之春，信豐復告急於巡撫都御史王公伯安。伯安召諸縣苦賊者數十人，問何以攻之。皆謂非多集狼兵弗濟，又謂狼兵亦嘗再用矣，竟以招而後定。公曰：「盜以招蔓，此頃年大弊也，吾方懲之。且兵無常勢，奚必狼而後濟耶？若等能爲吾用，獨非兵乎？」乃與巡按御史屠君安卿、毛君鳴岡，合疏以勦請。又請重兵權，肅軍法，以一士心。（同上卷八平浰頭記。）

酋長謝志珊就擒，先生問曰：「汝何得黨類之衆若此？」志珊曰：「亦不容易。」曰：「何？」曰：「平生見世上好漢，斷不輕易放過，多方鉤致之，或縱其酒，或助其急，待其相德，與之吐實，無不應矣。」先生退語人曰：「吾儒一生求朋友之益，豈異是哉？」（錢德洪陽明先生年譜「正德十二年十一月」下。）

先生大征，既上捷，一日，設酒食勞諸生，且曰：「以此相報。」諸生瞿然問故，先生曰：「始吾登堂，每有賞罰，不敢肆，常恐有愧諸君。比與諸君相對久之，尚覺前此賞罰猶未也，於是思求其過以改之。直至登堂行事，與諸相對時，無少增損，方始心安。此即諸君之助，固不必事事煩口齒爲也。」諸生聞言，愈省各畏。（同上「正德十四年九月」下。）

先生在吉安，守益趨見，曰：「聞濠誘葉芳兵夾攻吉安。」先生曰：「芳必不叛。諸賊舊以茅爲屋，叛則焚之。我過其巢，許其伐鉅木創屋萬餘。今其黨各千餘，不肯焚矣。」益曰：「彼從濠，望封拜，可以尋常計乎？」先生默然良久，曰：「天下盡反，我輩固當如此做。」益惕然，一時胸中利害如洗。次早復見曰：「昨夜思之，濠若遣逮老父，奈何？」「已遣報之，急避他所。」（同上「正德十四年六月」下。）

先生在贛時，有言萬安上下多武士者。先生令參隨往紀之，命之曰：「但多膂力，不問武藝。」已而得三百餘人。龍光問曰：「宸濠既平，紀此何爲？」曰：「吾聞交阯有内難，出其不意而擣之，一機會也。」後二十年，有登庸之役。（同上「正德十五年七月」下。）

進賢舒芬以翰林謫官市舶，自恃博學，見先生問律吕，先生不答。且問元聲，對曰：「元聲制度頗詳，特未置密室經試耳。」先生曰：「元聲豈得之管灰黍石間哉？心得養則氣自和，元氣所由出也。《書》云『詩言志』，志即是樂之本；『歌永言』，歌即是制律之本。永言和聲，俱本於歌，歌本於心，故心也者，中和之極也。」芬遂躍然拜弟子。（同上「正德十五年九月」下。）

鄒守益、薛侃、黄宗明、馬明衡、王艮等侍，因言謗議日熾。先生曰：「諸君且言其故。」有言先生勢位隆盛，是以忌嫉謗；有言先生學日明，爲宋儒争異同，則以學術謗；有言天下從遊者衆，與其進不保其往，又以身謗。先生曰：「三言者誠皆有之，特吾自知諸君論未及耳。」請問。曰：「吾自南京已前，尚有鄉愿意思。在今只信良知真是真非處，更無揜藏迴護，纔做得狂者。使天下盡説我行不揜言，吾亦只依良知行。」請問鄉愿、狂者之辨。曰：「鄉愿以忠信廉潔見取於君子，以同流合污無忤於小人，故非之無舉，刺之無刺。然究其心，乃知忠信廉潔所以媚君子也，同流合污所以媚小人也，其心已破壞矣，故不與入堯、舜之道。狂者志存古人，一切紛囂俗染，舉不足以累其心，真有鳳凰翔於千仞之意，一克念即聖人矣。惟不克念，故闊略事情，而行常不揜。惟其不揜，故心尚未壞而庶可與裁。」曰：「鄉愿何以斷其媚世？」曰：「自其議狂狷而知之。狂狷不與俗諧，而謂生斯世也，爲斯世也，善斯可矣，此鄉愿志也。故其所爲皆色取不疑，所以謂之『似』。三代以下，士之取盛名於時者，不過得鄉愿之似而已。然究其忠信廉潔，或未免致疑於妻子也。雖欲純乎鄉愿，亦未易得，而况聖人之道乎？」曰：「狂狷爲孔子所思，然至於傳道，終不及琴張輩而傳曾子，豈曾子亦狷者之流乎？」先生曰：「不然。琴張輩狂者之稟也，雖有所得，終止於狂。曾子中行之稟也，故能悟入聖人之道。」（同上「嘉靖二年二月」下。）

中秋月白如晝，先生命侍者設席於碧霞池上，門人在侍者百餘人。酒半酣，歌聲漸動。久之，或投壺聚算，或擊鼓，或泛舟。先生見諸生興劇，退而作詩，有「鏗然舍瑟春風裏，點也雖狂得我情」之句。明日，諸生入謝。先生曰：「昔者孔子在陳，思魯之狂士。世之學者，没溺於富貴聲利之場，如拘如囚，而莫之省脱。及聞孔子之教，始知一切俗緣，皆非性體，乃豁然脱落。但見得此意，不加實踐以入於精微，則漸有輕滅世故、闊略人物之病。雖比世之庸庸瑣瑣者不同，其爲未得於道一也。故孔子在陳思歸，以裁之使入於道耳。諸君講學，但患未得此意。今幸見此，正好精詣力造，以求至於道，無以一見自足而終止於狂也。」（同上「嘉靖三年八月」下。）

心之良知，是謂聖。聖人之學，惟是致此良知而已。自然而致之者，聖人也；勉然而致之者，賢人也；自蔽自昧而不肯致之者，愚不肖者也。（傳習則言。）

（薛）俊遂執弟子禮，問行己之要。陽明曰：「自尚謙與予遊，知子篤行久矣，試自言之。」俊曰：「俊未知學，但凡事依理而行，不敢出範圍耳。」陽明曰：「依理而行，是理與心猶二也。當求無私行之，則一矣。」自是所學日進。（光緒海陽縣志薛俊傳。）

「張文定公齊賢戒子曰：『慎言渾不畏，忍事又何妨？國法須遵守，人非莫舉揚。無私仍克己，直道更和光。此箇如端的，天應降吉祥。』」陽明王伯安先生教小兒語云。(陳全之蓬窗日録卷八詩話二。)

陽明先生嘗與冀闇齋先生説：「一日，在龍場静坐到寂處，形骸全忘了。偶因家人開門警覺，香汗遍體。」謂：「釋家所謂『見性』是如此。」(蔣信蔣道林先生桃岡日録。)

向見陽明先生，問學，陽明説：「習静之學，自濂溪以下，口口相傳。周子説『定之以中正仁義而主静』。明道則終日端坐，如泥塑人。伊川見人静坐，便歎其善學。李侗受學於羅從彦，曰：『先生静坐，侗入室中亦静坐。先生每令侗於静中看喜怒哀樂未發作何氣象。』只初學時，不可强要心静，只把當閒事幹，久之，光景自别。」(同上)

尋轉考功司郎中，門人稍益進，謂王司成雲鳳曰：「仁，人心也，體本弘毅；識仁，則弘毅自不容已云。」(俞廷佐儒宗約旨卷十陽明王先生考。)

入棲西樵，惟與方、湛二公往來講學。時王陽明先生巡撫南贛，聞之，喜曰：「英賢之生同時共地，良不易得。乘此機會，毋虛歲月，是所望也。」（霍韜石頭録石頭録原編。）

公論當世人物曰：「魏子才之誠，王伯安之才，兩者兼之，可以爲全人矣。」陽明聞之，曰：「渭先謂我未誠，不知何事欠誠？」（同上）

無事時固是獨知，有事時亦是獨知，只是一個工夫。人若不知於此獨知之地用力，只在人所共知處修爲，只是作僞。此獨知處，便是誠的萌芽。此處不論善念惡念，更無虛假，一是百是，一錯百錯，正是王霸義利誠僞界頭，於此一立立定，便是立誠，便是端本澄源之學。（湖北文物典六書畫。）

按：此爲羅洪先書王陽明語録手蹟，今藏湖北省博物館，題款：「嘉靖戊申八月朏，後學吉水羅洪先書於彭□□中。」考陽明傳習録卷一中有是語録，但句多有異，或是羅洪先從初版傳習録中抄録，故今仍輯録於此。

癸酉，陞南京太僕寺少卿，值留坰多暇……訓後學，隨方而答，必暢本原，恒語諸生曰：「不患外面言誘，唯患諸生以身謗。拳拳以孝悌禮讓爲貴，即閭閻小豎咸歆嚮慕，思有所表，則欲殊於俗，滁水之上洋洋如也。」（雷禮南京太僕寺志卷十五王守仁。）

陽明曰：「此學更無他，只是這些子了，此更無餘矣。」又曰：「連這些子亦無放處。」（彭紹升儒門公案拈題。）

三五劉先生陽，字一舒，安福人……遂專如虔……旦日，見王公，稱弟子。王公視其修幹疏眉，飄飄然世外之態，顧謂諸生曰：「此子當享清福。」已又謂先生曰：「若能甘至貧至賤者，斯可爲聖人。」先生跪受教。（王時槐御史劉先生陽傳，國朝獻徵録卷六十五。）

歐陽瑜，字汝重，安福人……從陽明先生學，雅見器重。將别，請益，先生曰：「常見自己不是，此吾六字符也。」（王時槐四川布政司參議歐陽公瑜傳，國朝獻徵録卷九十八。）

（正德十五年）十二月，先生官中稍暇，即静坐。龍光外侍，問曰：「外間有何聞？」曰：「無有。」光喜，得間造膝曰：「後主未立，光輩報恩無地。」先生曰：「天地生人，自有分限。吾亦人耳，此學二千年來不意忽得真竅，已爲過望。今僥倖成此功，若又得子，不太完全乎？汝不見草木，那有千葉石榴結果者？」光聞之悚然。（大儒學粹卷九陽明先生。）

嘗語學者曰：「我此良知，蒼蠅停腳不得。」蓋言微乎其微，學者須用力而自得之，不可以

言傳，而亦不能以言傳也。（同上）

先生大征，既上捷，一日，設酒食勞諸生，且曰：「以此相報。」諸生瞿然不安，問故，先生曰：「始吾登堂，每有賞罰，不敢放肆，常恐有愧諸君，自謂無過舉矣。比與諸君相對久之，尚覺前此賞罰猶未也。於是思求其過以改之。幾番磨擦，直至登堂行事，與諸君相對時，無少增損，方心安然，已不知費多少力氣矣。此即諸君教誨所在，固不必事事煩諸君口齒爲也。」諸生聞言，愈益有畏。（同上。按：王陽明全集卷三十二年譜一「正德十三年九月」下著録此條，文字稍異。）

陽明云：「文公晚年，知向時定本之誤，是其不可及處。力量大，一悔便轉。可惜不久即去世，平日許多錯處，皆不及改正。」（鄭善夫少谷集卷二十二子通論道。）

朱應鍾，字陽仲，號青城山人……聞王陽明先生倡道東南，趨而就學。先生器重之，語曰：「以子之沉重簡默，庶幾近道。予方以聖賢之徒期汝，文人之雄，非所望也。」（光緒遂昌縣志卷八朱應鍾傳。）

聞淵,字静中,號石塘……淵與張文定邦奇通舉同志,王文成守仁嘗謂崔詵曰:「聖雖學作,允賴於資。如明山二子,其希聖也何有?」(康熙鄞縣志卷十六聞淵傳。)

(王艮)既入豫章城,服所製冠服,觀者環繞市道。執「海濱生」刺以通門者,門者不對,因賦詩爲請。詩曰:「孤陋愚蒙住海濱,依書踐履自家新。誰知日月加新力,不覺腔中渾是春。聞得坤方布此春,告違艮地乞斯真。歸仁不憚三千里,立志惟希一等人。去取專心循上帝,從違有命任諸君。磋磨第愧無肧樸,請教空空一鄙民。」陽明公聞之,延入,拜亭下。見公與左右人,宛如夢中狀。先生曰:「昨來時,夢拜先生於此亭。」公曰:「真人無夢。」先生曰:「孔子何由夢見周公?」公曰:「此是他真處。」先生覺心動,相與究竟疑義,應答如響,聲徹門外。遂縱言及天下事。公曰:「君子思不出其位。」先生曰:「某草莽匹夫,而堯、舜君民之心,未嘗一日忘。」公曰:「舜居深山,與鹿豕木石遊,居終身忻然,樂而忘天下。」先生曰:「當時有堯在上。」公然其言,先生亦心服公。稍稍隅坐,講及致良知,先生歎曰:「簡易直截,予所不及。」乃下拜而師事之。辭出,就館舍,繹思所聞,間有不合,遂自悔曰:「吾輕易矣。」明日,復入見公,亦曰:「某昨輕易拜矣。」請與再論。先生復上坐,公喜曰:「善。有疑便疑,可信便信,不爲苟從,予所甚樂也。」乃又反復論難,曲盡端委。先生心大服,竟下拜執弟子禮。公謂門人曰:

「吾擒宸濠，一無所動，今却爲斯人動。」居七日，告歸省，公曰：「孟軻寄寡母居鄒，遊學於魯，七年而學成。今歸何亟也？」先生曰：「父命在，不敢後期。」先生既行，公語門人曰：「此真學聖人者。疑即疑，信即信，一毫不苟。諸君莫及也。」門人曰：「異服者與？」曰：「彼法服也。舍斯人，吾將誰友？」先生初名「銀」，公乃易之名「艮」，字「汝止」。（董燧王心齋先生年譜。）

劉濳，字孔昭，城西坊人……聞王文成公守仁講學於虔，乞歸就道，銅陵人士環泣遮留，不得。及歸里，會守仁誓師鹿江，濳趨謁行，間聞致良知之説，而學益精。守仁曰：「劉君所學，實措諸行事，猶程子令晉城也，惜未遇吕公，不得大展所學耳。」（同治贛縣志卷三十四劉濳傳。）

歐陽閲，字崇勳，泰和人，文莊公之族兄也。從王文成遊。宸濠有異志，進曰：「以時事論，將有漢七國之變，計將安出？」三問文成不應，而密詔之曰：「書生何容易譚天下事？可讀易洗心。」一句沉思有悟。（湧幢小品卷十一兩歐陽。）

羅琛，字松坪。十二歲爲弟子員，聞王守仁講學章貢，往師之。一日，侍守仁招提，守仁問：「鐘聲何如叩之即應？」答曰：「鐘空則鳴，心虛則靈。一物實其中，鐘聲必不應；一欲横於中，則心必不明。」守仁大然之。（光緒吉水縣志卷三十六儒林。）

（博學於文）「此所謂文，躬行實踐中，無過不及，有天理之節文，與『博我以文』相同，非『則以學文』之文與『文莫吾與』之文也。於五常百行，每求其無私心而合天理，謂之博文。禮者，理也。文而可觀，總謂之禮。文雖不同，禮無二致，萬殊而一本也。故事親可觀，事親中乎禮矣；從兄可觀，從兄中乎禮矣；以至凡事皆然。雖詩、書、六藝，博學詳説，亦皆以資益身心爲主，而無誇多鬭靡爲名爲利之心，使之盡歸宿於此。禮謂之約禮，如此，庶乎不背於理，故曰『亦可以弗畔矣夫』。若夫記誦文詞之間，其亦異乎顔子之學矣。」愚聞於先師陽明者如此。（董漢陽碧里後集疑存。）

（默而識之）陽明先生曰：「識，當音失，謂心通也。心之精微，口不能言，下學上達之妙，在當人自知。不言者，非不言也，難言也。存諸心者，不待存也，乃自得也，此之謂默識。」（同上）

（温故而知新）竊嘗聞於陽明：「身體力行，謂之學。口耳聞見，非學也。」（同上）

（吾有知乎哉）嘗聞之陽明先生曰：「無知，是聖人之本體。未接物時，寂然不動。兩端，乃是非可否之兩端。叩者，審問也。設有鄙夫來問，此時吾心空空如也。鄙夫所問雖尋常之事，必有兩端不定之疑，我則審問其詳，是則曰是，非則曰非，可則曰可，否則曰否。一如吾心之良知以告之，此心復歸於空，無復餘蘊，故謂之竭。」先師面授者如此。（同上）

何廷仁，初名秦，字性之，別號善山……王公守仁節鎮虔臺，四方學者多歸之，廷仁曰：「吾恨不及白沙之門，陽明子，今之白沙也。」遂裹糧入郡……追至南康拜之。時廷仁有繼母之喪，斬然以禮自持，守仁見之，歎曰：「是可謂不學以言，而學於躬也。」（康熙雩都縣志卷九何廷仁傳。）

何春，字元之……王公守仁開府虔南，春謂弟廷仁曰：「此孔門嫡派也，吾輩當北面矣。」乃偕弟師事焉……陽明子語及同門曰：「何元之功夫，真所謂近裏着己也。」一日，問於陽明子曰：「心有動靜，道無間於動靜。故周子謂『動而無靜，靜而無動，爲物』；謂『動而無動，靜而無靜，爲神』也。且夫不覩不聞，靜也，起念戒懼，則不可謂之靜；隱見微顯，動也，極深研幾而心不放，則不可謂之動。故邵子曰：『一動一靜之間，天地人之至妙至妙者與？』以此觀之，人者，天地之心；性情者，天地之動靜也。渾合無間，君子可以時以地而分用其功乎？分用其功，分用其心矣。天理間斷，人欲錯雜，精一之學，恐不如此。」陽明子亟肯曰：「得之矣，得之矣！」（同上何春傳。）

管登，字弘升，義泉其別號也……聞陽明先生論學虔中，語何廷仁、黄弘綱曰：「昔伊洛淵源，實肇此地。今日聖道絶續之關，其在斯乎？」乃偕何、黄諸子而受業焉。陽明子一見，即語及門曰：「弘升，盛德君子也。」語以格致之要，怳然有悟，如久歧迷途而始還故鄉也……陽明子曰：「弘升可謂通道極篤、入道極勇者也。」（同上管登傳。）

陽明先師獨揭良知，以開群迷。其言曰：「世儒之支離外索於刑名器數之末，以求其所謂物理者，而不知吾心即物理，而無假於外也；佛老之空虛，遺棄其人倫物理之常，而明其所謂吾心者，而不知物理即吾心，不可得而遺也。」（黄弘綱重修羅田巖濂溪閣記，康熙雩都縣志卷十四。）

是歲，從先生游者遇比多中式，而錢楩、魏良政發解江、浙兩省焉。士官司理者恨爲職業所縈，無暇爲學。先生曰：「凡學官先事，離事爲學，非吾格致旨也。即以聽訟言，如因其應對無狀而作惡，因其言語圓融而生喜，因其請託而加憎，因有藉援而曲狥；或以冗劇而怠，或以浸譖而淆，皆私弊也。惟良知自知之，細自省克，不少偏枉，方是致知格物也。」（國朝獻徵録卷九新建伯王文成公傳。）

愚嘗親聞於陽明曰：「要知前世因，今生受者是；要知來世果，今生作者是。盡之矣！」二十三言，歷歷在耳，陽明豈欺我哉！（董穀碧里達存卷下性論。）

（方泉公曰）余弱冠時，遊陽明夫子之門，因論學而及舉業。陽明夫子云：「兩浙發科之最多者，莫如餘姚；而倡之者，先君海日翁也。翁云：『唐宋以文章取士，首之以詩，次之以賦，終之以策。我朝則兼取並用之。然頭場七篇猶詩也，貴清淡。次場論表，猶賦也，貴對偶。而典麗三場，則宋之策問也，貴通古今，而達時務。主考以是取士，爲之中式，不可越也。』老儒不知此義，七篇多取古書，而剿之己意，以稱其博，其言愈多，意愈晦，而中式愈遠。」（徐霈東溪先生文集卷三薛進士窗稿序）

續傳習録

耳目口鼻四肢，身也。非心，安能視聽嗅食運動？心欲視聽言動，無耳目口鼻四肢，亦不能。故無心則無身，無身則無心。但指其充塞處言之，謂之身；指其主宰處言之，謂之心；指心之發動處，謂之意；指意之靈明處，謂之知；指意之涉着處，謂之物。只是一件。意未有懸空的，必着事物，故誠欲意，則隨意所在某事而格之，去其人欲而歸於天理，則良知之在此事者，無蔽而得致矣。

九川問：「近年因厭泛濫之學，每要静坐，求屏息念慮，非惟不能，愈覺擾擾，如何？」先生曰：「念如何可息？只是要正。」曰：「當自有無念時否？」先生曰：「實無無念時。」曰：「如此，却如何言静？」曰：「静未嘗不動，動未嘗不静。戒謹恐懼，即是念，何分動静？」曰：「周子何以言『定之以中正仁義而主静』？」曰：「無欲故静。是静亦定、動亦定的『定』字，主其本體也。戒懼之念，是活潑潑地，此是天機不息處，所謂『維天之命，於穆不已』。一息便是死。非本體之念，即是私念。」

人須在事上磨鍊做功夫，乃有益。若只好静，遇事便亂，終無長進。那静時功夫，亦差似收斂，而實軟弱也。

在虔，與于中、謙之同侍。先生曰：「人胸中各有個聖人，只自信不及，都自埋倒了。」

先生曰：「這些子看得透徹，隨他千言萬語，是非誠僞，到前便明，合得的便是，合不得的便非。如佛家説心印相似，真是個試金石、指南針。」

先生曰：「人若知這良知訣竅，隨他多少邪思枉念，這裏一覺，都自消融，真個是靈丹一粒，點鐵成金。」

又曰：「知來本無知，覺來本無覺。然不知，則遂淪埋。」

先生曰：「大凡朋友，須箴規指摘處少，誘掖獎勸意多，方是。」後又戒九川云：「與朋友論學，須委曲謙下，寬以居之。」常快活，便是功夫。

須是勇。用功久，自有勇。故曰「是集義所生」者，勝得容易，便是大賢。

九川問：「此功夫却於心上體驗明白，只解書不通。」先生曰：「只要解心。心明白，書自然融會。若心上不通，只要書上文義通，却自生意見。」

有官司之事，便從官司的事上爲學，纔是真格物。如問一詞訟，不可因其應對無狀，起個怒心；不可因他言語圓轉，生個喜心；不可惡其囑托，加意治之；不可因其請求，屈意從之；不可因自己事務煩冗，隨意苟且斷之；不可因旁人譖毁羅織，隨人意思處之。這許多意思皆私，只爾自知，須精細省察克治，惟恐此心有一毫偏倚，枉人是非，這便是格物致知。簿書訟獄之間，無非實學。若離了事物爲學，却是着空。

後世學者博聞多識，皆滯胸中，皆傷食之病也。

先生曰：「聖人亦是學知，衆人亦是生知。」問曰：「何如？」曰：「這良知人人皆有，聖人只是保全，無些障蔽，競競業業，亹亹翼翼，自然不息，便也是學；只是生的分數多，所以謂之生知安行。衆人自孩提之童莫不完具此知，只是障蔽多，然本體之知自難泯息，雖問學克治也只憑他；只是學的分數多，所以謂之學知利行。」

人心是天淵。心之本體無所不該，原是一個天，只爲私欲障礙，則天之本體失了；心之理無窮盡，原是一個淵，只爲私欲窒塞，則淵之本體失了。如今念念致良知，將此障礙窒塞一起去盡，則本體已復，便是天淵了。

先生曰：「聖賢非無功業氣節，但其循着這天理，則便是道，不可以事功氣節名矣。」「發憤忘食」，是聖人之志，如此真無有已時；「樂以忘憂」，是聖人之道，如此真無有戚時。恐不必云得不得也。

問「知行合一」。先生曰：「此須識我立言宗旨。今人學問，只因知行分作兩件，故有一念發動，雖是不善，然却未曾行，便不去禁止他。我今說個知行合一，正要人曉得一念發動處，便即是行了。發動處有不善，就將這不善的一念克倒了他，須要徹根徹底，不使那一念的不善潛伏在胸中。此是我立言宗旨。」

聖人無所不知，只是知個天理；無所不能，只是能個天理。聖人本體明白，故事事知個天理所在，便去盡個天理；不是本體明後，却於天下事物都便知得、便做得來也。

至善者，心之本體。本體上才過當些子，便是惡了。不是有一個善，却又有一個惡來相對也。故善惡只是一物。

動靜只是一個。那三更時分，空空靜靜的，只是存天理，即是如今應事接物的心。如今應事接物的心，亦是循此天理，便是那三更時分空空靜靜的心。故動靜只是一個，分別不得。知得動靜合一，釋氏毫釐差處，亦自莫掩矣。

人只有許多精神，若專在容貌上用功，則於中心照管不及者多矣。有太直率者。先生曰：「如今講此學，却外面全不檢束，便又分心，與事爲二矣。」

文字去思索亦無害，但作了常記在懷，則爲文所累，心中有一物矣。此則未可也。

凡作文字，要隨我分限所及。若説得太過了，亦非修辭誠矣。

問「有所忿懥」一條。先生曰：「忿懥幾件，人心怎能無得？只是不可有耳。凡人忿懥着了一分意思，便怒得過當，非廓然大公之體了。故有所忿懥，便不得其正也。如今於凡忿懥等件只是個物來順應，不要着一分意思，便心體廓然大公，得其本體之正了。且如出外見人相鬥，其不是的，我心亦怒。然雖怒，却此心廓然不曾動些子氣。如今怒人，亦得如此，方纔是正。」

先生嘗言：「佛氏不着相，其實着了相；吾儒着相，其實不着相。」請問。曰：「佛怕父子累，却逃了父子；怕君臣累，却逃了君臣；怕夫婦累，却逃了夫婦。都是爲個君臣、父子、夫婦着了相，便須逃避。如吾儒有個父子，還他以仁；有個君臣，還他以義；有個夫婦，還他以別，何曾着父子、君臣、夫婦的相？」

黄勉叔問：「心無惡念時，此心空空蕩蕩的，不知亦須存個善念否？」先生曰：「既去惡念，便是善念，便復心之本體矣。譬如日光被雲來遮蔽，雲去光已復矣。若惡念既去，又要存個善念，即是日光之中，添燃一燈。」

初下手用功，如何腔子裏便得光明？譬如奔流濁水，纔貯在缸裏，初然雖定，也只是昏濁的。須俟澄定既久，自然渣滓盡去，復得清來。

先生曰：「吾教人致良知在格物上用功，却是有根本的學問，日長進一日，愈久愈覺精明。世儒教人事事物物上去尋討，却是無根本的學問。方其壯時，雖暫能外面修飾，不見有過；老則精神衰邁，終須放倒。譬如無根之樹，移栽水邊，雖暫時鮮好，終久要憔悴。」

問「志於道」一章。先生曰：「只『志道』一句，便含下面數句功夫，自住不得。譬如做此屋，志於道是念念要去擇地鳩材，經營成個區宅；據德却是經畫已成，有可據矣；依仁却是常常住在區宅内，更不離去；游藝却是加些畫采，美此區宅。藝者，義也，理之所宜者也。如誦詩讀書彈琴習射之類，皆所以調習此心，使之熟於道也。苟不志道而游藝，却如無狀小子，不先去製造區宅，只管要去買畫掛做門面，不知將掛在何處。」

只要良知真切，雖做舉業，不爲心累，總有累，亦易覺，克之而已。且如讀書時，良知知得强記之心不是，即克去之；有誇多鬥靡之心不是，即克去之。如此，亦只是終日與聖賢相對，是個純乎天理之心。任他讀書，亦只是調攝此心而已，何累之有？

此學不明，不知此處擔閣了幾多英雄漢。

先生曰：「良知猶主人翁，私欲猶豪奴悍婢。主人翁沉疴在牀，奴婢便敢擅作威福，家不可以言齊矣。若主人翁服藥治病，漸漸痊可，略知檢束，奴婢亦自漸聽指揮。及沉疴脱體，起來擺布，誰敢有不受約束者哉？良知昏迷，衆欲亂行；良知精明，衆欲消化，亦猶是也。」

問：「『生之謂性』，告子亦説得是，孟子如何非之？」先生曰：「固是性，但告子認得一邊去了，不曉得頭腦；若曉得頭腦，如此説亦是。孟子亦曰『形色天性也』，這也是指氣説。」又曰：「凡人信口説，任意行，皆説此是依我心性出來，此是所謂『生之謂性』，然却要有過差。若曉得頭腦，依吾良知上説出來，行將去，便自是停當。然良知亦只是這口説，這身行，豈能外得氣，别有個去行去説？故曰『論性不論氣，不備；論氣不論性，不明』。氣亦性也，性亦氣也，但須識得頭腦是當。」

又曰：「諸君功夫最不可助長。上智絶少，學者無超入聖人之理。一起一伏，一進一退，自是功夫節次。不可以我前日用功夫了，今却不濟，便要矯强，做出一個没破綻的模樣。這便是助長，連前些子功夫都壞了。此非小過。」

又曰：「人若着實用功，隨人毀謗，隨人欺慢，處處得益，處處是進德之資。若不用功，只是魔也，終被累倒。」

一友常易動氣責人。先生警之曰：「學須反己。若徒責人，只見得人不是，不見自己非。若能反己，方見自己有許多未盡處，奚暇責人？」

黄勉之問：「『無適也，無莫也，義之與比。』事事要如此否？」先生曰：「固是事事要如此。須是識得個頭腦乃可。義即是良知，曉得良知是個頭腦，方無執着。」

問：「『思無邪』一言，如何便蓋得三百篇之義？」先生曰：「豈特三百篇，六經只此一言便可該貫。以至窮古今天下聖賢的話，『思無邪』一言也可該貫。此外更有何説？此是一了百當的功夫。」

問「道心人心」。先生曰：「率性之謂道，便是道心；但着些人的意思在，便是人心。道心本是無聲無臭，故曰『微』；依着人心行去，便有許多不安穩處，故曰『惟危』。」

一友問：「讀書不記得，如何？」先生曰：「只要曉得，如何要記得？要曉得，已是落第二義了。只要明得自家本體。若徒要記得，便不曉得；若徒要曉得，便明不得自家的本體。」

問：「『逝者如斯』，是説自家心性活潑潑地否？」先生曰：「然。須要時時用致良知的功夫，方才活潑潑地，方才與他川水一般。若須臾間斷，便與天地不相似。此是學問至極處，聖人也只如此。」

問：「叔孫、武叔毁仲尼，大聖人如何猶不免於毁謗？」先生曰：「毁謗自外來的，雖聖人如何免得？人只貴於自修，若自己實實落落是個聖賢，縱然人都毁他，也説他不着，却若浮雲掩日，如何損得日的光明？若自己是個象恭色莊、不堅不介的，縱然没一個人説他，他的惡慝終須一日發露。所以孟子説『有求全之毁，有不虞之譽』。毁譽在外的，安能避得？只要自修如何爾。」

劉君亮要在山中静坐。先生曰：「汝若以厭外物之心去求之静，是反養成一個驕惰之氣了。汝若不厭外物，復於静處涵養，却好。」

聖人之學不是這等綑縛苦楚的，不是粧做道學的模樣。

先生語陸元静曰：「元静少年亦要解五經，志亦好博。但聖人教人，只怕人不簡易，他説的皆是簡易之規。以今人好博之心觀之，却似聖人教人差了。」

問：「『不睹不聞』，是説本體；『戒慎恐懼』，是説功夫否？」先生曰：「此處須信得本體原是不睹不聞的，亦原是戒慎恐懼的。戒慎恐懼，不曾在不睹不聞上加得些子。見得真時，便謂戒慎恐懼是本體，不睹不聞是功夫，亦得。」

先生曰：「仙家説到虛，聖人豈能虛上加得一毫實？佛氏説到無，聖人豈能無上加得一毫有？但仙家説虛從養生上來，佛氏説無從出離生死苦海上來，却於本體上加却這些子意思在，便不是他虛無的本色了，便於本體有障礙。聖人只是還他良知的本色，更不着些子意在。良知之虛，便是天之太虛；良知之無，便是太虛之無形。日月風雷山川民物，凡有貌象形色，皆在太虛無形中發用流行，未嘗作得天的障礙。聖人只是順其良知之發用，天地萬物俱在我良知的發用流行中，何嘗又有一物超於良知之外，能作得障礙？」

或問：「釋氏亦務養心，然要之不可以治天下，何也？」先生曰：「吾儒養心，未嘗離却事物，只順其天則自然，就是功夫。釋氏却要盡絶事物，把心看做幻相，漸入虛寂去了，與世間若無些子交涉，所以不可治天下。」

或問異端。先生曰：「與愚夫愚婦同的，是謂同德；與愚夫愚婦異的，是謂異端。」

問夭壽不貳。先生曰：「學問功夫，於一切聲利嗜好俱能脱落殆盡，尚有一種生死念頭毫髮掛帶，便於全體有未融釋處。人於生死念頭本從生身命根上帶來，故不易去。若於此處見得破，透得過，此心全體方是流行無礙，方是盡性至命之學。」

先生曰：「無知無不知，本體原是如此。譬如日未嘗有心照物，而自無物不照。無照無不照，原是日的本體。良知本無知，今却要有知；本無不知，今却疑有不知，只是信不及耳！」

問：「孔子所謂『遠慮』，周公『夜以繼日』，與『將迎』不同，何如？」先生曰：「遠慮不是茫茫蕩蕩去思慮，只是要存這天理。天理在人心，亘古亘今，無有終始。天理即是良知，千思萬慮，只是要致良知。良知愈思愈精明，若不精思，漫然隨事應去，良知便粗了。若只着在事茫茫蕩蕩去思，教做遠慮，便不免有毁譽得喪人欲攙入其中，就是將迎了。周公終夜以思，只是戒慎不睹，恐懼不聞的功夫，見得時，其氣象與將迎自别。」

問：「『一日克己復禮，天下歸仁。』朱子作效驗説，如何？」先生曰：「聖賢只是爲己之學，重功夫不重效驗。仁者以萬物爲體，不能一體，只是己私未忘。全得仁體，則天下皆歸於吾。仁就是八荒皆在我闥意，天下皆與，其仁亦在其中。如在邦無怨，在家無怨，亦只是自家不怨，如『不怨天，不尤人』之意。然家邦無怨，於我亦在其中，但所重不在此。」

七情有着，俱謂之欲，俱爲良知之蔽。然纔有着時，良知亦自會覺。覺即蔽去，復其體矣。此處能勘得破，方是簡易透徹功夫。

問：「樂是心之本體，不知遇大故於哀哭時，此樂還在否？」先生曰：「須是大哭一番了方樂，不哭便不樂矣。雖哭，此心安處，即是樂也，本體未嘗有動。」

「古人爲治，先養得人心和平，然後作樂。比如你在此歌詩，你的心氣和平，聽者自然悦懌興起，只此便是元聲之始。」

先生曰：「學問也要點化，但不如自家解化者，自一了百當。不然，亦點化許多不得。」

孔子氣魄極大，凡帝王事業，無不一一理會也，也只從那心上來。

今人於喫飯時，雖無一事在前，其心常役役不寧，只緣此心忙慣了，所以收攝不住。琴瑟簡編，學者不可無，蓋有業以居之，心就不放。

先生嘆曰：「世間知學的人，只有這些病痛打不破，就不是善與人同。」（崇一曰）：「這病痛只是個好高，不能忘己爾。」

所惡於上，是良知；毋以使下，即是致知。

問：「古人論性各有異同，何者乃爲定論？」先生曰：「性無定體，論亦無定體。有自本體上説者，有自發用上説者，有自源頭上説者，有自流弊處説者。總而言之，只是這個性，但所見有淺深爾。若執定一邊，便不是了。」

先生曰：「用功到精處，愈着不得言語，説理愈難。若着意在精微上，全體功夫反蔽泥了。」

已後與朋友講學，切不可失了我的宗旨：無善無惡是心之體，有善有惡是意之動，知善知惡的是良知，爲善去惡是格物。只依我這話頭，隨人指點，自沒病痛。此原是徹上徹下功夫。

先生曰：「先儒解格物爲『格天下之物』，天下之物如何格得？且謂『一草一木亦皆有理』，今如何去格？縱格得草木來，如何反來誠得自家意？我解格作『正』字義，物作『事』字義，大學之所謂身，即耳目口鼻四肢是也。欲修身，便是要目非禮勿視，耳非禮勿聽，口非禮勿言，四肢非禮勿動。要修這個身，身上如何用得功夫？心者，身之主宰。目雖視，而所以視者，心也；耳雖聽，而所以聽者，心也；口與四肢雖言動，而所以言動者，心也。故欲修身，在於體當自家心體，常令廓然大公，無有些子不正處。主宰一正，則發竅於目，自無非禮之視；發竅於耳，自無非禮之聽；發竅於口與四肢，自無非禮之言動，此便是修身在正其心。然至善者，心之本體也，心之本體那有不善？如今要正心，本體上何處用得工？必就心之發動處，纔可着力也。心之發動不能無不善，故須就此處着力，便是在誠意。如一念發在好善上，便實實落落去好善；一念發在惡惡上，便實實落落去惡惡。意之所發既無不誠，則其本體如何有不正的？故欲正其心在誠意。工夫到誠意，始有着落處。然誠意之本，又在於致知也。所謂『人雖不知，而己所獨知』者，此正是吾心良知處。然知得善，却不依這個良知便做去，知得不善，却不依這個良知便不去做，則這個良知便遮蔽了，是不能致知也。吾心良知既不能擴充到底，則善雖知好，不能着實好了；惡雖知惡，不能着實惡了，如何得意誠？故致知者，意誠之本也。然亦不是懸空的致知，致知在實事上格。如意在於爲善，便就這件事上去爲；意在於去惡，便就這件事上去不爲。去惡固是格不正以歸於正；爲善則不善正了，亦是格不正以歸於正也。如此，則吾心良知無私欲蔽了，得以致其極；而意之所發，好善去惡，無有不誠矣。誠意工夫，實下手處在格物也。若如此格物，人人便做得，人皆可以爲堯舜，正在此也。」

或疑知行不合一，以「知之匪艱」二句爲問。先生曰：「良知自知，原是容易的；只是不能致那良知，便是知之匪艱，行之惟艱。」

門人問曰：「知行如何得合一？且如中庸言『博學之』，又說個『篤行之』，分明知行是兩件。」先生曰：「博學只是事事學存此天理；篤行只是學之不已之意。」又問：「易『學以聚之』，又言『仁以行之』，此是如何？」先生曰：「也是如此。事事去學存此天理，則此心更無放失時，故曰『學以聚之』；然常常學存此天理，更無私欲間斷，此即是此心不息處，故曰『仁以行之』。」又問：「孔子言知及之，仁不能守之，知行却是兩個了。」先生曰：「說及之已是行了，但不能常常行，已爲私欲間斷，便是仁不能守。」又問：「心即理之說，程子云『在物爲理』，如何謂心即理？」先生曰：「在物爲理，在字上當添一『心』字。此心在物則爲理，如此心在事父，則爲孝；在事君，則爲忠之類。」先生因謂之曰：「諸君要識得我立言宗旨。如今說個心即理是如何，只爲世人分心與理爲二，故便有許多病痛。如五伯攘夷狄，尊周室，都是一團私心，便不當理。人却說他做得當理，只心有未純，往往悦慕其所爲，要來外面做得好看，却與心全不相干。分心與理爲二，其流至於伯道之僞而不自知。故我說個心即理，要使知心理是一個，便來心上做工夫，不去襲義於外，便是王道之真。此我立言宗旨。」又問：「聖賢言語許多，如何却要打做一個？」曰：「我不是要打做一個，如曰『夫道一而已矣』，又曰『其爲物不二，則其生物不測』，天地聖人皆是一個，如何二得？」

但要曉得一念動處，便是知，亦便是行。如人在牀上思量去偷人東西，此念動了，便是做賊；若還去偷，那個人只到半路轉來，却也是賊。

先生曰：「舜不遇瞽瞍，則處瞽瞍之物無由格；不遇象，則處象之物無由格；周公不遇流言憂懼之變，則流言憂懼之物無由格。故凡動心忍性以增益其所不能者，正吾聖門致知格物之學，正不宜輕易放過，失此好光陰也。知此，則夷狄患難將無入而不自得矣。」

心不是一塊血肉，凡知覺處便是心。如耳目之知視聽，手足之知痛癢，此知覺便是心也。

人必要爭個心有內外，原是不曾實見心體。我今說個無內外，尚流在有內外；若說有內外，則內外益判了。況心無內外亦不是我說的，明道定性書云：「且以性爲隨物於外。」則當其在外時，何者爲內？此一條最痛快。

以方問曰：「據人心所知，多有誤欲作理、認賊作子處，何處乃見良知？」先生曰：「爾以爲何如？」曰：「心所安處，纔是良知。」曰：「固是。但要省察，恐有非所安而安者矣。」

「易則易知」，只是一個天理，便自易知。

以方自陳喜在静上用功。先生曰：「静上用功固是好，但終自有敝。人心自是不息底，雖在睡夢，此心亦是流動。如天地之化，本無一心之停，然其化生萬物各得其所，却亦自静也。此心雖是流行不息，然其一循天理，却亦自静也。若專來静上用功，恐有喜静惡動之敝。動静只是一個。」

以方問：「直固知静中自有個知覺之理，但伊川一段可疑。伊川問呂學士：『賢且説静時如何？』曰：『謂之有物則不可，然自有知覺處。』曰：『既有知覺，却是動也，怎生言静？』」先生曰：「伊川説還是。」以方因詳伊川之言，是分明以静中無知覺矣，如何謂伊川説還是？考諸晦翁亦曰：「若云知寒覺暖，便是知覺已動。今未曾著於事物，但有知覺在，何妨其爲静，不成静坐，只是瞌睡。」晦翁亦是疑伊川之説，蓋知寒覺暖，則知覺著在寒暖，且著在事物，便是已發了。但有知覺，只是有此理，不曾着在事上，故還是静。然瞌睡也有知覺，故能作夢，且一喚便醒矣。槁木死灰，無知覺，便不醒了。恐伊川所謂「既有知覺，却是動也，怎生言静」，正是説個静而無静之意，不是説静中無個知覺也。故先生曰「伊川説還是」。

以方問：「戒慎恐懼，是致和，還是致中？」先生曰：「是和上用功。」以方曰：「中庸言『致中和』，如何不致中，却來和上用功？」先生曰：「中和只是一個，内無所偏倚，少間發出，便自然乖戾了。故中和只是一個，但本體上如何用得功，必就他發處纔着得力，故就和上用功。

然致和便是致中，萬物育便是天地位。」以方未能釋然。先生曰：「不消去文義上泥。中和是離不得底，如面前只火之本體是中，其火之照物處便是和，舉着火其光便自照物，火與照如何離得？故中和只是一個。近儒亦有以戒懼即是慎獨，非兩事者，然不知此以致和即便以致中者。」崇一嘗謂以方曰：「未發是本體，本體自是不發底。如人可怒，我雖是怒他，然怒不過當，却也是這個本體未發了。」後以崇一之説問先生。先生曰：「如此説，却是説成功處。子思説個發與未發，正要在發時用功。」又與焕吾論及此，焕吾曰：「嘗見文公語類有一段，亦以『喜怒哀樂之未發』二句頂上文，用工得來，不是泛説。人人有個中和，與老先生之意亦合，不知文公後來何故從今説。」

以方問曰：「先生之説格物，凡中庸之慎獨及集義、博約等説，皆爲格物之事。」先生曰：「非也。格物即慎獨，即戒懼。至於集義、博約工夫只一般，不是以那數件都做格物底事。」

以方問「尊德性」一條。先生曰：「道問學即所以尊德性也。晦翁言：『子静以尊德性誨人，某教人豈不是道問學處多了些子。』是分尊德性、道問學作兩件。且如今講習討論，下許多工夫，無非只是存此心，不失其德性而已。豈有尊德性只空空去尊，更不去問學；問學只是空空去問學，更與德性無關涉？如此，則不知今之所以講習討論者更學何事？」問「致廣大」二句。曰：「盡精微即所以致廣大也，道中庸即所以極高明也。蓋心之本體，自是廣大底。人不能盡精微，則便爲私欲所蔽，有不勝其小者矣。故能細微曲折，無所不盡，則私意不足以蔽之，自無許多障礙遮隔處，如何廣大不致？」又問：「精微還是念慮之精微，是事理之精微？」曰：「念慮之精微即事理之精微也。」

以方問：「顏子擇中庸是如何擇？」先生曰：「亦是戒謹不睹，恐懼不聞，就己私之動處，辨别出天理之善來，得一善即是得了這個天理。」後又與正之論顏子「雖欲從之末由也已」是如何，正之曰：「先生嘗言：『此是見得個道理如此。如今日用凡視聽言動，都是這個知覺，然知覺却在那裏捉定不得，所以説「雖欲從之末由也已」。顏子見得個道體後，方纔如此説。』」

問：「『物有本末』一條，舊説似與先生不合，願啓其旨。」先生曰：「以明德、親民爲二物，豈有此理？譬如二樹在此，一樹有一樹的本末，豈可一樹爲本，一樹爲末？明德、親民總是一物，只是一個工夫，纔二之，明德便是空虚，親民便是襲取矣。物有本末云者，乃指定一物而言，如有實孝親之心，而後有孝親的儀文節目；事有終始云者，亦以實心爲始，實行爲終。故必始焉有孝親的心，而終焉則有孝親的儀文節目。事長事君，無不皆然。自意之所著，謂之物；自物之所爲，謂之事。物者，事之物也；事者，物之事也，一而已矣。」

先生曰：「朋友相處，常見自家不是，方能默化，得人之不是。若只覺自家爲是，便懷輕忽之心，漫然不知病痛，畜之漸長，害不可言。善者固吾師，不善者亦吾師。且如見人多言，吾便自省亦多言否；見人好高，吾便自省亦好高否。這便是相觀而善，處處得益。」

問理、氣、數。先生曰：「以理之流行而言，謂之氣；以氣之條理而言，謂之理；以條理之節次而言，謂之數。三者只是一統事。」

問：「聲色貨利，恐良知亦不能無。」先生曰：「固然。但初學用工，却須掃除蕩滌，勿使留積，則適然來遇，始不爲累，自然順而應之。良知只在聲色貨利上用工，能致得良知精精明明，毫髮無蔽，則聲色貨利之交無非天則流行矣。」

先生曰：「人之本體，常常是寂然不動的，常常是感而遂通的。未應不是先，已應不是後。」

只在有睹有聞上馳鶩，不在不睹不聞上着實用功。蓋不睹不聞是良知本體，戒慎恐懼是致良知的工夫。學者時時刻刻常睹其所不睹，常聞其所不聞，工夫方有個實落處。久久成熟後，則不須着力，不待防檢，而真性自不息矣，豈以在外者之聞見爲累哉！

問：「先儒謂『鳶飛魚躍』與『必有事焉』同一活潑潑地。」先生曰：「亦是。天地間活潑潑地，無非此理，便是吾良知的流行不息。致良知便是必有事的工夫，此理非惟不可離，實亦不得而離也。無往而非道，無往而非工夫。」

一友自嘆：「私意萌時，分明自心知得，只是不能使他即去。」先生曰：「你萌時，這一知處便是你的命根,當下即去消磨,便是立命功夫。」

先生嘗語學者曰:「心體上着不得一念留滯,就如眼着不得些子塵沙。些子能得幾多,滿眼便昏天黑地了。」又曰:「這一念不但是私念,便好的念頭亦着不得些子。如眼中放些金玉屑,眼亦開不得了。」

至誠能盡其性,亦只在人物之性上盡。離却人物,更無性可盡得。能盡人物之性,即是至誠致曲處。致曲的功夫,亦只在人物之性上致,更無二義,但比至誠有安勉不同耳。

頃與諸老論及此學,真圓鑿方枘。此道坦如大路,世儒往往自加荒塞,終身陷荆棘之場而不悔,吾不知其何説也!

古先聖人許多好處,也只是無我而已。無我,自能謙。謙者,衆善之基;傲者,衆惡之魁。

問:「許魯齋言:『學者以治生爲首務。』先生不以爲然,何也?且士之貧,豈可坐守,不經營耶?」先生曰:「但言學者治生上儘有工夫做,則可;若以爲治生是首務,使學者汲汲營利,斷不可也。且天下首務孰有急於講學耶?然治生亦是講學中事,但不可以治生爲首務,徒啓營利之心。果能於此處調停得心體無累,雖終日做買賣,不害爲聖爲賢,何妨於學?學何二於治生?」

先生曰:「氣質,猶器也;性,猶水也。均一水也,有得一缸者,有得一桶者,有得一甕者，局於器也。氣質有清濁、厚薄、强弱之不同，然爲性則一也。能擴而充之，器不能拘矣。」

或問：「致良知的工夫，恐於古今事變有遺。」先生曰：「不知古今事變從何處出？若從良知流出，致知焉，盡之矣。原來古今只是這一個。」

又曰：「古人講學，頭腦須只一個，却是因人以爲淺深。譬如這般花，只好澆一瓶水，却倒一桶水在上，便浸死了。從目所視，妍醜自別，不作一念，謂之明；從耳所聽，清濁自別，不作一念，謂之聰；從心所思，是非自別，不作一念，謂之睿。」

顔子欲罷不能，是直見得道體不息，無可罷得時；若功夫有起有倒，尚有可罷時，只是未曾見得道體。

先生曰：「孔子無不知而作，顔子有不善未嘗不知。此是聖學真血脉路。」

先生云：「某十五六歲時，便有志聖人之道。但於先儒格致之説若無所入，一向姑放下了。一日寓書齋，對數莖竹，要去格他理之所以然，茫然無可得。遂深思數日，卒遇危疾，幾至不起。乃疑聖人之道恐非吾分所及，且隨時去學科舉之業。既後心不自已，略要起思，舊病又發。於是又放情去學二氏，覺得二氏之學比之吾儒反覺徑捷，遂欣然去究竟其説。後至龍場，又覺二氏之學未盡，履險處危，困心衡慮，又豁然見出這頭腦來，直是痛快，不知手舞足蹈。此學數百年想是天機到此也，該發明出來了，此必非某之思慮所能及也。」

學問最怕有意見的人，只患聞見不多。良知聞見益多，覆蔽益重，反不如不曾讀書的人，更容易與他説得。

先生曰：「雖小道，必有可觀。如虛無、權謀、器數、技能之學，非不能超脱世情，直於本體上得所悟入，俱得通入精妙。但其意有所着，移之以治天下國家，便不能通了。故君子不用。」

一友侍坐，眉間若有憂思。先生覺之，顧語他友曰：「人一身不得爽快，不消多大事。只一根頭髮釣着，滿身便不快活了。」是友聞之，瞿然省惕。

知者，良知也，天然自有，即至善也。物者，良知所知事也。格者，格其不正以歸於正也；格之，斯實致之矣。

（陽明門人編有續傳習録，向來不爲人所知，今從郜永春皇明三儒言行要録中發現續傳習録，揭開此一久被湮没之秘。按：皇明三儒言行要録刻於隆慶二年，前有郜永春新刊皇明三儒言行要録序署云：「隆慶二年季夏吉日，賜同進士出身、河南道監察御史、蒲陽後學仰遽郜永春頓首拜書於超然亭上。」據此，續傳習録當編於嘉靖中。考王宗沐傳習録序云：「傳習録，録陽明先生語也。四方之刻頗多，而江右實先生提戈講道處，獨缺焉。沐乃請於兩臺，合續本凡十一卷，刻置學宮。」王宗沐嘉靖二十三年進士，嘉靖三十五年任江西提學副使，修王陽明祠，建正學書院、懷玉書院，於白鹿洞聚諸生講學，其合刻傳習録置於學宫即在是年。所謂續本，即指續傳習録，蓋乃曾才漢所編也。錢德洪傳習録後跋云：「嘉靖戊子冬，德洪與王汝中奔師喪，至廣信，訃告同門，約三年收録遺言。繼後同門各以所記見遺。洪擇其於問正者，合所私録，得若干條。居吴時，將與文録並刻矣，適以憂去未遂。……去年（按：嘉靖三十四年），同門曾子才漢得洪手抄，復旁爲采輯，名曰遺言，以刻行於荆。洪讀之，覺當時采録未精，乃爲删其重複，削去蕪蔓，存其三之一，名曰傳習續録，復刻於寧國之水西精舍。今年（按：嘉靖三十五年）夏……乃復取逸稿，采其語之不背者，得一卷；其餘影響不真，與文録既載者，皆削之，並易中卷爲問答語，以付黄梅尹張君增刻之。」可見續傳習録（遺言）有四編三刻：嘉靖十四年（按：錢德洪丁憂在是年）初編於錢德洪；嘉靖三十四年二編於曾才漢，初刻於荆；同年三編於錢德洪，二刻於水西精舍；嘉靖三十五年四編於錢德洪，三刻於黄梅。嘉靖十四年錢德洪所編遺言，即今存陽明先生遺言録，題作「門人餘姚錢德洪纂輯，門人泰和曾才漢校輯」。嘉靖三十四年曾才漢所編遺言，即郜永春新刊皇明三儒言行要録中之續傳習録，王宗沐刻於江西學宫之續本，即此續傳習録（據此，續傳習録亦有四刻）。嘉靖三十五年錢德洪所編傳習續録，即今傳習録之卷下（第三卷）也。試以傳習録卷下與此續傳習録比較，二書語録多同，但詳略有别，次序不同，亦有異字異句，特别是續傳習録約有二十五條語録爲傳習録卷下所無，尤有重要價值。如「某十五六歲時」一條，意義重大，錢德洪竟删之，匪夷所思。大致曾才漢編續傳習録多有取於黄直(以方)所記語録，而錢德洪多删之，尤未當也。曾才漢字明卿，號雙溪，泰和人，陽明門人。)

陽明先生遺言録

陽明先生遺言録上　門人金溪黄直纂輯，門人泰和曾才漢校輯

門人有疑知行合一説。黄以方語之曰：「知行自是合一的。如人能行孝了，方唤做知孝；能行弟了，方唤做知弟。不成只曉得個孝字與個弟字，遽謂之知。」先生曰：「爾説固是。但要曉得一念動處便是知，亦便是行。如人在床上思量去偷人東西，此念動了，便是做賊。若還去偷，那個人只到半路轉來，却也是賊。」

林致之問先生曰：「知行自合一不得。如人有曉得那個事該做，却自不能做者，便是知而不能行。」先生曰：「此還不是真知。」又曰：「即那曉得處，也是個淺淺底知，便也是個淺淺底行，不可道那曉得不是行也。」後致之多執此爲説：「人也有個淺淺的知行，有個真知的知行。」

以方曰：「先生謂淺的知便有淺的行，此只是遷就爾意思説。其實行不到處還是不知，未可以淺淺底行，却便謂知也。」致之後以問先生，先生亦曰：「我前謂淺淺底知便有淺淺底行，此只是隨爾意思。」

顔子不遷怒，非謂怒於甲者不移於乙，蓋不爲怒所遷也。

「心不在焉」句，謂正心之功不可滯於有，亦不可墮於無。

或問曾子一貫，先生曰：「想曾子當時用工也不得其要，如三省及禮記問禮諸處之類可見。『惟』字只是應辭，非説他悟道之速，應而無疑也。」

人須有個嘉善而矜不能底意思，纔方是學。否則雖學亦不濟事。

先生嘗云：「深造以道，道即志道之道，非謂進爲之方也。深造之以道，謂於當然之道而深造之也。於道而深造，便自得了。道非外物，故於道深造乃爲自得。」又論「登東山」一章：「若謂東山爲言聖道之大，下條爲大而有本，此不可通。言道之大便自有本了，天下豈有無本之大？『觀水』條，正是言學之者必以其本。『流水』一節，正承『觀水有術』二句，以明上言學所以必以其本之意。」又言：「『明於庶物』即是『察於人倫』。」

人心一刻純乎天理，便是一刻的聖人。終身純乎天理，便是終身的聖人。此理自是實。人要有個不得已底心，如貨財不得已乃取，女色不得已纔近。如此則取貨財、近女色乃得其正，必不至於太過矣。

學莫先于立志。志之不立而曰學,皆苟焉以自欺者也。譬之種樹,志其根也。根之不植,未有能生者也。今之學者孰肯自謂無志?其能有如農夫之于田,商賈之于貨,心思之所計量,旦暮之所勤勞,念念在是者乎?不如是,謂之無志亦可矣。故志于貨者,雖有虧耗,乃終有息;志于田者,雖有旱荒,乃終有稔。篤志若是而未之成者,吾或見之矣;志之不立而能有成者,吾未之見也。

立志如下種。種而荑稗則荑稗矣,種而嘉穀則嘉穀矣。學問之功所以立其志,猶栽培耘耨所以植其根也。其在大學則爲格致,在論語則爲博約,在中庸則爲慎獨,在孟子則爲集義,其功一也,要在存存而不忘耳。耕而不獲者有矣,未有不耕而獲者矣。

董蘿石以反求諸己爲問。先生曰:「反求諸己者,先須掃去自己舊時許多繆妄勞攘圭角,守以謙虛,復其天之所以與我者。持此正念,久之自然定靜。遇事物之來,件件與他理會,無非是養心之功,蓋事外無心也。所以古人有云:『若人識得心,大地無寸土。』此正是合内外之學。」

顏淵喟然嘆曰:「始吾於夫子之道,但覺其高堅前後,無窮盡無方體之如是也。繼而夫子循循善誘,使我由博約而進。至於悦之深而力之盡,如有所立卓爾。」謂之「如」者,非真有也;

謂之「有」者，又非無也。卓然立於有無之間，欲從而求之則無由也已。所謂無窮盡無方體者，曾無異於昔時之見。蓋聖道固如是耳，非是未達一間之説。

「君子深造之以道」，言以道而深造也。自得之妙，口耳皆喪方是深造。王信伯云：「自得處無分毫得。」

一友問：「天地位，萬物育，何如？」先生曰：「賢却發得太早。汝且問戒懼慎獨何如而深致其功，則位育之效自知矣。如未用戒懼慎獨工夫，縱聽得位育説話雖多，有何益處？如人要到京畿，必須束裝買舟，沿途問人行將去，到得京畿，自知從某門而入矣。若未買舟而行，只講求京畿九門從何處入，直是説夢。」聽者皆有省。

孟子三自反後比妄人爲禽獸，此處似尚欠細。蓋横逆之來，自謗訕怒駡以至於不道之甚，無非是我實受用得力處，初不見其可憎。所謂「山河大地儘是黄金，滿世界皆藥物」者也。

先生謂董蘿石曰：「吾昨因處骨肉之間，覺得先儒注書有未盡者。且如舜父頑母嚚一節，以余意觀之，舜父頑母嚚象傲，舜則能諧之以孝，烝烝然自進於善，未嘗正彼之姦。久之，瞽叟亦信順之矣。俱在自家身上説。若有責善之意，則彼未必正，而是非先起矣。甚哉！骨肉之難處也。」

「季文子三思後行」，横渠以爲聖人深美之詞，若曰再斯可矣，况能三邪！伊川以爲聖人不許之詞，曰文子雖賢，再斯可矣，恐未能三也。」先生之言，不約而同，以見人肯三思者之難得也。

「蓋有不知而作之者」，聖人以爲蓋有不由良知而作之者，我無是也。若以多聞多見爲知，乃其次耳。天然是非之心，乃真知也。

「朝聞道」，一旦有悟也；「夕死可矣」，通乎晝夜而知也。故曰：「知而信者爲難。」先儒信不過，嫌於近禪，而以窮究物理爲聞，并失程子之意矣。

「君子所貴乎道者有三美焉」，蓋誠能聞道，則貌也、色也、詞也，三者無不善也。「籩豆之事，則有司存」，非所急矣。

「君子居之，何陋之有」，蓋無入不自得之意。若曰「所居者化」，則於中國有礙。

「吾有知乎哉？」人皆以聖人爲多知，而不知聖人初不從事於知識也。故曰：「無知也。有鄙夫問於我，我只空空而已。」但於所問，只舉是非之兩端，如此而爲是，如此而爲非。一如吾心之天理以告之，斯已矣。蓋聖功之本，惟在於此心純乎天理，而不在於才能。從事於天理，有自然之才能；若但從事於才能，則非希聖之學矣。後人不知此意，專以聖人博學多知而奇之，如商羊、萍實之類，以爲聖人不可及者在此，盡力追之，而不知聖人初不貴也。故曰：「君子多乎哉？不多也。」又曰：「賜也，汝以予爲多學而識之者歟？非也。」

夫道固不外於人倫日用，然必先志於道而以道爲主，則人倫日用自無非道。故志於道，是尊德性主意也；據於德，是道問學工夫也；依於仁者，常在於天理之中；游於藝者，精察於事爲之末。游藝與學文俱是力行中工夫，不是修德之外別有此閒事也。蓋心氣稍麁則非仁矣。故《詩》《書》六藝等事，皆輔養性情而成其道德也。以志道爲主，以修德爲工，全體使之純誠，纖悉不容放過，此明德之事也。

陽明先生遺言録下　門人餘姚錢德洪纂輯，門人泰和曾才漢校輯

問：「至誠之道何以能前知。」先生曰：「聖人只是一個良知，良知之外更無知也，有甚前知？其曰『國家』云云者，亦自其能前知者而言。聖人良知精精明明，隨感隨應，自能敷衍出去，此即是神。」

問「知及仁守」一章。先生曰：「只知及之一句，便完全了，無少欠缺。自其明覺而言謂之知，自其明覺之純理而言謂之仁，便是知行合一的工夫。譬如坐於此物乃是知及，若能常在此乃是仁守。不能久而守之，則是此智亦不及而必失之矣。亦有大本已立，小德或踰，不能莊以涖之；或一時過當，條理欠節次處，要皆未爲盡善也。大抵此章聖人只是説個講學的規模，智及之一句便完全了。」

問「理、氣、數」。先生曰：「有條理是理，流行是氣，有節次是數，三者只是一統的事。」

先生曰：「天地之化是個常動常静的，何也？蓋天地之化自始至終，自春至冬，流行不已者，常動常静。天地亘古亘今，不遲不速，未嘗一息之違者，常動常静也。自其常静而言之謂之體，自其常動而言之謂之用。動中有静，静中有動；體中有用，用中有體。故曰『動静一機，體用一源』。推之事物，莫不皆然。」

先生曰：「汝輩在此講致知格物之説，恐多未明其旨。不知却有毫釐之差、千里之謬在。須在這頭腦上勘破用工，方有下落。先儒謂『求之文字之中，索之講論之際』，分明是向外求討。天下事物無窮，不知何時求討得？若能向頭腦上用工，則先儒數説皆在其中。不識諸君能勘得破否？」謝弘之曰：「求之文字，也只是此心去求；索之講論，也只是此心去索。總是明此心之天理而已，何有未明？」先生曰：「亦未甚明白。不免將心與物歧而二之，可乎？深思之，當自得之矣。」

先生曰：「感發興起是詩，有所執持是禮。和順於道德而理於義者，只是一統事。」又曰：「良知之純一無間是仁，得宜曰義，條理曰禮，明辨曰智，篤實曰信，和順是樂，妙用是神。總只是一個良知而已。」

先生曰：「舍却本根，去枝枝葉葉上求個條理，決不能復入本根上去。雖勉强補綴得上，亦當遺落。若能常用水去灌溉，總不理會枝葉，久久生理敷衍，自有枝葉發將出來。後人在事事物物上用工，正是枝葉上去灌溉。」

問：「先生嘗云『心無善惡者也』，如何解『止至善』，又謂是心之本體？」先生曰：「心之本體未發時，何嘗見有善惡？但言心之本體原是善的。良知不外喜怒哀樂，猶天道不外元亨利貞。至善是良知本體，猶貞是天之本體。除却喜怒哀樂，何以見良知？除了元亨利貞，何以見天道？」

一友問：「中何以能爲天下之大本？」先生因指扇喻之曰：「如將此扇去扇人、扇塵、扇蠅、扇蚊等用，是此扇足爲諸用之本矣。有此扇，方有此用。如無此扇而代之以手，則不能爲用矣。汝且體認汝心未發之中氣象何似，則於天下之大本當自知之矣。」

先生曰：「『書不盡言，言不盡意』，學者善觀之可也。若泥文著句，拘拘解釋，定要求個執定的道理，恐多不通。蓋古人之言，惟示人知所向求而已。至於因所向求而有未明，當自體會方可，譬猶昔人不識月者，問月何在？有人以指向上示之，其人却不會月在天上，就執指以爲月在是矣。及見人有捧笛吹者，却又曰月在是也。今人拘泥認理何以異？是故獅子囓人，狂狗逐塊，最善喻。」

先生曰：「樂是心之本體。順本體是善，逆本體是惡。如哀當其情，則哀得本體，亦是樂。」時一友在傍，問：「聖人本體不動，何得又有失之？」曰：「吾解得四個字之義如此明白，怎的泥文若此？須仔細自去體認，當自見得。」

又曰：「古人講學，頭腦須只一個，却是因人以爲淺深。譬如這般花只好澆一瓶水，却倒一桶水在上，便浸死了。」

問：「佛家言寂滅，與聖人言寂然不動，何以異？」先生曰：「佛氏言生生滅滅，寂滅爲樂。以寂滅爲樂，是有意於寂滅矣。惟聖人只是順其寂滅之常。」

嘗有數友隨先生游陽明洞，偶途中行歌。先生回至洞坐定，徐曰：「我輩舉止，少要有駭異人處，便是曲成萬物之心矣。」德洪深自省惕。又曰：「當此暑烈，行走多汗，脱幘就涼，豈不快適！但此一念放去便不是。」

明道曰：「某寫字甚敬，非是要字好，只此是學。」既是非要字好，所學又是甚事？知此可以知格物之學矣。

先生云：「某十五六歲時，便有志聖人之道，但於先儒格致之説若無所入，一向姑放下了。一日寓書齋，對數莖竹，要去格他理之所以然，茫然無可得。遂深思數日，卒遇危疾，幾至不起。乃疑聖人之道恐非吾分所及，且隨時去學科舉之業。既後心不自已，略要起思，舊病又發。於是又放情去學二氏，覺得二氏之學比之吾儒反覺徑捷，遂欣然去究竟其説。後至龍場，又覺二氏之學未盡。履險處危，困心衡慮，又豁然見出這頭腦來，真是痛快，不知手舞足蹈。此學數千百年，想是天機到此，也該發明出來了。此必非某之思慮所能及也。」

知者，良知也。天然自有，即至善也。物者，良知所知之事也。格者，格其不正以歸於正也。格之，斯實致之矣。

稽山承語

虛生子朱得之述

朱得之序曰：「傳於師，習於心，是故書紳之士，已非得意忘言者伍矣，矧茲又出書紳之下乎？惟予衰毦，莫振宗風，追述之，永心喪也。」

問：「正其不正，以致其良知於事物相接之時，其工夫則有著落矣。事物未相接時，如何用功？」師曰：「只是謹獨。」

問：「格物以致其良知，謂之學，此知行合一之訓也。如學而不思則罔，思而不學則殆，何如？」曰：「正言知行不一之弊。」「中庸言道之不明不行，亦言知行不一之故乎？」曰：「然。故曰『人莫不飲食也，鮮能知味也』。」

師曰：「千聖傳心之要，只是一個『微』字。所謂『不睹不聞』也，是所謂道心也。『惟精惟一』，只是存此致此而已。」

中庸論「前定」，只是良知不昧而已。

董蘿石平生好善惡惡之意甚嚴，自舉以問。師曰：「好字原是好字，惡字即是惡字。」董於言下躍然。

天地皆仁之滓。天下歸仁，萬物皆備於我也。

「修道之謂教」以下許多説話，工夫只是「修道以仁」。

良知無動静。動静者，所過之時也。不論有事無事，專以致吾之良知爲念，此學者最要緊處。

實夫問：「心即理，心外無理，不能無疑。」師曰：「道無形體，萬象皆其形體；道無顯晦，人所見有顯晦。以形體而言，天地一物也；以顯晦而言，人心其機也。所謂心即理也者，以其充塞氤氳而言謂之氣，以其脈絡分明而言謂之理，以其流行賦畀而言謂之命，以其稟受一定而言謂之性，以其物無不由而言謂之道，以其妙用不測而言謂之神，以其凝聚而言謂之精，以其主宰而言謂之心，以其無妄而言謂之誠，以其無所倚著而言謂之中，以其無物可加而言謂之極，以其屈伸消息往來而言謂之易，其實則一而已。今夫茫茫堪輿，蒼然隤然，其氣之最粗者歟？稍精則爲日月、星宿、風雨、山川，又稍精則爲雷電、鬼怪、草木、花卉，又精而爲鳥獸、魚鱉、昆蟲之屬；至精而爲人，至靈至明而爲心。故無萬象則無天地，無吾心則無萬象矣。故萬象者，吾心之所爲也；天地者，萬象之所爲也。天地萬象，吾心之糟粕也。要其極致，乃見天地無心，而人爲之心。心失其正，則吾亦萬象而已；心得其正，乃謂之人。此所以爲天地立心，爲生民立命，惟在於吾心。此可見心外無理，心外無物。所謂心者，非今一團血肉之具也，乃指其至靈至明、能作能知者也，此所謂良知也。然而無聲無臭，無方無體，此所謂『道心惟微』也。以此驗之，則天地、日用、四時、鬼神莫非一體之實理，不待有所彼此比擬者。古人之言合德合明、如天如神、至善至誠者，皆自下學而言，猶有二也。若其本體，惟吾心而已，更何處有天地萬象？此大人之學所以與天地萬物一體也。一物有外，便是吾心未盡處，不足謂之學。」此乙酉十月與宗範、正之、惟中聞於侍坐時者，丁亥七月追念而記之，已屬渺茫，不若當時之釋然，不見師友之形骸、堂宇之限隔也。

「誠者天之道」，言實理之本體。「思誠者，人之道」，聖賢皆謂之思誠，惟有工夫，則人道也。

問：「『志道、據德、依仁、游藝。』」曰：「藝即義也。即事曰藝，即心曰義。即孔子自序志學之旨也。」

「擇不處仁」，非擇里也。

以約失之者鮮，凡事豫則立也。

一友自負無私意。適其從兄責僕人於私寓，自悔深切，入以告於師，且請教。此友在傍微哂。師顧曰：「此非汝之私意乎？見兄之有過，幸己之無敗露，私意重矣。」此友方知私意是如此。

心之良知謂之聖。

良知無有不獨，獨知無有不良。

問乾坤二象。曰：「本體要虛，工夫要實。」

合著本體，方是工夫；做得工夫，方是本體。又曰：「做得工夫，方見本體。」又曰：「做工夫的，便是本體。」

師設燕以投壺樂賓，諸友請教。曰：「今此投壺，俱要位天地、育萬物。」衆皆默然。投畢賓退，實夫不悟，以問正之。正之曰：「難言也。」曰：「此會何人得位育意？」正之曰：「惟弘綱三矢，自此而出。」明旦衆入謝燕，實夫起問。師曰：「昨日投壺，惟正之三矢得此意。」實夫凜然。

天理人欲甚精微，自家工夫不可放過，不可影過，不可混過。

一日師曰：「四方英賢來此相依，共明此學，豈非此生至樂！然某見一人來，心生一喜，又添一憂。喜在吾道之遠及，憂其人或言之未瑩以啓人之疑，行之未篤以來人之謗。疑謗一興，阻喪向善之誠者多矣。諸君宜相體以求自立也。」

問喜怒哀樂。師曰：「樂者，心之本體也。得所樂則喜，反所樂則怒，失所樂則哀。不喜不怒不哀也時，此真樂也。」

楊文澄問：「意有善惡，誠之將何稽？」師曰：「無善無惡者心也，有善有惡者意也，知善知惡者良知也，爲善去惡者格物也。」曰：「意固有善惡乎？」曰：「意者心之發，本自有善而無惡，惟動於私欲而後有惡也。惟良知自知之，故學問之要曰致良知。」

或問三教同異。師曰：「道大無外，若曰各道其道，是小其道矣。心學純明之時，天下同風，各求自盡。就如此廳事，元是統成一間，其後子孫分居，便有中有傍。又傳漸設藩籬，猶能往來相助。再久來漸有相較相争，甚而至於相敵。其初只是一家，去其藩籬仍舊是一家。三教之分，亦只似此。其初各以資質相近處學成片段，再傳至四五則失其本之同，而從之者亦各以資質之近者而往，是以遂不相通。名利所在，至於相争相敵，亦其勢然也。故曰：『仁者見之謂之仁，知者見之謂之知。』纔有所見，便有所偏。」

一友問：「某只是於事不能了。」師曰：「以不了了之，良知。」又曰：「所謂了事，也有不同。有了家事者，有了身事者，有了心事者。今汝所謂了事，蓋以前程事爲念，雖云了身上事，其實有居室産業之思在，此是欲了家事也。若是單單只了身事，言必信、行必果者，已是好男子。至於了心事者，果然難得。若知了心事，則身家之事一齊都了。若只在家事、身事上著脚，世事何曾得有了時？」

人之材力自是不同，有能洪大者，有能精詳者。精詳者終不能洪大，如史稱漢高帝雄才大略。大可以該小，略可以該詳可也，謂能提綱挈領也。不然，迂疏而已，反不如精詳者，雖小，自有實用。

一友初作尹，問曰：「爲尹之道，不可輕聽人言，不能不聽人言。逆詐億不信，既非君子之道，如舜之好問好察，何以知人之不我欺也？」師曰：「只要自家主意明白，主意堅定，在我一以愛民爲心，誠然如保赤子。凡以愛民之言欺我，我即用之，欺我者乃助我者也。凡以殃民之言欺我，與我主意不合，必不肯聽，又何患聽言之難也。」

古人琴瑟簡編莫非是學，板築魚鹽莫非作聖之地。且如歌詩一事，一歌之間直到聖人地位。若不解良知上用功，縱歌得盡如法度，亦只是歌工之悦人耳。若是良知在此歌，真是瞬息之間邪穢蕩滌、渣滓消融，直與太虚同體，方是自慊之學。

歌詩之法，直而温，寬而栗，剛而無虐，簡而無傲。歌永言，聲依永而已。其節奏抑揚，自然與四時之叙相合。

丙戌春末，師同諸友登香爐峰，各盡足力所至，惟師與董蘿石、王正之、王惟中數人至頂。時師命諸友歌詩，衆皆喘息不定。蘿石僅歌一句，惟中歌一章，師復自歌，婉如平時。蘿石問故。師曰：「我登山，不論幾許高，只登一步。諸君何如？」惟中曰：「弟子輩足到山麓時，意已在山頂上了。」師曰：「病是如此。」

客有論慮患不可不遠者。師曰：「見在福享用不盡，只管經營未來，終身人役而已。」

或問：「犯而不校與不報無道，何以不同？」師曰：「有意無意耳。」又曰：「犯而不校，非是不與人校長短。且如大明律，不曾不罪，懸法設科，人自犯之，乃犯也。設使彼有九分九釐罪過，我有一釐不是，均是犯法，非彼犯我也。聖門之教，只是自反自責，故曰不校。必是我全無不是，彼全無是處，然後謂之犯，如此而又不校，受敬調停之心不倦不厭，方是好學。」

甘于盤問：「學終日只依良知而行，不覺常有出入之病。」曰：「只是不懇切。」又曰：「且如于盤登此樓，初登時只是一樓；既登，見其款制；坐定，見其精粗，又見有何物在中；少頃，又見物之精粗，尚有未見未知者。至於外人聞說此樓，欲見者，但望之而已，何由知其中之委曲？此猶致良知之學也。雖云淺深有得，亦豈便能盡良知之蘊？須是盤桓精察，日久日見，日得其樂，至於左右逢源，方是良知用事。」

問：「舉業有妨於爲學，何如？」曰：「梳頭吃飯亦妨於爲學否？即此是學。舉業只是日用間一事，人生一藝而已。若自能覺，破得失、外慕之毒，不徒悦人，而務自慊，亦游藝適情之一端也。」

問:「舉業必守宋儒之說,今既得聖賢本意而勘破其功利之私,况文義又不可通,則作文之時,一從正意,乃爲不欺也。今乃見如此而文如彼,何如?」曰:「論作聖真機,固今所見爲近。然宋儒之訓乃皇朝之所表章,臣子自不敢悖。且如孔、顏論爲邦,行夏時、乘殷輅,豈即行其言乎?故師友講論者,理也;應舉之業,制也。德位不備,不敢作禮樂,吾從周,無意必也。惟體古訓以自修可也。」

嘉靖丁亥,得之將告歸,請益。師曰:「四方學者來此相從,吾無所畀益也,特與指點良知而已。良知者,是非之心,吾之神明也。人皆有之,但終身由之而不知者衆耳。各人須是信得及,儘著自己力量,真切用功,日當有見。六經、四子,亦惟指點此而已。近來學者與人論學,不肯虚心易氣,商量個是當否,只是求伸其説,不知此已失却爲學之本,雖論何益?又或在此聽些説話,不去實切體驗,以求自得,只管逢人便講,及講時又多參以己見,影響比擬,輕議先儒得失。若此者,正是立志未真,工夫未精,不自覺其粗心浮氣之發,使聽者虚謙問學之意反爲蔽塞,所謂輕自大而反失之者也。往時有幾個樸實頭的,到能反己自修,及人問時,不肯多説,只説『我聞得學問頭腦只是致良知』,不論食息語默,有事無事,此心常自炯然不昧,不令一毫私欲干涉,便是必有事焉,便是慎獨,便是集義,便是致中和。又有一等淵默躬行,不言而信,與人并立而人自化,此方是善學者,方是爲己之學。」

問：「責善朋友之道，意何如？」師曰：「相觀而善，乃處友之道。相下則受益，相上則損。纔責善，便忘己而逐人，便有我勝於彼之意。孟子此言爲章子，子父責善，不善用其好善之心，故云然。蓋謂責善在朋友中猶可用，若父子兄弟之間絶不可用，非謂朋友專以責善爲道也。故曰：『忠告而善道之，不可則止。』『朋友數，斯疏矣。』」「然則朋友中有過而不覺不改，奈何？」曰：「以善服人者，未有能服人者也；以善養人，然後能服天下。」

一日師曰：「長途飯肆，望見行旅，便出道中要留，欲飯之。其饑者則樂從，飽者則惡其留。雖多憎口，留客之意終是不厭不息，是有所利也。某今所爲實似之，見有過者强留之、强飯之。我之取於諸友者多矣。既業飯肆，亦自不能已於强客也。」孔子殁，門人以有若似夫子，請以所事夫子事之。曾子雖不可，某竊有取於其事。未論有若之德何如，但事有宗盟，則朋友得以相聚相磨，而當年同志之風不息，庶乎學有日新之幾，亦無各是其是之弊。

諸君聞吾之言，未能領悟者，只作亂説，不必苦求通曉，苦求記憶。且只切己用功，見善即遷，知過即改，常令此心虚明不滯，後日當有不待思索，自然契合，自然記憶者。

或問：「裴公休序圓覺經曰：『終日圓覺而未嘗圓覺者，凡夫也；欲證圓覺而未極圓覺者，菩薩也；具足圓覺而住持圓覺者，如來也。』何如？」曰：「我替他改一句：終日圓覺而未嘗圓覺者，凡夫也；欲證圓覺而未極圓覺者，菩薩也；具足圓覺而住持圓覺者，羅漢也；終日圓覺而未嘗圓覺者，如來也。」

（按：以上陽明先生遺言録、稽山承語二語録，據水野實、永富青地、三澤三知夫校注、張文朝譯陽明先生遺言録稽山承語整理著録，見中國文哲研究通訊第八卷第三期。）

附録一　異文

夢謁馬伏波廟題辭題詩（成化二十二年　一四八六年）

拜表歸來馬伏波，早年兵法鬢毛皤。雲埋銅柱雷轟折，六字銘文永不磨。

（詩見董穀董漢陽碧里後集雜存銅柱夢。王陽明全集卷二十夢中絶句作「卷甲歸來馬伏波，早年兵法鬢毛皤。雲埋銅柱雷轟折，六字題文尚不磨。」）

九華山賦并序（弘治十五年　一五〇二年）

九華爲江南奇特之最，而史記所録，獨無其名，蓋馬遷足蹟之所未至耳。不然，當列諸天台、四明之上，而乃略而不書耶？壬戌正旦，予觀九華，盡得其勝。已而有所感遇，遂援筆而賦之。其辭曰：

循長江而南下，指青陽以幽討。啓鴻蒙之神秀，發九華之天巧。非效靈於坤軸，孰構奇於玄造。遷史缺而弗録，豈足蹟之所未到？白詩鄙夫九子，實玆名之所肇。予將秘密於崔嵬，極玄搜而歷考。涉五溪而徑入，宿無相之窈窕。訪王生於邃谷，掬金沙之清潦。陵風雨乎半霄，登望江而遠眺。步千仞之蒼壁，俯龍池於深窅。吊謫仙之遺蹟，躋化城之縹緲。飲鉢盂之朝露，見蓮花之孤標。扣雲門而望天柱，列仙舞於晴昊。儼雙椒之闢門，真人駕雲而獨蹻。翠蓋平臨乎石照，綺霞掩映乎天姥。二神升於翠微，九子臨於積稻。炎歊起於玉甑，爛石碑之文藻。回澄秋於枕月，建少微之星旄。覆甌承滴翠之餘瀝，展旗立雲外之旌纛。下安禪而步岧嶢，覽雙泉於松杪。踰西洪而憩黃石，懸百丈之灝灝。瀨流觴而縈紆，遺石船於澗道。呼白鶴於雲峰，釣嘉魚於龍沼。倚透碧之峗屼，謝塵寰之紛擾。攀齊雲之巉峭，鑑琉璃之浩渺。沿東陽而西歷，餐九節之蒲草。樵人導余以冥搜，排碧雲之瑶島。群巒翳其繆轕，失陰陽之昏曉。垂七布之沈沈，靈龜隱而復佻。履高僧而屧招賢，開白日之杲杲。試胡茗於春陽，吸垂雲之淵湫。陵繡壁而據石屋，何文殊螺髻之蟠糾。梯拱辰而北盼，隮遺光於拾寶。緇裳迓於黃匏，休圓寂之幽悄。鳥呼春於叢篁，和雲韶之嚶嚶。喚起促予之晨興，落星河於檐橑。護山嘎其驚飛，怪遊人之太早。攬卉木之如濯，被晨暉而爭姣。靜鐃聲之剝啄，幽人劚葠蕨於冥杳。碧鷄喊於青林，白鷴翻雲而失皓。隱擣藥於樛蘿，挾提壺餅焦而翔繞。鳳凰承盂冠以相遺，飲沆瀣之仙醥。羞竹實以嬉翺，集梧枝之娟娟。嵐欲雨而霏霏，鳴濕濕於蘴葆。躐三遊而轉青峭，拂天香於茫渺。席弘潭以濯纓，浮桃瀉而揚縞。淙澌澌而絡蔭，歙猨猱之捷狡。睨斧柯而昇大還，望會仙於雲表。以上上聲篠韻，爲前段。

憫子京之故宅，款知微之碧桃。倏金光之閃映，睫異景於穹坳。弄玄珠於赤水，舞千尺之潛蛟。並花塘而峻極，散香林之迴飆。撫浮屠之突兀，泛五釵之翠濤。襲珍芳於絶巘，裹金步之摇摇。莎羅躑躅芬敷而燦耀，幢玉女之妖嬌。搴龍鬚於靈竇，墮鉢囊之飄飄。開仙掌之嶔嵌，散清磬之迢迢。披白雲而踸崇壽，見參錯之僧寮。日既夕而山冥，掛星辰於嶐嶅。宿南臺之明月，虎夜嘯而罷嘷。鹿麋群遊於左右，若將侶幽人之岑寥。迴高寒其無寐，聞冰壑之洞簫。溪女厲晴瀧而曝朮，雜精苓之春苗。邀予觴以仙液，飯玉粒之瓊瑶。溘辭予而遠去，颯霞裾之飄飄。復中峰而悵望，或仙踪之可招。迺下見陵陽之蜿蜒，忽有感於子明之宿要。逝予將遺世而獨立，採石芝於層霄。雖長處於窮僻，迺永離乎悉囂。彼蒼黎之緝緝，固吾生之同胞。苟顛連之能濟，吾豈靳於一毛。矧狂寇之越獗，王師局而奔勞。吾寧不欲請長纓於闕下，快平生之鬱陶？顧力微而任重，懼覆敗於或遭。又出位以圖遠，將無誚於鷦鷯。嗟有生之迫隘，等滅沒於風泡。亦富貴其奚爲，猶榮蕣之一朝。曠百世而興感，蔽雄傑於蓬蒿。吾誠不能同草木而腐朽，又何避乎群喙之呶呶？已矣乎！吾其鞭風霆而騎日月，被九霞之翠袍。摶鵬翼於北溟，釣三山之巨鰲。道崑崙而息駕，聽王母之雲璈。呼浮丘於子晉，招句曲之三茅。長遨遊於碧落，共太虛而逍遥。以上平聲蕭韻，爲後段。

亂曰：蓬壺之邈邈兮，列仙之所逃兮。九華之矯矯兮，吾將於此巢兮。匪塵心之足攪兮，念鞠育之劬勞兮。苟初心之可紹兮，永矢弗撓兮。亂用篠蕭兩韻，間而相叶。

（賦見乾隆池州府志卷八、光緒青陽縣志卷十、民國九華山志卷七、陳蔚九華紀勝卷六、古今圖書集成卷九十一九華山部等。王陽明全集卷十九有九華山賦，然無序，且句多有異，並缺「遷史缺而弗録」以下一段。）

胡公生像記（弘治十五年　一五〇二年）

弘治十年，胡公孟登以地官副郎謫貳興國。越二年，擢知州事。公既久於其治，乃奸鋤利植，而民以太和。又明年壬戌，擢浙之臬司僉事以去，民既留公不可，則相率像公祀之，以報公德。先學宫之北有疊山祠，以祀宋臣謝君直者，湫矣，卜於左方，撤而新之，其士曰：「合祀公像於是。嗚呼！吾州自胡元之亂以入於皇朝，雖文風稍振，而陋習未除，士之登名科甲以顯於四方者，相望如晨天之星，數不能以一二。蓋至於今，遂茫然絶響者，凡幾科矣。公斬山購地，以恢學宫，洗垢磨鈍，以新士習，然後人知敦禮興學，而文采蔚然於湖湘之間，薦於鄉者，一歲而三人。蓋夫子之道大明於興國，實自公始。公之德惠，固無庸言；而化民成俗，於是爲大。祀公於此，其宜哉！」民曰：「不可。其爲公别立一廟。公之未來也，外苦於盗賊，内殘於苛政，魚課及於濱山之民，輸賦者，擔負走二百里之外。自公之至，而盜不敢履興國之界，民離猛虎危鰲之患，而始釋戈而安寢，徙倉廪之地，免於跋涉。公之惠澤，吾獨不能出諸口耳。於戲！公有大造於吾民，乃不能別立一廟，而使並食於謝公，於吾心有未足也。」士曰：「不然。公與謝公，皆以遷謫而至吾州。謝公以文章節義爲宋忠臣，而公之氣概風聲相輝映，祀公於此，所以見公之庇吾民者，不獨以其政事；吾民之所以懷公不忘者，又有在於長養恩恤之外也。其於尊嚴崇重，不茲爲大乎？」於是其民相顧喜曰：「果如是，吾亦無所憾矣！然其誰紀諸石而傳之？」士曰：「公之經歷四方也久矣，四方之人其聞公之賢，亦既有年矣。然而屢遭讒嫉，而未暢厥猷，意亦知公深者難矣。公嘗令於餘姚，以吾人之知公，則其人宜於公爲悉。」乃走幣數千里而來請於守仁，且告之故。守仁曰：是姚人之願，不獨興國也。公之去吾姚已二十餘年，民之思公如其始去。每有自公而來者，必相與環聚，問公之起居飲食，及其履歷之險與夷，丰采狀貌鬚髮之蒼白與否，退則相傳告以爲欣戚。以吾姚之思公，知興國之爲是舉，亦其情之有不得已也。然公之始去吾姚，既嘗有去思之碑以紀公德，今不可以重復其說。如興國之績，吾雖聞之甚詳，然於其民爲遠，雖極意揄揚之，恐亦未足以當其心也。姑述其請記之辭，而詩以系之。公名瀛，河南之羅山人，有文武長才，而方向未用。詩曰：

於維胡公，允毅孔直。惟直不撓，以來興國。惟此興國，實荒有年。自公之來，闢爲良田。

寇乘於垣，死課於澤。公曰吁嗟，茲惟予謫。勤爾桑禾，謹爾室家。歲豐時和，民謠以歌。乃築泮宮，教以禮讓。弦誦詩書，溢於里巷。庶民諄諄，庶士彬彬。公亦欣欣，曰惟家人。維公我父，維公我母。自公之去，奪我恃怙。維公之政，不專於寬。雨暘詵節，時其燠寒。維公文武，亦周於藝。射御工力，展也不器。我拜公像，從我父兄。率我子弟，集於泮宮。願公永年，於百千祀。公德既溥，公壽曷涘。父兄相謂，毋爾敢望。天子國公，訓於四方。

（文見嘉靖湖廣圖經志書卷二。王陽明全集卷二十三有興國守胡孟登生像記，即此記，但字句出入甚大。）

鄉思二首次韻答黄輿（弘治十五年　一五〇二年）

百事支離力不禁，一官棲息病相尋。星辰魏闕江湖迥，松竹茆茨歲月深。合倚黄精消白髮，由來空谷有餘音。曲肱已醒浮雲夢，荷蕢休疑擊磬心。

獨夜殘燈夢未成，蕭蕭窗竹故園聲。草深石屋鼪鼯嘯，雪静空山猿鶴驚。漫有緘書招舊侶，尚牽纓冕負初情。雲溪漠漠春風轉，紫菌黄芝日又生。

（詩真蹟見中華文物集粹清翫雅集收藏展（Ⅱ），鴻禧美術館編，端方壬寅消夏録王陽明詩真蹟卷著録。按王陽明全集卷二十有冬夜偶書，即此詩一，作在正德九年在南京時；又有夜坐偶懷故山，即此詩二，作在正德十三年在贛時。）

泰山高詩碑（弘治十七年　一五〇四年）

歐生誠楚人，但識廬山高。廬山之高猶可計尋丈，若夫泰山，仰視恍惚，吾不知其尚在青天之下乎，其已直出青天上？我欲仿擬試作泰山高，但恐丘垤之見，未能測識高大，筆底難具狀。扶輿磅礴元氣鍾，突兀半遮天地東。南衡北恒西有華，俯視傴僂誰雌雄？人寰茫昧乍隱見，雷雨初解開鴻蒙。繡壁丹梯，煙霏靄霮，海日初湧，照耀蒼翠。平麓遠抱滄海灣，日觀正與扶桑對。聽濤聲之下瀉，知百川之東會。天門石扇，豁然中開。幽崖邃谷，聚積隱埋。中有遯世之流，龜潛雌伏，飡霞吸秀於其間，往往怪譎多仙才。上有百丈之飛湍，懸空絡石穿雲而直下，其源疑自青天來。巖頭膚寸出煙霧，須臾滂沱遍九垓。古來登封，七十二主。後來相效，紛紛如雨。玉檢金函無不爲，只今埋没知何許？但見白雲猶復起封中，斷碑無字，天外日月磨剛風。飛塵過眼倏超忽，飄蕩豈復留其踪！天空翠華遠，落日辭千峰。魯郊獲麟，岐陽會鳳。明堂既毁，閟宫興頌。宣尼曳杖，逍遥一去不復來，幽泉嗚咽而含悲，群巒拱揖如相送。俯仰宇宙，千載相望。墮山喬嶽，尚被其光。峻極配天，無敢頡頏。嗟予瞻眺門墻外，何能仿佛窺室堂？也來攀附攝遺蹟，三千之下，不知亦許再拜占末行？吁嗟乎！泰山之高，其高不可極，忽然回首，此身不覺已在東斗傍。

弘治十七年甲子九月既望，餘姚陽明山人王守仁識。

（詩碑見孫星衍泰山石刻記、汪子卿泰山志卷三、乾隆泰安縣志卷九。王陽明全集卷十九有泰山高次王内翰韻，即此詩，但句多有異，且無後題。）

遊靈巖次蘇潁濱韻（弘治十七年　一五〇四年）

客途亦幽尋，窅窱穿谷底。塵土填胸臆，到此乃一洗。仰視劍戟峰，巑岏顙如泚。俯窺巖龍窟，匍伏首若稽。異境固靈秘，兹遊實天啓。梵語過巖壑，簷牙相角觝。山僧出延客，經營設酒醴。導引入雲霧，峻陟歷堂陛。石田惟種椒，晚炊仍有米。臨燈坐小軒，矮榻便倦體。清幽感疇昔，陳李兩兄弟。侵晨訪遺蹟，碑碣多荒薺。

（詩見光緒長清縣志卷之末下靈巖志略、山東通志卷三十五之一上。王陽明全集卷二十五有雪巖次蘇穎濱韻，即此詩，但誤作「雪巖」，且詩句差異亦甚大。）

書扇贈揚伯（弘治十八年　一五〇五年）

揚伯慕伯陽，伯陽竟安在？大道即吾心，萬古未嘗改。長生在求仁，金丹非外待。繆矣三十年，於今吾始悔。諸揚伯有希仙之意，吾將進之於道也。於其歸，書扇爲别。陽明山人伯安識。

（書扇真蹟今藏日本定静美術館，計文淵王陽明法書集著録。按王陽明全集卷十九有此詩，置於弘治十八年詩中，題作贈陽伯，但無後題。）

朱張祠書懷示同遊（正德三年　一五〇八年）

客行長沙道，山川鬱稠繆。西探指嶽麓，凌晨渡湘流。蹦岡復陟巘，弔古還尋幽。林壑有餘采，昔賢此藏修。我來實仰止，匪伊事盤遊。衡雲閑曉望，洞野浮春洲。懷我二三友，伐木增離憂。何當此來聚，道誼日相求。靈傑三湘會，朱張二月留。學在濂洛系，文共漢江流。

（詩見石鼓志卷五。錢明王陽明散佚詩文續補考著録此詩，將後四句單獨集爲一詩。按：王陽明全集卷十九有陟湘于邁嶽麓是尊仰止先哲因懷友生麗澤興感伐木寄言二首，其一即此詩，然缺最後四句。）

何陋軒記(正德三年 一五〇八年)

昔孔子欲居九夷,人以爲陋。孔子曰:「君子居之,何陋之有?」守仁以罪謫龍場。龍場,古夷蔡之外,於今爲要綏,而習類尚因其故。人皆以予自上國而往,將陋其地,弗能居也。而予處之旬月,安而樂之,求其所謂甚陋者而莫得。獨其結題鳥言,山棲羝服,無軒裳宫室之觀、文儀揖讓之縟,然此猶淳龐質素之遺焉。蓋古之時,法制未備,則有然矣,不得以爲陋也。夫愛憎面背,亂白黝,浚奸窮黠,外良而中螫,諸夏蓋不免焉。若是而彬郁其容,宋甫魯掖,折旋矩矱,將無爲陋乎?夷之人乃不能此,其好言惡詈,直情率遂,則有矣。世徒以言辭物采之眇而陋之,吾不謂然也。始予至,無室以止,處於叢棘之間,則鬱也。遷於東峰,就石穴而居之,又陰以濕。龍場之民,老稚日來視予,喜不予陋,益孚比。予嘗圃於叢棘之後,民謂予之樂也,相與伐木閣之材,就其地爲軒以居予。予因而翳之以檜竹,蒔之以卉藥。列堂階,辨室奥,琴編圖史,講誦遊適之道略具。學士之來遊者,亦稍稍而集,於是人之及吾軒者,若觀於通都焉,而予亦忘予之居夷也,因軒扁曰「何陋」,以信孔子之言。嗟夫!諸夏之盛,其典章禮樂,歷聖修而傳之,夷不能有也,則謂之陋固宜。於後蔑道德而專法令,搜抉鉤縶之術窮,而狡匿譎詐,無所不至,渾樸盡矣。夷之民方若未琢之璞,未繩之木,雖粗礪頑梗,而椎斧尚有施也,安可以陋之?斯孔子所謂「欲居」也歟?雖然,典章文物則亦胡可以無講?今夷之俗,崇巫而事鬼,瀆禮而任情,不巾不笄,卒未免於陋之名,則亦不講於是耳。然此無損於其質也。誠有君子而居焉,其化之也蓋易。而予非其人也,記之以俟來者。

弟守仁謫居龍場,久而樂之,聊寄此以慰舜功年丈遠懷。

(文真蹟見書蹟名品叢刊二十二册(明一)。今王陽明全集卷二十三有何陋軒記,但句有異,且缺最末一段。)

與辰中諸生(正德五年 一五一〇年)

謫居兩年,無可與語者。歸途乃幸得諸友。悔昔在貴陽舉知行合一之教,紛紛異同,罔知所入。茲來乃與諸生静坐僧寺,使自悟性體,顧恍恍若有可即者。

(書見錢德洪陽明先生年譜「正德五年」下。按王陽明全集卷四有與辰中諸生一書,然開首「謫居兩年,無可與語者」下竟無「悔昔」一大段最重要文字。又王陽明全集於與辰中諸生題下注「己巳」作,亦誤。)

答徐成之（正德六年　一五一一年）

汝華相見於逆旅，聞成之起居甚悉。然無因一面，徒增悒怏。吾鄉學者幾人，求其篤信好學如成之者誰歟？求其喜聞過，忠告善道如吾成之者誰歟？過而莫吾告也，學而莫吾與也，非成之思而誰思歟？嗟吾成之，幸自愛重！自人之失其所好，仁之難成也久矣。向吾成之在鄉黨中，刻厲自立，衆皆非笑，以爲迂腐，成之不爲少變。僕時雖稍知愛敬，不從衆非笑，然尚未知成之難得如此也。今知成之之難得，則又不獲朝夕相與，豈非大可憾歟！修己治人，本無二道。政事雖劇，亦皆學問之地，諒吾成之隨在有得。然何從一聞至論，以洗凡近之見乎？愛莫爲助。近爲成之思進學之功，微覺過苦。先儒所謂志道懇切，固是誠意，然急迫求之，則反爲私己，不可不察也。日用間何莫非天理流行，但此心常存而不放，則義理自熟，孟子所謂「勿忘勿助，深造自得」者矣。學問之功何可緩，但恐着意把持振作，縱復有得，居之恐不能安耳。成之之學，想亦正不如此。以僕所見，微覺其有近似者，是以不敢不盡。亦以成之平時之樂聞，且欲以是求教也。廷禧先生，吾鄉之善人長者，先達中極爲難得。同處客鄉，亦爲成之之一樂也。行次草率，不奉狀，相見望道情。

（書見陽明先生文録（中國人民大學圖書館藏）卷一。按王文成公全書卷四著録此書不全，缺「廷禧先生」以下一段。）

紫陽書院集序原稿（正德七年　一五一三年）

豫章熊君世芳之守徽也，既敷政其境内，迺大新紫陽書院，以明朱子之學，萃士之秀而躬教之。於是七校之士懼政之弗繼也，教之或湮也，而程生曾集書院之故，復弁以白鹿之規，遺後來者，使知所敦。刻成，畢生珊來，致其合語，請一言之益。予惟爲學之方，白鹿之規盡矣；警勸之道，熊君之意勤矣；興廢之詳，程生之集備矣。又奚以予言爲乎？然吾聞之：德有本而學有要，不於其本而泛焉以從事，高之而虛寂，卑之而支離，流蕩而失宗，勞而靡所得矣。是故君子之學，惟以求得其心，雖至於位天地，育萬物，未有出於是心之外也。孟氏所謂「學問之道無他，求其放心而已」者，一言以蔽之。故博學者，學此也；審問者，問此也；慎思者，思此也；明辨者，辨此也；篤行者，行此也。心外無事，心外無理，故心外無學也。是故於父子盡吾心之仁，於君臣盡吾心之義，言吾心之忠信，行吾心之篤敬，懲心忿，窒心慾，遷心善，改心過，處事接物，無所往而非求盡吾心以自慊也。譬之植焉，心，其根也；學也者，其培壅而灌溉之者也，扶衛而刪鋤之者也，無非有事於根焉爾已。朱子白鹿之規，首之以五教之目，次之以爲學之叙，又次之以修身之要，又次之以處事之要，接物之要，若各爲一事而不相蒙者，斯殆朱子平日之意，所謂「隨時精察而力行之，庶幾一旦貫通之妙也」歟？然而世之學者，往往遂失之支離瑣屑，色莊外馳，而流入於口耳聲利之習。故吾因諸士之請，而特原其本以相勖，庶乎操存講習之有要，亦所以發明朱子未盡之意也。

（文見戴銑朱子實紀卷十一。今王陽明全集卷七有紫陽書院集序，即此文，但字句出入頗大，尤缺自「程生曾集書院之故」至「予惟爲學之方」一段。）

矯亭説原稿（正德九年　一五一四年）

君子之行，順乎理而已，無所事於偏。偏於柔者，矯之以剛，然或失則傲；偏於慈者，矯之以毅，然或失則刻；偏於奢者，矯之以儉，然或失則陋。凡矯而無節，則過；過則復爲偏。故君子之論學也，不曰矯，而曰克，克以勝其私，無過不及矣。矯猶〔未〕免於意、必也，意、必亦私也。故言矯者，未必能盡克己也。矯而復其理，亦克己之道矣。行其克己之實，而以矯名焉，何傷乎？古之君子也，其取名也廉；後之君子，實未至而名先之，故不曰克而曰矯，亦矯世之意也。秋卿方君時〔舉〕以「矯」名亭，嘗請家君爲之説，輒爲書之。

陽明王守仁識。

（手蹟紙本今藏上海博物館，計文淵王陽明法書集著録。王陽明全集卷七有矯亭説，作於正德十年，與此文大異，比較二文，可見陽明此文爲原稿，陽明集中文爲後來修改定稿。）

陽明先生與晉溪書（十五篇）

（一）（正德十二年　一五一七年）

侍生王守仁頓首再拜啓上太保、大司馬晉溪老先生大人尊丈執事：　明公德學政事高一世，守仁晚進，雖未獲親炙，而私淑之心已非一日。乃者承乏鴻臚，自以迂腐多疾，無復可用於世，思得退歸田野，苟存餘息。乃蒙大賢君子不遺葑菲，拔置重地，適承前官謝病之後，地方亦復多事，遂不敢固以疾辭。已於正月十六日抵贛，扶疾蒞任。雖感恩圖報之心無不欲盡，而精力智慮有所不及，恐不免終爲薦舉之累耳。伏惟仁人君子器使曲成，責人以其所可勉，而不强人以其所不能，則守仁羈鳥故林之想，必將有日可遂矣。因遣官詣闕陳謝，敬附申謝私於門下，伏冀尊照。不備。

（二）（正德十二年　一五一七年）

守仁近因輋賊大修戰具，遠近勾結，將遂乘虛而入，乃先其未發，分兵掩撲。雖斬獲未盡，然克全師而歸,賊巢積聚亦爲一空。此皆老先生申明律例,將士稍知用命,以克有此。不然,以南贛素無紀律之兵,見賊不奔,亦已難矣;况敢暮夜撲剿,奮呼追擊,功雖不多,其在南贛,則實創見之事矣。伏望老先生特加勸賞,使自此益加激勵,幸甚!今各巢奔潰之賊,皆聚横水、桶岡之間,與郴、桂諸賊接境,生恐其勢窮,或並力復出;且天氣炎毒,兵難深入遠攻,乃分留重卒於金坑營前,扼其要害,示以必攻之勢,使之旦夕防守,不遑他圖。又潛遣人於已破各巢山谷間,多張疑兵,使既潰之賊不敢復還舊巢,聊且與之牽持。候秋氣漸凉,各處調兵稍集,更圖後舉。惟望老先生授之以成妙之算,假之以專一之權,明之以賞罰之典。生雖庸劣,無能爲役,敢不鞭策駑鈍,以期無負推舉之盛心。秋冬之間,地方苟幸無事,得以歸全病喘於林下,老先生肉骨生死之恩,生當何如爲報耶!正暑,伏惟爲國爲道自重。不宣。

（三）（正德十二年　一五一七年）

前月奏捷人去,曾瀆短啓,計已達門下。守仁才劣任重,大懼覆餗,爲薦揚之累。近者南贛盜賊雖外若稍定,其實譬之疽癰,但未潰决;至其惡毒,則固日深月積,將漸不可瘳治。生等固庸醫,又無藥石之備,不過從旁撫摩調護,以紓目前。自非老先生發鍼下砭,指示方藥,安敢輕措其手,冀百一之成?前者申明賞罰之請,固來求鍼砭於門下,不知老先生肯賜俯從,卒授起死回生之方否也？近得韰中消息，云將大舉，乘虚入廣。蓋兩廣之兵近日皆聚府江，生等恐其聲東擊西，亦已密切布置，將爲先事之圖。但其事隱而未露，未敢顯言於朝。然又不敢不以聞於門下。且聞府江不久班師，則其謀亦將自阻。大抵南贛兵力極爲空疏，近日稍加募選訓練，始得三千之數。然而糧賞之資，則又百未有措，若夾攻之舉果行，則其勢尤爲窘迫。欲稱貸於他省，則他省各有軍旅之費；欲加賦於貧民，則貧民又有從盜之虞。惟贛州雖有鹽税一事，邇來既奉户部明文停止，但官府雖有禁止之名，而奸豪實竊私通之利。又鹽利下通於三府，皆民情所深願，而官府税取其什一，亦商人所悦從。用是輒因官僚之議，仍舊抽放。蓋事機窘迫，勢不得已。然亦不加賦而財足，不擾民而事辦，比之他圖，固猶計之得者也。今特具以聞奏，伏望老先生曲賜扶持，使兵事得賴此以濟，實亦地方生靈之幸。生等得免於失機誤事之誅，其爲感幸尤深且大矣。自非老先生體國憂民之至，何敢每事控聒若此？伏冀垂照。不具。

（四）（正德十二年　一五一七年）

生於前月二十日，地方偶獲微功，已於是月初二日具本聞奏。差人既發，始領部咨，知夾攻已有成命。前者嘗具兩可之奏，不敢專主夾攻者，誠以前此三省嘗爲是舉，乃往復勘議，動經歲月，形跡顯暴，事未及舉，而賊已奔竄大半。今老先生略去繁文之擾，行以實心，斷以大義，一決而定,機速事果,則夾攻之舉固亦未嘗不善也。凡敗軍僨事,皆緣政出多門,每行一事,既稟巡撫,復稟鎮守,復稟巡按,往返需遲之間,謀慮既泄,事機已去。昨睹老先生所議,謂閫外兵權,貴在專委,征伐事宜,切忌遥制;且復除去總制之名,使各省事有專責,不令掣肘,致相推託。真可謂一洗近年瑣屑牽擾之弊,非有大公無我之心發强剛毅者,孰能與於斯矣?廟堂之上,得如老先生者爲之張主,人亦孰不樂爲之用乎?幸甚,幸甚!今各賊巢穴之近江西者,蓋已焚毁大半,但擒斬不多,徒黨尚盛,其在廣東、湖廣者,猶有三分之一。若平日相機掩撲,則賊勢分而兵力可省。今欲大舉,賊且并力合勢,非有一倍之衆,未可輕議攻圍。况南贛之兵,素稱疲弱,見賊而奔,乃其長技。廣湖所用,皆土官狼兵,賊所素畏,夾攻之日,勢必偏潰江西。今欲請調狼兵以當其鋒,非惟慮其所過殘掠,兼恐緩不及事。生近以漳南之役,親見上杭、程鄉兩處機快,頗亦可用,且在撫屬之内。故今特調二縣各一千名,並凑南贛新集起倩,共爲一萬二千之數。若以軍法五攻之例,必須三省合兵十萬而後可。但南贛糧餉無措,不得已而從減省若此,伏望老先生特賜允可。若更少損其數,斷然力不足以支寇矣。腐儒小生,素不習兵,勉强當事,惟恐覆公之餗。伏惟老先生憫其不逮,教以方略,使得有所持循,幸甚,幸甚!

（五）（正德十二年　一五一七年）

守仁始至贛，即因閩寇猖獗，遂往督兵。故前者瀆奉謝啓，極爲草略，迄今以爲罪。閩寇之始，亦不甚多，大軍既集，乃連絡四面而起，幾不可支。今者偶獲成功，皆賴廟堂德威成算；不然，且不免於罪累矣，幸甚！守仁腐儒小生，實非可用之才，蓋未承南贛之乏，已嘗告病求退。後以託疾避難之嫌，遂不敢固請。黽勉至此，實恐得罪於道德，負薦舉之盛心耳。伏惟終賜指教而曲成之，幸甚，幸甚！今閩寇雖平，而南贛之寇又數倍於閩，且地連四省，事權不一，兼之敕旨又有不與民事之説，故雖虚擁巡撫之名，而其實號令之所及，止於贛州一城，然且尚多牴牾，是亦非皆有司者敢於違抗之罪，事勢使然也。今爲南贛，止可因仍坐視，稍欲舉動，便有掣肘。守仁竊以南贛之巡撫可無特設，止存兵備，而統於兩廣之總制，庶幾事體可以歸一。不然，則江西之巡撫，雖三省之務尚有牽礙，而南贛之事猶可自專，一應軍馬錢糧，皆得通融裁處，而預爲之所，猶勝於今之巡撫無事則開雙眼以坐視，有事則空兩手以待人也。夫弭盜所以安民，而安民者弭盜之本。今責之以弭盜，而使無與於民，猶專以藥石攻病，而不復問其飲食調適之宜，病有日增而已矣。今巡撫之改革，事體關係，或非一人私議之間便可更定，惟有申明賞罰，猶可以稍重任使之權，而因以略舉其職，故今輒有是奏。伏惟特賜採擇施行，則非獨生一人得以稍逭罪戮，地方之困亦可以少蘇矣。非恃道誼深愛，何敢冒瀆乃此？萬冀鑒恕。不宣。

（六）（正德十二年　一五一七年）

即日，伏惟經綸邦政之暇，台候萬福。守仁學徒慕古，識乏周時，謬膺簡用，懼弗負荷，祗命以來，推尋釀寇之由，率固姑息之弊。所敢陳情，實恃知己。乃蒙天聽，並賜允從，蕃錫寵右，恩與至重。是非執事器使曲成，獎飾接引，何以得此？守仁無似，敢不勉奮庸劣，遵禀成略，冀收微效，以上答聖眷，且報所自乎？兹當發師，匆遽陳謝，伏惟台照。不備。

外具用兵事宜一通，極知狂妄，伏惟曲賜採擇，並垂恕察，幸甚，幸甚！

（七）（正德十三年　一五一八年）

生惟君子至於天下，非知善言之爲難，而能用善之爲難。舜在深山之中，與木石居，鹿豕遊，其所以異於深山之野人者幾稀，舜亦何異於人哉？至其聞一善言，見一善行，沛然若決江河，莫之能禦，然後見其與世之人相去甚遠耳。今天下知謀才辯之士，其所思慮謀猷，亦無以大相遠者。然多蔽而不知，或雖知而不能用，或雖用而不相決，雷同附和。求其的然真見，其孰爲可行，孰爲不可行，孰爲似迂而實切，孰爲似是而實非，斷然施之於用，如神醫之用藥，寒暑虚實，惟意所投，而莫不有以曲中其機，此非有明睿之資，正大之學，剛直之氣，其孰能與於此？若此者，豈惟後世之所難能，雖古之名世大臣，蓋亦未之多聞也。守仁每誦明公之所論奏，見其洞察之明，剛果之斷，妙應無方之知，燦然剖析之有條，而正大光明之學，凜然理義之莫犯，未嘗不拱手起誦，歆仰歎服。自其識事以來，見世之名公巨卿，負盛望於當代者，其所論列，在尋常亦有可觀；至於當大疑，臨大利害，得喪毁譽眩瞀於前，力不能正，即依違兩可，掩覆文飾，以幸無事。求其卓然之見，浩然之氣，沛然之詞，如名公之片言者，無有矣！在其平時，明公雖已自有以異於人，人固猶若無以大異者，必至於是，而後見其相去之甚遠也。守仁恥爲佞詞以諛人，若明公者，古之所謂社稷大臣，負王佐之才，臨大節而不可奪者，非明公其誰歟？守仁後進迂劣，何幸辱在驅策之末。奉令承教，以效其尺寸，所謂駑駘遇伯樂而獲進於百里，其爲感幸何如哉！邇者龍川之役亦幸了事，窮本推原，厥功所自，已略具於奏末，不敢復縷縷。所恨福薄之人，難與成功，雖仰賴方略，僥倖塞責，而病患日深，已成廢棄。昨日乞休疏入，輒嘗恃愛控其懇切之情，日夜瞻望允報。伏惟明公終始曲成，使得稍慰老父衰病之懷，而百歲祖母亦獲一見爲訣，死生骨肉之恩，生當何如爲報耶！情隘詞迫，乞冀矜亮，死罪，死罪！

(八)(正德十三年 一五一八年)

近領部咨,見老先生之於守仁,可謂心無不盡,而凡其平日見於論奏之間者,亦已無一言之不酬。雖上公之爵,萬户侯之封,不能加於此矣。自度鄙劣,何以克堪,感激之私,中心藏之,不能以言謝。然守仁之所以隱忍扶疾,身被鋒鏑,出百死一生以赴地方之急者,亦豈苟圖旌賞,希階級之榮而已哉?誠感老先生之知愛,期無負於薦揚之言,不愧稱知己於天下而已矣。今雖不能大建奇偉之績,以仰答知遇,亦幸苟無撓敗戮辱,遺繆舉之羞於門下,則守仁之罪責亦已少塞,而志願亦可以無大憾矣,復何求哉!復何求哉!伏惟老先生愛人以德,器使曲成,不責人以其所不備,不强人以其所不能,則凡才薄福,尪羸疾廢如某者,庶可以遂其骸骨之請矣。乞休疏待報已三月,尚杳未有聞。歸魂飛越,夕不能旦。伏望憫其迫切之情,早賜允可,是所謂生死而肉骨者也,感德當何如耶!

(九)(正德十三年 一五一八年)

邇者南贛盜賊遂獲底定,實皆老先生定議授算,以克有此,生輩不過遵守奉行之而已,何功之有,而敢冒受重賞乎?伏惟老先生橐籥元和,含洪無蹟,乃欲歸功於生,物物惟不自知其生之所自焉爾；苟知其生之所自，其敢自以爲功乎？是自絶其生也已。拜命之餘，不勝慚懼，輒具本辭免，非敢苟爲遜避，實其中心有不自安者。陞官則已過甚，又加之廕子，若之何其能當之？

「負且乘，致寇至。」生非無貪得之心，切懼寇之將至也。伏惟老先生鑒其不敢自安之誠，特賜允可，使得仍以原職致事而去，是乃所以曲成而保全之也，感刻當何如哉！瀆冒尊威，死罪，死罪！

（十）（正德十五年　一五二〇年）

自去冬畏途多沮，遂不敢數數奉啓，感刻之情，無由一達。繆劣多忤，尚獲曲全，非老先生何以得此？「中心藏之，何日忘之。」誦此而已，何能圖報哉！江西之民困苦已極，其間情狀，計已傳聞，無俟復喋。今騷求既未有艾，錢糧又不得免，其變可立待。去歲首爲控奏，既未蒙旨，繼爲申請，又不得達，今兹事窮勢極，只得冒罪復請。伏望憫地方之塗炭，爲朝廷深憂遠慮，得與速免，以救燃眉，幸甚，幸甚！生之乞歸省葬，去秋已蒙「賊平來説」之旨，冬底復請，至今未奉允報。生之汲汲爲此，非獨情事苦切，亦欲因此稍避怨嫉。素蒙老先生道誼骨肉之愛，無所不至，於此獨忍不一舉手投足，爲生全之地乎？今地方事殘破憊極，其間宜修舉者百端，去歲嘗繆申一二奏，皆中途被沮而歸。繼是而後，遂以形蹟之嫌，不敢復有所建白。兼賤恙日尪瘠，又以父老憂危致疾之故，神志恍恍，終日如在夢寐中。今雖復還省城，不過閉門昏臥，服藥喘息而已。此外人事都不復省,況能爲地方救災拯難,有所裨益於時乎?所以復有蠲租之請者,正如夢中人被錐刺,未能不知疼痛,縱其手足撲療不及,亦復一呻吟耳。老先生幸憐其志,哀其情,速免征科,以解地方之倒懸;一允省葬之乞,使生得歸全首領於牖下。則闔省蒙更生之德,生父子一家,受骨肉之恩,舉含刻於無涯矣。昏憒中控訴無叙,臨啓不勝愴慄。

奏稿二通瀆覽。

(十一)(正德十二年　一五一七年)

輒有私梗,仰恃知愛,敢以控陳。近日三省用兵之費,廣湖兩省皆不下十餘萬,生處所乞止於三萬,實皆分毫扣算,不敢稍存贏餘。已蒙老先生洞察其隱,極力扶持,盡賜准允。後户部復見沮抑,以故昨者進步之際,凡百皆臨期那借屑湊,殊爲窘急。賴老先生指授,幸而兩月之内,偶克成功。不然,決知敗事矣。此雖已遂之事,然生必欲一鳴其情者,竊恐因此遂誤他日事耳。又南贛盜賊巢穴雖幸破蕩,而漏殄殘黨難保必無,兼之地連四省,深山盤谷,逃流之民不時嘯聚,輒採民情,議於横水大寨,請建縣治,爲久安之圖。乘間經營,已略有次第。守仁迂疏病懶,於凡勞役之事,實有不堪。但籌度事勢,有不得不然者,是以不敢以病軀欲歸之故,閉遏其事而不可聞,苟幸目前之塞責而已也。伏惟老先生並賜裁度施行,幸甚!

奏稿一通瀆覽；又一通繫去冬中途被沮者，今仍令原舍賫上。惟老先生面賜尊裁，可進進之，不可進已之。恃深愛，敢瀆冒至此，死罪，死罪！附瀆。

（十二）（正德十二年　一五一七年）

守仁不肖，過蒙薦奬，終始曲成，言無不行，請無不得，既借以賞罰之權，復委以提督之任，授之方略，指其迷謬，是以南贛數十年桀驁難攻之賊，兩月之内掃蕩無遺。是豈駑劣若守仁者之所能哉？昔人有言：追獲獸兔，功狗也；發縱指示，功人也。守仁賴明公之發縱指示，不但得免於撓敗之戮，而又且與於追獲獸兔之功，感恩懷德，未知此生何以爲報也！因奏捷人去，先布下悃。俟兵事稍閑，尚當具啓修謝。伏惟爲國爲道自重。不宣。

外奏稿揭帖奉呈。

（十三）（正德十四年　一五一九年）

畏途多沮，不敢亟上啓。感恩佩德，非言語可盡。所恨羸病日增，近復吐血潮熱，此身恐不能有圖報之地矣。伏望終始曲成，使得苟延餘喘於林下，亦仁人君子不忍一物失所之本心，當不俟其哀號控籲也。情隘勢迫，復爾冒干，伏惟憫宥。不具。

（十四）（正德十四年　一五一九年）

屢奉啓，皆中途被沮，無由上達。幸其間乃無一私語，可以質諸鬼神。自是遂不敢復具。然此顛頓窘局、苦切屈仰之情，非筆舌可盡者，必蒙憫照，當不俟控籲而悉也。日來嘔血，飲食頓減，潮熱夜作。自計決非久於人世者，望全始終之愛，使得早還故鄉。萬一苟延餘息，生死肉骨之恩，當何如圖報耶！餘情張御史當亦能悉，伏祈垂亮。不備。

（十五）（正德十六年　一五二一年）

比兵部差官來，賫示批札，開諭勤惓，佐亦隨至，備傳垂念之厚。昔人有云：公之知我，勝於我之自知。若公今日之愛生，實乃勝於生之自愛也，感報當何如哉！明公一生繫宗社安危，持衡甫旬月，略示舉動，已足以大慰天下之望矣。凡百起居，尤望倍常慎密珍攝，非獨守仁之私幸也。佐且復北，當有別啓。差官回，便輒先附謝，伏惟台鑒。不具。

歸省疏已蒙曲成，得蚤下一日，舉家之感也。懇切，懇切！

（陽明先生與晉溪書十五通，今藏上海圖書館。錢明王陽明散佚詩文續補考有考。今陽明與晉溪王瓊書存三種版本：一爲王陽明全集卷二十七所收與王晉溪司馬（通行本）；二爲嘉靖三十六年談愷序刊陽明先生全集卷五增補類刻陽明先生與晉溪書；三爲上海圖書館藏單行本陽明先生與晉溪書。以上海圖書館藏本與王陽明全集中與王晉溪司馬相比較，差異甚大，與王晉溪司馬多有缺句漏段，排列次序不同，且缺第十三書。茲將上海圖書館藏陽明先生與晉溪書十五通全部輯録。）

長汀道中□□詩（正德十二年　一五一七年）

夜宿行台，用韻於壁，時正德丁丑三月十三日，陽明□□□□□。

將略平生非所長，也提戎馬入汀漳。數峰斜陽旌旗遠，一道春風鼓角揚。暮□□□能出塞，由來充國善平羌。瘡痍滿地曾無補，深愧湖邊舊草堂。

（詩見嘉靖汀州府志卷十七。按：王陽明全集卷二十有丁丑二月征漳寇進兵長汀道中有感，即此詩，但無前序，詩句有異，題「丁丑二月」亦誤。）

題察院壁（正德十二年　一五一七年）

四月戊午班師上杭道中，都御史王守仁書。

吹角峰頭曉散軍，回空萬馬下氤氳。前旌已帶洗兵雨，飛鳥猶驚卷陣雲。南畝獨忻農事動，東山休作凱歌聞。正思鋒鏑堪揮淚，一戰功成未足云。

（詩見嘉靖汀州府志卷十七。按：王陽明全集卷二有喜雨三首之三，即此詩，但題目不同，詩句有異，且無前序。）

四月壬戌復過行台□□□（正德十二年　一五一七年）

見説相期雩上耕，連簑應已出烏程。荒畬初墾功須倍，秋熟雖微税亦輕。雨後湖舠兼學釣，餉餘堤樹合閑行。山人久辦歸農具，猶向千峰夜度兵。

（詩見嘉靖汀州府志卷十七。按：王陽明全集卷二十有聞曰仁買田雩上攜同志待予歸二首，其一即此詩，但題不同，句有異。）

夜坐有懷故□□□次韻（正德十二年　一五一七年）

月色虛堂坐夜沉，此時無限故園心。山中茅屋□□□，江上衡扉春水深。百戰自知非舊學，三驅猶愧失前禽。歸期久負黄徐約，獨向幽溪雪後尋。

（詩見嘉靖汀州府志卷十七。按：王陽明全集卷二十有聞曰仁買田雩上攜同志待予歸二首，其二即此詩，但題不同，句有異。）

南泉庵漫書（正德十二年　一五一七年）

山城經月駐旌戈，亦復幽尋到薜蘿。南國已看回甲馬，東田初喜出農簑。溪雲曉渡千峰雨，江漲春深兩岸波。暮倚七星瞻北極，絶憐蒼翠晚來多。

雨中過南泉庵，書壁。是日，梁郡伯攜酒來問，因併呈。時正德丁丑四月五日，陽明山人守仁頓首。

（詩見嘉靖汀州府志卷十七。按：陽明此詩手蹟長一百三十一釐米，寬六十五釐米，在北京保利國際拍賣有限公司二〇〇七秋季拍賣會上出現，並以「陽明草書七言詩立軸」之名在「書法家王守仁個人網站」上公布，此手書真蹟，即陽明寫呈梁郡伯者也。今王陽明全集卷二十有回軍上杭，即此詩，但題不同，句有異，亦無後題。）

平茶寮碑（正德十二年　一五一七年）

正德丁丑，傜寇大起，江、廣、湖、郴之間騷然，且三四年矣。於是上命三省會征，乃十月辛亥，予督江西之兵自南康入。甲寅，破横水、左溪諸巢，賊敗奔。庚申，復連戰，賊奔桶岡。十一月癸酉，攻桶岡，大戰西山界。甲戌，又戰，賊大潰。丁亥，與湖兵合於上章，盡殪之。凡破巢大小八十有四,擒斬二千餘,俘三千六百有奇。釋其脇從千有餘衆,歸流亡,使復業。度地居民,鑿山開道,以夷險阻。辛丑,師旋。於乎!兵惟凶器,不得已而後用。刻茶寮之石,非以美成,重舉事也。提督軍務都御史王守仁書。紀功御史屠僑,監軍副使楊璋,參議黄宏,領兵都指揮許清,守備郟文,知府邢珣、伍文定、季斅、唐淳,知縣王天與、張戩,隨征指揮明德、馮翊、馮廷瑞,謝昶、余恩、姚璽,同知朱憲,推官徐文英、危壽,知縣黄文鸑,縣丞舒富,千百户高濬、陳偉、郭璘、林節、孟俊、斯泰、尹麟等,及照磨汪德進,經歷沈琨,典史梁儀、張淳,並聽選等官雷濟、蕭庾、郭詡、饒寶等,共百有餘名。

(碑文見邵啓賢贛石録卷二。今此石碑猶立在崇義縣思順鄉桐岡村(現齊山村),已有殘缺。王陽明全集卷二十五有平茶寮碑,但與此石碑原文出入頗大,並缺末一大段。)

回軍龍南小憩玉石巖雙洞絶奇纔綣不能去寓以陽明别洞之名兼留是作(三首)

(正德十三年　一五一八年)

鐵馬初從鳥道回,覽奇還復上崔嵬。寇平漸喜流移復,春晚兼欣農務開。兩竇高明懸日月,九淵深黑秘風雷。投簪欲問支茆地,懷土難追舊釣臺。

洞府人寰此窮佳,當年空自費青鞋。麾幢旖旎懸仙仗,臺殿高低婁上階。天巧固應非斧鑿，化工無乃太易排。欲將點瑟攜童冠，就攬春雲結小齋。

陽明勝地舊曾居，此地陽明景不如。但在乾坤皆逆旅，曾留往宿即吾廬。行窩既許人傳號，別洞何妨來借書。他日巾車還舊隱，應懷兹土復鄉閭。

二月廿九日，陽明山人書。

（詩見中國古代書畫圖目（八）。陽明此行書詩真蹟今藏天津市文化局文物處。王陽明全集卷二十有回軍龍南小憩玉石巖雙洞絶奇徘徊不忍去因寓以陽明别洞之號兼留此作三首，即此詩，但語句出入頗大，且無後題，致不知作此詩具體時間。）

靈山寺（正德十五年　一五二〇年）

深山路僻問歸樵，爲指崔嵬石徑遥。僧與白雲歸暝壑，月隨滄海上寒潮。世情老去全無賴，野興年來獨未銷。回首孤舟又陳跡，隔江鐘磬夜迢迢。

（詩見道光繁昌縣志卷十七。王陽明全集卷二十又次壁間杜牧韻文字大體相同。）

平浰記（正德十三年　一五一八年）

四省之寇，惟浰尤黠，擬官僭號，潛圖孔烝。正德丁丑冬，輋、傜既殄，益機險阱毒，以虞王師。我乃休士，歸農以綏之。戊寅正月癸卯，計擒其魁，遂進兵擊其懈。丁未，破三浰，乘勝追北。大小三十餘戰，滅巢三十有八，俘斬三千餘。三月丁未，回軍。壺漿迎道，耕夫遍野，父老咸懽。農器不陳，於今五年。復我常業，還我室家，伊誰之力？赫赫皇威，匪威曷憑？爰伐山石，用紀厥成。提督軍務都御史王守仁書。時紀功御史屠僑，監軍副使楊璋，領兵守備郟文，知府邢珣、陳祥，推官危壽等，凡二十有二人，列其名於後。

（文見邵啓賢贛石録卷二。王陽明全集卷二十五有平浰頭碑，即此刻文，但字有異，並缺末一段。且此記乃摩巖刻石，稱「碑」亦不當。）

銅陵觀鐵船（正德十五年　一五二〇年）

銅陵觀鐵船，録寄士潔侍御道契，見行路之難也。

青山滾滾如奔濤，鐵船何處來停橈？人間刳木寧有此？疑是仙人之所操。仙人一去已千載，山頭日日長風號。船頭出土尚仿佛，後岡有石云船梢。我行過此費忖度，昔人用心無已忉！由來風波平地惡，縱有鐵船還未牢。秦鞭驅之不能動，奡力何所施其篙。我欲乘之訪蓬島，雷師鼓舵虹爲繅。弱流萬里不勝芥，復恐駕此成徒勞。世路難行每如此，獨立斜陽首重搔。

陽明山人書於銅陵舟次，時正德庚辰春分，獻俘還自南都。

（詩見中國書法全集第五十二册，榮寶齋出版社出版，真蹟藏故宫博物院。王陽明全集卷二十舟過銅陵野云縣東小山有鐵船因往觀之果見其彷彿因題石上即此詩，然無前後題。）

紀夢詩題壁（正德十五年　一五二〇年）

昔我明易道，故知未形事。時人不我識，遂傳耽小技。一思王導徒，神器良久覬。諸謝豈不力，伯仁見其底。所以敦者傭，罔顧天經與地義。不然百口未負托，何忍置之死。我於是時知有分，日中斬柴市。我死何足悲，我生良有以。九天一人撫膺嘯，晉室諸公亦可耻。舉目山河徒嘆非，携手登亭空灑淚。王導真奸雄，千載人未議。偶感君子談中及，重與寫真記。固知倉卒不成文，自今當與頻謔戲。倘其爲我一表揚，萬世萬世萬萬世。

右晉忠臣郭景純之作，予夢遇景純出以見示，且極論王導之罪，謂世之人徒知王敦之逆，而不知導之奸陰有以主之。其言甚長，不能備録，姑寫其所示詩於壁。嗚呼！君子之澤，五世而斬，則小人之罪亦數世可泯矣。非有實惡深冤，抑結而未暴，寧有千載之下，尚懷憤懣不平若是者耶？予因是而深有感焉，復爲一詩以紀其略。時正德庚辰八月廿八日，陽明山人王守仁伯安書。

（詩真迹拓本餘姚市梨洲文獻館有藏。按此真迹與王文成公全書卷二十所載紀夢詩出入甚大,後跋與詩序尤有差異,疑此真迹爲陽明初作,後乃有删改。)

與黄宗賢書(嘉靖二年　一五二三年)

近與尚謙、子莘、宗明講孟子「鄉愿狂狷」一章,頗覺有所警發,相見時須更一論。四方朋友來去無定,中間不無切磋砥礪之益,但真有力量能擔荷得者,亦自少見。大抵近世學者無有必爲聖人之志,胸中有物,未得清脱耳。聞引接同志,孜孜不怠,甚善!但論議須謙虚簡明爲佳。若自處過任,而詞意重複,却恐無益而有損。

(書見錢德洪陽明先生年譜「嘉靖二年」下。按:王陽明全集卷五有與黄宗賢,即是書,然兩書差異甚大,多有删改,疑錢德洪將是篇收入陽明文集時有所潤色修改所致。)

答聶文蔚論良知書(嘉靖五年　一五二六年)

夫人者,天地之心。天地萬物,本吾一體者也,生民之困苦荼毒,孰非疾痛之切於吾身者乎?不知吾身之疾痛,無是非之心者也。是非之心,不慮而知,不學而能,所謂良知也。良知之在人心,無間於聖愚,天下古今之所同也。世之君子惟務致其良知,則自能公是非,同好惡,視人猶己,視國猶家,而以天地萬物爲一體,求天下無治,不可得矣。古之人所以能見善不啻若己出，見惡不啻若己入，視民之饑渴猶己之饑渴，而一夫不獲，若己推而納諸溝中者，非故爲是而以蘄天下之信己也，務致其良知，求自慊而已矣。堯、舜、三王之聖，言而民莫不信者，致其良知而言之也；行而民莫不信者，致其良知而行之也。是以其民熙熙皞皞，殺之不怨，利之不用，施及蠻貊，而凡有血氣者莫不尊親，爲其良知之同也。嗚呼！聖人之治天下，何其簡且易哉！後世良知之學不明，天下之人用其私智以相比軋，是以人各有心，而偏瑣僻陋之見，狡僞陰邪之術，至於不可勝説，外假仁義之名，而内以行其自私自利之實，詭辭以阿俗，矯行以干譽，揜人之善而襲以爲己長，計人之私而竊以爲己直，忿以相勝而猶謂之狥義，險以相傾而猶謂之嫉惡，妬賢忌能而猶自以爲公是非，恣情縱欲而猶自以爲同好惡，相陵相賊，自一家骨肉之親，已不能無爾我勝負之意，彼此藩籬之形，而况於天下之大，民物之衆，又何能一體而視之？則亦無怪於紛紛藉藉，而禍亂相尋於無窮矣。守仁賴天之靈，偶有見於良知之學，以爲必由此而後天下可得而治。是以每念斯民之陷溺，則爲之戚然痛心，忘其身之不肖，而思以此救之，亦不自知量者。天下之人見其若是，遂相與非笑而詆斥之，以爲是病狂喪心之人耳。嗚呼！是奚足恤哉？吾方疾痛之切體，而暇計人之非笑乎！人固有見其父子兄弟墜溺於深淵者，呼號匍匐，裸跣顛頓，扳懸崖而下拯之。士之見者，方相與揖讓談笑於其傍，以爲是棄其禮貌衣冠而呼號顛頓若此，是病狂喪心者也。故夫揖讓談笑於溺人之傍而不知救，此惟行路之人，無親戚骨肉之情者能之，然已謂之無惻隱之心，非人矣。若夫在父子兄弟之愛者，則固未有不痛心疾首，狂奔盡氣，匍匐而拯之。彼將陷溺之禍有不顧，而况於病狂喪心之譏乎？而又况於蘄人之信與不信乎？嗚呼！今之人雖謂守仁爲病狂喪心之人，亦無不可矣。侍生王守仁頓首，復太史定齋先生執事。左餘。

（文真蹟見裴景福壯陶閣書畫録卷十明王陽明論良知書卷。按：王陽明全集卷二有答聶文蔚（傳習録中），即此書，然只有前半，無後半，或是當時致聶豹書本爲二封，後併爲一書編入傳習録中耶？）

答楊邃庵閣老書（嘉靖五年　一五二六年）

明公進秉機密，天下士大夫忻忻然相慶，皆謂太平可立致矣。門下鄙生獨切至憂，以爲猶甚難也。亨屯傾否，當今之時，舍明公無可以望者。夫惟身任天下之禍，然後能操天下之權；操天下之權，然後能濟天下之難。然當其權之未得也，致之甚難；而其歸之也，則操之甚易。夫權者，天下之大利大害也，小人之不可一日有者也。欲濟天下之難，而不操之以權，是猶倒持太阿而授人以柄，希不割矣。故君子之致權也有道，本之至誠以立其德，植之善類以多其輔。示之以無不可容之量，以安其情；擴之以無所競之心，以平其氣；昭之以不可奪之節，以端其向；神之以造（下闕文）君臣，雖劉基之智，宋濂之博，通俛伏受成。嗣主蒞政，諮詢是急。六部分隸，各勝厥掌。故皇祖廢左右相，設六部，成祖建内閣，參機務，豈非相時通變之道乎？永樂初，以翰林史官直閣，後必俟其尊顯而方登簡平章之寄，儼若周宰國卿。是故削相之號，收相之益，任於前用，慎於今養，望於素堅，操於詘表，能於誠顯，拔於萃特，崇於禮流，品非可限，歷考不足稽矣。英皇復辟，親擢三賢薛瑄、岳正、李賢。正德中，逆瑾竊國，囚成元老，奴僕端揆，猶尊内閣。劉文靖、謝文正之怨，止於褫秩。顧近世之選者，惟曰淳厚寬詳，守故習常，是特婦女之狎躬，鄉氓之寡尤，豈勝大受者哉！是故約己讓善如唐懷慎，是之謂德；忘死殉國如宋君竇，是之謂忠；防細圖大如漢張良，是之謂才。不然，鄙於人主，賤於六曹，隳國綱，靡士風。昔文帝故寵鄧通，必展申屠之直；錢若水感昌言之見薄，即辟位而去。夫有君之篤託，有臣之自重，胡患於不治耶！

（書見張萱西園聞見録卷二十六。按：西園聞見録稱此文爲「王守仁寄楊廷和書」，乃誤。據王陽明全集卷二十一寄楊邃庵閣老書二有數段文句與此相同，知此書與寄楊邃庵閣老書二實爲同一篇書札，則此書當爲寄楊一清而非寄楊廷和。）

送蕭子雍詩（嘉靖六年　一五二七年）

衰疾悟止足，閒居便靜修。采芝深谷底，考槃南澗頭。之子亦罕見，枉帆經舊丘。幽居意始結，公期已先遒。星途觸來暑，拯焚能自由。黄鵠一高舉，剛風翼難收。懷燕戀丘隴，回顧未忘憂。往志屬千里，豈伊枋榆投？哲士營四海，細人聊自謀。聖作正思治，吾衰竟何酬！所望登才俊，濟濟揚鴻休。隱者嘉遁遁，仕者當誰儔？寧無寥寂念，且急瘡痍瘳。舍藏會有時，行矣毋淹留。

子邕懷抱弘濟，而當道趨駕甚勤。戀戀庭闈，孝情雖至，顧恐事君之義□未爲得也。詩以餞之，亦見老懷耳。陽明山人守仁識，時嘉靖丁亥五月晦。

（詩真蹟今藏故宫博物院，徐邦達古書畫過眼要録元明清書法、計文淵王陽明法書集著録。王陽明全集卷二十有送蕭子雝憲副之任，即此詩，但無後題，致不知此詩作年。）

宿新城（嘉靖六年，一五二七年）

猶記當年築此城，廣瑶湖寇正縱横。人今樂業皆安堵，我亦經過一駐兵。香火沿門慚老稚，壺漿遠道及從行。峰山弩手疲老甚，且放歸農莫送迎。

嘉靖丁亥十一月四日，有事兩廣，駐兵新城。此城予巡撫時所築。峰山弩手，其始蓋優恤之，以俟調發；其後漸苦於送迎之役，故詩及之。

（詩見陽明詩録，錢明王陽明全集未刊散佚詩文彙編及考釋著録。按：王陽明全集卷二十有過新溪驛，即此詩，但無後題，不知作年。）

田州立碑（嘉靖七年　一五二八年）

嘉靖丙戌夏，官兵伐田，隨與思恩之人相比復煽，集軍四省，洶洶連年。於時皇帝，憂憫元元，容有無辜而死者乎？乃命新建伯臣王守仁：曷往視師，其以德綏，勿以兵虔。班師撤旅，信義大宣。諸夷感慕，旬日之間，自縛來歸者，七萬一千。悉放之還農，兩省以安。昔有苗徂征，七旬來格；今未期月，而蠻夷率服。綏之斯來，速於郵傳，舞干之化，何以加焉！爰告思、田，毋忘帝德；爰勒山石，昭此赫赫。文武聖神，率土之濱，凡有血氣，莫不尊親。嘉靖戊子季春，臣守仁拜手稽首書，臣林富、張祐刻石。御史石金，布政林富，參議汪必東、鄒輗，副使林大輅，祝品、翁素，僉事張邦信、申惠，副總兵李璋、張祐，參將沈希儀、張經，僉事吴天挺、汪溱，都指揮謝珮，知府蔣山卿贊畫。胡松、李本、林應驄，同知史立成、桂鏊、舒柏，通判陳志敬，知州李東、林寬，宣慰侯彭明輔、彭九霄，官男彭宗舜，軍門參隨禮部辨印生錢君澤過朱，縣丞杜洞、蕭尚賢監刻。指揮趙璇、林節、劉鏜，百户嚴述、郭經督工。

（碑文見嘉靖廣西通志卷五九。葉樹望有關王陽明軍旅刻石考訂著録。今廣西平果縣右江岸「陽明洞天」巖洞前峭壁上，刻有陽明此文手蹟，題作征撫思田功蹟文。王陽明全集卷二十五有田州立碑，即此碑文，但無「嘉靖戊子季春」以下文字，致誤注此碑文爲嘉靖五年丙戌作。）

行書良知説四絶示馮子仁（嘉靖七年　一五二八年）

問君何事日憧憧？煩惱場中錯用功。莫道聖門無口訣，良知兩字是參同。

個個人心有仲尼，自將聞見苦遮迷。而今指與真頭面，只是良知更莫疑。

人人自有定盤針，萬化根源總在心。却笑從前顛倒見，枝枝葉葉外頭尋。

無聲無臭獨知時，此是乾坤萬有基。抛却自家無盡藏，沿門持鉢效貧兒。

馮子仁問良知之説，舊嘗有四絶，遂書贈之。陽明山人王守仁書，時嘉靖戊子九月望日也。

（此書手蹟見中國古代書畫圖目（第十八册），真蹟今藏湖北省博物館，見湖北文物典六書畫，然無後題。）

附録二 存僞

新安吴氏家譜序

正德二年，予以劾瑾被譴，同年吴子清甫亦以劾瑾落職。心一遇同，相得歡甚，朝夕談道，上下古今時事，未嘗不爲之慨歎。一日，清甫以家譜屬序，傳示後人。顧予越之鄙人也，言何足重哉？夫一族千萬人，其初兄弟也，兄弟其初一人也。一人之心，固以千萬人之心爲心，千萬人之心，其能以一人之心爲心乎？譜之作也，明千萬人本於一人，則千萬人之心當以一人之心爲心。子孝父，弟敬兄，少順長，而爲父兄長者亦愛其子弟。少者貧而無歸也，富者收之；愚而無能也，才者教之。貴且富者，不以加其宗族患難恤而死喪賻也。千萬人惟一心，以此盡情，而譜善矣。世之富貴者自樂其身，留遺子孫，而族人之饑寒，若越人不視秦人，略不加之意焉，焉用譜爲哉？故善保其國者，可以永命；善保其族者，可以世家。清甫欲世其家，亦善保其族而已矣。予聞清甫祖父賑窮周乏，施惠焚券，先親族而後仁民，蓋有古忠厚長者之風焉。以此傳後，子孫必有蕃且昌者。清甫諱淳，與予同登弘治己未進士。今以江西道監察御史退居林下。

其家世閥閲之詳載譜書，不及贅云。正德二年秋月，年生古越陽明子王守仁撰。（文載安徽歙縣吴氏沖山家乘。）

竹橋黄氏續譜序

黄氏之先，以國爲氏，族屬既繁，分散四方者益衆。竹橋始祖萬二府君，爲金兵作亂，自徽之婺源遷於慈溪鳳凰山竹墩之地。居未二世，又遷於餘姚官埭浦竹橋之西。至是十六世，子孫衆盛，衣冠禮儀蔚然有稱，豈非黄氏之望族歟？近有族之胤曰夔者，以俊秀選爲郡庠生，負笈稽山書院從予遊，苦志勵業，學以有成。暇日言及父進士，表章譜牒，遺文行義，求予一言序之，予辭之不得。按其祖伯川公譜系，乃七世祖福二公，至元季泰定間，以進士任餘姚州州判，歷任九年。其長子德彰，登至順間進士，任浙江承宣司使；次子德順，應元制擢任鄞縣教諭；三子德澤，以武舉歷任副元帥，鎮守定海有功，敕封都督元帥。是皆竹橋之望聞於世者也。其他子孫孝友推於鄉，惠愛孚於人者比比，譜牒具存，瞭然在目，可得見也。夔方鋭志科目，而能急急以彝先德爲念，其知所重者哉！嗟夫！人之行莫大於孝，孝莫大於尊祖敬宗。夔能及此而益勉之弗懈，尚何德之弗修，行之弗飭，功業弗底於大且遠哉！孔子曰：「夫孝，德之本也，教之所由生也。」異時名立政成，耀後而光前，俾人稱黄氏賢子孫者，夔也夫！姑以是爲序，用勖之。正德十六年八月既望，賜進士出身、前資德大夫、兵部尚書、新建伯陽明王守仁譔。

（文載竹橋黄氏族譜卷首。）

重修宋儒黄文肅公榦家譜序

譜之爲義大矣！有徵而不書，則爲棄其祖；無徵而書之，則爲誣其祖。兢兢焉尊其所知，闕其所不知，詳其所可徵，不强述其所難考，則庶乎近之矣。雖然，知不知與可徵不可徵，亦有爲時地所限焉。或經兵燹之餘，或值播遷之後，既編殘而簡斷，亦人往而風微，近遠難稽，盛衰莫必，則舉廢修墜，往往口耳之諮度，未能衷於一是。迨承平日久，里巷安然，相與講敬宗收族之事，乃益詳其體例，明於忌諱，前事每多抉擇，後世彌昭審慎。故爲人子孫，而欲光昭令緒，莫此爲大焉。今黄文肅公裔孫名祚者，以重修家乘，景企餘光，益以後系，踵而新之，而以序囑余。余得拜閲其全牒。所見於源流，既不失其考；於脈派，又獨得其真；視前次之譜爲親切焉，可謂得其本矣。其於當闕當詳之義，宜有合焉，而無慮其棄與誣也。察統系之異同，辨家承之久近，叙戚疏，定尊卑，收涣散，孰親穆，胥於譜焉列之。然則續修之人，其用意深遠、計慮周密爲何如！而凡屬譜系之後者，宜暢然思，油然感，勉紹先緒，無墜家聲，則亦庶乎上下有序，大小相維，同敦一本之親，無蹈乖違之習，繩繩繼繼，永永無極也夫！

并贈世派歌

世守儒宗訓，家傳正學書。宏綱開瑞運，嘉祉錫禎符。勤業前徽遠，通經聖緒孚。時雍元會合，雅化紹唐虞。

又

朝廷尚文德，萬國景賢良。忠信正常泰，嚴恭體益莊。孝慈家道善，仁厚祖功長。誠正修齊治，隆平世永昌。

時正德十五年庚辰孟春上元日，陽明山人王守仁拜撰。

（文載青山黄氏世譜。）

范氏宗譜記

正德二年丁卯夏四月，守仁赴謫，逆瑾遣人隨行偵探，予意叵測，晦形道蹟，潛投同志范君思哲之兄思賢於毗陵。君乃宋賢范文正公後裔，好學之士也。大江南北士大夫非其枌榆同社，則其孔李世交，不然則其遥遥華胄也。往來講學者絡繹，余心恐慌焉，君遂匿余於祖祠者三匝月。時天炎無奈，以其家乘讀之，一展卷，球璧盈前，師保在望，愈讀愈喜，令人忘倦。秋七月回錢塘，乞帶以歸，嘗遣弟姪輩讀之，大可導忠孝，尚仁誠，小可豁襟懷，覺迷濛。自三代以及漢、晉、唐、宋，至我國朝，凡百餘禩，賢懿炳炳，甚者樹德砥行，翼聖闡真，股肱王室；次亦進善化俗，批鱗犯顔，真臣循吏之流也。至於端人誓士，理學文章之耆舊，高尚廉潔之逸民，何代無之？而普天氏族莫能與之京者矣。予於匿祠之日，即肅然下拜，及返錢塘，赴龍場，則低回不能舍。倘異方殊域之君子，不獲拜其祠，而得讀其傳，想見其人，猶當立懦而興頑；况於世俗之人，無不好賢而惡愚，果有能登其祠，考其傳，而憬然思、躍然起者，亦何必抵掌於優孟乎！飲乎虎賁，反身而求，希之則是耳。諺云：「彼一時，此一時。」安知范氏賢裔令哲今不如昔，後不如今，百世而下，不與乃祖乃宗並傳不朽乎？後之君子，又當仰企於前人矣！願與吴中人士共勉之。余之言弁於范氏之譜末，如滴瀝增於滄海，卷石加於泰山，不足爲范氏之輕重也。時讀禮家居，青田范引年以毗陵宗譜記爲請，故憶而爲之記。嘉靖二年癸未小春之吉，餘姚後學王守仁撰。

（文載武進范氏家乘卷九。）

重修家譜序

嘗觀朝有史以編年，國有諜以紀事，家有譜以載氏，源遠流長，暨諸華胄，以對揚祖德。如楊雄家牒，殷敬世傳，孫譜記，陸家裔，歷所由來，尚矣。浙之有盛族者，伊誰之始？曰：始於良公也。□下家學淵源，科甲文□，□□醇儒，繩繩不絶，僉以賢且美稱。噫！其可不愧於始遷之祖也歟？莫爲之前，雖美勿彰；莫爲之後，雖盛勿傳。宗譜不修，則若子若孫，無以知身之所從出，視族如涂人者。蘇老泉云：「相視如涂人者，其初皆兄弟也；兄弟，其初而一人之身也。」淵明曰：「同流分派，人異世殊，慨然寤歎，念兹厥初，則知譜之不可不修也明矣。」今兹素公盡誌宗譜，得以知身之所從出，曰：此某之祖也，此某之宗而本族始遷之祖也。兹當告成，問序於余。余曰：盛族乎！其可知本者乎？從此奕葉振起，大立功名，在國則登諸乘，在朝則名諸史，天下後世，絶稱孝子慈孫者，咸嘖嘖其祖父，豈特光諸身而已哉？是爲序。時大明嘉靖八年春月之吉，賜進士第、光禄大夫、柱國、新建伯、兼都察院左都御史伯安王守仁頓首拜撰。

（文載武威石氏宗譜卷首。）

泰和王氏族譜原序

瑯琊王氏，自晉太傅導，佐元帝中興，存中華文物於江左三百餘年，有功於世道甚大，故郭璞嘗爲筮之曰：「淮水絶，王氏滅。」淮水豈有絶哉？太傅後家金陵，久而稱盛，有譜牒。南唐世，擢王公崇文爲吉州刺史，金陵之世家也。其從孫贇，字至之，從之官，因家於吉州之泰和，天禧初擢進士第，有文武才，深見知於仁宗、英宗，初以禮部侍郎致仕，官其子億通判吉州，以便養厥後世，不先爲士。淳熙中，有諱化原，開禧中，有諱圭者，皆以進士得官。其登名太學者，比比有之。元盛時，有諱以道、字臣則者，因張伯剛、李道復遇仁宗於汴，固邀從入京，固辭曰：「受父母命遊汴而已。」歸而弟子彌衆，竟以隱終。此其人非抱高世之節，安能若是耶？太傅公之遺澤未艾也。其子子與博學，尤以詩名，今行於世，太祖高皇帝聘以講書，擢爲福建鹽運副使，辭不拜。其季曰子啓，仕爲監察御史，遷廣西按察司僉事，知崇慶州，歸老於家。子與有子伯貞，繼爲廣東僉事，今歷朝至中順大夫，知瓊州府，以子直官翰林院修撰，蒙特恩，即致其仕，其榮盛爲何如哉！何其與先祖遭逢相似耶？直字行儉，間持其家譜示予，求予之序，既疏其事如上，而又必推太傅之世家，明積善之不可誣也。予居鄉時，嘗登青原山，得侍郎公之冢，又下墨潭山，至中邨，得通判公墓碑，有讀之爲之三復而歎，與太史公登箕山之感無異，其譜所傳，豈不信有徵哉？矧先公與子與君爲莫逆，而子啓君之出而仕也，與先叔父同年，幼時嘗及拜謁，而不能知其詳。惟瓊州公念先君子之交契，忘年相友，班荆逆旅，傾竭議論，退而思其風度凝遠，中懷曠如，久處而不厭，往來思之而不能已，非真可謂老成篤厚之君子歟？行儉亦甚似公，而謹飭侍郎公父子之名位，事業將有繼也。如是足以爲此譜之光華，使後之人有所憑藉扶持，而世守之也。時在嘉靖七年歲次戊子秋九月之吉，兵部尚書王守仁拜撰。

（文載蛟川王氏宗譜卷首。）

翁氏宗譜序

翁氏之爲周裔，前人已詳載言之。今考其氏族，秦以前無論矣，自石君以春秋翊漢，而唐而宋，以迄我國朝，勳猷炳著，代不乏人。薇軒公以余有年家之好，郵家乘，以徵余序。余閱而歎曰：翁氏之盛，其辨於文獻世系者，伊川、龜山、考亭諸先生亦既颺言其略，余復何所頌美哉？獨是祖宗作之於前，而子孫不能述之於後，非盛也；一子孫述之於後，而奕世子孫不能接踵以相繼於不衰，非盛也。然則氏族之盛，亦惟象賢之有人，而不在敷陳先世之美也。余願以是爲翁氏之子孫勉，而即以是爲家乘序。正德三年戊辰八月既望，陽明山人王守仁題。

（文載餘姚邑後翁氏宗譜卷一。）

呂氏宗譜序

余自南昌底平，即角巾歸浙，廬會稽之巔以窺老，而中朝達官貴人不相折簡通問久矣。今年春，有門生翰林編修江子暉、天朝主事江堯卿，走伻奉旌川呂氏家譜來山中，請余爲之一言。翻閲之，乃呂氏裔孫耆英瑛、巡尉旻、耆英賢生、德文、儒英昕、義宰后、耆英儒盛、生員忠諸君，苦舊譜之淆謬而歷年已久，倡闔族爲釐正系世之舉。夫以諸君尊祖合族，辨真伐舛，其志固可嘉，而况重以二江之請，余惡得而却之？考呂氏得姓，兆於炎帝，著於尚父，由周而秦，有文信顯始皇朝，由秦而漢，有光夫父子顯元成間。文信余不暇論，而光夫御命北荒，抗節守死，有不辱君命之忠；子猗義不從逆，謝病歸田，有潔身去亂之正。前譜未見一語表章，何其不知務耶！由漢而晉，呂光啓凉，稱帝河北，厥後祚移，而宗室播遖於天下，則有南北宗矣。北宗之家河南者，有文穆、文靖、正獻爲盛宋賢相；家藍田者，有和叔、與叔爲程門高弟；靖康間，正獻孫好問從高宗南渡，而家婺，又得呂成公，蹟美紫陽，而大爲亢宗之子。北宗之盛如此也。南宗則始於從慶、從善之伯宗二公，於唐季逼兵燹，自建康挈家遷歙之堨田。從慶公不安厥土，復遷旌之豐溪。二公之後，並著兩邑，而旌派尤盛。自從慶公迄今，僅二十六葉耳。雲礽之稠餘七千指，宅里之闔餘二十鄉，才而仕者餘五十輩。若用聞公參浙東，仲賓公巡察杭州，仲祺公兵馬都監浙東，仲漢公尹開封，若冰公參河南，椿公佐大理，應黄登第而聯輝竹坡，涇公辭宰而見嘉穆陵，大圭公叩閽論事而被眷景孝，子宜公提戈殺虜而沐寵高廟，此聲聞尤著而傳頌紳者也。賢而隱者，若俞公、海公之纂修家乘，竹溪公之結詩社，富孫公宅黄龍岡，以枕城西之勝，成之公構潤澤堂，以儲先世之文，仲翔公窮經礪行，而動龍興之辟，德彰公代輸逋負，以繼三邊之飛輓，濟公倡修縣志，以集一邑之文獻，此行誼尤美，而輝映丘園者也。肆今族宗子姓，復班班業儒，綽有濟美之資，若昕者，字天啓，學問充足，才德兼美，隱處南山，以集四書拙録、春秋拙録、志學規録歷覽，皆心聖賢之心，以合於天理之正，而則乎人心之安，而後世權謀術數、功利苟且之私，一毫無得參焉。耆儒盛者，又以著述鳴世，而其小學、日記、故事、詩，已板行於天下矣。南宗之盛如此也。但世遠族繁，艱於條叙，而從前修譜者，又非巨儒碩士，以故疏漏訛舛，弗信弗傳。如始遷金陵者，本五十七世祖伸公，而前譜則從慶公並言之。濛公，譜序所謂明君者，本以贊梁武，而前譜則以爲僧珍之字。富孫公，本仲祺公派，夢杞公之子，而前譜則以應瑞公當之，而繫於昭公之下。長山泥田，非其族類，而前譜則誤揑繫於汝直公下，以慶孫、祖孫、福興妄承他人爲宗族。凡此乃訛舛之大，而小者則不容枚舉也。夫以堂堂文獻之宗，而家乘顧如此，豈非一大欠事哉！是宜諸君有茲纂新之舉也。凡奉斯譜而爲吕之苗裔者，其必體諸事君尊祖合族之心，念先世共本同源之義，謹其名分而弗使之紊，洽其恩意而弗使之離，歲時之薦必相攝，冠舄之室必相保，應科目而習行義者，必期樹文穆、文靖之聲光，棲山林而研道德者，必期升二叔、東萊之堂室，庶乎無愧乃祖垂統之正，而亦不幸余秉筆縷覼之勤。主斯纂新之任者，固鍈、旻諸君，而因二江以請余文者，則盛之廷鏡也。廷鏡美風度，雄氣節，而知爲世家子，余以是尤愛，爲之悉叙。皇明嘉靖三年甲申九月戊辰，賜進士第、資政大夫、太子少保、兵部尚書、柱國、武襄侯、前巡視兩廣左都御史、奉旨督師征江西寧庶人會稽王守仁書。

（文載旌德呂氏續印宗譜卷一。）

陳氏大全宗譜序

陳氏特峰鑒公，嘉靖間會修宗譜大成，請序於陽明公。溯自胡公滿得姓之始，以至平、湯，實元方、季方分派，顯於魏，丕顯於晉，盛行於宋、齊、梁之間。如大司空群，尚書僕射泰，至逵而遷長城者，皆元方之後也；高源太守閏，魏主簿譚，至爲福建節度使邁而遷莆田者，皆季方之後也。季方之後居莆爲多，泉、福、建安之境次之。宋元間罕有會者，其派少傳。長城自逵至武帝霸先繼梁，傳五君，分王膏肥之地。有曰新安者，則伯固之受封，而其後移家績溪，若旌德昌溪、霞溪、陳村、古山，涇之雲嶺，昌化義千，類皆績溪之分派也。有曰河南者，則叔獻之受封，而其後移家婺州，若桐城、宿崧、高安、湖口、常山、東路、玉山、騰鵬、黄梅、廣濟、建昌、陳橋，類皆婺州之分派也。有曰湘東者,則叔平之受封,而其家移歙之黄墩,若樂平、臨懷、定海、永嘉、昆山、金華、靈璧,類皆黄墩之分派也。有曰義陽者,則叔達之受封,而其後移家玉泉隱漿,若溪口、大門、里弋、陽榮、錦坊、德興之陳源、上虞之半邑、暖川、齊村、上饒、沙溪,類皆隱漿之分派也。仁受封於廬陵,而安陸、新昌、大姑、信豐、新田、寧州、杉市、宣城、長安諸派,皆祖之。允受封於吴興,而平湖、延津、嘉興、東陽、義烏、連市、梅監、乍浦諸派,皆祖之。莊受封於會稽,而鳳陽、塗山、廣德、苦竹、墩合、州狀、元塘諸派,皆祖之。獻受封於河南,而原武、寧陵、祥符、時安、臨潁、新鄭諸派,皆祖之。儼受封於潯陽,而安仁、大原、陳營、河南、鄱陽、南村、貴溪、永豐諸派,皆祖之。虞受封於武昌,而江夏、金沙、竹牌、團風、荆襄諸派,皆主之。若赭山、山陰、遂昌、奉化、烏程、無錫、常鎮之派,則自恬王於錢塘、儉王於南安始也。鄱陽、大園、南昌、石橋、進賢、羅岑、湖南之派,則自山王於鄱陽、謨王於巴東始也。至於西川、東門,又自太子深避隋所遷,而後有家保寧、新井,而卒宏大家聲如三堯者;亦有奉節出鎮因家鹽倉、浮梁,而卒能正戢廟祀如大夫軼者;亦有宦遊江、浙,愛其山水佳勝,而家桐廬如觀察使輊者。若重慶、南川、鄱陽、禮城、婺源、霍口,則托始於新井,而瓜分子析,如樂之桐岡、婺之金蘭、德興之白沙,又或有自禮城、自霍口者也。祁之竹源、休之陳村、浮之引京、下連、鎮市,則肇跡於鹽倉嶺,而蹊殊徑别,如祁西方村、程村、蟠溪、宣化、崇善、棕間、谷木,如建德小梅、青陽、灣里,休之冰潭、潛阜、新墟、德興、洛塢，歙之慈孝坊，太平之西鄉，又或有自竹源、自陳源者也。桐廬一派分牽尤多，近則淳安、遂安、富陽、堨口，遠則休之藤溪，歙之石門，湖之鴨頭，蘇之閶門，杭之天竺，暨夫上廣、山陰、天台、秀水、平陽等處，派分而源合。特峰公倡會，相從者三百餘支，又直欲合天下爲一家，而令和氣周流，仁風霧霈也。自非心之仁、志之遠、力之健而學問之充博也，烏能至此哉？信哉，特峰公爲經綸手，而是譜之大成也！亮今更譜陳氏，得姓至今二千八百餘年，始纂遞傳國祚，廣纂封遷州府，自台祖起，纂生卒居葬，續虞百千後裔，並譜舜裔，以合一派，比之大成者，尤覺大全也。重梓前序，皇明嘉靖新建伯陽明山人王守仁撰。

（文載陳氏西牆門支宗譜卷一。）

陳氏大成宗譜序

自五宗九兩之禮不行於天下，後世凡通都大邑之間，號稱鉅室而能僅譜其家者，不多得矣；若進而能譜其家者，則尤鮮焉，况推及天下同源異流者哉？能推及天下同源異流，必其心之仁，志之遠，力之健，而問學之充博也。今祁門庠生陳君望，一旦思欲矯世俗之弊，泝本窮源，合陳姓而一之，其有功於陳氏固偉矣。然使千萬世之下，步塵蹈蹟，倫理得以不泯，昭穆得以常明，維持名教於誠心真切之地，又誰之功也耶？此余喜得於俄觀創見之餘，而不容以辭其請也。

按陳氏之先本嬀姓，出於胡公滿，受武王之封於陳，世守虞帝之祀。傳至滑公越，爲楚所併，子孫因以國氏。嬴秦之季，有曰平者，即越之十世孫，家於陽武户牖，與張子房同爲高帝謀臣，封侯拜相，光顯天下。元帝時，有諱湯者，又以平六代孫，拜西域副校尉，奉使方外，誅斬郅支單于及閼氏、太子、名王以下千五百餘級，功上，錫爵關内侯，於平、有、光、湯之後，移家潁川。七傳而生文範先生寔，以節義風四方，至有謂曰：「寧爲刑罰所加，不爲陳君所短。」厥子六皆賢，而元方、季方爲最，世稱「難兄難弟」，殆本諸此。自是潁川之陳益著，二方之子孫益盛顯於魏，丕播於晉，大行於宋、齊、梁之間。如大司空群，尚書僕射泰，至諱逵而遷長城者，皆元方之後也；高源太守閏，魏主簿譚，至爲福建節度使曰邁而遷莆田者，皆季方之後也。季方之後居莆爲多，泉、福、建安之境次之。宋元間罕有會者，故其派無傳焉。長城自逵之後十一世，生武帝霸先，繼梁而有天下，傳五君，凡三十四年。故當時膏腴之地，多爲陳氏所居。有曰新安者，則伯固受封，而其後移家績溪，若旌之昌溪、霞溪，涇之雲嶺，昌化之義千，類皆績溪之分派也。有曰宜都者，則叔明之受封，而其後移家德安，若桐城、宿崧、南昌、石橋、湖口、餘干、建昌、太湖、烏石、新昌，類皆德安之分派也。有曰湘東者，則叔平之受封，而其後移家黄墩，若鄱之株嶺、江頭、樂平之葵田，洪州之武寧，類黄墩之分派也。至於西川東門，則由太子深避隋所遷，而後有家保寧、新井，而卒弘大家聲如三堯者；有奉節出鎮，因家浮梁鹽倉嶺，而卒能死正戢廟祀如大夫軼者；有宦遊江浙，愛其山水，而家桐廬如觀察使輕者。若鄱陽、禮城、蘭谷，則托始於新井，而瓜分子析，如樂之文明橋、桐岡，婺之霍口，又或有自禮城、自桐岡者也。祁門竹源，浮梁引京、里仁，則肇跡於鹽倉嶺，而蹊殊徑別，如池安、寧太，休之潛阜、新墟，又或有自竹源、自池安者也。桐廬一派，遷徙爲多，杭之天竺山，蘇之昌門，休、歙、藤溪、石門，暨夫淳安、遂安等路，歷歷可考。其餘或出彼入此，或出此入彼，殆如斷絲散繩，誠不可以頭緒計也。唐天成間，有諱天麒者，一倡是會，於時而相從者二百餘支。繼之以宋開慶，則得半焉。繼之以元至正，則又半焉。自後各望其地，各宗其譜，雖咫尺之遥，而有秦越之分，回視古人家天下之心，殆霄壤矣。今觀陳君之爲是也，豈直家天下云爾哉？蓋欲撥去澆漓之俗，挽回淳樸之風，使族人各自其身，推及於其父；自其父，推及於其祖；自其祖，推及於其曾祖；自曾祖，推及於其高祖；又自高祖，而推及於無窮焉。則同吾身者，同吾父親者，同吾祖者，同吾曾祖者，同吾高祖者，同吾高高祖者，雖有親有疏，在遠在近，有貧有富，有貴有賤，有智有愚，有賢有不肖，自祖宗視之，則皆子孫也，何有親疏、遠近、貧富、貴賤、智愚、賢不肖之分哉？無親疏、遠近、貧富、貴賤、智愚、賢不肖之分，則親之於疏，思何如而惇睦之；近之於遠，思何如而時會之；富之於貧，思何如而周恤之；貴之於賤，思何如而維持之；智之於愚，賢之於不肖，思何如而勸勉之。一宗之中，和氣周流，仁風霶霈，上無愧於祖宗，次無愧於大家，次無愧於此譜矣，善哉之爲是也！然其輯譜説，表世系，叙節略，寫遺像，即所謂匡之真之，輔之翼之，使自得之。或者指爲浮泛之辭，茫昧之行，此不知譜者也，惡足爲陳君議哉！故曰：能推及天下同源異流，必其心之仁，志之遠，力之健，而學問之充博也。嗟夫！舉萬鈞之鼎，必烏獲而後能；遊千仞之淵，必津人而後可。今譜學失傳久矣，而續之者不少也，然求如斯譜光明正大，簡切真實而易觀之者，蓋寥寥寥矣。余以是又知陳君爲經綸之手，而是譜信哉爲大成也！故併陳之，以爲將來者勸。嘉靖五年，歲次丙戌，秋九月之吉，賜進士第、榮禄大夫、柱國、奉天翊衛推誠宣力南京兵部尚書、參贊軍務新建伯、前都察院右副都御史陽明王守仁拜書。

（文載潁川陳氏宗譜卷一。）

沈氏修譜序

族之有譜，曷用修也？君子曰：譜載筆，垂人紀也，是故修譜所以修紀也；修紀而親親之仁弗容有間也，是故修紀所以修仁也；仁道備，褆身以範物，教之貞也，是故修仁所以修教也；教立而化溥，物我一致，政之成也，是故修教所以修政也；而王道備矣。此譜之修，所以爲士大夫家重務而弗可已也。曷言修譜所以修紀也？凡譜之爲，書圖以盡倫，係嗣以盡言，其非明一氏之嗣續也。惇典庸禮，宗法以彰；紹先啓後，統緒惟一。君子覘於此而肇修人紀，思過半矣。故曰修譜所以修紀也。曷言乎修紀所以修仁也？蓋親盡服窮，分之疏也；惡疏爲親，理之一也。塗人其宗，昧昧其祖，非純其仁孝之心者也。君子觀於人紀之叙，而愛敬之念純以篤矣。故曰修紀所以修仁也。曷言乎修仁所以修教也？祖宗之足法者，吾法之，違曰悖，□合德，則克肖矣；不足法者，吾弗由，專濟惡，則不才矣。君子親於法戒之存，而勸且懲焉，則□望師保，如臨父母矣。故曰修仁所以修教也。曷言乎修教所以修政也？傳曰：書云：唯孝友於兄弟，是亦爲政。又曰：君子不出家，而成教於國。夫議道者自已，而置法者以人，故政從教生，而體仁達順之機不可禦矣。故曰修教所以修政也。而譜之爲道，盡於是矣。吾姚江沈氏，詩禮其家者也，里名蘭風。世傳其先有敕贈嘉議大夫字持正公者，扈宋南渡，相宅於龍舌之滸，名以西莊，不忘東林之意也。世有偉人名出，仕版歷十餘世，至諱文龍者，余之姻戚也。一日，余過其第，輒出族譜以示。及睇覽盡，乃歎曰：猗歟沈氏，其世□弗替者歟？吾獨求諸世卿士大夫家矣，不以聲利相騁逐，問其祖，盡惘然也。而沈氏之譜，若是其重焉，殆不汲汲聲利者耶？聲利薄，則積德厚，積德厚者流光。爰膺沈君之請，且受修譜者得作史遺法，因采爲引，言於起端云。時皇明嘉靖二十二年正月吉旦，新建伯王守仁拜撰。

（文載蘭風沈氏家譜卷首。）

廷璽公像贊

公諱文玘，字廷璽，號契蘭。繼業詩書，暗誦即能記憶。少壯入膠庠，赴北闈不售，以明經入禮部試第一，授經歷司。陞湖廣郴州同知，皇帝敕曰：「國家設軍衛以安民，雖專武職，置幕官以領務，則用文資。寓意實深，任人宜慎。爾大寧前衛經歷司經歷魯玘，發身才俊，列職幕僚，綜理惟勤，操持罔懈。既書最考，宜示褒恩。兹特進爾階徵仕郎，錫之敕命。夫官不計崇卑，必求其稱事；無分難易，務底於成。勉圖進修，以俟甄擢。欽哉！」弘治十六年五月十五日頒下。贊曰：

而質昭昭，聰明敏惠。而行踽踽，廉隅砥礪。而學淵淵，莫知根蒂。而才翹翹，雅工文藝。而治優優，下民所庇。而後繩繩，弓冶世濟。

賜進士及第、南京兵部尚書參贊機務兼都察院左都御史王守仁頓首題。

（文載姚江景嘉橋魯氏宗譜卷三。）

明邑庠生誥贈經歷司徵仕郎宇瞻公傳

公諱懷澄，字宇瞻，配黄氏，汝旭公次子，同知文玘公父也。天資高朗，甫成童，見父友陳公謨、黄公謙皆以文藝顯，儒林景仰，更欲跨而上之。因潛心遂志，綜合經史，旁及諸子百家，無不貫徹。執筆屬文，任意揮灑，不同凡解，未嘗有一語拾人牙慧。一日，陳、黄諸公覽其課藝，交口贊之，謂汝旭公曰：「此子根柢深醇，不可限量，吾輩當遜此一座矣。」年十六，應郡試，太守拔置冠軍，是歲即補弟子員。及三赴秋闈落第，輒皇然而起曰：「功名富貴，得之有命，何可妄求？」自是棄舉子業，不復與場中角逐。率子若侄，杜門教之，自奉甚簡儉，食不兼味；至供子侄，必膏粱美脩。嘗語黄太君曰：「人身亥子之交，諸血在心，若輩讀書多耗之，不宜更薄滋味。」黄太君聞其言，躬逢飲食，培植子侄，不分公私，由是公韙之，夫婦間相敬如賓焉。其後長侄文璉學成，不試，棄書掌家。長子文玘進邑庠生，弘治初考授大寧前衛經歷司，陞郴州同知，覃恩贈公經歷司、徵仕郎，賜之敕命，至今猶焜耀家乘焉。嗚呼！古今來科名不著，終老蓬蒿，卒至身後泯泯者，不可勝數，而如公者，生雖不遇，死有榮名，斯亦足以壽世而不朽也夫！

（文載姚江景嘉橋魯氏宗譜卷一。）

鳳書公像贊

魁梧其貌，光霽其容。神怡氣静，豁達其胸。樂兹土之厚，喜伊洛之終。治家克勤克儉，居鄉至正至公。蕭東望族，永世無窮。

餘姚王守仁。

（文載蕭山錢清北祠潘氏宗譜卷一。）

與松亭公論立志書

汝成相見於滁，知吾兄之質，温然純粹者也。今兹乃得其爲志，蓋將從事於聖人之學，不安於善人而已也。故朋友之間，有志者甚可喜；然志之難立而易墜也，則亦深可懼也。自古有志之士，未有不求助於師友。匆匆别，求所欲爲吾兄言者，百未及一。沿途歆歎，雅意誠切。快快相會未卜，惟勇往直前，以遂成此志是望。

（文載鶴嶺戴氏四修族譜卷二。王陽明全集卷四與戴子良，即此書，乃是致戴德孺，非致戴俸。譜顯僞。）

大學士鯽公像贊

鑒湖釣隱士，博學喜吟詩。佳句芬人齒，警聯壓衆思。始爲有司屈，終蒙聖主知。一朝賜及第，不怕狀元遲。

（文載潛陽牧亭方氏宗譜卷四。）

重修宗譜序

家乘之猶國史者，其所載創業垂統，燕翼貽謀，以及文章道德，積德累仁，至起家之困難，發蹟之有自，世裔條疏縷析，子姓支分派别，祖妣之姓字，行第、圖像、故墓，凡以傳信，非傳疑也，所當然矣。余覽古族喬宗，其譜牒之記述，大抵不無仁人君子，賢豪長輩，脉脉相傳，班班可考，從未見有高風亮節、雄才偉略如前族者。以其孝若昭公、驗公、節公，皆謹身節用，恪守前規，不敢稍即污濺以玷先靈。而昭公之貧，而養志曲體，知親所敬者鄉黨丈老若，而人每爲之盛饌款留，談笑聚樂；知親所愛者隣右若，而人每爲之燕飲鼓歌，歡以適志，務使悦其親若，竟不知其貧者。而其委屈支持之苦，不可勝言，亦但求娱親，而小自知其苦者，尤孝中之傑出者也。至若支氏夫人之守節，二十於歸，半載和合，天喪其偶，矢志堅冰。小視邪色，不聽謡聲，視彩顔如遺土，捐嬉笑於不形，事舅姑其無歉，處妯娌以深情。天降遺腸，獲産麟英，訓誨有方，學業有成。省試會試，兩榜標名皇華。出使萬國儀式，絶忠報國，唯母是命。公諱履，字賜湯。賢母令子，敕匾貞靖，真不啻雪裏梅花，而商家才略也。余不勝眼膺慨慕者，豈獨一族之先則，而女慕貞情，男效才良，不愧象賢之稱，而世濟其美，永保其盛也夫！是爲序。大明嘉靖十年，歲次辛卯春月吉旦，賜進士第、光禄大夫、柱國、新建伯、都察院御史伯安王守仁頓首拜撰。

（文載清溪瓦山崗周氏族譜。）

明正德甲戌江西譜序

原夫人祀，肇自軒皇，而繼天立極，參定三才，萬世人綱人紀之所以立也。而源遠流長，無不各有其祖之所自出。然則譜牒者，精之備清寧之撰，廣之竭高厚之藏，豈易易哉！余昔默坐陽明書屋，與聶子豹等相與研究良知，求聖學之宗旨，如姓氏之學，未遑涉臘焉。筮仕以來，日勤鞅掌，而豹追隨念切。一旦，請曰：「我明朝自洪武九年修譜詔頒示天下，雖深山窮谷，皆知親睦敦序之道。豹家譜將成，敢求先生一言，以弁其端。」予曰：桑梓本源之念，人誰不有？前在龍場，恒有觸而發，今子乃勃勃過我也。余嘗考聶氏之得姓，自齊丁公封子於聶城，遂以國爲氏。其後，子孫散處四方。歷朝以來，未有賜姓假冒之事，以是知聶姓無二。雖所處煥若梟雁，其先無不自聶城來，固不若他姓之聯異爲同，致來遥遥華胄之肖也。雖然，别子爲祖，繼别爲宗，繼禰者爲小宗，支分派别，又無不各有其脉絡之所以貫者。自末世之污也，聞古之名人，則曰余某世祖也，聞今之名人，則曰余某祖之裔也。贊宗棄祖，返衷自思，吾知愛親敬長之良必有不盡没者，是則譜之爲譜，所以擴其良知良能以樹天下也，後世之人綱人紀也。余前與子講究於書屋者，胥是道也，子其勉之！皇明正德九年歲在甲戌五月上浣，兵部主事餘姚王守仁敬撰。

（文載婁底印溪聶氏族譜。）

派語

世守儒宗訓，家傳正學書。宏綱開瑞運，嘉社賜禎符。勤業前徽遠，通經聖緒孚。時雍元會合，雅化紹唐虞。朝廷尚文德，萬國敬賢良。忠信心常泰，嚴恭體益壯。孝慈家道善，仁厚祖功長。誠正修齊治，隆平世永昌。

（文載民國長樂青山黃氏世譜。）

旌德呂氏續印宗譜序

皇明嘉靖三年甲申九月戊辰，賜進士第、資政大夫、太子少保、兵部尚書、柱國、武襄侯、前巡視兩廣左都御史、奉旨督師征江西寧庶人、會稽王守仁伯安書。宣之旌川上涇呂昕，奉其所修世譜以告曰：「呂出炎帝之裔，由尚父爲聖王師，澤施天下，享有營丘，傳世二十，爲諸侯二十有九，歷年七百四十四，乃爲田氏所篡。由周而秦，有不韋顯，始皇受封洛陽。由秦而漢，世明稱帝河北，建國後凉。厥後祚移，而宗室播遷於天下，中有顯晦靡常，遷移不一。再傳而至佾公，因官金陵，歷十三世，曰諱從慶，字世膺，因避黃巢之難，由金陵而徙旌川之豐溪。迨昕二十有二世，譜自俞公、海公、永安公修輯之，應清公纘續之，迄今又五世矣。瓜瓞綿綿，條枚莫莫，户而處者幾數千家。舊譜歷年以多，而苦其世系失叙。謹承父兄族英之命，而奮維新正系之舉，編集成帙，命工鋟梓。敢請一言於編首，以昭吾先。」余善之，而樂語之曰：族之有譜，非徒以録名諱、備考實而已，一家之禮樂實係焉。世隆俗漓，而知其爲重者鮮矣。孔子曰：「樂，樂其所自生；禮，反其所自始。」譜之作，其緣於此乎？又曰：「樂者爲同，禮者爲異。」同則相親，異則相敬。故曰：禮樂之説，管乎人情矣。夫譜成，而族之位尊，秩然彪分，可謂異矣，異而後有敬，曰此諸父也，此諸兄也，不敢忽也；譜行，而而族之情睦，熙然春洽，可謂同矣，同而後有親，曰此當愛也，此當恤也，不敢傲也。一家之禮樂既興，推之一鄉可知也，進而推之邦國天下可知也。夫是以尚譜，謂其有益世教也。旌川吕氏所賴遠矣。始豐溪，而徙廟首鎮，風氣厚完，歷世顯宦，胤系藩昌，散處上涇、通貴、興仁、太□等鄉。及邑文昌、務本等坊，而爲之譜，以統其宗，聯其枝，非求乎三代之民已乎！

今聖天子御極，循天下，以燮和宇内，而一邑之内，一廛之下，有吕氏可謂賢矣。雖然，竊有告焉。記曰：「仁近樂，禮近義。」又曰：「禮樂不可斯須去身。」然則求其無愧斯譜者，必自其身始。身修，而後一家之仁義可崇；仁義崇，則禮樂幾矣。不然，所謂録名諱而備考實者，在在有之，譜之實何如哉！

昕字天啓，忠信孝友，博學能文，其所謂崇仁義、尚禮樂者與？其以譜請序也，余故樂爲言之。

（文載旌德吕氏續印宗譜，見明人家譜叢刊卷一。）

池陽陳氏大成宗譜序

予待罪西江，適祁門陳堅持譜圖一編示予，言之曰：「陳氏大成宗譜，蓋作譜者萃衆族之支派而都爲一集，猶作樂者集衆音之小成而爲一大成也。」且言曰：「生之同姓者，自漢以來遞衍遞繁，遷徙靡常，生慮宗支散漫而無紀也，爰不辭跋涉，絆合天下同姓，相與溯流逆源而爲一，以篤同宗之誼，蓋十五年於此矣。今譜稿既成，具質先生，且願賜之序言。」予應之曰：唯唯。蓋人之生也，莫不知愛其親，莫不知敬其長，而尊祖睦族之念從此出焉。祖者，親之親也；始祖者，又祖之祖所自出也；至於同族者，又祖之支流餘裔也。自吾親以及親之親，又自吾祖以及祖之祖，更自吾祖旁及於祖之支流餘裔，推是心也，民可同胞，物皆吾與，雖六合之遠，猶一家也。横渠張子西銘之言，豈我欺哉！自聖學不明，士大夫多薰心勢利，巨室朱門耻與寒族爲伍，於是各立門户，遂有分疆畫界之私。甚者九族之戚視爲途人，而莫之省憂，蓋生民之禍烈矣。而要其本心一綫之靈光，未嘗不出没隱現於父子兄弟之間，此所謂良知也。有人焉，因其本心之明，動以水木之情，輯之譜而示之，而愛敬親長之心依然可掬，尊祖睦族之念油然而生。孟子曰：「堯舜之道，孝弟而已矣。」人能孝弟，而希聖之方在是矣。生其有見於此乎？今取其譜按之：陳氏系出胡公滿，受周武王之封國於陳，傳之泯公越，爲楚所併，子孫因以國爲氏。漢初曲逆侯平，即越之十世孫也。家於陽武户牖，與張子房輩同爲高帝勳臣，光顯天下。元帝時，平六代孫湯，拜西域副校尉，奉使外夷，誅斬郅支單于及閼氏、太子、名王以下五百餘級，功上，賜爵關内侯。湯之後，徙潁川，七傳而生文範先生實，以節義風四方，至有謂「寧爲刑法所加，勿爲陳君所短」者。後子六皆賢，而元方、季方爲最，一時爲難兄難弟。自是潁川之陳益著，二方子孫繁於魏，盛於晉，大顯於宋、齊、梁之間，如大司空群，尚書僕射泰，至逵而遷長城，皆元方之後也。季方之後，居莆爲多，泉、福、建安次之。長城自逵之後十一世，武帝霸先受梁禪而有天下，文帝茜、宣帝頊相繼嗣位，各生子十數人，皆受封，蓋當時膏腴之地，多爲陳氏所居，而支派遂蔓衍而不可紀極，若新安，若宜都，若湘東，若義陽，若廬陵，若豫章，若會稽，若河南，若潯陽，若武昌，若錢唐，若南安，若鄱陽，若巴東，若西川，若浮梁，若桐廬，源遠流長，支分派别，一人之後，衍而數十；數人之後，衍而數百。人而觀之，千條萬緒，棼如治絲，將所謂尊祖而睦族者，涣耶？散耶？亂耶？況處澆漓之俗，同源異流，各居其地，各宗其祖，雖咫尺之近，而有秦越之分。生獨慨然切水源木本之心，去此疆爾界之見，合同姓爲一家。涣者萃，散者聊，亂者理，可謂洗淨面孔，認取本來者矣。而生不獨自讓其本來已也，克先之志，將使同姓行萬派之族，皆知讓其本來焉。各自其身推及於祖父，又自祖父推及於其所自出，以及於無窮，則凡自吾身而推者，雖有親有疏，有遠有近，有貧富貴賤，有智愚賢不肖，自祖宗視之，則皆子孫也，何有親疏、遠近、貧富、貴賤、智愚、賢不肖之分哉！遵斯道也，一人親親長長，則身以修；一家親親長長，則家以齊；一國親親長長，則國以治；天下親親長長，則天下以平矣。豈特一宗之内和氣周流、仁風霶霈已乎！余因生之輯譜，而并有會於内聖外王之全學也，是爲序。時皇明嘉靖六年歲次丁亥春月，賜進士出身、前僉都御史巡撫南贛汀漳、陞兵部尚書兼左都御史、新建伯王守仁頓首拜。

（文載池陽陳氏大成宗譜卷一○）

杏阪婁氏宗譜序

按江濱之地，原爲吴楚故墟，界在南服，素稱爲强悍之邦，士君子採風問俗者弗及焉。然圖理載山川之秀，天文映斗牛之靈，雖荒彝之所，實人物之藪也。故讀書談道之人，博古通經之士，不可枚舉。凡名賢世裔，厥有傳書，家乘之淵源有自矣。暨於秦漢，宇内變更，或亡於煨燼，或失於兵燹，典籍之存焉者寡。及唐之際季，黄巢爲亂，五代紛争，江濱之間尤遭毒痛，星散鼠竄，居民鮮少，譜牒之荒無十缺其八九。迄於宋祖受命，四海永清，仁風翔洽，孝道流行，農服先疇，士食舊德，皆知有水源木本之思。由是歐蘇諸君子出，大立譜牒，其道尤彰明較著於天下矣。迨南都一更，又有殘缺失序者。幸而世家名族，或留舊緒於遺編，或傳軼事於故老，譜籍之源流未墜，乃元明間復從而振興之。雖山陬海澨之鄉，莫不修有家乘，即莫不知愛敬其祖考者。余也督撫江右諸郡，竊見其俗，尊尊親親之意，實與兩浙之風相媲美。於戲！江濱之間，何其誼之淳且厚歟？何其風之古以茂歟？何其情之隆而洽歟？茲因婁氏年翁有諱曦字繼明者，持家乘一帙，向予請序，以冠其首。予亦不揣荒謬，輒於案牘之餘而披閱之，不禁擊節三致意焉。竊歎婁氏先公，當日著姓之宏而遠也，傳家之忠而厚也，叙祖列宗之精而覈也，紀裔紀孫之詳而該也。凡親疏貴賤之體，絲絲入扣，既縷析而條分；源流上下之緒，綿綿相承，復珠聯而魚貫。且有改徙於異地，宦遊於他國者，詳其派目，復志其里居，俾使後子孫觀譜時，瞭然識昭穆之有序，支派之有據，名諱字行之有合，雖他國非參商之遠，異地皆兄弟之鄉矣。更樂其弱孫不忘乃祖乃父之訓，爲綿其世澤，纂其文序，纘紹其舊，補訂其新，勿致後世有湮没無傳者，不賴今日之修哉！是爲序。大明嘉靖三年春月，王守仁頓首拜撰。

（文載杏阪婁氏宗譜卷首。）

濂溪夫子像略

金華宋濂曰：「濂溪周子顏玉潔，頟以下漸廣，至顴而微收。然頤下豐腴，修目末微聳，鬚疏朗微長，頰上稍有髯。三山帽後有帶，紫衣褒袖，緣以皂白。内服緣如之，白裳無緣。舄赤，袖而立，清明高遠，不可測其端倪。」

陽明王守仁拜題。

（文載蔣灣橋周氏續修宗譜卷一像贊。）

錢氏會稽郡王像贊

有斐君子，追逐其章。爲龍爲光，何用不臧。有斐君子，繩其祖武。令儀令色，文武吉甫。有斐君子，小心翼翼。克開厥後，受天之福。陽明王華敬贊。

（新編本王陽明全集從錢氏家乘卷二中輯得。）

文溥公像贊

公在顛沛流離之際，孝於親，友於弟。惟身克勤，惟志克勵。世業復興，前光後裕。卓哉偉人！雖隱於山林，勝榮登乎甲第。餘姚陽明山人王守仁拜贊。

（文載餘杭蔡氏宗譜卷四。）

鳳溪公像贊

其神昌，其氣融，矍鑠哉是翁。其德茂，其仁純，得胡考之寧。如松如柏，如岡如陵。欽承帝澤，用榮爾身。

（贊載薛氏江陰宗譜。）

鐵筆行爲王元誠作

王郎宋代中書孫，鑄鐵爲筆書堅珉。畫沙每笑唐長史，拔毫未數秦將軍。高堂落筆神鬼驚，九萬鸞箋碎如霧。鉛淚霏霏灑露盤，金聲錚錚入秋樹。鳥蹟微茫科斗變，柳薤凋傷悲籀篆。鼓文已裂岐陽石，漆燈空照山陰繭。王郎筆意精莫傳，幾度索我東歸篇。毛錐不如鐵錐利，吾方老鈍君加鞭。矢爾鐵心磨鐵硯，淬鋒要比婆留箭。太平天子封功臣，脱囊去寫黄金券。

（詩載古今圖書集成理學彙編字學典第一百四十七卷筆部。按：此爲元釋大圭詩，見其夢觀集。）

南鄉子　湘江秋懷

秋半井梧稀，碎杵零砧趲客衣。一榻流黄眠不穩，花迷，夢到紅橋月正低。　酒薄被愁欺，許大心兒萬感齊。滴盡銅蓮天未消，牆西，多謝花冠儘力啼。

浣溪沙　湘江客懷

摇落關河懶問津，扁舟萬里送孤身，亂山秋色又斜曛。　江上怕風吹笛客，月中難作倚樓人，可憐愁殺鮑參軍。

（詞見古今圖書集成第一千二百十六卷長沙府部藝文。）

墨池遺蹟

千載招提半畝塘，張顛遺蹟已荒凉。當時自號書中聖，異日誰知酒後狂。驟雨斜風隨變化，秋蛇春蚓久潛藏。唯餘一脈涓涓水，流出煙雲不斷香。

（詩見古今圖書集成第一千二百六十二卷常德府部藝文。按此詩爲應履平作，嘉靖常德府志卷十九著録此詩，即題「應履平」作。）

過文子故里有感

勝地傳於菟，名聲爵里存。神靈腓異物，忠孝賜賢孫。碧石蔚然古，風流遐不諠。誰人任剛武，乳虎在方言。

（詩見康熙雲夢縣志卷十二。）

遊白鹿洞歌

何年白鹿洞，正傍五老峰。五老去天不盈尺，俯窺人世煙雲裏。我欲攬秀色，一一青芙蓉。舉手石扇開半掩，緑鬟玉女如相逢。風雷隱隱萬壑瀉，憑崖倚樹聞清鐘。洞門之外百丈松，千株化盡爲蒼龍。駕蒼龍，騎白鹿，泉堪飲，芝可服。何人肯入空山宿？空山空山即我屋，一卷黄庭石上讀。

辛巳三月書此，王守仁。

（蓬累軒編姚江雜纂，今廬山白鹿洞有此詩手蹟石碑，觀此詩碑手蹟，顯非陽明書法。此詩當爲紫霞真人所作。）

無題

銅鼓金川自古多，也當軍樂也當鍋。偶承瀑布疑兵響，嚇倒蠻兵退太阿。

（新編本王陽明全集從袁枚隨園詩話補遺卷四輯得。細審此條，實出於批本隨園詩話中後人批語，見人民文學出版社一九八二年顧學頡校點本附録。）

與純甫手札

兵冗中久缺裁候，乃數承使問，兼辱佳儀，重之以珍集，其爲感愧，何可言也。僕病卧且餘四月，咳痢日甚，淹淹牀席間，耳聾目眩，視聽皆廢。故珍集之頒，雖喜其踰珙璧之獲，而精光透射，尚未得遽一瞬目其間。候病疏得允，苟還餘喘於四野，幸而平復，精神稍完，然後敢納足玄圃之中，盡觀天下之至寶，以一快平生，其時當别有請也。伏枕不盡謝私，伏冀照亮。不宣。三月二日，王守仁頓首，純甫道契兄文侍。餘空。

（此札藏上海博物館，文字與陽明文録卷四寄何燕泉書全同，而無最後「三月二日，王守仁頓首，純甫道契兄文侍。餘空」數句，顯僞。）

遊陰那山

予既自宗山歸贛，而聞有此那山，隨泊舟蓬辣，快所一登，果然佛靈山傑。以是較宗山，宗山小矣。時門人海陽薛子侃、饒平二楊子驥、鸞同一玩云。

路入叢林境，盤旋五指巔。奇峰青卓玉，古石碧鋪泉。吾自中庸客，閑過既怪阡。菩提何所樹，槃涅是其偏。輪回非曰釋，寂滅豈云禪。有偈知誰解，無聲合自然。風幡自不定，予亦坐忘言。

（文載陰那山志卷三。）

淳樸園稿序

予時將有兩廣之役，僕夫已戒途，而沈子天用溯江相送，且出其袖中稿進曰：「此業成，實貽門牆羞。門牆之内首學術，次事功，惡用此無何有之業爲？」予曰：「果無何有耶？則真學術也，真事功也。子見我生平諄諄爾，子見我生平仆仆爾，以爲有何有乎？以爲無何有乎？子今日爲詩若歌以贈我行，以爲有何有乎？以爲無何有乎？李杜詩章，李杜學術也，李杜事功也，兩公皆不登科目者也。子以不竟子志而逃之，獨寤寐歌，以爲是無何有乎？子淺之乎！覷李放杜，悲矣！吾以授吾子弟，類收之門人。著作各種中，昨歲客座私祝何在？」子弟出之，天用請受而書之，遂别。陽明山人王守仁題。

（文載崇禎七年海鹽沈氏家刊本淳樸園稿卷首。）

讀方侍御奏議

余觀世之論事者，攻訐已斃之惡，覼縷陳腐之談，搜拾無禍福之事，觀望時執，以陰陽其説，深淺其言，即號爲剴直者，亦杜欽、谷永之流耳，余竊鄙之，厭之，與逡默不言者同。暇日，得讀崑山方侍御奏議，類將言人所不能言，絶無附會套語，而大禮一疏，力折姦諛，存天理，正人心，凜凜乎與日月争光矣。余素恥多可，獨於此忻爲執鞭云。餘姚新建伯王守仁撰。

（文載方鳳方改亭奏草。四庫全書總目提要已考其爲僞。）

覺世寶經序

覺世寶經若干言，深求之通天地陰陽之理，細察之在人倫日用之間。精而明之，得古聖危微之領；約而進之，在赤子啼笑之真。可以維綱常之大，可以補名教之全，可以救末俗之偷，可以爲萬世之準。

（文載關聖帝君經訓靈籤占驗。）

三悟跋

余少游金陵，偶遇僧人濬井，得石函焉。啓而視之，乃三悟也。携歸閱之，乃知永樂初國師姚廣孝所著。贊勷靖難之師，爲春秋所不取，然其書包攬三才，爲勘亂致治之金鍼，夫子所謂不以人廢言也。余後平江右之亂，其後深入嶺南，所向克捷，濱海而止，以軍國之重，此書實有賴焉。事成之後，遂深藏之。後之學者倘得是書，可以療迂腐之病，而更能以不殺爲心，則可謂深得余心者已。姚江王守仁跋。

（文載三悟真詮。）

答何僉憲

人之是非毁譽，如水之濕，火之熱，久之必見，豈能終掩其是？故有其事，不可辯也；無其事，不必辯也。無其事而辯之，是自謗也；有其事而辯之，是增益己之惡而甚人之怒也，皆非所以自修而平物也。惟宜安静自處，以聽其來。

（文載沈佳胤瀚海卷十二。此答何僉憲顯然是從答伍汝真僉憲中截取數句凑成，加以「答何僉憲」之題，而「何僉憲」顯然是伍僉憲之誤也。）

閘口盤車圖題識

功名身外即浮爾，丘壑胸中實過之。盤車壽康懷李愿，輞川瀟灑友王維。何人使筆鐵如意，老子放懷金屈卮。市井收聲良夜永，竹風山月亂書帷。

庚午暮春中浣，鍾峰王守仁識。

（詩載海王村所見書畫録中「五代衛賢閘口盤車圖」。閘口盤車圖真蹟今藏上海博物館，然詩識所詠與畫卷所繪風馬牛不相及，陽明題識詩顯僞也。）

題識

不藉東坡月滿庭，雁來曾寄硯頭青。自從惠我莊騷句，始見山中有客星。

正德二年立秋日前二日抵龍場署中，作句復都門友人，時有索字，因筆以應。餘姚王守仁。

（詩載自怡悦齋書畫録卷四。按：陽明正德三年春方至龍場驛，此謂「正德二年立秋前二日抵龍場署中」，荒謬至極。其僞不辨自明。）

題扇詩

秋水何人愛，清狂我輩來。山光浮掌動，湖色盈胸開。黃鵠輕千里，蒼鷹下九垓。平生濟川志，擊節使人哀。

王守仁。

（詩載潘正煒聽颿樓書畫記卷四。按：此爲王寵詩，非陽明詩。王寵雅宜山人集卷五有同諸公泛石湖遂登草堂燕集二首，其一即此詩。）

望夫石

山頭怪石古人妻，翹首巍巍望隴西。雲鬟不梳新様髻，月鈎懶畫舊時眉。衣衫歲久成苔蘚，脂粉年深化土泥。兩眼視夫別去後，一番雨過一番啼。

一上青山便化身，不知何代怨離人。古來節婦皆銷朽，爾獨亭亭千古新。

（詩載乾隆廣德州志卷三十藝文。第一首詩是唐時無名氏作。第二首詩是唐胡曾詠史詩望夫石。）

登蓮花絶頂書贈章如愚

靈峭九十九，此峰應最高。巖棲半夜日，地隱九江濤。天礙烏紗帽，霞生紫綺袍。翩翩雲外侶，吾亦爾同曹。

（此詩見乾隆青陽縣志卷七藝文志、光緒青陽縣志卷十。按：章如愚爲宋人，以作山堂考索聞名於世，此詩顯爲宋人所作，非陽明詩。）

贈侍御柯君雙華

九華天作池陽東，翠微堤邊復九華。兩華亘起鎮南極，一萬七千羅漢松。松林繁陰靄靈秘，疑有神物通其中。大者孕精儲人傑，次者凝質成梁虹。盪摩風雷壯元氣，推演八卦連山重。大華一百四峰出愈奇，芙蓉開遍花叢叢。小華二十四洞華蓋虚，連珠纍纍函崆峒。雲門高士禱其下，少微炯炯沕溟沖。華山降神尼父送，寧馨兒子申伯同。三歲四歲貌岐嶷，五歲穎異如阿蒙。六歲能知日遠近，七歲默思天際窮。十歲卓犖志不移，十四五六詩書通。二十以外德義富，仰止先覺涉高風。謫仙遺躅試一蹴，文晶吐納奔霓虹。陽明山人亦忘年，傾蓋獨得斯文宗。良知親唯吾道訣，荒翳盡掃千峰融。千峰不斷連一脉，巖崿嶒崒咸作容。中有兩峰如馬耳，壁立萬仞當九空。龍從此起雲潑岫,膏霖海宇資化工。化工一贊兩儀定,上有丹鳳鳴雝雝。和氣充餐松,翳芝欲不老,飄飄灑逸如仙翁。小華巨人蹟,可以匡大步。大華仙人坂,可以登鴻濛。雙華之巔真大觀,尚友太華峨岷童。俯瞷八荒襟四瀆,我欲躋攀未由從。登登復登安所止?太乙三極羅胸中,雙華之居夫子宮。

(詩載乾隆池州府志卷四十六儒林。)

夜宿白雲堂

春園花燭始菲菲,又是高秋落木時。天迴樓臺含氣象,月明星斗避光輝。閑來心地如空水,静後天機見隱微。深院寂寥群動息,獨憐烏鵲遶枝飛。

(詩載杭州上天竺講寺志卷十四詩文紀述品、天竺山志。按:王陽明全集卷二十中有秋夜詩,即此詩,作在紹興,非作在杭州上天竺寺。)

龍泉石徑

水花如練落長松,雪際天橋隱白虹。遼鶴不來華表爛,仙樓一去石樓空。徒聞鵲駕横秋夕,漫説秦鞭到海東。移放長江還濟險,可憐虚却萬山中。

（詩載萬曆貴州通志卷二十四藝文志。按：王陽明全集卷十九有過天生橋，即此詩，與「龍泉石徑」無涉。）

謁武侯祠

殊方通道是誰功？漢相威靈望眼中。八陣風雲布時雨，七擒牛馬壯秋風。豆籩遠壘溪蘋緑，燈火幽祠夕照紅。千載孤負獨凛烈，口碑時聽蜀山翁。

給書諸學

汗牛誰著五車書？累牘能逃一掬餘。欲使身心還道體，莫將口耳任筌魚。乾坤竹帙堪尋玩，風月山窗任卷舒。誨爾貴陽諸士子，流光冉冉勿躊躇。

（二詩載乾隆貴州通志卷四十五藝文。按：嘉靖貴州通志卷十一藝文著録此二詩，作「王杏詩」，乾隆貴州通志轉抄嘉靖貴州通志，乃將王杏此二首詩一併誤抄爲陽明詩。）

石牛山

一拳怪石老山巔，頭角崢嶸幾百年。毛長紫苔因夜雨，身藏青草夕陽天。通宵望月何時喘，鎮日看雲自在眠。惱殺牧童鞭不起，數聲長笛思凄然。

（新編本王陽明全集輯自褚人穫堅瓠集卷三嫁女題石牛。按：此詩乃是挑燈集異中所載詩。）

宿谷里

石門風高千樹愁，白霧猛觸群峰流。有客驅馳暮未休，山寒五月仍披裘。饑烏拉沓搶驛樓，迎人山鬼聲啾啾。殘月炯炯明吴鈎，竹牀無眠起自謳。

飯金鷄驛

金鷄山頭金鷄驛，空庭荒草平如席。瘴雨蠻雲天杳杳，莫怪金鷄不知曉。問君遠遊將抵爲，脱粟之飯甘如飴。

（二詩載王豐賢、許一德纂修貴州通志卷二十四藝文志。按：此二詩非陽明作，而是明吴國倫詩，見吴國倫甔甀洞稿卷八、列朝詩集丁集第五。）

送啓生還丹徒

乃知骨肉間，響應枹鼓然。我里周處士，伏枕踰半年。靡神罔不禱，靡醫罔不延。巫覡與藥餌，抱石投深淵。懿哉膝下兒，兩丱甫垂肩。皇皇憂見色，迫切如熬煎。袖中刲臂肉，襍糜進牀前。一餐未及已，頓覺沉疴痊。迺知至孝德，誠能格蒼天。我聞古烈士，長城負戈鋋。苦戰救國難，有軀甘棄捐。守臣禦社稷，一旦離迍邅。白刃加於首，丹心金石堅。忠孝本一致，操守無頗偏。但知國與父，寧復身求全。因嗟閭閻間，孩提累百千。大兒捉迷藏，小兒舞翩躚。狎恩復恃愛，那恤義禮愆。所以周氏子，舉邑稱孝賢。我知周氏門，福慶流綿綿。作詩鶩薄俗，冀以薦永傳。

（詩載陳仁錫京口三山志選補卷十七京口選詩。）

古詩五首

秋山時摇落，秋水急波瀾。獨有魚龍氣，長令煙水寒。誰窮造化力，空向兩崖看。
山葉傍崖赤，千嶂秋色多。夜泉發清響，寒渚生微波。稍見沙上月，歸人争渡河。
寂寞對伊水，經行長未還。東流自朝暮，千載空雲山。唯見白鷗鳥，無心淵渚間。

松路向清寺，花龕歸老僧。閑雲低錫杖，落日低金繩。入夜翠微裏，千峰明一燈。
誰識往來意，孤雲長自閑。風寒未渡水，落日更看山。木落衆山出，龍宫蒼翠間。

王守仁。

（詩載中國嘉德國際拍賣有限公司二〇〇六年秋季拍賣會陽明手蹟。按：此五詩是唐劉長卿龍門八詠中詠闕口、水東渡、福公塔、遠公龕、下山五首。）

題畫詩

緑樹陰陰復野亭，緑波漾漾没沙汀。短藜記得尋幽處，一路鶯聲酒半醒。

王守仁題。

（詩載中國嘉德國際拍賣有限公司二〇〇七年十二月嘉德四季第十二期拍賣會陽明手蹟。按：曹學佺石倉歷代詩選卷四百八十七選録劉泰詩，中有小景三首，其二即此詩，可見此詩乃劉泰作，非陽明詩。）

書詩一首

去國三巴遠，登樓萬里情。傷心江上客，客是故鄉人。

（詩見上海大衆拍賣有限公司「新海上雅集——上海大衆第三届藝術品拍賣會」「王陽明先生墨寶真蹟」。按：此非陽明詩，而爲唐盧僎南望樓詩。）

秋風詩

秋風嫋嫋湘江曲，秋水瀟瀟湘水緑。湘江之人美如玉，翠袖天寒倚修竹。鷓鴣時來林外啼，鳳凰夜向枝頭宿。天高海闊白日静，九疑山色雲茫茫。雲茫茫，增煩行，衆願因之泛瀟湘。忽憶山中二三月，茹有紫筍食有魚。開軒賦就汚園句，都向琅玕節上書。

王守仁。

（詩載上海工美拍賣有限公司二〇〇八年上海春季藝術品拍賣會陽明手書。按：此非陽明詩，而爲明初虞謙詩，見其玉雪齋詩集。）

書詩二首

野橋秋水落，江泉暝煙微。白日又言午，高人猶未歸。青外依古塔，虚館静柴扉。坐久思題字，翻憐樹葉稀。

秋風一夜静無雲，斷續鴻聲到曉聞。欲寄征人問消息，居延城外又移軍。

（二詩載「説寶綱」。按：第一首詩爲唐戴叔倫過龍灣五王閣訪友人不遇詩。第二首詩是唐張仲素秋閨思詩。）

四言

去鄉之感，猶之遲遲。矧伊代謝，觸物皆非。哀哀箕子，云胡能夷？狡童之歌，悽矣其悲，悠然其懷。

（中國嘉德國際拍賣有限公司「嘉德四季第十三期拍賣會」上出現一首陽明所作詩手蹟。按：此爲陶淵明詩，即其讀史述九章之箕子篇。）

致永丁執事手札

守仁久卧山中，習成懶僻，平生故舊，音問皆疏。遥聞執事養高歸郴，越東楚西，何因一話？煙水之涯，徒切瞻望而已。去歲復以兵革之役，扶病强出，殊乖始願，正如野麋入市，投足摇首，皆成駭觸。忽枉箋教，兼辱佳章，捧誦灑然。蓋安石東山之高，靖節柴桑之興，執事兼而有之矣，仰歎可知。地方事苟已平靖，伏枕已踰月，旬日後亦且具疏乞還。果遂所圖，雖不獲握手林泉，然郴嶺之下，稽山之麓，聊復聞此區區之懷也。使來，值湖兵正還，兼有計處地方之奏，冗冗乃爾久稽，又未能細請，臨紙茫惘然，伏冀照亮。不具。六月四日，王守仁頓首，永丁老先生大人執事。餘空。

（「中國硬筆在綫網」及「志趣網」上均公布此陽明手蹟，原由隆盛國際展覽有限公司拍賣。

按：此原爲陽明寄何燕泉手札，今藏上海博物館。）

徵引輯佚書目

日蓬累軒：姚江雜纂，日本陽明學，第一五八號。

日水野實、永富青地：九大本文録中的王守仁逸詩文，日本汲古，第三三號，一九九八年六月。

日水野實、永富青地：九大本陽明先生文録詳考，日本陽明學，第一一號，一九九九年三月。

日永富青地：閭東本陽明先生文録的價值，日本東洋的思想與宗教，第一六號，一九九九年三月。

日水野實、永富青地：九大本陽明先生詩録小考，日本汲古，第三五號，一九九九年六月。

日永富青地：關於現存最古的王守仁詩文集——北京上海兩圖書館藏居夷集，日本東洋的思想與宗教，第一九號，二〇〇二年三月。

日水野實、永富青地：關於王守仁的佚文，陽明學新探，中國美術學院出版社，二〇〇二年五月。

日永富青地：關於王守仁良知同然録的初步研究，明清浙東學術文化研究，中國社會科學出版社、寧波出版社，二〇〇四年十月。

日永富青地：關於上海圖書館藏新刊陽明先生文録續編，日本東洋的思想與宗教，第二三號，二〇〇六年三月。

日永富青地：關於上海圖書館藏陽明先生與晉溪書，日本汲古，第四九號，二〇〇六年六月。

日永富青地：王陽明著作的文獻學研究，東京汲古書院，二〇〇七年二月。

古愚生：讀陽明先生真蹟，王學雜誌，第一卷第一一號，明治四十年，明善學社刊行。

中國古代書畫鑒定組：中國古代書畫圖目，文物出版社，一九八六年十月。

顧廷龍：中國美術全集，上海書畫出版社，一九八九年五月。

徐邦達：古書畫過眼要録元明清書法，紫禁城出版社，二〇〇六年二月。

葉樹望：新發現的王陽明佚文六件，文獻，一九八九年第四期。

謝稚柳：中國歷代書法墨蹟大觀，上海書店，一九九二年五月。

吴震：王陽明佚文論考，學人，第一輯，江蘇文藝出版社，一九九二年。

藝苑掇英，第七三期，上海人民美術出版社，二〇〇五年四月。

吳光等：王陽明全集補録，上海古籍出版社，一九九二年十二月。
劉正成：中國書法全集明代，榮寶齋，一九九三年五月。
謝伯陽：全明散曲，齊魯書社，一九九三年十二月。
徐定水：王守仁行書函札卷，文物，一九九四年第十期。
余懷彦：王陽明與貴州文化，貴州教育出版社，一九九六年四月。
計文淵：王陽明法書集，西泠印社，一九九六年七月。
王蕚華：王陽明在貴州的一篇佚文，王曉昕主編王陽明與貴州，貴州人民出版社，一九九六年四月。
張立文：王陽明全集知行録，紅旗出版社，一九九六年十一月。
葉樹望：有關王陽明軍旅石刻考訂，日本陽明學，第九號，一九九七年。
貴陽市對外文化交流協會：王陽明謫黔遺蹟，貴州人民出版社，一九九九年十月。
錢明：王陽明全集未收散佚詩文彙編及考釋，陽明學的形成與發展，江蘇古籍出版社，二〇〇二年九月。
吳豔玲：一代心學大師的思想起點和精神歸宿——解讀陽明全集失收詩二首，廣州大學學報，二〇〇四年第四期。

龔篤清：明代八股文史探，湖南人民出版社，二〇〇五年九月。
錢明：王陽明散佚詩文續補考，中華傳統文化與貴州地域文化研究論叢（二），巴蜀書社，二〇〇八年四月。
計文淵：吉光片羽彌足珍，王陽明的世界，浙江古籍出版社，二〇〇八年十月。
王孫榮：王陽明散佚詩文九種考釋，王陽明的世界，浙江古籍出版社，二〇〇八年十月。
吴光等：新編本王陽明全集，浙江古籍出版社，二〇一一年三月。